C·H·Beck

PAPERBACK

W0084587

Abdel Bari Atwan

DAS DIGITALE KALIFAT

Die geheime Macht
des Islamischen Staates

*Aus dem Englischen
von Laura Su Bischoff*

C.H.Beck

Titel der englischen Originalausgabe:
«Islamic State. The Digital Caliphate»
Copyright © Abdel Bari Atwan 2015
Zuerst erschienen 2015 in Großbritannien bei Saqi Books

Der Übersetzung liegt die aktualisierte Paperback-Ausgabe
von Ende 2015 zugrunde.
Für die deutsche Ausgabe hat der Autor das Buch im April 2016
erneut aktualisiert und ein neues Vorwort verfasst.

Originalausgabe

Für die deutsche Ausgabe:
© Verlag C.H.Beck oHG, München 2016
Satz, Druck u. Bindung: Druckerei C.H.Beck, Nördlingen
Gedruckt auf säurefreiem, alterungsbeständigem Papier
(hergestellt aus chlorfrei gebleichtem Zellstoff)
Umschlaggestaltung: Geviert, Grafik & Typografie, Florian Scheuerer,
unter Verwendung eines Motivs von shutterstock
Printed in Germany
ISBN 978 3 406 69727 2

www.chbeck.de

Ich widme dieses Buch den Seelen meiner Eltern, Zarifa und Mohamed Abu Atwan. Ich hoffe und glaube, sie wären sehr stolz auf dieses Buch gewesen, würden sie heute noch leben, obwohl sie nie die Bildung erhielten, die sie benötigt hätten, um diese Worte überhaupt zu lesen.

Inhalt

Vorwort

Die Geschichte des Islamischen Staates (IS) entwickelt sich rasant und unvorhersehbar. Im vorliegenden Buch möchte ich die Wurzeln und Motive, den Aufbau und Modus operandi sowie die Absichten dieses bösartigen Gebildes genauer beleuchten; seit der ersten Ausgabe von 2015 ist es zu wichtigen Veränderungen gekommen, die einleitend kurz betrachtet werden sollen.

Zunächst einmal hat die internationale Staatengemeinschaft – die die gewaltige Gefahr, die vom Islamischen Staat ausgeht, viel zu lange unterschätzt hat – die Zerstörung der Organisation zum wichtigsten Punkt auf der Sicherheitsagenda erklärt. Einstige Feinde – der Westen, Russland, der Iran und das syrische Schurkenregime Bashar al-Assads – haben sich zusammengetan, um gemeinsam die Ausbreitung von Abu Bakr al-Baghdadis «Kalifat» zu verhindern. Diese überaus wichtige Entwicklung geht auf die gemeinsamen Anstrengungen der Amerikaner (die den Iran zurück an den Verhandlungstisch der internationalen Gemeinschaft brachten, indem sie ein Atomwaffenabkommen mit dem Land aushandelten und die Sanktionen aufhoben) und der Russen zurück. Obwohl sie zuvor hartnäckig auf dem Rücktritt des syrischen Präsidenten bestanden, haben London und Washington mittlerweile Moskaus Position akzeptiert, dass Assad Teil der Lösung des IS-Problems sein muss.

Ausländische Militäreinsätze waren bisher einigermaßen erfolgreich, besonders in Syrien, wo Regierungstruppen bis zu 40 Prozent der Gebiete, die der Islamische Staat unter seine Kontrolle gebracht hatte, zurückerobern konnten. Im Irak hat die andauernde Instabilität im Land bislang dazu geführt, dass der IS den Großteil seines Territoriums – darunter auch Mossul – halten konnte.

Als Reaktion auf die unablässigen Angriffe auf seine syrischen und irakischen Hochburgen hat der IS mittlerweile weiter entfernte Ziele ins Visier genommen, speziell in Libyen – wo die

Gruppe mittlerweile nahezu die gesamte ölreiche Nordküste kontrolliert – und im Westen.

Europa und die USA sehen sich heute der immer größer werdenden Gefahr durch sogenannte «Rückkehrer» (kampferprobte IS-Soldaten, die in ihre Heimatländer zurückkehren und dort zuschlagen), durch IS-Schläferzellen, die sich in den letzten Jahren stark vermehrt haben, sowie durch Personen ausgesetzt, die im Westen leben, von Extremisten radikalisiert wurden und nun als «Einzelkämpfer» Anschläge verüben. Bisher (Stand April 2016) haben sich 29 mit dem IS in Verbindung stehende Anschläge auf den Westen ereignet, bei denen insgesamt 650 Menschen ums Leben kamen. Dazu zählen auch die Anschläge vom 22. März 2016, als der Brüsseler Flughafen und die U-Bahn der Stadt ins Fadenkreuz des IS gerieten – eine ebenso symbolträchtige wie tödliche Attacke, weil Brüssel der Hauptsitz von EU und NATO ist –, sowie die Anschlagsreihe vom 13. November 2015 in Paris, die mehr als 100 Menschen das Leben kostete, die meisten davon junge Konzertbesucher im Bataclan-Club. (Paris war mit dem Massaker in der Redaktion des Satiremagazins *Charlie Hebdo* im Januar 2015 bereits zur Zielscheibe des Islamischen Staates geworden.)

Am 2. Dezember 2015 erlebten die USA ihren schwersten Terrorangriff seit dem 11. September 2001, als das Ehepaar Syed Rizwan Farouk und Tashfeen Malik im Inland Regional Centre in San Bernardino das Feuer eröffnete. 14 Menschen kamen uns Leben; 22 wurden schwer verletzt. Der IS bekannte sich zu dieser Bluttat. Laut Ermittlern war das Ehepaar im Internet radikalisiert worden. Am Morgen des Anschlags hatte Malik auf ihrer Facebook-Seite Abu Bakr al-Baghdadi die Treue (*bai'a*) geschworen.

Die Tatsache, dass der IS sich nach Libyen ausbreitet, sollte aus verschiedenen Gründen Anlass zu wachsender Sorge sein: wegen der Nähe des Landes zu Europa, das direkt auf der anderen Seite des Mittelmeers liegt; wegen der steigenden Zahl von IS-Anhängern und -Sympathisanten in Afrika, besonders in der Sahel-Region und in Nigeria; und natürlich wegen der Bedrohung für die Ölversorgung des Westens (Libyen besitzt die größten Ölreserven Afrikas).

Mittlerweile wird deutlich, dass der IS Territorien erobert, indem er *wilayat* (Provinzen) in den von ihm überrannten oder von Sympathisanten beherrschten Gebieten einrichtet. Diese *wilayat* sind halb-autonom, haben ein eigenes Wirtschaftssystem und zeigen eine starke militärische Präsenz, wodurch der IS in der Lage ist, an mehreren Fronten gleichzeitig zu kämpfen. Die *wilayat* werden als «Sprungbretter» genutzt, um von dort aus weitere zusammenhängende Landstriche der Kontrolle durch den IS zu unterwerfen. Der IS hat diese Taktik im Irak und in Syrien bereits erfolgreich angewandt. Im Mai 2016 gab es in folgenden afrikanischen Ländern bereits eine oder mehrere «Provinzen»: in Libyen, Ägypten, Algerien, dem Tschad, Mauretanien, dem Sudan und in Nigeria, wo die tödliche Terrorgruppe Boko Haram ihre Gebiete zur «Westafrikanischen Provinz» des IS erklärte. Im April 2016 teilte das Pentagon mit, es werde den Kampf gegen den IS in Afrika mit 200 Millionen US-Dollar unterstützen.

Auch im Jemen und in der Türkei (wo eine Umfrage kürzlich ergab, dass zehn Prozent der Türken den IS nicht für eine Terrororganisation halten), in Indonesien und auf den Philippinen (wo die Gruppe Abu Sayyaf sich im Februar 2016 dem IS anschloss) hat die Organisation inzwischen Wurzeln geschlagen, ebenso wie auf dem indischen Subkontinent, in Afghanistan und in Saudi-Arabien.

Im April 2016 teilten die USA mit, dass bei amerikanischen Luftangriffen insgesamt 25 000 IS-Kämpfer ums Leben gekommen seien. Da das Pentagon die Größe der IS-Streitkräfte kürzlich auf nur 30 000 Mann geschätzt hat, diese aber trotz ihrer Verluste weiter überaus aktiv sind, muss der IS wohl über sehr viel mehr Soldaten verfügen als bisher angenommen; unbestätigten Schätzungen zufolge, die auf Beobachtungen vor Ort basieren, sollen es mindestens 300 000 Mann sein.

Eine konventionelle, asymmetrische Kriegsführung wird den IS kaum zerstören, selbst wenn der Westen oder die vor kurzem ins Leben gerufene, von Saudi-Arabien angeführte «Islamische Koalition» sich dazu entschließen sollte, Bodentruppen zu entsenden. IS-Kämpfer, die von altgedienten Jihadisten mit mehr als 20-jähriger Erfahrung und von ehemaligen Offizieren aus Saddam Husseins und Muammar al-Gaddafis Streitkräften ausgebildet wurden, würden sich in einem Guerillakrieg als gefährliche Gegner erweisen. Zudem steht dem Westen nicht gerade der Sinn nach vielen Toten und Verletzten. Darüber hinaus fällt es den Anführern und Kämpfern des IS mit so vielen möglichen Verbündeten und «Provinzen» leicht, sich einfach in Luft aufzulösen und später an anderer Stelle wieder aufzutauchen.

In der Zwischenzeit weitet der IS auch in der virtuellen Welt sein digitales Kalifat aus. Dort zeigt sich, wie angemessen das Motto der Gruppe, *baqiya wa tatamaddad* («bleiben und erweitern») tatsächlich ist. John Clapper, der Direktor des Nationalen Geheimdienstes der USA, erklärte im Februar 2016 vor dem amerikanischen Senat, dass der IS «im Internet ein beispielloses Können» an den Tag lege, und John Kerry gab zu, die USA hätten bei weitem unterschätzt, wie sehr der IS das Internet beherrsche, wo er Milliarden Nutzer erreiche – die meisten davon junge Leute, die mehrere Stunden am Tag online sind. Laut Umfragen des Arab Youth Survey von 2016 beziehen 32 Prozent der jungen Araber ihre «Nachrichten» allein über die sozialen Netzwerke, während 45 Prozent auf Online-Nachrichtenportale zurückgreifen. Jede «Provinz» hat eine eigene Medienabteilung und hingebungsvolle Reporterteams, wodurch ein einheitlicher «Nachrichtendienst» entsteht, der mindestens 38 Artikel am Tag produziert, darunter Video-Aufnahmen von Anschlägen, Hinrichtungen, Dokumentationen und Predigten. Diese Hochglanzproduktionen im Stile Hollywoods werden immer ausgeklügelter – seit kurzem nutzt der IS auch Drohnen, um Angriffe aus der Luft zu filmen – und sind mittlerweile in vielen Sprachen erhältlich, von Schwedisch bis Bengali.

Neue soziale Medien und Apps bieten den «Internetkriegern» des IS weitere Möglichkeiten, um anonym und ohne Spuren zu hinterlassen miteinander zu kommunizieren, Rekruten anzuwerben und Propaganda zu verbreiten. Zu den derzeit besonders beliebten Diensten gehören WhatsApp, Telegram und Surespot. Im Januar 2016 traf sich Jeh Johnson, US-Minister für Innere Sicherheit, mit den Geschäftsführern aller Unternehmen, die soziale Medien betreiben, und beschwor sie, sich dem Online-Kampf gegen den IS anzuschließen; allerdings können sie nur wenig ausrichten. Zwar hat allein Twitter seit Mitte 2015 125 000 Accounts geschlossen, doch wie die IS-Hackergruppe «Söhne des Kalifats» in ihrem letzten Video mitteilte (in dem sie außerdem drohte, die führenden Köpfe von Facebook und Twitter zu exekutieren): «Wenn ihr ein Profil löscht, werden wir zehn neue eröffnen!»

Nun, da die Hochburgen des IS in Gefahr sind und die Organisation aufgrund der ausbleibenden Einnahmen aus dem Ölgeschäft kein so attraktiver «Arbeitgeber» mehr ist, könnte die Zahl der Neurekrutierungen zurückgehen. Beim jährlich erhobenen Arab Youth Survey stellte sich 2016 heraus, dass der IS an Rückhalt verloren hat, obwohl 13 Prozent der befragten 18- bis 24-Jährigen der Organisation weiterhin positiv gegenüberstehen. Da wir hier von etwa 200 Millionen jungen Menschen sprechen, ist das immer noch eine gewaltige Zahl. Die Gruppe zieht weiterhin neue Rekruten in ihren Bann, doch die Neuankömmlinge aus den arabischen und westlichen Ländern werden mittlerweile eher nach Libyen als in den Irak oder nach Syrien geschickt.

Die Ursachen, warum es junge Menschen in die blutbesudelten Arme des IS treibt, sind bis heute dieselben oder haben sich noch verschärft: Die Jugendarbeitslosigkeit, die staatliche Korruption, die Wahrnehmung des Westens als Feind, die zunehmende Islamfeindlichkeit, die durch die Millionen im Westen Asyl suchenden Flüchtlinge noch verschärft wird – all das sind ebenso wichtige Antriebskräfte wie der religiöse Fanatismus selbst. Es wird immer deutlicher, dass die «Bandenmentalität» des IS und seiner wild entschlossenen Kämpfer (von denen viele eine kriminelle Vergangenheit haben) für die marginalisierten Jugendlichen aus Vororten wie dem belgischen Molenbeek überaus anziehend ist.

Es wird sich noch zeigen, ob auch weiterhin ganze Familien aus dem Westen in die IS-Gebiete «auswandern» werden. Eine elfköpfige Familie aus Frankreich, eine 20-köpfige Familie aus dem britischen Luton sowie drei Schwestern und ihre neun Kinder aus Bradford machten 2015 Schlagzeilen.

Kollegen, die Ende 2015 in die Hochburgen des IS in Syrien und im Irak reisten, berichteten, dass diese Gebiete als Inseln relativer Ruhe gelten, weil es dort häufiger Strom, sauberes Wasser, erschwingliche Nahrungsmittel und ein rudimentäres (aber drakonisches) Gesetzwesen gebe – bei all dem Chaos, das in der Region herrscht. Angeblich haben sogar einige syrische oder irakische Flüchtlinge in den vom Islamischen Staat kontrollierten Gebieten Zuflucht gesucht.

Für Saudi-Arabien steht weiterhin viel auf dem Spiel. Der Islamische Staat plant, die heiligen Stätten Mekka und Medina, die beide in Saudi-Arabien liegen, zum Herzstück seines «Kalifats» zu machen. Der IS ist im Königreich mittlerweile überaus präsent, und es ist ihm gelungen, die saudischen Sicherheitsvorkehrungen zu umgehen: Im Sommer 2015 verübten IS-Schläfer eine Reihe von Selbstmordanschlägen auf schiitische Moscheen in Saudi-Arabien; dabei kamen Dutzende Gläubige ums Leben.

Die anhaltenden Unruhen im angrenzenden Jemen, wo Saudi-Arabien mit britischer und amerikanischer Unterstützung im März 2015 erstmals Stellungen der Huthi-Rebellen angriff, bedeuten für die Sicherheit des Königreichs eine ebenso große Gefahr. Die Huthis werden von Riads größtem Rivalen in der Region, Teheran, unterstützt. Die Luftschläge forderten mindestens 8000 Tote und Verletzte, wodurch eine ausgeprägte anti-saudische Stimmung vor Ort entstand.

Der IS wusste die Chancen geschickt zu nutzen, die das Fehlen eines starken jemenitischen Zentralstaates mit sich brachte. Im Jemen operiert bereits einer der aktivsten al-Qaida-Ableger, der Abu Bakr al-Baghdadi, dem Anführer des IS, die Treue (*bai'a*) geschworen hat. Das Land ist aufgrund seiner Lage auf der Arabischen Halbinsel von großer strategischer Bedeutung, denn wer auch immer dort die Kontrolle ausübt, beherrscht fast die gesamte globale Ölversorgung, weil die Pipelines durch die Meeresstraße Bab al-Mandab ins Rote Meer und den Suezkanal führen.

Anstatt jedoch mit anderen mächtigen jihadistisch-salafistischen Vereinigungen zu kooperieren, hat der IS al-Qaida und die Taliban direkt herausgefordert. Der potenzielle IS-Rivale al-Qaida verliert gleichermaßen an Anhängern wie an Bedeutung, viele Kämpfer laufen zum IS über, und al-Qaida-Anführer Aiman al-Zawahiri erscheint immer unwichtiger. Im Juli 2015 gaben die Taliban unter Druck der IS-Führungsriege zu, dass ihr Anführer, Mullah Omar, bereits seit mehr als zwei Jahren tot war. Mehrere Taliban-Einheiten liefen daraufhin zu al-Baghdadi über, so dass der IS in Afghanistan mittlerweile sehr präsent ist.

Ähnlich wie im Irak, wo die ehemaligen Militär- und Geheimdienstgeneräle Saddam Husseins inzwischen gemeinsame Sache mit dem IS machen, soll der IS, wie verschiedene Quellen bestätigen, auch in Libyen inzwischen tiefe Wurzeln geschlagen haben. Gelungen ist ihm dies mit der Unterstützung zahlreicher Militärs, die ihren Wissens- und Erfahrungsschatz, den sie unter dem mittlerweile verstorbenen Oberst Gaddafi im Umgang mit Extremisten sammelten, nun weitergeben.

Bis heute verübt der IS Gräueltaten, die immer sofort Schlagzeilen machen. Die Zerstörung antiker Tempel und Heiligtümer des UNESCO-Weltkulturerbes Palmyra und die Hinrichtung des 82-jährigen Archäologen Chalid al As'ad, der die Stätte hingebungsvoll hütete, ließ die ganze Welt den Atem anhalten. Im Januar 2015 wurde der jordanische Pilot Muadh al-Kasasba bei lebendigem Leib verbrannt, was man in allen abscheulichen Einzelheiten filmte; darauf folgte im Juni 2015 die Hinrichtung eines Gefangenen, der in einen Käfig gesperrt und in einem Schwimmbad in Mossul ertränkt wurde. Um seinen Todeskampf zu zeigen, hatte man Unterwasserkameras installiert. Im August 2015 wurden vier syrische Gefangene bei lebendigem Leib verbrannt, das Video dazu wurde auf den verschiedenen sozialen Medienkanälen der Jihadisten verbreitet.

Al-Baghdadi, der Anführer des Islamischen Staates, hält sich derweil im Hintergrund, er vermeidet jede Form der Eigenwerbung, um nicht zur Galionsfigur der Organisation zu werden, deren Tod die Gruppe sprengen könnte, so wie es rückblickend bei Osama bin Laden der Fall war. Gerüchten zufolge soll al-Baghdadi im Kampf schwer verletzt worden sein; doch selbst wenn er mittlerweile nicht mehr im Amt oder gar tot sein sollte, würde das die

Position des IS nicht gefährden. Die zentralen Strukturen der Gruppe haben sich mittlerweile gefestigt; zudem hat al-Baghdadi drei erfahrene Stellvertreter, die gut auf ihre Rolle vorbereitet wurden.

Im dritten Jahr seines Bestehens hat der IS die politische Landschaft des Nahen Ostens komplett auf den Kopf gestellt. Das alte Paradigma, wonach Saudi-Arabien und die Sunniten das Kräftegleichgewicht gegen die vom Iran angeführten Schiiten bewahrten, gilt schon lange nicht mehr. Die Flüchtlingskrise, in deren Verlauf 4,5 Millionen Syrer ihre Heimat verließen – die Hälfte davon in Richtung Europa –, erhöhte derweil den Druck auf die ausländischen Mächte, in der Region zu intervenieren.

Russland begann im September 2015 mit dem Ausbau seiner militärischen Präsenz in Syrien: Panzerlandeschiffe trafen in Tartus ein (Moskaus einzigem Mittelmeer-Marinehafen). Auf einem Luftstützpunkt in Latakia wurden russische Kampfjets und Flugabwehrraketen stationiert. Diese Abwehrsysteme sind im Kampf gegen den IS jedoch nicht wirklich von Nutzen, weil dieser gar keine Luftwaffe hat. Russland möchte offensichtlich sowohl Assad unterstützen als auch den IS herausfordern.

Die Gefahr besteht nun darin, dass Russland nicht etwa gemeinsam mit dem Westen gegen den IS vorgeht, sondern die Instabilität der Region für eigene Interessen nutzt (wie bereits auf der Krim geschehen). Solch ein Szenario erinnert an die sowjetische Invasion Afghanistans 1979, als der Westen zusammen mit den Mujahidin gegen die Russen kämpfte. Es ist zwar unwahrscheinlich, dass London oder Washington gemeinsame Sache mit dem IS machen würden; wie ich aus zuverlässigen Quellen weiß, ist es aber im Bereich des Möglichen, dass Washington bereits mit einigen jihadistischen Vereinigungen in Syrien Kontakt aufgenommen hat, darunter auch die al-Nusra-Front. Im Nahen Osten gilt heute eben nichts mehr als sicher.

London, April 2016   *Abdel Bari Atwan*

Einleitung

Am 1. Juli 2014 wurde auf verschiedenen extremistischen Webseiten und Profilen in den sozialen Medien ein 20-minütiger Audio-Mitschnitt veröffentlicht, auf dem der Anführer des Islamischen Staates, Abu Bakr al-Baghdadi, zu hören war. Er rief ein neues Kalifat aus und ernannte sich gleichzeitig zum neuen Kalifen.[1] «Kalif Ibrahim» umriss in seiner Rede seine Vision vom Islamischen Staat und beschwor die Muslime auf der ganzen Welt, zu emigrieren (also die Hijra anzutreten) und sich dem Islamischen Staat (Daulat al-Islamiyya) anzuschließen, denn «die Hijra in die Gebiete des Islam ist unumgänglich». Diesen Staat, der noch nicht einmal in den Kinderschuhen steckte, malte er in den schillerndsten Farben aus. Er beschrieb ihn als einen Ort, «an dem Araber und Nicht-Araber, Weiße und Schwarze, Bewohner des Ostens und des Westens Brüder» seien und an dem «sich ihr Blut vermischt und eins wird, vereint unter einem Banner und mit einem Ziel». Schließlich verkündete er seine Pläne für eine weltweite Expansion: «Das ist mein Rat an euch. Haltet ihr euch daran, werdet ihr Rom erobern und über die gesamte Welt herrschen, so Gott will.»[2]

Ohne die digitale Technik hätte der Islamische Staat wohl nie entstehen, geschweige denn sich so lange halten und sogar ausbreiten können. Darum möchte ich dieses neue Gebilde als «digitales Kalifat» bezeichnen. Der Islamische Staat hat sich mittlerweile auf ein Gebiet von der Größe Großbritanniens ausgeweitet, und zwar weil die derzeitigen politischen, historischen, kulturellen und technischen Wirren ihm die perfekten Bedingungen dazu bieten. Der IS nutzt das Internet und die Mittel der digitalen Kommunikation mit viel Geschick und Einfallsreichtum und setzt sie zur Truppenrekrutierung und als Propagandainstrument ein, zur Koordination weit entfernt voneinander, aber gleichzeitig stattfindender Militärschläge sowie zur Konsolidierung von Allianzen mit artverwand-

ten Gruppen. So gelang es dem IS, die Bedrohung durch weltweit
agierende Geheimdienste und militärische Gegner nahezu vollständig auszuschalten.

Im Januar 2015 erklärte der Islamische Staat der US-amerikanischen Regierung den «Cyber-Krieg». Die für die Errichtung
des «Cyber-Kalifats» zuständigen Einheiten hackten sich daraufhin in das United States Central Command (CentCom) im Pentagon ein und übernahmen dessen Twitter- und YouTube-Accounts.[3]
Das Regionalkommando ist für den Nahen Osten zuständig. Dort
werden nicht nur die Einsätze vor Ort koordiniert, sondern auch
Strategien zur Bekämpfung der Extremisten gesammelt, was dem
IS in einem Triumphzug sondergleichen ermöglichte, an allerhand
hochsensible Informationen zu gelangen, darunter die Namen und
Adressen mehrerer Angehöriger des militärischen Personals. Kurz
darauf – im Mai und September desselben Jahres – veröffentlichte
der IS eine weitere Liste, die gestohlene Informationen von den
militärischen Datenbanken enthielt. Die Links zu den in der
«Cloud» gespeicherten CentCom-Daten wurden weitergeleitet
und erschienen bald auf den Profilen der Jihadisten, wo man sie
hochgeladen und archiviert hatte. In den sozialen Netzwerken
wurden sie millionenfach aufgerufen. Im Juni 2015 musste der Direktor des FBI, James Comey, eingestehen, dass die Sicherheitsbehörden «den IS im Internet nicht im Zaum halten können».[4]

Es ist natürlich geradezu paradox, dass ausgerechnet die Gruppe,
deren erklärtes Ziel die Wiederherstellung des «wahren Kalifats»
(der Ur-Generation der Muslime) ist, so sehr von der komplexesten und modernsten Technik unserer Zeit abhängig ist; im Krieg
sind jedoch alle Waffen erlaubt. Darüber hinaus sind Anführer wie
Fußsoldaten des IS allesamt Kinder des 21. Jahrhunderts – selbst
der graubärtige «Kalif Ibrahim» wurde 1971 geboren. Den meisten
ist eine Welt ohne Internet vollkommen unbekannt; sie wuchsen
mit Computern, Mobiltelefonen und sozialen Medien auf und
halten sie für einen natürlichen Bestandteil ihrer Umgebung.

Andere islamistische Gruppen kennen die «Erfolge» des Islamischen Staates im Internet sehr genau und zeigen sich gegenüber
al-Baghdadi loyal. Wenn möglich, wird der Treueschwur (*bai'a*)

von Angesicht zu Angesicht abgelegt, aber auch der Schwur über einen Mittelsmann ist üblich. Aus Sicherheitsgründen geschieht dies jedoch zunehmend auf elektronischem Wege. Organisationen wie der IS erreichen Hunderttausende, wenn nicht Millionen von Menschen und nicht nur das: Ständig vergrößert sich das Publikum der Auserwählten, weil nur jemand, der ohnehin bereits an dem Thema interessiert ist, eine Facebook-Seite «liken», einer Ask.fm-Gruppe beitreten oder einem Twitter-Account «folgen» wird. Die Gleichförmigkeit der Botschaft sowie der gemeinsame religiöse Eifer sind grundlegende Mittel, um die Gebiete des Kalifats zu erweitern oder eine Staatsdoktrin zu verankern. Das Internet ermöglicht es Abermillionen Muslimen, «die Botschaft zu hören» und denselben Predigten zu lauschen, dieselben Videobotschaften zu sehen und gleichzeitig Zeuge derselben Strafaktionen zu werden.

Der Islamische Staat ist die jüngste und tödlichste Erscheinung der jihadistischen Bewegung, die 1998 von Osama bin Laden und Aiman al-Zawahiri ins Leben gerufen wurde. Dennoch gehört das «digitale Kalifat» nicht bloß ins Reich der virtuellen Realität. Folgt man den traditionellen politischen Regeln zur Bildung eines Nationalstaates, ist es dann überhaupt möglich, dass ein solcher Staat in nur drei Monaten entsteht? Der deutsche Journalist Jürgen Todenhöfer, der zehn Tage in den Gebieten des Islamischen Staates im Irak und in Syrien verbrachte, schätzt die Lage recht pragmatisch ein: «Wir müssen einsehen, dass es den Islamischen Staat als geografisch-politisches Gebilde bereits gibt.»[5]

Was ist ein Staat?

Laut internationalem Recht sind die Kriterien für die Bildung eines Staates relativ einfach. Nach der Konvention von Montevideo aus dem Jahr 1933 über die Rechte und Pflichten von Staaten müssen folgende Merkmale vorliegen: eine ständige Bevölkerung; ein definiertes Territorium; eine Regierung, die über das jeweilige Territorium, dessen Ressourcen und dessen Bewohner herrscht; und die

Fähigkeit, mit anderen Staaten in Beziehung zu treten. Der Staat setzt seine Autorität mittels eines Justizwesens durch. Außerdem heißt es im Vertrag von Montevideo, dass die politische Existenz eines Staates unabhängig von dessen Anerkennung durch andere Staaten sei, weil es kein international anerkanntes Organ gibt, das Staaten im Namen der gesamten internationalen Gemeinschaft anerkennt. (Die Vereinten Nationen sind dazu nicht befugt.) Die politische und ideologische Struktur eines Staates ist nicht festgelegt; zurzeit gibt es auf der Welt demokratische und theokratische Staaten, Diktaturen und Monarchien.

Im September 2015 veröffentlichte das Institute for the Study of War einige neue Karten, auf denen die Größe der vom IS besetzten Territorien deutlich erkennbar ist. Trotz andauernder Luftschläge der von den USA angeführten Alliierten wachsen diese Gebiete ständig, so dass sie sich mittlerweile auf die Hälfte des syrischen Staatsgebiets sowie zumindest ein Drittel des Irak erstrecken.[6] Eine genaue Angabe der Größe des Territoriums ist schwierig, weil die Landstriche zwischen den großen Städten meist menschenleer sind. Der Irak umfasst ein Territorium von 437 000 Quadratkilometern; Syrien erstreckt sich auf 186 500 Quadratkilometern, und selbst nach konservativen Schätzungen besetzt der IS mittlerweile gut 200 000 Quadratkilometer dieses Gebiets. Nur zum Vergleich: Das gesamte Vereinigte Königreich (einschließlich Nordirland) ist gerade einmal 40 000 Quadratkilometer größer. Sechs Millionen Menschen leben in der Region, die mittlerweile vom Islamischen Staat kontrolliert wird; damit ist die Bevölkerungszahl dieses Gebildes größer als die vieler europäischer Staaten, darunter Dänemark und Finnland. In letzter Zeit berichten Kollegen vor Ort vermehrt von einer «umgekehrten Migration»: Syrer, die dem Assad-Regime entkommen wollen, suchen Zuflucht in den vom IS besetzten Gebieten, wodurch die dortige Bevölkerungszahl sprunghaft ansteigt.

Der Islamische Staat verfügt nicht nur über eigene Streitkräfte, sondern auch über ein hochentwickeltes Waffenarsenal, das sich aus den Lagern der irakischen und der syrischen Regierung speist. Verschiedene Quellen berichten davon, dass der IS mit hoher

Wahrscheinlichkeit Senfgas in Syrien einsetzt.[7] Im Oktober 2014 verkündete der IS im Internet, dass er von nun an seine eigene Währung prägen und den Silber- und Golddinaren des ersten Kalifats neues Leben einhauchen werde, um diese zur offiziellen «Staatswährung» zu machen. Im Januar 2015 eröffnete er seine erste Bank in Mossul; dort ist eine Kreditaufnahme nach den Gesetzen des Islam ebenso möglich wie der Austausch beschädigter Geldscheine. (Die Zinserhebung ist laut der Scharia *haram* – «verboten».) Außerdem gibt der IS eigene Nummernschilder heraus, verfügt über eigene Polizeikräfte, die in brandneuen, frisch lackierten Polizeiautos durch die Gegend fahren, eine eigene Uniform tragen und eine eigene Nationalflagge schwenken.

Obwohl der Islamische Staat sich wohl ähnlich wie die Taliban eines Tages um die Anerkennung durch die internationale Staatengemeinschaft bemühen wird, ist es doch recht unwahrscheinlich, dass er sich jemals besonders um das internationale Recht scheren wird. Der Islamische Staat geht ohnehin davon aus, dass die Bühne ihm gehört. Die Salafisten, die einer überaus archaischen Version des Islam anhängen, interpretieren den Lauf der Geschichte so, dass auf eine heidnische Periode (*jahiliya)* die Zeit des Glaubens folgt. Sie sind der Ansicht, dass die Welt sich in einem Zustand der Unwissenheit befinde, aus dem sie einzig und allein auf drei Wegen herausfinde: dem Glauben (und zwar an den salafistischen Islam), der Hijra (der Emigration der Muslime aus den Ländern der «Ungläubigen» in die Gebiete der wahren Gläubigen) und dem Jihad (dem Kampf um einen islamischen Staat für die Umma bzw. die Gemeinschaft aller Muslime). Die gesamte Propaganda des Islamischen Staates konzentriert sich auf diese drei Punkte. Der Zuzug unzähliger Ausländer, die sich dem Kampf anschließen möchten, ist ein wichtiges Ziel der PR-Kampagnen im Netz und der Rekrutierungsbemühungen vor Ort. In den Videos, die von den Anhängern des Islamischen Staates online gestellt werden, sieht man oft, wie begeisterte Neuankömmlinge ihre Ausweispapiere verbrennen. Seit fast 20 Jahren ist der Jihad nun bereits in vollem Gange, und al-Baghdadi und seine Gefolgschaft sind ganz eindeutig der Meinung, dass die Wiederauferstehung des Kalifats nicht mehr aufzuhalten sei. Aus diesem Grund waren die Extremisten auch so zuversichtlich und riefen den Islamischen Staat als Territorialgebilde aus (obwohl Konkurrenzorganisationen wie al-Qaida diesen Schritt für verfrüht hielten).

In diesem Buch verwende ich den Begriff «Islamischer Staat» (außer wenn zitierte Personen einen anderen verwenden), weil es sich dabei um die Eigenbezeichnung der Gruppe handelt.

Opposition und Unterstützung

Wie Osama bin Laden vor ihm drängt Abu Bakr al-Baghdadi den Westen geradezu höhnisch zur Intervention. Mittlerweile haben sich 60 Staaten den USA angeschlossen und sind einer Allianz beigetreten, die nominal zwar den IS bekämpft, sich letztlich aber nicht zur Entsendung von Bodentruppen durchringen kann. Im Nordirak, wo viele Ölfelder liegen, stellt sich nur noch die kurdische Miliz dem IS entgegen, während in Syrien Assad und die gemäßigte Opposition die Extremisten bekämpfen. Die andauernden Luftschläge gegen den IS zeigen bislang kaum Wirkung, und das Risiko ist groß, dass dabei mehr Zivilisten als Jihadisten ums Leben kommen, was dem IS möglicherweise nur noch mehr Zulauf beschert.

Für den Westen wäre das schlimmstmögliche Szenario wohl der Zusammenschluss unterschiedlicher jihadistischer Vereinigungen im Nahen und Mittleren Osten, in Afrika und in Asien, die dann alle gemeinsam unter dem Banner des IS operieren. Die Heimkehr kampferprobter und gut ausgebildeter Jihadisten, die in den Schlachten für den IS gestählt wurden, ist ein unvorhersehbares Sicherheitsrisiko, und gleichzeitig schließen sich Kämpfer im Ausland in beispielloser Zahl dem IS an und sorgen so für die nächste Generation der Islamisten.

Weil die Medien auf der ganzen Welt in ihrer Berichterstattung über den IS zumeist ihre eigenen Interessen verfolgen – als Beispiele seien hier die Kampagne der konservativen arabischen Staaten gegen den IS oder der clevere Bekehrungseifer der Islamisten selbst genannt –, ist es nicht einfach, die öffentliche Meinung wahrheitsgetreu nachzuzeichnen. Vier Umfragen, die zwischen Oktober 2014 und März 2015 im Nahen Osten durchgeführt wurden, haben ergeben, dass bis zu 42 Millionen Muslime dem IS entweder neutral gegenüberstanden oder ihn gar unterstützten.[8] Während meiner Reisen durch den Nahen Osten habe ich mich mit Hunderten von Menschen unterhalten, von ganz «normalen» Leuten bis hin zu hohen Staatsdienern und führenden Politikern. Außerdem habe ich über das Internet mit nahezu jedem kommuniziert, der irgendwie mit dem IS zu tun hat, von Hauptakteuren bis hin zu «einfachen» Bewohnern des Islamischen Staates. Die arabischen Länder lehnen den IS ausnahmslos ab, weil sie viel von ihm zu befürchten haben. In der Bevölkerung scheinen mir die Meinungen allerdings gespalten. Die liberale Mittelschicht wendet sich entschieden gegen jede fundamentalistische Vereinigung, die ihre Freiheiten einzuschränken und ihre Frauen in eine Burka zu stecken gedenkt; zum ersten Mal in der Geschichte unterstützen diese Menschen eine militärische Intervention des Westens in ihrer Heimat, um eine weitere Ausdehnung des IS nicht nur zu verhindern, sondern um den Islamischen Staat letztendlich auch zu zerstören. (Vor nicht allzu langer Zeit hatten viele meiner Gesprächspartner noch gegen eine Einmischung des Westens in Afghanistan, dem Irak und Libyen demonstriert.) Die Sympathisanten des IS zeichnen sich dagegen durch äußerste Begeisterung aus, und das offenbar mehr noch als selbst zu den Hochzeiten al-Qaidas. Die Tatsache, dass der Islamische Staat Gebiete besetzt und ein Kalifat ausgerufen hat, haucht dem alten arabischen Traum der Rückkehr ins «Goldene Zeitalter» und der Einheit aller Muslime in der Umma neues Leben ein. Die Mitglieder einer dritten Gruppe sind etwas vorsichtiger, wenn es darum geht, ihre Meinung zu äußern; man darf jedoch vermuten, dass sie heimlich die «Erfolge» des IS feiern. Sollten dessen Kämpfer in einer Stadt in ihrer Nähe Einzug halten, gehe ich davon aus, dass sie dies nicht ablehnen würden. Deshalb nenne ich diese Kategorie von Menschen «ideologische Schläfer».

Meine eigene Auseinandersetzung mit dem Islamischen Staat

und den Umständen seiner Entstehung begann vor vielen Jahren. 1996 verbrachte ich 72 Stunden in der Gesellschaft von Osama bin Laden in den Höhlen von Tora-Bora. Dieses Erlebnis brachte mich dazu, mich gründlich mit der jihadistischen Bewegung auseinanderzusetzen, sie zu beobachten und über sie zu recherchieren. 25 Jahre lang war ich als Chefredakteur der unabhängigen panarabischen Zeitung *al-Quds al-arabi* («Das arabische Jerusalem») tätig, die ihren Sitz in London hat. Mittlerweile leite ich eine unabhängige Online-Zeitung, *Rai al-Yoaum* («Tagesansicht»), deren Ziel die Versorgung mit objektiven Nachrichtenmeldungen ist. Artikel über den Islam ziehen zehnmal mehr Leser an (besonders aus den Golfstaaten) als Texte über jedes andere Thema. Hunderte Kommentare werden dazu hinterlassen, und die meisten davon zeichnen ein positives Bild des Islamischen Staates. Aufgrund dieser Erfahrungen und meiner regelmäßigen Reisen in den Nahen Osten war es mir möglich, ein Netzwerk außergewöhnlich guter, wenn nicht sogar einzigartiger Kontakte zu unterschiedlichen Quellen und Korrespondenten aufzubauen. Viele davon stehen der Führungsriege von al-Qaida und dem Islamischen Staat sehr nahe. Auf diese Quellen habe ich bei der Arbeit an diesem Buch zurückgegriffen. Ich bitte die Leser um Nachsicht, sollte ich im Laufe des Textes stellenweise nicht dazu bereit sein, Namen, Daten oder genaue Ortsangaben zu nennen. Dies geschieht einzig und allein, um die Betreffenden zu schützen und vor einer sehr realen Gefahr zu bewahren.

1. Masters of the Digital Universe

Dem Islamischen Staat wäre ohne seinen meisterhaften Umgang mit dem Internet nie die Umsetzung seiner territorialen Ansprüche gelungen, und er hätte auch nie eine derart große Streitmacht in solch kurzer Zeit hinter sich versammeln können, wie er sie heute befehligt.

Al-Qaida war die erste große jihadistische Vereinigung, die das Potenzial des World Wide Web für sich zu nutzen wusste. Die Anhänger des Netzwerks krochen in die dunkelsten Ecken und Winkel des Cyberspace, um im Verborgenen ihre Ideologie, ihre Informationen, ihre Pläne und ihre Korrespondenzen in Umlauf zu bringen. Schon früh begannen die jüngeren Mitglieder der Gemeinschaft mit ihren Cyber-Angriffen auf «feindliche» Ziele im Internet. Damit waren sie die Vorboten des heutigen «Cyber-Jihads».

Mittlerweile nutzen der Islamische Staat und seine Unterstützer das Internet und die sozialen Medien nicht mehr nur im Verborgenen, sondern ganz offen und unverfroren. Sie vermarkten ihr «Produkt» und verbreiten ihre Materialien über bekannte soziale Netzwerke wie Twitter. Die Wahrung der eigenen Identität und die Verschleierung des eigenen Standortes sind für den IS in seinem Territorium ebenso wichtig wie für potenzielle Rekruten, die in den Schlafzimmern dieser Welt vor ihren Laptops sitzen. Dieses Ziel lässt sich auf unzählige Arten erreichen. Wer danach sucht, findet im Internet eine Menge Möglichkeiten zur Identitätswahrung – und viele davon wurden von islamistischen Anwerbern für den zukünftigen Jihadisten ersonnen. Die Extremisten, die uns in den Medien begegnen, sind eben jene, denen die Wahrung ihrer Identität nicht gelang, was dazu führte, dass sie festgenommen und vor Gericht gestellt wurden. Leider ist das nur eine winzige Minderheit.

Die meisten Befehlshaber und Rekruten des Islamischen Staats kennen sich mit der Digitaltechnik sehr gut aus, und die Programmiersprachen zur Erstellung von Software oder von Datensätzen mittels HTML sind ihnen ebenso vertraut wie ihre Muttersprache. Den Großteil seiner Geschäfte erledigt das digitale Kalifat online, von der Rekrutierung neuer Anhänger über die Propaganda bis hin zu den Kampftaktiken und Kampfbefehlen. Was den Jihadisten an hochentwickelten Waffen fehlt, machen sie mit ihrer Internet-Expertise mehr als wett. Die Digitaltechnik – etwa in Form von HD-Kameras, Bearbeitungsprogrammen und Online-Bibliotheken für Spezialeffekte – steht heute in einem Ausmaß und einer Qualität zur Verfügung, die es den Medienprofis des Islamischen Staates mehr als einfach macht, die ebenso cleveren wie grausamen High-Definition-Videos und «Hochglanz»-Onlinezeitschriften zu produzieren, für die sie inzwischen so berühmt-berüchtigt sind.

Die digitale Generation

Die meisten Menschen, die sich dem Islamischen Staat anschließen oder sich zu ihm hingezogen fühlen, sind zwischen 18 und 25 Jahre alt. Studien legen nahe, dass die Männer und Frauen dieser Altersgruppe in der entwickelten Welt zu 89 Prozent im Internet aktiv und zu 70 Prozent täglich in den sozialen Medien unterwegs sind sowie durchschnittlich 19,2 Stunden pro Woche im World Wide Web verbringen.[1] Die Jihadisten bilden da keine Ausnahme und sitzen vielleicht noch länger vor ihren Laptops, Tablets und Smartphones, weil die ständige Fütterung ihrer Kanäle in den sozialen Medien wichtig für ihr digitales Überleben ist.

Der Zusammenprall der fortschrittlichsten Technik des 21. Jahrhunderts mit der salafistisch-jihadistischen Interpretation des Islam, die das Leben und die Werte des 7. Jahrhunderts glorifiziert, mag paradox erscheinen; als extremistische Ideologen und Geistliche die Möglichkeiten des Internets jedoch vollends erkannt hatten, war das Thema bald schon kein Grund zur Diskussion mehr. In den 1990er Jahren zerschlugen die Taliban zwar noch Fernsehgeräte; doch schon 1995 bereitete al-Qaida mit der Einführung von

E-Mail-Listen zur Informationsverbreitung den Boden für den digitalen Jihad. Seit den Bombenanschlägen auf die US-Botschaften in Nairobi und Daressalam koordiniert das Netzwerk seine Angriffe über verschlüsselte Online-Nachrichten; außerdem verfügt die damals noch von Osama bin Laden angeführte Organisation seit 2000 über einen eigenen Internetauftritt. Seit 2003 gehört der «Cyber-Jihad» zu den «32 Prinzipien des Jihad», die überall Verbreitung finden.

Al-Qaida wollte nicht länger von der Berichterstattung der großen Medienhäuser abhängig sein und rief deshalb noch im selben Jahr einen eigenen Online-Nachrichtendienst ins Leben: *Die Stimme des Kalifats*. Damals gab es keine einfachen Möglichkeiten, um die Reichweite dieses Nachrichtendienstes über den kleinen Kreis der Abonnenten hinaus zu erweitern. Deshalb war die Gruppe weiterhin auf die Berichterstattung von Fernsehsendern wie *Al Jazeera* angewiesen, um ihren Videos die Aufmerksamkeit zu verschaffen, die Osama bin Ladens zunehmend leere Drohungen brauchten, und um den Worten des äußerst gewalttätigen Abu Musab al-Zarqawi Gehör zu verschaffen, der von al-Qaida zum Emir des Irak ernannt wurde. Al-Zarqawi war der Erste, der jeden erfolgreichen Angriff auf die Ziele der Koalition im Irak in Online-Clips festhielt, die mit «Allahu Akbar»-Rufen («Gott ist groß!») ebenso untermalt wurden wie mit einem Soundtrack aus wunderschönen und ergreifenden Naschids. (Diese islamischen Hymnen werden explizit zum Zwecke der Lobpreisung und des Gebets verfasst und wenden sich an eine Gottheit oder eine prominente Person.) YouTube, das seit 2005 existiert, war die perfekte Plattform, um anonym hochgeladene Videos zu verbreiten, beispielsweise die kurz vor dem Tod aufgezeichneten «Testamentserklärungen und Zeugnisablegungen» von Selbstmordattentätern.

Doch das Problem der Reichweite war damit nicht gelöst. Selbst bei YouTube mussten die potenziellen Zuschauer entweder erst von der Existenz eines Videos erfahren oder sich fast schon intuitiv auf die Suche danach begeben. Anwar al-Aulaqi, ein junger Geistlicher, der in den USA geboren wurde und eine wichtige Rolle in den Reihen des al-Qaida-Ablegers AQAP (al-Qaida auf der Arabischen

Halbinsel) spielt, war der Erste, der auf die große Bedeutung der sozialen Netzwerke hinwies, um die Botschaft des Jihad zu verbreiten und neue Rekruten zu finden. Der sogenannte «Internet-bin-Laden» führte sein eigenes Blog, betrieb eine Facebook-Seite und einen YouTube-Kanal und nutzte sie für die Verbreitung der englischsprachigen Online-Zeitschrift *Inspire*, eines Portals, das auch Anleitungen für den Bombenbau und qualitativ immer hochwertigere kleine Videos veröffentlichte. Al-Aulaqis selbstherrlicher Umgang mit den sozialen Medien führte mit an Sicherheit grenzender Wahrscheinlichkeit dazu, dass ihn die Amerikaner bei einem Drohnenangriff auf den Jemen im September 2011 zielgerichtet liquidierten. Damals war der Standort einer Person über Facebook noch leicht zu ermitteln, weil das soziale Netzwerk zu diesem Zeitpunkt mit Programmen zur Anonymisierung von Verbindungsdaten wie TOR (Third Party Onion Routing) noch nicht funktionierte (siehe unten).

Der Islamische Staat hob die ursprünglich von al-Aulaqi eingeführten Online-Strategien jedoch auf eine neue Stufe. Früher produzierte und veröffentlichte die Führungsriege das zur Verbreitung bestimmte Material; heute betreibt jeder Jihadist gleichsam sein eigenes kleines Nachrichtenportal und berichtet auf Twitter live von der Front, stellt verlockende kleine Clips über die Freuden des häuslichen Lebens ins Netz, veröffentlicht Bilder zum Thema auf JustPaste.it oder Instagram, beginnt freundliche Gespräche mit potenziellen Rekruten über Skype, versendet Mitteilungen über anonyme Android-Profile oder postet Links zu den Propagandamaterialien der Vereinigungen und den berühmt-berüchtigten Videosammlungen. Der gesamte Inhalt wird systematisch immer wieder neu getwittert, und durch die kluge Einbindung von Hashtags ziehen diese Einträge eine enorm große Menge neuer Leser an. So nutzte der IS im Vorfeld des Volksentscheids zur schottischen Unabhängigkeit beispielsweise Hashtags, die mit der Abstimmung in Zusammenhang standen, darunter etwa #VoteNo oder #VoteYes. Auch Geschichten über Prominente, die in den sozialen Medien erfolgreich die Runde machen, werden auf diese Weise für die Zwecke der Islamisten instrumentalisiert. Wer im

November 2014 etwa nach #LewisHamiltonGrandPrix suchte, erhielt stattdessen einen Link zu einer IS-Seite, auf der Videoaufnahmen von mit Kalaschnikows trainierenden Kindersoldaten abrufbar waren. Die Aktivisten sind sich darüber im Klaren, dass ihr
Material in möglichst kurzer Zeit von möglichst vielen Menschen
angeschaut und zur Archivierung auf «sicheren» Plattformen
hochgeladen werden muss, ehe die Administratoren von YouTube,
Facebook und Twitter über die Posts in Kenntnis gesetzt und die
Inhalte samt den Accounts entfernt werden.

Die Rekrutierung des Islamischen Staates spielt sich größtenteils
im Internet ab. Bei der Recherche für dieses Buch kommunizierten
wir auf vielerlei Weisen mit den jungen Männern und Frauen, die
sich dem IS entweder bereits angeschlossen hatten oder darüber
nachdachten. In muslimischen Ländern wurden potenzielle Sympathisanten oft direkt von Mittelsmännern oder Anwerbern angesprochen; im Westen gaben die meisten jedoch an, dass sie jemandem auf Facebook oder Twitter eine private Nachricht geschrieben
oder von einem Freund, Verwandten oder Bekannten kontaktiert
worden seien, der sich bereits im Territorium des Islamischen
Staates befand, damit sie ihre «Auswanderung» in Angriff nahmen.
Die Ansprechpartner halfen bei logistischen Fragen und hatten
auch sonst stets praktische Hinweise parat. Sobald der Erstkontakt
hergestellt war, wurde die Beziehung über anonyme Messaging-
Dienste wie Kik oder WhatsApp weiter vertieft. Diese Dienste
werden weder überwacht noch reguliert. 14 Millionen Menschen
nutzen Kik, und das offenbar vor allem für Pornografie und Dro-
genhandel, weshalb die Jihadisten hier leicht in der Masse unterge-
hen. Der Internet-Telefondienst Skype ist ein weiteres populäres
Austauschmedium, denn der Dienst ermöglicht nicht nur «Echtzeit»-Reportagen von Gotteskriegern an der Front, sondern auch
den Dialog zwischen Anwerbern und potenziellen Rekruten. Die
Gespräche werden verschlüsselt und können mit Internetdienst-
leistern und anonymisierten Betriebssystemen im Darknet genutzt
werden, die ich später näher beleuchten werde. Geheime Gespräche, die mittels Messaging- und Telefondiensten über Laptops oder
Smartphones im Schlafzimmer eines Teenagers geführt werden,

lassen sich von den Eltern oder den Behörden kaum überwachen, weshalb solche digitalen Geräte die perfekten Rekrutierungsinstrumente darstellen.

Auch Twitter- und Facebook-Profile werden für «Cyber Stalking» genutzt und um «Feinde» im World Wide Web aufzuspüren. Militärs, Politiker und Journalisten sind besonders gefährdet, und viele treffen noch nicht einmal die elementarsten Sicherheitsvorkehrungen, um ihre Arbeits- und Privatadresse, ihren täglichen Arbeitsplan, den Schulort ihrer Kinder etc. vor allzu wachsamen Augen zu schützen.

Die Jihadisten verfügen über ein eigenes Netzwerk von Programmierern, die das Wissen und die Entwicklung des Islamischen Staates archivieren. Auch Online-Ressourcen wie das *Technical Mujahid Magazine*, ein alle zwei Monate erscheinender Leitfaden für frisch aus dem Gefängnis entlassene Islamisten, werden auf diese Weise genutzt. Außerdem gründeten die Extremisten eine eigene, streng überwachte Version von Facebook: Muslimbook. Zudem veröffentlichte der IS erst vor Kurzem eine Smartphone-App namens *Dawn of Glad Tidings*. Dieser Nachrichtendienst versorgt die IS-Anhänger mit relevanten Nachrichtenmeldungen und verbreitet diese automatisch über den Twitter-Account des jeweiligen Nutzers, um potenzielle Geldgeber zu erreichen.[2]

Außerdem hat der Islamische Staat sein eigenes Videospiel *Salil al-Sawarim* («Klirrende Schwerter») auf den Markt gebracht, das auf einer gekaperten Version des ungemein beliebten Klassikers *Grand Theft Auto* basiert. Der Spieler findet sich in einem Terrain wieder, das den Gebieten im Nordirak ungemein ähnlich sieht; US-Soldaten können in den Hinterhalt gelockt und umgebracht oder unkonventionelle Spreng- und Brandvorrichtungen (engl. «improvised explosive devices», IEDs) ausgelegt werden, die dann Militärfahrzeuge mit westlichen Soldaten in die Luft sprengen, während im Hintergrund der Ruf «Allahu Akbar» – «Gott ist groß!» – ertönt.

Knotenpunkt für Informationen

Der IS ist sich sehr wohl bewusst, dass er den Anschluss an die Internet-Generation nicht verlieren darf, um nicht in der Bedeutungslosigkeit zu versinken. Tausende Twitter-Accounts, RSS-Feeds zur automatischen Verteilung von digitalen Inhalten und Messaging-Dienste versorgen seine Anhänger stets mit neuen Berichten über das Kampfgeschehen und mit Meldungen über den Alltag im Islamischen Staat. Auf diese Weise stellt der IS nicht nur sicher, dass potenzielle Sympathisanten und Rekruten auf dem Laufenden bleiben, sondern wirkt damit auch feindlicher Propaganda oder der Verbreitung «schlechter Nachrichten» wie etwa der über den Verlust von Kobane Anfang Februar 2015 entgegen. Obwohl die meisten Informationen im Internet weiterhin nur auf Arabisch zugänglich sind, holt die englische Sprache schnell auf, und viele der arabischsprachigen Inhalte, die den Islamisten besonders wichtig erscheinen, werden mittlerweile mit englischen Untertiteln versehen. Außerdem sind die Informationen noch in vielen anderen Sprachen erhältlich, darunter Russisch, Urdu und Chinesisch. Schließlich sind der Jihadismus und seine Netzwerke inzwischen ein mehr oder weniger globales Phänomen.

Der nicht versiegen wollende Informationsstrom der Extremisten wird ebenfalls genutzt, um vom Islamischen Staat das emotionale Bild eines attraktiven Raums zu zeichnen, in dem sich die Menschen «wie zu Hause» fühlen und alle «Brüder» oder «Schwestern» sind. Es entwickelt sich bei den englischsprachigen Brüdern und Schwestern in den sozialen Netzwerken gerade eine Art von Slang, bei dem Anpassungen an islamische Begrifflichkeiten und die Defizite dieser Übertragungen in die jeweils andere Sprache mit dem Vokabular der Straße verwoben werden und dadurch eine ganz eigene «Jihad-Coolness» entsteht. Auf Instagram präsentieren die Anhänger Schnappschüsse ihres glücklichen Alltags in den eigenen vier Wänden: Krieger spielen mit flauschigen Kätzchen, während die weiblichen Aushängeschilder der Bewegung stolz die von ihnen zubereiteten Speisen präsentieren. Diese «Muslimas» twittern auch über ihre häuslichen Sorgen oder beklagen das Fehlen anständiger Bekleidung. «Ernsthaft, wir brauchen ein paar professionelle Schneider für die Schwestern hier im Islamischen Staat», verkündete eine junge Frau über ihren Twitter-Account UmmMariAndalucia.

Die ständige Bespielung der sozialen Medien durch den IS soll die Botschaft kontinuierlich am Leben erhalten und die Anhänger daran erinnern, dass die Ungläubigen (*kufr*) der Feind sind und entweder zum wahren Glauben übertreten oder sterben müssen. Oft werden diese Drohungen zusätzlich mit Koranversen unterlegt. In einem momentan aktiven Thread erfährt der Wunsch nach dem Märtyrertod eine Art Normalisierung, und der Tod wird nicht nur glorifiziert, sondern geradezu sehnsuchtsvoll erwartet. Schließlich ist er die gefährlichste Waffe der Jihadisten. Jemand, der den Tod nicht fürchtet, ist nahezu unbesiegbar. Deshalb werden Nahaufnahmen der lächelnden Gesichter toter Soldaten überall in den Netzwerken verteilt. Der beim Islamischen Staat übliche «Gruß» – der Zeigefinger der rechten Hand zeigt gen Himmel – spiegelt diese Ideologie wider. Die Islamistin, die hinter einem Twitter-Account steckte, über den ich Nachforschungen anstellte, hatte ein schockierendes Foto als Hintergrundbild gewählt: Zwei kleine Jungen im Alter von etwa vier und sechs Jahren – wohl ihre eigenen Söhne –, von Kopf bis Fuß in Schwarz gehüllt und maskiert, halten eine riesige Kalaschnikow in der Linken, die sie nur noch winziger wirken lässt, und zeigen mit der Rechten gen Himmel. Am 3. Februar 2015 verkündete eine britische Bewohnerin des Islamischen Staates namens al-Britaniya «frohe Botschaften» auf Twitter: «Mein Ehemann Rahimun Allah hat das Schönste abgeschlossen, das man sich nur vorstellen kann: Seine Seele kehrt nach *janna* [ins Paradies] zurück. Möge Allah dich aufnehmen, *shahid* [Märtyrer]!» Fünf Stunden zuvor hatte sie ein Bild von einer mit Tobleronestücken dekorierten Sahnespeise ins Internet gestellt.

Ahmad Abu Samra, ein Syrer, der 1981 in Frankreich zur Welt kam und in Massachusetts aufwuchs, wo sein Vater ein bekannter Endokrinologe war, leitet die Medienabteilung des Islamischen Staates. Vor seiner Radikalisierung hatte er einen Universitäts-

abschluss in Informatik erworben und war in der Telekommuni-
kationsbranche tätig gewesen; dank seiner doppelten syrisch-
amerikanischen Staatsbürgerschaft gelang ihm im Jahr 2011 die
Umsiedlung nach Aleppo ohne jede Schwierigkeit. Abu Samra
steht mehreren Medienorganisationen vor, die über einen vollzeit-
beschäftigten Mitarbeiterstab verfügen. Als wichtigste Organisationen seien an dieser Stelle al-Hayat («Das Leben»), al-Furqan
(«Offenbarung»; Sure 25) und al-Itisam («Bewahrung») genannt,
die alle einzig und allein für Propagandazwecke genutzt werden.
Al-Hayat wurde im Mai 2014 gegründet; der Hauptsitz befindet
sich in Syrien. Die irakische al-Furqan, die seit 2006 existiert, war
ursprünglich das mediale Sprachrohr des Islamischen Staates im
Irak (ISI). Al-Itisam wiederum ist eine syrische Filmproduktions-
firma, die für den Großteil der überaus cleveren und hochwertig
produzierten Videos verantwortlich ist, die über al-Hayat in Umlauf gebracht werden.

Professionelle Journalisten, Filmemacher, Fotografen und Re-
dakteure sind für diese Organisationen tätig. Sie alle mussten vor
Kalif Ibrahim den Treueschwur (*bai'a*) ablegen. Außerdem brachten sie die neuesten Techniken und die fähigsten Leute mit. Deshalb sind die von ihnen produzierten Videos von einer Qualität,
die normalerweise eher mit großen Sendeanstalten oder gar mit
Hollywood in Verbindung gebracht wird. Ein besonders raffi-
nierter Rekrutierungsclip trägt den Titel «Worauf wartet ihr?»
und zeigt neben attraktiven jungen Leuten mit langen schwarzen
Haaren sogar einen Franzosen mit blauen Augen. Die Medienan-
stalt al-Hayat veröffentlicht in regelmäßigen Abständen kurze,
schnappschussartige Clips, die sie «MujaTweets» nennt und in denen sie den Alltag der Mujahidin zur Schau stellt. In einem Video,
das eine Großküche zeigt, in der das Essen gerade mit Schöpfkellen
in Schüsseln verteilt wird, ist etwa zu erkennen, wie Soldaten das
traditionelle Fastenbrechen während des Ramadans begehen und
gemeinsam mit Kindern lachen und scherzen; in einer anderen
Sequenz ist zu sehen, wie IS-Soldaten einer älteren kurdischen
Frau, die von ihrer Familie zurückgelassen wurde, auf ein Moped
helfen, das sie zu anderen Verwandten bringen soll. In einem ande-

ren Video, das unter dem Titel «Warum hast du dich dem Jihad angeschlossen, Onkel?» mittlerweile zu einem echten YouTube-Hit geworden ist, wird ein 70-jähriger Kämpfer mit schlohweißen Haaren interviewt.

Al-Furqan hat eine ganze Fernsehserie produziert, in der die Taten und Erfolge des Islamischen Staates verherrlicht werden, darunter *Messages from the Land of Epic Battles* (Botschaften aus dem Land der gewaltigen Kämpfe) und *Flames of War* («Flammender Krieg»). Diese Serien präsentieren die Kämpfer des IS – von denen viele aus dem Ausland stammen – inmitten des Kampfgetöses. Die bekanntesten Produktionen stellen dagegen zunehmend barbarische Exekutionen in den Mittelpunkt des Geschehens. Damit sollen Feinde eingeschüchtert und die ganze Welt mittels unvergesslich grausamer Bilder in Angst und Schrecken versetzt werden: Ein kleiner Junge richtet eigenhändig erwachsene Gefangene hin; eine Frau wird zu Tode gesteinigt; ein alter Mann, angeblich ein Pädophiler, wird an einen weißen Stuhl gefesselt und von einem Hochhaus gestoßen. Im Februar 2015 erschien dann die hochwertig produzierte und zutiefst abscheuliche Aufnahme der Hinrichtung des jordanischen Piloten Muadh al-Kasasba, der in einem Käfig bei lebendigem Leibe verbrannt wurde.

Dieses Video wurde Sekunden nach der Veröffentlichung bereits vielfach geteilt, was mir letztlich ermöglichte, die Methoden nachzuvollziehen, mit denen der Clip innerhalb kürzester Zeit nicht nur Hunderttausende Menschen, sondern auch alle wichtigen Medienorganisationen erreichte. Zunächst wurden auf Twitter eine Reihe von Einträgen veröffentlicht, die darauf hinwiesen, dass sehr bald etwas geschehen würde, weshalb die Abonnenten der unterschiedlichen Accounts sich unbedingt mehrere Schattenprofile einrichten sollten, damit niemand Verdacht schöpfte. Als nächstes folgten Links zu Kopien des Films auf JustPaste.it. (Diese Webseite, auf der anonyme Inhalte geteilt werden können, wird von einem 26-jährigen Polen betrieben und ist mittlerweile zu einem wichtigen Teil der IS-Propagandamaschinerie geworden.) Auch auf den arabischen Äquivalenten Nasher.me und Manbar.me tauchten Verlinkungen auf, ebenso auf einer Vielzahl anderer Plattformen.

Diese wurden dann auf Twitter geteilt und mit dem Aufruf an alle Abonnenten versehen, den Eintrag möglichst oft neu zu twittern. Ebenso sollten «Leute mit High-Speed-Internetverbindungen» das Video herunterladen und dann entweder auf einer anonymisierten Cloud oder einer «gespiegelten» Internetseite «archivieren». (Dafür wird der Inhalt einer bekannten jihadistischen Webseite auf Hunderte andere Seiten kopiert bzw. gespiegelt, die unter verschiedenen Namen und Identitäten betrieben werden.) Egal, wie schnell die Twitter-Accounts und Internetseiten, auf denen das Video erscheint, auch gelöscht werden – der Inhalt bleibt anderswo doch stets abrufbar. Dasselbe gilt für die Dateien, die von den Mitgliedern des «Cyber-Kalifats» heruntergeladen wurden, als sie sich im Januar 2015 in das Zentralkommando der US-Army hackten, eine Tat, auf die ich später noch einmal näher eingehen möchte.

Die Ermordung al-Kasasbas spaltete die Abonnenten der von mir beobachteten Twitter-Accounts auf der Stelle in zwei Lager. Einige waren schockiert, bedauerten die Tat und gaben an, so etwas habe mit dem Islam nichts mehr zu tun; andere ergötzten sich an der Grausamkeit des Ganzen. Jemand, dessen Twitter-Profil unter dem Namen Faris al-Britani lief, schrieb eiskalt: «Burn, Baby, burn! In der Hauptrolle: Muadh al-Kasasba, ausgezeichnet für den ‹besten Schrei›.»

Der Islamische Staat verfügt zudem über einen eigenen Radiosender namens al-Bayan, der in Mossul sitzt; außerdem benutzt er einen über Satellit empfangbaren libyschen Fernsehsender namens Tauhid. Im Januar 2015 kündigte ein Trailer das baldige Erscheinen eines rund um die Uhr aktiven Internetsenders namens The Islamic Caliphate Broadcast an, abrufbar auf der Seite KalifaLive.info, die mit dem IS in Verbindung steht. Dort sollen einige Aufnahmen von Cantlie präsentiert werden, dem britischen Fotojournalisten, der im November 2012 gemeinsam mit dem kurz darauf hingerichteten John Foley vom ISIS entführt wurde. Cantlie ist inzwischen in acht Propagandavideos des Islamischen Staates aufgetaucht, was einige Diskussion und Spekulation nach sich zog.[3]

Auf den Internetseiten des IS ist zudem ein gewaltiges Archiv ideologischer Schriften, monatlich erscheinender Berichte, Predig-

ten, Koraninterpretationen, Fatwas, Zeitschriften, Trainingsleitfä-
den und Ratschlägen für die Behandlung von «Sklaven» und
Frauen im Islamischen Staat einsehbar.

Sicherheitsfragen

«Ihr bedient euch kriegerischer Taktiken, um die wahre Da'wa zu
verbreiten und die Fragen des Jihad zu erörtern, Neuigkeiten über eure
Brüder, die Mujahidin, herauszufinden, und um Lügen aufzudecken.
Ihr begebt euch in einen Krieg, der mit psychologischen Waffen
geschlagen wird. Sie nehmen ihn nicht auf die kalte Schulter, und wir
nehmen ihn nicht auf die kalte Schulter. Aus diesem Grund dürfen
wir sie auch hinters Licht führen.»

So lautet der Ersteintrag auf einer Webseite namens alkalifat.com,
die Cyber-Jihadisten über die neuesten Entwicklungen im Sicher-
heitsbereich auf dem Laufenden halten soll. Die Anhänger des Islamischen Staates können online eine derart dicke Lippe riskieren,
weil sie sich mit Sicherheitsfragen genau auskennen und den Behörden und Internetanbietern, die ihre Online-Auftritte vom Netz
nehmen, stets einen Schritt voraus sind. Im Folgenden möchte ich
überblicksartig darstellen, wie die besonders gewitzten Aktivisten
und Kämpfer im Internet agieren, ohne sich davor fürchten zu
müssen, dass ihre Identität je aufgedeckt wird.

Der Schlüssel zur Anonymität liegt in den sogenannten Virtual
Private Networks (VPNs), mit denen die IP-Adressen von Nutzern
verborgen und stattdessen ein falscher Standort in einem anderen
Land, üblicherweise irgendwo im Nirgendwo, angezeigt werden
kann. Das Programm CyberGhost VPN funktioniert nach diesem
Prinzip und ist besonders wirkungsvoll, wenn es gemeinsam mit
TOR zum Einsatz kommt, das ursprünglich für die US-ameri-
kanische Marine entwickelt wurde. Mittels dieses Netzwerkes las-
sen sich Nutzerstandorte verschleiern, indem das Signal durch
Verbindungsknotenpunkte in verschiedenen Ländern geschickt
wird. Auf diese Weise gelingt auch der Zugang zum sogenannten
Darknet, dem anonymen Netzwerk für Kriminelle und Kinderpor-

nografen. Um die größtmögliche Sicherheit zu erreichen, empfiehlt alkalifat.net, CyberGhost VPN in Kombination mit dem Betriebssystem The Amnestic Incognito Live System (TAILS) zu verwenden, das von einer externen Quelle wie einer CD oder einem USB-Stick hochgefahren wird. Auf der Festplatte des Computers bleiben keinerlei Spuren zurück. TOR ist auf TAILS bereits vorinstalliert. Außerdem erlaubt TAILS die Benutzung mehrerer Desktops und kann sofort ausgeschaltet werden, sobald der Nutzer fürchtet, er könnte aufgespürt worden sein. Zudem kann TAILS über eine Reihe von Codierungswerkzeugen Dateien, E-Mails und Chats verschlüsseln. Sind diese Funktionen aktiviert, ist es möglich, sich vollkommen unerkannt im Internet zu bewegen und mithilfe von Pseudonymen ein falsches Online-Dasein zu führen, das keine Fußabdrücke hinterlässt. Die eigene Identität sollte jedoch nicht versehentlich aufgedeckt werden, weil der Nutzer beispielsweise seine persönlichen E-Mails oder sein echtes Facebook-Profil überprüft. Twitter funktioniert ebenfalls über TOR; Facebook ermöglichte erst vor Kurzem die Verwendung des Programms.

Sobald der Internet-Jihadist erst einmal über CyberGhost VPN und TAILS verfügt, kann er sich via bitmessage.ch bei einem kostenlosen verschlüsselten E-Mail-Anbieter anmelden und auf diesem Wege eine ebenfalls verschlüsselte E-Mail an einen Empfänger senden, die jedoch nur einen vollkommen unlesbaren Code enthält. Dieser lässt sich nur mit dem entsprechenden Schlüssel dechiffrieren, den er ebenfalls erhält – ebenso wie hundert andere, völlig zufällig ausgewählte Accounts, deren Inhaber die Nachricht ohne den Schlüssel allerdings nicht lesen können. Sollte der Absender überwacht werden, so werden die Verantwortlichen nie herausfinden, wer der echte Empfänger ist. Der mit Bitmessage verschlüsselte E-Mail-Account kann auch für die Einrichtung und Pflege von Profilen in sozialen Netzwerken genutzt werden, die unter eigenen Decknamen angelegt werden. Diese ermöglichen dann Instant Messaging über Twitter oder Facebook und dadurch eine anonyme Kommunikation. Die Jihadisten pflegen auf diese Weise ihre Online-Netzwerke und verbreiten vollkommen straffrei ihre extremistischen Inhalte. Zudem nutzen sie dezentralisierte, softwarebasierte Open-Source-Netzwerke wie Diaspora oder Friendica, die sich jedoch nicht dafür anbieten, die potenziellen Rekruten zu «erreichen», die auf den öffentlichen Datenautobahnen unterwegs sind.

Sobald die Behörden oder die Provider auf extremistische Accounts und Materialien stoßen, werden diese umgehend entfernt. Im Jahr 2014 ließ der Nachrichtendienst des US-Außenministeriums ganze 45 000 Einträge löschen; eine Spezialeinheit der britischen Metropolitan Police beseitigt um die 1100 Einträge pro Woche. «Hamid», ein Online-Claqueur für den Islamischen Staat, gab im Gespräch mit dem *Guardian* zu, dass es eine «Katastrophe» sei, wenn ein Twitter-Account mit Tausenden von Abonnenten gelöscht werde. «Wir müssen jedoch geduldig sein», erklärte er weiter. «Hamid» ließ seine Follower wissen, dass sie niemals aufgeben sollten und twitterte: «Ihr solltet euch schämen, wenn ihr euch darüber Sorgen macht, ob euer Profil gelöscht wird, während gleichzeitig andere Leute dazu bereit sind, ihr Leben für ihren Glauben zu opfern.»

Wie Mitglieder von Banden müssen auch die «Gotteskrieger» Gelder verschicken und empfangen können, ohne die Sicherheitsbehörden durch Hinweise auf oder Spuren des Geldtransfers auf ihre Fährte zu locken. Zu diesem Zweck nutzen die Islamisten sogenannte «Kryptowährungen»: Bitcoins und Dodgecoins zur Online-Zahlung, die in der Unterwelt sehr beliebt sind, weil sie vollkommene Anonymität versprechen und beim Surfen keinerlei Spuren hinterlassen. Seit Kurzem sind auch Kreditkarten auf Prepaid-Basis erhältlich, was für die Kriminellen der Welt ein großer Glücksfall ist, denn auch so sind sie in der Lage, vollkommen anonym Geld zu versenden, ohne eine Fährte zu hinterlassen.

Das Ganze funktioniert so: Wer Geld verschicken möchte, lädt den Betrag auf eine Prepaid-Kreditkarte und besorgt sich ein unregistriertes Wegwerf-Handy mit Prepaid-Karte. Als nächstes registriert man sich bei einem Zahlungsdienst für Mobiltelefone und tätigt mithilfe einer anonymen, bei einem kostenlosen Dienst eingerichteten E-Mail-Adresse, der Nummer des Wegwerf-Handys und des Geldes auf der Prepaid-Kreditkarte eine Überweisung.

Konkret heißt das: Man loggt sich mit dem Mobiltelefon beim Zahlungsdienst seiner Wahl ein und gibt die Nummer des Handys ein, auf das der Betrag transferiert werden soll. Auch dies ist wieder ein unregistriertes Wegwerf-Handy. Als nächstes leitet der Empfänger den Transfer der Gelder auf eine ebenfalls anonymisierte und nicht nachverfolgbare Prepaid-Kreditkarte ein, mit der dann Bargeld von einem Geldautomaten abgehoben werden kann. Danach landen das Telefon und die Kreditkarte im Müll.

Mobiltelefone spielen als telekommunikative Waffe eine wichtige Rolle, auch wenn sie bis vor Kurzem im angeschalteten Zustand bekanntermaßen enorm einfach zu orten waren. Sobald Wegwerf-Handys eine Weile genutzt werden, können auch sie überwacht und verfolgt werden. Ein neues Android-Smartphone, das den Spitznamen «Snowden-Phone» trägt (benannt nach Edward Snowden, dem IT-Experten und Whistleblower, der 2013 streng geheime Informationen der National Security Agency an die Medien weitergab), erfreut sich auch im Territorium des Islamischen Staates mittlerweile großer Beliebtheit. Es gelangte über Freunde und Bekannte der Jihadisten aus dem Westen dorthin. Bei Bedarf ermöglicht das «Snowden-Phone» zudem einen Nummernwechsel; außerdem benutzt das Gerät 128-Bit-Verschlüsselungen, VPNs und Kryptowährungen, um jegliche Spuren zu verwischen. Es kann auch für Skype, Messaging-Dienste, soziale Medien und das Internet genutzt werden, und das mit minimalem Risiko, entdeckt zu werden. Auch TOR ist mittlerweile gemeinsam mit TAILS auf Mobiltelefonen nutzbar. Die Speicherkarte des Telefons wird automatisch gelöscht, sobald der Nutzer das auf einer externen Quelle befindliche Betriebssystem entfernt, wodurch die vorherigen Aktivitäten auf dem Telefon nicht verfolgt werden können. ChatSecure ist der Instant-Messaging-Dienst der Wahl für den Smartphone-Verwender, der gerne anonym bleiben möchte. Die Anwendung läuft über TOR, Mitteilungen werden also verschlüsselt übertragen.

Cyber-Jihad

Im Januar 2015 schaffte es der Islamische Staat mithilfe einiger Black-Hat-Hacker (also besonders bösartiger Hacker), die sich selbst das «Cyber-Kalifat» nannten, abermals in die weltweiten Schlagzeilen. Diese Hacker rissen die Kontrolle über die sozialen Medienkanäle des US Central Command (CentCom) an sich. Das Zentralkommando leitet die militärischen Operationen in Syrien und im Irak. Die Behörden gaben in kürzester Zeit bekannt, dass keinerlei Schaden angerichtet worden sei, straften diese Aussage jedoch auf der Stelle Lügen, als sie mitteilten, die Hacker hätten «das Passwort erraten» – meine obigen Ausführungen über die verschiedenen Verschlüsselungsmöglichkeiten und andere Sicherheitsvorkehrungen sollten recht deutlich gemacht haben, wie unwahrscheinlich so ein Fall tatsächlich ist. Auf dem YouTube-Kanal des US Central Command entdeckten die Hacker die persönlichen Daten Hunderter US-amerikanischer Soldaten und anderen militärischen Personals, das entweder zu dieser Zeit oder in der Vergangenheit im Nahen Osten stationiert war. Die persönliche Sicherheit dieser Menschen und ihrer Angehörigen war damit gefährdet. Es dauerte nicht lange, bis die Dateien überall verbreitet, auf «Spiegelseiten» kopiert und in anonymen Clouds gespeichert worden waren. Es hätte auch schlimmer kommen können: Den Hackern gelang es nicht, sich in das Betriebssystem einzuloggen oder auf den Internetauftritt von CentCom zuzugreifen. Dennoch erklärten sie dem amerikanischen Militär mit diesem Angriff ganz eindeutig den Krieg.

Das Cyber-Kalifat hatte sich im Vorfeld der Attacke mit 110 000 Followern einen soliden Abonnentenstamm auf Twitter aufgebaut. Für extremistische Profile ist das eine sehr hohe Zahl, weil Accounts dieser Art normalerweise gelöscht werden, bevor sie eine solche Menge von Interessenten anziehen können. Als Hintergrundbild und «Gravatar» (ein persönliches Profilbild, das weltweit wie eine eigene Marke Verwendung findet) wählte die Gruppe einen Männerkopf, der vollständig von einer schwarzweißen *kufiya* (einem Kopftuch) verhüllt wurde. Als ich diese Zeilen im Februar 2015 niederschrieb, existierte der Account bereits nicht mehr; es gab kein aktives Profil der Organisation. Das bedeutet nun nicht, dass die Gruppe ihre Aktivitäten eingestellt hätte – in der anonymen Welt des Cyberspace wechselte sie bloß ihre Identität.

Im Februar 2015 enthüllte der französische Innenminister Bernard Cazeneuve, seit dem Anschlag auf *Charlie Hebdo* einen Monat zuvor seien mehr als 25 000 Online-Angriffe auf das Land niedergegangen. Verübt hatten diese Attacken mindestens 27 verschiedene Hacker-Gruppen, die allesamt dem Islamischen Staat die Treue geschworen hatten. Der französische Admiral Arnaud Coustillière, zuständig für die Abwehr von Internet-Anschlägen, erklärte auf einer Pressekonferenz, es sei «das erste Mal, dass Frankreich einer derart großen Angriffswelle ausgesetzt» sei.[4] Die meisten Attacken, die Internetseiten für Touristen ebenso wenig außen vor ließen wie Seiten mit Informationen zur militärischen Verteidigung, zielten auf absichtlich herbeigeführte Serverüberlastungen ab (DoS-Attacken, wobei «DoS» für «Denial of Service» steht). Die betroffenen Seiten wurden auf diese Weise in die Knie gezwungen. Ein eventuell im Zuge dieser Angriffe erfolgter Datenklau wurde zwar nicht bekannt; möglicherweise wurden jedoch Viren verteilt. Außerdem erschienen auf nahezu allen betroffenen Internetseiten IS-Parolen. Viele der Hacker-Gruppen operierten aus Nordafrika oder der Sahelregion. Sie warnten davor, dass eine weitere, noch zerstörerischere Angriffswelle auf wichtigere Institutionen und Organisationen folgen werde.

Es gibt Spekulationen, dass ein weiterer, überaus aktiver Zusammenschluss von Black-Hat-Hackern, der sich «The Lizard Squad» nennt, in Verbindung mit dem Islamischen Staat steht. Am 25. Januar 2015 hackte sich diese Gruppe in die Webseite der vom Pech verfolgten Malaysia Airlines ein. Ein Flugzeug dieser Gesellschaft war im März 2014 verschollen, kurz darauf stürzte eine weitere Maschine der Fluggesellschaft ab. Einige Stunden prangten die Schriftzüge «ISIS wird siegen» und «404-Flugzeug kann nicht gefunden werden: vom Cyber-Kalifat gehacked» auf der Homepage des Unternehmens. Unterlegt waren diese Botschaften mit dem Bild einer Malaysia-Airlines-Maschine in der Luft.

Der Mann, der mit hoher Wahrscheinlichkeit als «Cyber-Emir» die Internetkampagnen des Islamischen Staates kontrolliert und mit an Sicherheit grenzender Wahrscheinlichkeit für den Angriff auf CentCom verantwortlich ist, kommt aus Großbritannien, ist 27 Jahre alt und heißt Junaid Hussain (auch bekannt als Abu Hussain al-Britani). Ursprünglich stammt er aus Birmingham. 2012 verbrachte Hussain sechs Monate im Gefängnis, weil er sich in den privaten Gmail-Account von Katy Kay, der Sonderberaterin des ehemaligen britischen Premierministers Tony Blair, eingewählt hatte. Dadurch gelangte er an die E-Mail-Adressen und Telefonnummern verschiedener Familienmitglieder Tony Blairs und einiger Mitglieder des House of Lords; diese Daten verteilte er im Anschluss quer über die sozialen Medien. Außerdem führte Hussain eine «Team Poison» genannte Bande jugendlicher Hacker an. Diese bombardierte ein Anti-Terror-Telefon der Polizei mit so vielen Scherzanrufen, dass die Hotline zusammenbrach. Der Bachelorstudent Hussain, der wegen eines Gewaltdelikts bereits vorbestraft war, befand sich auf Bewährung und war auf freiem Fuß, als er sich seiner Überwachung entzog und nach Syrien absetzte. Dort schloss er sich 2013 dem ISIS an.

Erfahrene und kreative Hacker wie Hussain sind nicht nur imstande, den Zusammenbruch ganzer Internetseiten in die Wege zu leiten, sondern wissen ihre Fähigkeiten auch beim Abhören echter Kampfeinsätze einzusetzen. Dadurch verfügen die Soldaten des Islamischen Staates und ihre Befehlshaber über einen enormen Vorteil und können so die feindlichen Kräfte in einen Hinterhalt locken. Nicht nur die Truppen und die Miliz der Gegenseite (beispielsweise der kurdischen PKK), die oft über ein geringeres technisches Wissen verfügen, verlassen sich auf digitale Mittel, um sich über Schlachtpläne auszutauschen, bewachte Versorgungswege preiszugeben, den Munitionsbedarf durchzugeben und andere taktische Fragen zu klären; auch bei den Soldaten der irakischen und syrischen Regierungstruppen ist dies der Fall. Telefone, Tablets und Laptops, die nicht über TAILS geschützt werden, verraten ebenfalls den Verlauf vorangegangener E-Mail-, Messaging- und Skype-Konversationen.

Außerdem hinterlassen die Hacker des Islamischen Staates seit geraumer Zeit abseits des Schlachtfelds spezielle Cyber-Fallen für ihre Feinde. In al-Raqqa, einer der Hochburgen des IS, stellte eine Grassroots-Organisation namens «Raqqa is Being Slaughtered Silently (RSS; dt. etwa «al-Raqqa wird leise dahingemetzelt») eine Seite ins Netz, auf der sie die Menschenrechtsverletzungen des IS ebenso dokumentierte wie den harten Alltag unter der islamistischen Auslegung der Scharia. Einige IS-Hacker schickten der Gruppe daraufhin eine E-Mail, in der sie sich als Syrer im kanadischen Exil ausgaben und der Organisation ihren Dank «für ihre Bemühungen» zum Ausdruck brachten, «das echte Leben in al-Raqqa wahrheitsgemäß darzustellen». Die Hacker teilten RSS mit, dass sie ihnen den ersten Entwurf einer Nachrichtenmeldung schicken würden, an der sie gerade arbeiteten, so dass sie diese bei Bedarf ergänzen und kommentieren könnten. Das Dokument enthielt Bilder und war daher sehr groß, weshalb es auf einer Seite zum Datenaustausch abgelegt wurde; der Link zu der betreffenden Datei war in der E-Mail enthalten. Als die Aktivisten von RSS den Link öffneten, führte er zu besagtem Bericht und einigen Satellitenbildern von al-Raqqa. Während die Gruppe die Dateien studierte, wurde heimlich Malware auf ihren Computern installiert, und das nur zu dem Zweck, dem IS die IP-Adressen der am Netzwerk Beteiligten zu verraten. Jeder, der an der Seite mitgearbeitet oder sie aufgerufen hatte, war nun in Gefahr, weil die im Computernetzwerk gespeicherte IP-Adresse oft den genauen Standort des in Nutzung befindlichen Computers verrät. Die RSS-Mitglieder wurden von den «Polizeikräften» des Islamischen Staates angegriffen und ihre Häuser geplündert. Zwei der Aktivisten wurden entführt und gefoltert; mindestens einer von ihnen kam dabei ums Leben.

Eine ähnliche IS-Strategie besteht aus der Schaltung gefaketer oppositioneller Internetseiten, mit denen etwaige Feinde identifiziert werden sollen. Sobald der Seitenbesucher einen Link öffnet, installiert sich Malware automatisch auf dem Computer, wodurch die IP-Adresse des Rechners enthüllt wird.

Außerdem kann das Hacken von Internetseiten eine gute Einnahmequelle sein. Ohne ein Betrugsdezernat auf den Fersen zu haben, erleben die Cybernauten des Islamischen Staates regelmäßig ihren großen Tag: Sie hacken sich in nichtsahnende westliche Webshops ein und stehlen dort Tausende Kreditkartendaten. Mit diesen Informationen laden sie dann Geld auf Prepaid-Kreditkarten, die anonym verwendbar sind (siehe vorheriger Abschnitt). Dadurch sind die Hacker in der Lage, riesige Summen Bargeld von den Bankautomaten abzuheben. Obwohl auch andere Betriebssysteme gehackt werden können, wissen die Hacker sehr genau, dass die Sicherheitsprotokolle von Windows XP nicht mehr aktualisiert werden, weil die Fassung veraltet ist – dennoch wird diese Version von den meisten Webshopbetreibern genutzt. Obwohl das abgeschlossene Vorhängeschloss signalisieren soll, dass ein Secure Socker Layer (SSL) aktiv ist, kann Malware auf den Computer gelangen, die dann wiederum einen RAM-Scraper-Angriff auslöst (RAM steht für Random-Access-Memory). Dadurch werden alle auf dem anvisierten Rechner befindlichen Daten auf den Computer des Angreifers geladen.

Auch die ausländischen Freunde des Islamischen Staates nutzen alle Möglichkeiten, die das Internet bietet. Der «tunesischen Cyber-Armee» und al-Qaidas «elektronischen Streitkräften» gelangen ebenfalls Online-Angriffe auf US-amerikanische Ziele, darunter auf die Customs and Border Protection sowie auf das Office of Personnel Management. Ein Hacker von Boko Haram schaffte es wiederum, über das Digitalarchiv des nigerianischen Geheimdienstes an die persönlichen Daten von mehr als 60 Spionen zu kommen, die dann im Internet veröffentlicht wurden.[5]

Die Staatsapparate der jeweiligen Länder scheinen angesichts dieser Angriffe relativ machtlos zu sein. Die Betreiber sozialer Netzwerke löschen offensichtlich extremistische Accounts oft von selbst, und viele verfügen über einen heißen Draht zu den Behörden, um Profile dieser Art zu melden. (Bei Twitter scheint das jedoch nicht der Fall zu sein.)[6] Der unmittelbare Eingriff in Seiten der Betreiber wird jedoch von politischen Debatten darüber begleitet, inwieweit solche extremistischen Äußerungen in den sozialen Medien von der Redefreiheit und dem Recht auf Privatsphäre gedeckt sind, und auch die begrenzten technischen Möglichkeiten spielen eine wichtige Rolle.

Die effektivsten Vergeltungsaktionen für die Pariser Attentate vom Januar 2015 (die der Satirezeitschrift *Charlie Hebdo* und einem jüdischen Supermarkt galten) gingen jedoch von einem unvermuteten Kandidaten aus: dem alten anarchistischen Hackerkollektiv Anonymous. Im Januar 2015 erklärte die Gruppe dem IS in einer dramatischen Videobotschaft den Krieg.[7] Kurz danach folgte ein DoS-Angriff auf eine extremistische Internetseite namens ansaralhaqq.com, die daraufhin zusammenbrach. Außerdem rief Anonymous unter dem Hashtag #OpCharlie eine eigene Twitter-Kampagne ins Leben. Paradoxerweise berichtet das Netzwerk davon, dass Twitter zweimal die immer größer werdende Gemeinde von Abonnenten, die den verschiedenen OpCharlie-Profilen folgte, empfindlich beschnitt, indem es die Anonymous-Accounts löschte. Unter dem Hashtag #OpCharlie wurde eine geheime Liste von Anwerbern und Zwischenmännern veröffentlicht, die für den Islamischen Staat tätig sind und von der Gruppe auf JustPaste.it entdeckt wurden. Darüber hinaus erbeuteten die Online-Aktivisten mehr als 900 Links zu Accounts, Webseiten und ausgewähltem Online-Material, die mit dem IS in Verbindung standen. Diese Informationen werden von Anonymous an die Internetanbieter weitergeleitet.

Im Oktober 2013 gründeten einige Länder, die den Islamischen Staat bekämpfen, eine informelle, von den USA angeführte «Technikkoalition», um es mit den Internetaktivitäten der Organisation aufzunehmen. Zu dieser Koalition gehören Frankreich, Großbritannien, Ägypten, Saudi-Arabien und die Vereinigten Arabischen Emirate. Leider lassen erste Erfolge bislang auf sich warten. Erschwerend kommt hinzu, dass die internationale Kooperation durch die unterschiedlichen Gesetzgebungen der Länder nicht gerade einfacher wird. Den Behörden mangelt es zudem an Wissen und Erfahrung. Die strengere Reglementierung des Internets, wie sie von autoritären Staaten gern vorgeschlagen wird, stößt in den liberalen Ländern des Westens auf einiges Unverständnis; außerdem weisen Sicherheitsexperten darauf hin, dass ein Großteil dessen, was sie über den IS wissen, aus dem World Wide Web stammt.

Die ruhelosen jungen Krieger des digitalen Kalifats entdecken sicher bald, wie sie es mit der militärischen Überlegenheit ihrer Gegner aufnehmen können, indem sie beispielsweise lernen, wie das Kontrollsystem von Kampfdrohnen gehackt oder wie der Kommunikationsfluss zwischen den Befehlshabern der Allianz und ihren Piloten lahmgelegt werden kann. Der Krieg im Cyberspace läuft nicht gerade so, wie die westlichen Länder es sich erhoffen. Solange die technikbegeisterte Jugend von heute, die letztlich über all das verfügt, was sie braucht, um den Kampf im Netz zu gewinnen, nicht Seite an Seite mit den internationalen Behörden agiert, so lange werden der Islamische Staat und andere kriminelle Vereinigungen auch weiterhin die Schlacht bestimmen.

2. Ursprünge I: Der Irak

Im April 2003 erhielt die *al-Quds al-arabi* – die Zeitung, bei der ich damals tätig war –, ein Fax von Saddam Hussein, der sich vor seinen Schergen versteckte. Die USA waren der Meinung, dass der Irakkrieg vorbei wäre. Saddam dagegen wusste, dass der eigentliche Krieg jetzt erst beginnen würde, und zwar als Aufstand. Er rief die Iraker dazu auf, sich gegen die amerikanischen Besatzer zur Wehr zu setzen. Damals stach mir jedoch eine andere Sache besonders ins Auge: Das Fax war (ebenso wie andere Mitteilungen, die uns bis Anfang Juni desselben Jahres aus dem Irak erreichten) gespickt mit Koranversen, Bezügen auf die heilige Schrift des Islam und jihadistischer Rhetorik. Saddam wusste intuitiv, dass der politische radikale Islam die Kraft hatte, dem Aufstand die nötige Effizienz zu verleihen.

In diesem Augenblick wurde die Saat gesät, aus der letztlich der Islamische Staat hervorgehen sollte. Die Keimung hatte jedoch schon Jahre zuvor begonnen.

Bis 1990 war Saddam Husseins Irak mit einer stabilen Wirtschaft gesegnet gewesen, die sein Volk mit einem Bildungs- und Gesundheitswesen versorgte, das in der Region seinesgleichen suchte. Dennoch war der Irak keine Demokratie, und der Diktator und die Partei an der Macht – die Ba'ath-Partei – bedienten sich skrupelloser Methoden, um ihre Macht zu wahren. Trotzdem lebten Kurden, Schiiten und Sunniten verhältnismäßig harmonisch Seite an Seite; Mischehen waren an der Tagesordnung.

Als der Irak 1990 in Kuwait einmarschierte, versuchten die USA einen Regierungswechsel zu erzwingen. Doch entgegen allen westlichen Erwartungen wurde Saddam nicht von einem nationalen Aufstand oder Coup vom Thron gestoßen. Die internationale Staatengemeinschaft – und an ihrer Spitze die USA – machte sich auf, das gesamte Land und seine Bevölkerung zu bestrafen. Während des Zweiten Golfkrieges, der von 1990 bis 1991 tobte, verloren

200 000 Iraker ihr Leben. Im April 1991 verhängten die Vereinten Nationen mit der UN-Resolution 687 de facto ein fast vollständiges Wirtschaftsembargo über das Land, das sich auf alle Waren bezog, die in das Land geliefert werden oder es verlassen sollten. Es zeigte sich, dass diese Maßnahmen die weitläufigsten waren, die im 21. Jahrhundert je angewandt wurden. Wie Luiz Martinez in *The Violence of the Petro-Dollar Regimes* herausstellte, «ging noch nicht einmal der Versailler Vertrag so weit. Sicher, die Gewinner des Ersten Weltkrieges beschnitten die deutschen Gebiete, zwangen die Besiegten zur Zahlung von Reparationen und zähmten deren militärische Macht, doch nichts hielt Deutschland von der Wiederaufnahme ganz normaler Handelsbeziehungen und dem Wiederaufbau der Infrastruktur ab.»

Das Embargo galt auch für Materialien, die für die Strom- und Trinkwasserversorgung dringend nötig waren; und die Vereinten Nationen bestanden auf ihrem Verbot selbst der grundlegendsten Lebensmittel- und Medikamentenlieferungen, weil diese für die Produktion chemischer Waffen missbraucht werden könnten. Unter den 1,7 Millionen Irakern, die mehr oder weniger als direkte Folge dieser Interventionen bis zur amerikanischen Invasion des Irak im Jahr 2003 ihr Leben ließen, waren auch eine halbe Million Kinder. Der Einmarsch der US-Truppen selbst kostete weitere 1,4 Millionen Iraker das Leben. Darüber hinaus überzogen die USA und Großbritannien den Irak auch zwischen 1999 und 2001 mit Bomben, weil die Truppen Saddam Husseins unerlaubt in den Luftraum eingedrungen waren und andere Flugzeuge mit Luftabwehrraketen beschossen hatten.[1]

Saddam Hussein selbst, bis dato ein fast schon trotzig säkularer Herrscher, erkannte in der Stilisierung des Islam das verbindende Element gegen den Westen. Auf dem Höhepunkt der Sanktionen gegen den Irak rief er eine «Glaubenskampagne» ins Leben, die von seinem Stellvertreter, Izzat Ibrahim al-Duri, geleitet wurde. Saddam stellte seine vorherigen Ansichten auf den Kopf und machte so den Islam nicht nur zum wichtigen Bestandteil der nationalen Identität (und seines Personenkults), sondern verknüpfte ihn auch mit internationaler Politik, dem wachsenden Groll gegen den Westen in der Region und ganz besonders mit der militärischen Kraft des Landes.

2001 weihte Saddam Hussein die beeindruckende (sunnitische) Umm-al-Qura-Moschee ein (auch bekannt als die Mutter-aller-Schlachten-Moschee), das jüngste einer Reihe gewaltiger religiöser Bauwerke. Sie hat acht Minarette, die wie Waffen geformt sind: Vier symbolisieren die Läufe von AK-74-Sturmgewehren, die anderen vier stellen Scud-Raketen dar. Im Inneren der Moschee wurde (bis zum Ende von Saddams Herrschaft) außerdem ein unheimliches Objekt aufbewahrt: der «Blut-Koran», angeblich handgeschrieben mit eineinhalb Litern Blut von Saddam Hussein, das ihm sein Arzt im Laufe von zwei Jahren abgenommen hatte.

Der politische Islam war indes kein neues Phänomen. Im Irak gab es ihn seit den 1940er Jahren. Damals war ein Ableger der Muslimbruderschaft entstanden, der sich «die Gemeinschaft der islamischen Bruderschaft» nannte. Angeführt wurde diese Gruppe von Scheich Muhammad Mahmud al-Sawwaf und Scheich Amjad al-Zawahi. Die Mitglieder der Organisation engagierten sich im Sozialwesen und in der Öffentlichkeitsarbeit. 1960 wurde dann die politisch ausgerichtete Irakische Islamistische Partei gegründet (IIP). Im Jahr 1968 ergriff die Ba'ath-Partei mit Saddam Hussein an der Spitze die Macht und führte im Land eine Mischung aus arabozentristischem Sozialismus und arabischem Nationalismus ein. Die Mitglieder der Muslimbruderschaft und der IIP wurden verfolgt; wer das Land nicht verließ, wurde verhaftet und in manchen Fällen sogar hingerichtet.

Anfang des 21. Jahrhunderts änderte Saddam Hussein seine Ansichten allerdings vollständig. Er erkannte, dass mit der abnehmenden Begeisterung für den Panarabismus der politische Islam als neue, radikale und vereinigende Kraft in der gesamten Region an Auftrieb gewann. Als eine weitere Invasion durch US-amerikanische Truppen drohte, erkannte Saddam im Islam den Schlüssel zur Bildung einer starken Koalition. Geistliche wurden von nun an vom Staat bezahlt, und er befahl den Kommandeuren seiner Armee, praktizierende Muslime zu werden.

Mittlerweile tolerierte Saddam auch die Existenz kleiner jihadistischer Enklaven an der Grenze zum Iran. Kontrolliert wurden diese von der Gruppe Ansar al-Islam («Helfer des Islam»), die das Gesetz der Scharia in den von ihnen besetzten Ortschaften einführten. Ohne das Wissen von Saddam Hussein hatte al-Qaida einige Anhänger in diese Enklave entsandt. Sie hatten den Befehl, Verbindungen zu den kürzlich islamisierten Befehlshabern von Saddam Husseins Truppen herzustellen – Verbindungen, die später von unschätzbarem Wert sein sollten. Sie verfügten über tatsächliche Kampferfahrung (die sie in einem bitteren siebenjährigen Krieg gegen den Iran – dem Ersten Golfkrieg – gesammelt hatten, dem drei Jahre später der Zweite Golfkrieg folgen sollte). Außerdem konnten sie mit praktischem und taktischem Wissen aufwarten, von dem bald auch andere Ableger des al-Qaida-Netzwerkes profitierten, zunächst in Afghanistan und dann in Syrien.

Der Irak unter Saddam Hussein

Bis Ende der 1980er Jahre hatte Washington zumeist freundliche Beziehungen zu Bagdad gepflegt. Der Irak und die USA teilten die Sorge über die wachsende Macht der Islamischen Republik, die nach dem Sturz des Schahs 1979 die Macht im Iran übernommen hatte. Im September 1980 stärkten die USA dem Irak in einem totalen Krieg gegen den Iran den Rücken. Dieser Krieg sollte acht Jahre andauern, eine Million Iraker das Leben kosten und dem Land 100 Millionen US-Dollar Schulden aufbrummen.

Saddam war zweifellos ein skrupelloser Diktator. Er beging seine schlimmsten Gräueltaten in den 1980er Jahren; unter anderem ließ er im Zuge einer unter dem Codenamen «al-Arfal» laufenden Aktion mehr als 180 000 Kurden ermorden. Außerdem setzte er bei Angriffen gegen kurdische Siedlungen Chemiewaffen ein. Der bekannteste Angriff war wohl die Attacke auf Halabja 1988 – weder die Vereinigten Staaten noch Großbritannien zogen Saddam für diese Verbrechen gegen die Menschlichkeit, die einem Genozid gleichkamen, je zur Verantwortung. Stattdessen verdop-

pelten die USA noch im selben Jahr die Summe der an den Irak
fließenden Finanzhilfen, während das britische Export Credits
Guarantee Department einen Kredit bewilligte, der heute einem
Betrag von 300 Millionen US-Dollar entspräche. Saddam war für
das Kräftegleichgewicht in der Region schlicht unverzichtbar, besonders im Hinblick auf den Iran.

Als der Krieg gegen den Iran im August 1988 schließlich sein
Ende fand, lag der Irak finanziell wie infrastrukturell am Boden.
Paradoxerweise war Saddam Husseins Armee aus diesen Kämpfen
stärker, erfahrener und besser ausgerüstet hervorgegangen als je
zuvor. Die Amerikaner erkannten, dass ein vor Waffen starrender
Irak mit einem vollkommen unberechenbaren Herrscher die amerikanischen Interessen in der Region gefährden könnte. Washington ging der direkten Konfrontation zwar noch aus dem Weg,
revidierte jedoch sein Bild von Saddam: Mittlerweile war er kein
Verbündeter mehr, sondern ein Monster, das die USA selbst erschaffen hatten. Darüber hinaus verfügte er über Chemiewaffen
und liebäugelte mit Atomwaffen. Das wiederum bedeutete eine
immense Gefahr für die Sicherheit und die militärische Vorherr-
schaft Israels in der Region.

Nach dem verheerenden Krieg mit dem Iran musste der Irak
seine Ölreserven nutzen, um die Infrastruktur im Land zu erneu-
ern und den wirtschaftlichen Wiederaufbau zu erleichtern. Der
Irak verfügte mit 300 Milliarden Barrel über die drittgrößten Ölreserven im Nahen Osten (nach Saudi-Arabien und dem Iran).
Aufgrund des großen Angebots in Saudi-Arabien und in Kuwait
fiel der Ölpreis jedoch zusehends. (Hier darf man durchaus eine
Verschwörung vermuten, weil die USA den Irak unter Saddams
Herrschaft schwächen wollten.) Als der Irak Kuwait verdächtigte,
neue Methoden zum Richtbohren zu nutzen, um Öl von den irakischen Ölfeldern zu stehlen, brachte dieser Vorwurf das Fass zum
Überlaufen. Saddam hielt Kuwait aus historischen Gründen für
einen Teil des Irak (die Briten hatten die Region 1922 künstlich in
zwei Teile gespalten); außerdem brauchte er einen leicht zugängli-
chen Seehafen, weshalb er über die Annexion des winzigen Emirats
nachzudenken begann. An diesem Punkt traf er die Entscheidung,

seine «Verbündeten» um Rat zu fragen, und entsandte eine Diplomatendelegation, um mit der US-amerikanischen Botschafterin, April Glasbie, in Bagdad zu verhandeln. Glasbie teilte der Gesandtschaft mit, dass die USA im Falle von Grenzkonflikten «neutral bleiben» würden. Saddam interpretierte diese Worte so, dass er grünes Licht für eine Invasion Kuwaits erhalten habe, die dann im August 1990 begann.

Als ein paar Wochen später eine halbe Million US-Soldaten in Saudi-Arabien auftauchten, war das eine große Überraschung. Der amerikanische Präsident George W. Bush Senior schlug auf Drängen der britischen Premierministerin Margaret Thatcher alle diplomatischen Lösungsvorschläge in den Wind, die vom Kongress, der internationalen Gemeinschaft und dem Irak selbst vorgebracht worden waren, und initiierte am 16. Januar 1991 die «Operation Desert Storm». Gleich zu Beginn wurden im Zuge eines besonders heftigen Luftschlags die letzten Überreste der irakischen Infrastruktur zerstört; Ende Februar folgte darauf ein erbitterter Bodenkampf, der den Irak zu einem demütigenden Rückzug zwang und in den Herzen vieler Iraker Hass auf die Amerikaner säte. Dieser Hass wurde durch die darauffolgenden verheerenden Sanktionen noch verstärkt, die zwölf Jahre lang anhalten sollten und deren Folgen ich weiter oben dargelegt habe.

Obwohl der Irak fast vollständig zerstört war, blieb Saddam Hussein an der Macht. Es gab keinen Putsch und keine Revolution, wie manche gehofft hatten. Die USA und Großbritannien waren so entschlossen wie nie zuvor, einen Regimewechsel zu erzwingen. Saddam hatte im Hinblick auf Israel eindeutig die berühmte rote Linie überschritten, als er während des Zweiten Golfkrieges Raketen in Richtung Israel abschoss und während der Zweiten Intifada, die im September 2000 ausbrach, auf internationaler Bühne die Palästinenser unterstützte. Er ließ seinen Worten Taten folgen, indem er die Palästinenser mit einem Hilfspaket im Wert von einer Milliarde US-Dollar für Lebensmittel und Medikamente unterstützte. Außerdem belohnte er die Familie jedes Märtyrers mit einem Betrag von 10 000 US-Dollar. Daneben drohte er einigermaßen übertrieben mit der Aufstellung einer sieben Millionen Mann starken «Jerusalemer Befreiungsarmee», die gemeinsam mit den Palästinensern in den Krieg ziehen sollte.

Was das Gleichgewicht schließlich vollends zu Saddams Ungunsten verschob und den Westen in einer kriegerischen Allianz gegen den Irak zusammenschweißte, war sein Versuch, das Öl als potente politische Waffe im Kampf gegen Israel einzusetzen. Im April 2002 verkündete er, dass der Irak seinen Ölexport «für 30 Tage oder bis zu dem Zeitpunkt, an dem die bewaffneten Kräfte der Zionisten sich uneingeschränkt zurückziehen», vollständig einstellen würde. Damals exportierte der Irak 40 Prozent der zwei Millionen Barrel, die dort pro Tag gefördert wurden, in die USA, und das trotz der Animositäten, die sich nach dem Zweiten Golfkrieg entwickelt hatten.

Der Sturz des Diktators

In den Monaten vor dem Ausbruch des Dritten Golfkrieges wurden allerlei fantastische Behauptungen aufgestellt, dass Saddam Hussein al-Qaida-Mitglieder dazu aufrufe, in sein Land zu kommen, um gemeinsam gegen die Amerikaner zu kämpfen. Diese Spekulationen basierten auf der «Glaubenskampagne» Saddams, seiner Politisierung des Islam und seiner Akzeptanz des von Ansar al-Islam beherrschten Emirats im Nordirak. Manche waren sogar der Ansicht, dass Saddam ein Verbündeter bin Ladens war. Nichts hätte weiter von der Wahrheit entfernt sein können. In zwei voneinander unabhängigen Interviews, die ich 1996 und 2000 führte, bekräftigten bin Laden und Saddam Hussein mir gegenüber vehement die Abscheu, die sie füreinander empfanden. Es stimmt zwar, dass sich seit 2001 einige al-Qaida-Anhänger im Irak aufhielten, doch sie waren ohne die Kenntnis Saddam Husseins dort.

Dennoch verfügten die Alliierten über zwei Joker, die sie auszuspielen gedachten, um für den Einmarsch die Zustimmung der internationalen Gemeinschaft zu erhalten: Saddams angebliches Arsenal von Massenvernichtungswaffen («weapons of mass destruction», WMDs) und sein vermeintliches Engagement für al-Qaida (besonders nach den Anschlägen vom 11. September 2001).

Wie wir mittlerweile wissen, gab es diese Massenvernichtungswaffen nicht, weil sie alle nach dem Zweiten Golfkrieg sowie im Zuge der darauf folgenden Sanktionen zerstört oder auseinandergenommen worden waren. Obwohl die eigens zu diesem Zweck ins Leben gerufene Sonderkommission der Vereinten Nationen, die vom UN-Sicherheitsrat explizit mit der Aufgabe betraut worden war, Saddams biologische und chemische Waffen aufzuspüren und zu demontieren, in den 1990er Jahren immer wieder in den Irak reiste, konnte sie nichts finden. Die Internationale Atomenergie-Organisation («International Atomic Energy Agency», IAES) schickte in den 1990er Jahren wiederholt Inspektoren in den Irak – mit ähnlichem Ergebnis. Trotzdem suchten im Vorfeld des Einmarsches in den Irak im März 2003 unter der Leitung des Chefs der UN-Waffenkontrolleure mehrere Teams im Irak nach Saddam Husseins unauffindbaren Massenvernichtungswaffen. Hans Blix erklärte vor dem britischen Untersuchungsausschuss zum Irak, er sei «davon überzeugt», dass der Irakkrieg jeglicher Grundlagen entbehre und damit «illegal» sei.[2]

2004 nahm ich an einer öffentlichen Debatte teil, bei der auch ein hochrangiger ehemaliger amerikanischer General zugegen war, der an der strategischen Planung des Irakkriegs unmittelbar beteiligt gewesen war. Er erzählte mir, dass es in der Bush-Regierung zwei Lager gegeben habe: eines, das den Waffeninspekteuren der Vereinten Nationen ermöglichen wollte, ihre Arbeit in Ruhe zu tun, und eines, das die sofortige Invasion des Irak forderte. Wie der General mir sagte, verlor erstgenanntes Lager letztlich den Streit, denn wenn tatsächlich der Beweis erbracht worden wäre, dass Saddam über keinerlei Massenvernichtungswaffen verfügte (wonach es zunehmend aussah), hätte das Embargo beendet werden müssen und Saddam wäre aus dem Ganzen als großer Held der arabischen Welt hervorgegangen.

Nachdem Pläne verworfen worden waren, Bagdad möglichst schnell zu besetzen, während zeitgleich Spezialkommandos Saddam aufspüren und liquidieren sollten, entschieden sich die amerikanischen Kriegsstrategen für die Besetzung des Irak sowie die Zerschlagung des Militärs und der staatlichen Institutionen, um das Land zu einem Neustart zu zwingen – dieses Mal jedoch mit einer neuen Verfassung nach amerikanischem Demokratieverständnis. Natürlich musste die neue Regierung nach der «Befreiung» willens sein, die Ölvorkommen des Landes mit ihren «Partnern» aus dem Westen zu teilen.

Im Sicherheitsrat der Vereinten Nationen wurden die für eine Absegnung der militärischen Intervention benötigten Stimmen nicht erreicht. (Nur Bulgarien und Spanien stimmten gemeinsam mit den USA und Großbritannien für eine Invasion). Washington fasste den Entschluss, sich über diese Entscheidung hinwegzusetzen und Truppen zu schicken. London zog mit.

Der Dritte Golfkrieg begann am 19. März 2003 mit der «Operation Shock and Awe». Das war der dritte Versuch, einen Regimewechsel im ölreichen Irak zu erzwingen, und auch dieses Mal sollte das gesamte Land für diesen Versuch büßen.

Wie bereits zuvor folgte auf einen verheerenden Luftschlag der Einmarsch der Bodentruppen. Die «Koalition der Willigen» stieß auf erstaunlich wenig Widerstand – der letzte Beweis dafür, wie klein die Gefahr tatsächlich war, die für die internationale Staatengemeinschaft von Saddam Hussein ausging. Bagdad fiel am 9. April 2003, und am 1. Mai desselben Jahres erklärte George W. Bush jr. (dessen Vater für den ersten Schlag gegen den Irak verantwortlich gewesen war) das «Ende aller Hauptkampfhandlungen».

Alle Gruppen, die später an der Entstehung der Aufstände beteiligt waren, verhielten sich zunächst noch unauffällig. Ihnen war klar, dass ein offener Kampf mit der mächtigsten Militärmacht der Welt zu nichts führen würde. Die größte Fraktion bestand aus Mitgliedern der Ba'ath-Partei, Offizieren und Soldaten aus Saddams geschlagener Armee, salafistischen Jihadisten, darunter Kurden im Norden, und mehr und mehr auch al-Qaida.

Saddam selbst hatte bereits Pläne für eine Rebellion geschmiedet. In den Monaten vor der Invasion hatte er Boten ausgesandt, um kleine Parzellen Land von sunnitischen Bauern zu erwerben. Im Schutz der Dunkelheit vergruben Soldaten dort Waffen und Geld, damit sie später vom Widerstand genutzt werden konnten.

Salafistische Jihadisten aus dem
Ausland ziehen in den Irak

Schon zu Beginn seiner Regierungszeit hatte Saddam Hussein die Muslimbrüder ausradiert. Seit den 1980er Jahren gab es im Irak mehrere sunnitisch-jihadistische Vereinigungen; diese saßen jedoch im halbautonomen Kurdistan im Norden des Landes, nahe der Grenze zum Iran und zur Türkei. Ihnen allen war gemein, dass sie mit Saddam und der Herrschaft der Ba'ath-Partei nicht einverstanden waren. Aus diesen isolierten Grüppchen entstand 2001 Ansar al-Islam («Helfer des Islam») mit Mullah Krekar an der Spitze. Als ich ihm 2005 in Norwegen begegnete, erzählte er mir zwar, er habe Osama bin Laden getroffen, wies jedoch jeden Verdacht von sich, dass der Anführer von al-Qaida ihm in irgendeiner Form unter die Arme griff.[3]

Ansar al-Islam zwang den zehn Dörfern unter ihrer Kontrolle eine streng salafistische Lebensweise auf, die eine Rückkehr zu den Praktiken der frühen Muslime umfasste. Die unabhängige Menschenrechtsorganisation Human Rights Watch (HRW) berichtete, dass «Jund al-Islam am 8. September 2011, eine Woche nach seiner Gründung, eine Reihe von Erlassen herausbrachte, darunter die Anordnung, alle Geschäfte und Büros während der Gebetszeiten zu schließen, um die Arbeiter und Angestellten in dieser Zeit zum Besuch der Moschee zu zwingen; die Verfügung, alle Frauen sollten sich von nun an verschleiern und eine traditionelle Abaya tragen, während alle Männer von nun an Bärte haben sollten. Auch die Geschlechtertrennung wurde eingeführt, wodurch Frauen keinen Zugang mehr zu Bildung und Arbeit hatten; außerdem mussten alle Bilder von Frauen von den Verpackungen der Waren entfernt werden, die in die Region gelangten. Jedes Musikinstrument wurde konfisziert und Musik an öffentlichen Plätzen und in Privathaushalten verboten; gleiches galt für Satellitenempfänger und Fernsehgeräte.»[4]

Im Dezember 2001 bombardierten die Amerikaner die al-Qaida-Hochburg Tora-Bora in den Bergen Afghanistans als Vergeltung für die Anschläge vom 11. September 2001. Als Konsequenz dieser Aktion machten sich Hunderte al-Qaida-Soldaten und afghanische Araber auf die lange Reise durch den Iran, um bei Ansar al-Islam Zuflucht zu suchen. Laut dem in London ansässigen saudischen Islamwissenschaftler Saad al-Faqih hatte al-Qaida kurz zuvor einen kleinen Stoßtrupp von 300 Mann entsandt, der sich in dem von Sunniten bewohnten Dreieck zwischen Bagdad und Mossul niederließ. Die «Migration» (*hijra*) dauerte die nächsten 18 Monate an. In den Monaten vor dem Einmarsch der Koalition in den Irak erreichten Tausende Jihadisten aus den verschiedensten Ländern den Irak und siedelten sich vor allem in den von Ansar al-Islam kontrollierten Gebieten an. Die Neuankömmlinge verhielten sich möglichst unauffällig und warteten geduldig darauf, dass ihre Zeit kommen würde. Damit folgten sie einem Muster, das mittlerweile zum festen Bestandteil der Taktik des Jihad geworden ist.

Im Jahr 2002 war eine überaus wichtige Gestalt im winzigen Emirat von Ansar al-Islam erschienen, die schnell damit begann, ihr eigenes Lager zu errichten: Der jordanische Jihadist Abu Musab al-Zarqawi, der sich seit dem Bombardement Tora-Boras im Iran versteckt hatte, musste das Land aber im April oder Mai 2002 verlassen, nachdem eine mit ihm in Verbindung stehende Schläferzelle in Deutschland entdeckt worden war. Später sollte al-Zarqawi von al-Qaida zum Emir des Irak ernannt werden; zu diesem Zeitpunkt agierte er jedoch vollkommen unabhängig von Osama bin Ladens Organisation.

Sein unabhängiger Charakter hatte sich das erste Mal in Afghanistan gezeigt, wo er im westafghanischen Herat mit dem Segen der Taliban sein eigenes Lager errichtet hatte. Dort war er so weit entfernt wie möglich von den Aktivitäten al-Qaidas in Jalalabad und Kandahar. Die Tatsache, dass al-Zarqawi Herat auswählte, ist für die Entwicklung des Islamischen Staates von größter Bedeu-

tung, denn damit erleichterte er den Einzug ausländischer Rekruten über den Iran. In sein Lager passten nur 100 Kämpfer, die größtenteils aus Syrien, Palästina und Jordanien stammten und in
Europa gelebt hatten. Er nannte seine Gruppe al-Tauhid wal-Jihad
(«Monotheismus und Jihad»). Nachdem sie in den Irak gezogen
war, wurde sie für die ersten schlagzeilenträchtigen Selbstmordanschläge im Land bekannt.

Al-Zarqawi war sich sicher, dass der Einmarsch US-amerikanischer Truppen kurz bevorstand, weshalb er sich um die Bildung
örtlicher Unterstützernetzwerke in dem von Sunniten bewohnten
Dreieck bemühte. Al-Qaidas Stoßtrupp hatte sich derselben Taktik
bedient, was darauf hinweist, dass sie entweder gemeinsame Sache
machten oder dass al-Zarqawi intuitiv auf derselben Wellenlänge
lag wie al-Qaida.

Ein weiterer Aspekt ist für den Aufstieg des Islamischen Staates
von überaus großer Bedeutung: Al-Zarqawi reiste viel herum, um
die besten Orte in der Region zu finden, an denen aus dem Ausland eintreffende Jihadisten die Grenze überqueren konnten. Seine
Wahl fiel auf die syrische Grenze, die ihm am «löchrigsten» erschien. Es dauerte nicht lange, bis al-Tauhid wal-Jihad als die Organisation galt, an die sich Kämpfer wenden konnten, die am bald
ausbrechenden Jihad teilnehmen wollten. Al-Zarqawis Gruppe
hatte bereits erste Kontakte geknüpft und eine logistische Infrastruktur aufgebaut. Außerdem verfügte die Gruppe über einen gut
funktionierenden Geheimdienst, der zusehends fähiger wurde und
koordinierte Angriffe auf «hochwertige» Ziele ermöglichte. Als die
Aufstände im vollen Gange waren, erwies sich dies allerdings als
nicht mehr durchführbar.

Zu Beginn der US-amerikanischen Invasion traf sich al-Zarqawi mit «Muhammad Ibrahim Makkawi» (einem der vielen Verbündeten Saif al-Adels), dem Militärstrategen von al-Qaida. Al-
Zarqawi sagte zu, den Rekruten dabei zu helfen, über Syrien in den
Irak zu gelangen. Bis Herbst 2003 hatte sich al-Zarqawi bereits zum
Emir der ausländischen Jihadisten im Irak erhoben; es sollte jedoch ein weiteres Jahr dauern, bis er sich endgültig al-Qaida anschloss.

Unterschwellige Feindseligkeiten

In Sachen PR im Irak waren die Amerikaner zweifelsohne ihr eigener schlimmster Feind. Viele Muslime – bei Weitem nicht nur Extremisten – interpretierten den Konflikt religiös, was teilweise auch an der Rhetorik des US-Präsidenten selbst lag: In den Augen vieler Muslime fielen die christlichen «Kreuzzügler» in ihre Gebiete ein. Es dauerte keine sechs Wochen, und der mit konventionellen Mitteln geführte Krieg galt offiziell als beendet. Als Tonnen von Sprengstoff, Splitterbomben und sogar Napalm Bagdad, Basra, Kirkuk und Mossul in Schutt und Asche legten, regte sich nur wenig Widerstand. Das amerikanische Fernsehen bereinigte seine Berichterstattung, indem es den Schwerpunkt auf das politische Narrativ legte, dass Saddams Willkürherrschaft nun von Freiheit und Demokratie abgelöst werde. Die amerikanische Öffentlichkeit verschloss die Augen vor der blutrünstigen Realität des «Shock and Awe»-Bombardements. Laut konservativen Schätzungen starben in diesen wenigen Wochen 7400 irakische Zivilisten; 45 000 irakische Soldaten wurden verwundet oder getötet. Die Amerikaner hatten dagegen nur 141 Opfer zu beklagen.

Nachdem die von den USA angeführte Koalition Saddam Hussein erfolgreich vom Thron gestoßen hatte, gelang es ihr nicht, die versprochene Freiheit und Demokratie im Land einzuführen. Von Anfang an wurde der politische Prozess von der schiitischen Mehrheit dominiert; die Sunniten wurden zunehmend an den Rand gedrängt. Die von den USA eingesetzte und von Nuri al-Maliki angeführte Einheitsregierung (die seit 2006 an der Macht war), fiel im Dezember 2011 auseinander. Als die Amerikaner alle Truppen aus dem Irak abzogen und das Land seinem Schicksal überließen, wurde der führende sunnitische Politiker Tariq al-Hashimi wegen an den Haaren herbeigezogener «Terrorismus»-Vorwürfe von den Behörden verhaftet. Das sunnitische Lager verkündete daraufhin, dass es das Parlament und das Kabinett von nun an boykottieren werde. Der Arabische Frühling war im vollen Gange, und es kam zu Massenkundgebungen in den sunnitischen Gebieten und in der Hauptstadt Bagdad. Ein sunnitisches Protestcamp in der Nähe al-Hawidschas, einer Stadt nicht weit vom ölreichen Kirkuk entfernt (das sich mittlerweile in den Händen der Kurden befindet), wurde im April 2013 von Regierungstruppen angegriffen. Dabei kamen 50 Menschen ums Leben, Hunderte wurden verletzt. Im Juli 2013 befand sich das Land bereits im Würgegriff eines erbitterten Bürgerkriegs.

Al-Malikis Regierung brachte den Ball ins Rollen. Die Regierungsvertreter waren bekannt für ihren Egoismus und ihre Bestechlichkeit, und so musste das Volk mit ansehen, wie das staatliche Vermögen und die Finanzspritzen aus dem Ausland von einer kleinen Elite veruntreut wurden. Die Antikorruptions-Organisation Transparency International stellt seit 2010 eine Rangliste von Ländern auf, und zwar «nach dem Grad der im öffentlichen Sektor wahrgenommenen Korruption». Korruption wird dabei definiert als «Missbrauch anvertrauter Macht zum privaten Nutzen oder Vorteil». Im Jahr 2010 belegte der Irak den vierten Platz dieser weltweiten Rangliste, mit der 177 Staaten bewertet werden; 2011 und 2012 war es jeweils der achte und 2013 der siebte Platz.

Das sind die Ursprünge des Chaos und der konfessionellen Kleinkriege, die den Irak zerreißen. Dem IS fielen so fruchtbare Gebiete in die Hände, während die unzufriedene sunnitische Minderheit im Land jede Hilfe annahm, die sie bekommen konnte. Der sogenannte «Blueprint», ein von den Amerikanern und Briten ausgearbeiteter und von den Vereinten Nationen am 22. Mai 2003 in einer Resolution angenommener Plan, sah die Alliierten im Irak nach dem Ende der Kriegshandlungen als «Besatzungsmächte» – eine Bezeichnung, die den stolzen Irakern verhasst war. Um das Ganze noch schlimmer zu machen, übernahmen die Alliierten außerdem die Ölindustrie des Irak. Die Begründung dafür lautete, dass die mit dem Öl erwirtschafteten Milliarden in den Wiederaufbau der Infrastruktur des Landes (die von der Koalition zerstört worden war) fließen sollten. In Wirklichkeit profitierten jedoch vor allem westliche Unternehmen von diesen überaus lukrativen Verträgen, und auch die multinationalen Ölkonzerne schlichen bereits um die verlockende Beute.

Es gibt noch einen weiteren Aspekt bei der beabsichtigten Privatisierung der irakischen Ölindustrie: Der Westen war der Ansicht, dass Ölreserven von der Größe der irakischen Ölfelder – immerhin das drittgrößte Ölvorkommen im Nahen Osten –, die nicht von der OPEC verwaltet wurden, die Macht des Kartells brechen und damit den Griff lockern würden, den diese Organisation auf die Preispolitik und die Ölversorgung hatte. Wie erwähnt, nutzte auch Saddam die staatlich kontrollierte Ölindustrie als Mittel zum Zweck, um zugunsten der Palästinenser Druck auf den Westen auszuüben: 2002 unterbrach er den Ölexport einen Monat lang sogar ganz, um damit seine Unterstützung für die Intifada zum Ausdruck zu bringen.

Die USA schickten einen Abgesandten in den Irak, um die Bildung einer Interimsregierung und die Etablierung einer demokratischen Verfassung und einer entsprechenden Infrastruktur zu überwachen. General Jay Garner war der Erste, dem der Titel «Direktor für Wiederaufbau und humanitäre Hilfe» zufiel, wie dieser Posten recht euphemistisch genannt wurde. Im Mai 2003 wurde er jedoch seines Postens enthoben, weil er genau das getan hatte, was seine Aufgabe gewesen war: freie Wahlen und die Bildung einer unabhängigen Regierung vor alle anderen Interessen zu stellen. Die USA waren jedoch nicht bereit, die Zügel loszulassen; stattdessen gaben die Amerikaner sich der Illusion hin, dass ein beim Volk beliebter starker Führer auftauchen würde, der den USA wohlgesinnt wäre und dafür mit Unterstützung belohnt werden könnte. Und so wurde Garner durch den aggressiven und unhöflichen Paul Bremer ersetzt, der den neuen und ehrlicheren (weil kolonialen) Titel «Gouverneur des Irak» erhielt. Im Juni 2003 teilte Bremer David Frost von der BBC Folgendes mit: «Im Irak sind wir die dominierende Kraft, weshalb wir diesem Land auch weiterhin unseren Willen aufzwingen werden.»[5] Bekanntermaßen bot Osama bin Laden jedem, «dem die Ermordung des Besatzers Bremer» gelänge, «10 000 Gramm Gold».[6]

Währenddessen dankte Ahmad Jalabi, der zum stellvertretenden Ministerpräsidenten ernannt worden war, im Juli 2003 bei einer Pressekonferenz den «Amerikanern im Namen des gesamten irakischen Volkes ..., weil sie uns von der Geißel Saddam Hussein befreit haben».[7] Jalabi hatte zuvor in London gelebt, wo er den Irakischen Nationalkongress geleitet hatte, eine «Exilregierung», die jährlich 97 Millionen Dollar aus Washington erhielt. Jalabi war Korruption im großen Stil vorgeworfen worden; unter anderem soll er eine Million US-Dollar für Informationen über Saddams Massenvernichtungswaffen entgegengenommen haben – Informationen, die als Begründung für die Invasion des Irak dienten. Außerdem verbrachte Jalabi einmal zwei Jahre im Gefängnis, weil er in Jordanien in einen Bankenskandal verwickelt gewesen war, bei dem 200 Millionen US-Dollar veruntreut wurden.[8]

Unter Bremers Vorsitz ließ die Interimsregierung alle staatlichen Unternehmen des Irak privatisieren, unter anderem auch die Ölindustrie.[9] Gleichzeitig wurde ein Gesetz, das die Bildung von Gewerkschaften untersagte und den Irakern von Saddam aufgezwungen worden war, nicht aus den Gesetzbüchern gestrichen, um mögliche Konflikte mit der kürzlich zu neuem Leben erwachten Gewerkschaft der irakischen Ölarbeiter im Keim zu ersticken.

Außerdem setzte das Pentagon Israels Ratschläge um, wie mit den neu besetzten Gebieten umzugehen sei. Heraus kam ein Vorgehen, das den brutalen kollektiven Strafaktionen der israelischen Verteidigungskräfte («Israeli Defence Forces», IDF) gegen die Palästinenser erstaunlich ähnlich war. Im Anschluss an die Aufstände fanden viele Iraker ihre Obstgärten zerstört vor; die Häuser von Zivilisten wurden von amerikanischen Truppen durchsucht und anschließend dem Erdboden gleichgemacht. Paradoxerweise verhielten sich die Besatzungsmächte genau so, wie sie es dem ehemaligen Diktator Saddam vorgeworfen hatten.

Die ersten Hinweise auf den Missbrauch und die Erniedrigungen, die irakische Insassen in den von den Amerikanern und Briten geführten Gefängnissen erdulden mussten – besonders im berühmt-berüchtigten Zentralgefängnis von Abu Ghuraib –, tauchten erstmals im Mai 2003 auf. Grausame Bilder von Gefangenen mit schwarzen Kapuzen, die mit Elektroschocks malträtiert wurden, und von nackten Insassen, die von Hunden gehetzt wurden, sowie Augenzeugenberichte über Vergewaltigungen und sexuellen Missbrauch zirkulierten im Internet.[10] Auch die Briten verhielten sich kaum besser. Baha Musa, Empfangschef eines Hotels, soll laut einem Gerichtsurteil aufgrund der «unmenschlichen Behandlung», die er durch britische Soldaten erfuhr, im September 2003 ums Leben gekommen sein; ein anderer Mann soll von Helikopterpiloten der britischen Luftwaffe zu Tode getreten worden sein. Zwei weitere Männer starben in Untersuchungshaft.

Im Jahr 2010 enthüllte die britische Zeitung *The Guardian*, dass selbst einige Jahre nach dem Tod Musas, dessen Behandlung einen weltweiten Aufschrei der Empörung ausgelöst hatte, die Briten ihren Vernehmungsoffizieren weiterhin menschenverachtende, erniedrigende Verhörtechniken beibrachten, die allesamt den Genfer Konventionen widersprachen. Die Briten verfügten mit einer undurchsichtigen Einrichtung in der Nähe von Basra über ein eigenes Abu Ghuraib, das von einem ominösen Joint-Forces-Vernehmungsteam betrieben wurde. Im Jahr 2010 berichteten 200 ehemalige Häftlinge im Zuge einer Sammelklage, wie ihnen Nahrung verweigert und sie von Soldatinnen sexuell erniedrigt wurden; wie man ihnen Elektroschocks verpasst hatte; wie sie tagelang in einer anstrengenden Position auf den Knien ausharren mussten und wie sie mit Schlafentzug gequält wurden. Im Dezember 2014 bestätigte der amerikanische Senat in einem Bericht, der die schlimmsten Exzesse der CIA-Foltermaschinerie in allen brutalen Details beleuchtete, die Vorkommnisse. Neben vielen anderen Grausamkeiten war darin auch von «rektaler Rehydrierung» (bei dieser Praxis wird ein Wasserschlauch gewaltsam in den Anus eingeführt, was schwere innere Verletzungen im Anal- und Darmbereich hervorruft) und Waterboarding die Rede.[11]

Mit dem Aufstieg der sozialen Medien wurden die Bilder und Berichte, die zuerst in den westlichen Medien veröffentlicht wurden, auch in der arabischen Welt immer bekannter, was zu Hass und Wut gegenüber dem Westen im Allgemeinen und den Briten und Amerikanern im Besonderen führte.

All diese Entwicklungen beeinflussten die kollektive Psyche der irakischen Bevölkerung enorm. Iraker sind sehr stolz; und als ob die Besetzung ihres Landes nicht schon genug gewesen wäre, mussten sie nun auch noch die Ermordung, die Folterung, den Missbrauch und die Erniedrigung ihrer inhaftierten Landsleute ertragen, die ohne jede Anklage oder die Aussicht auf ein faires Verfahren ins Gefängnis gekommen waren. Als die USA im September 2010 die Kampfhandlungen beendeten, übergaben sie 10 000 irakische Gefangene den örtlichen Behörden.

Die Maliki-Regierung, die von 2006 bis 2014 im Amt war, stellte sich als ebenso korrupt heraus wie jede Diktatur im Nahen und Mittleren Osten: Sie war dem Iran freundlich gesinnt und pflegte offene Vorurteile gegenüber der sunnitischen Minderheit, was die aus religiösen Konflikten entstandenen Wunden im Land nur noch mehr vertiefte.

Rückschauend bin ich der Ansicht, dass Washington und London einen Plan für den Nachkriegs-Irak hatten, der bereits lange vor dem Jahr 2003 ausgearbeitet worden war. Paul Wolfowitz und Douglas Feith, zwei neokonservative Strategen des Verteidigungsministeriums, gaben ihre Vision von der irakischen Zukunft an ausgewählte Personen vor Ort und im Exil weiter. Diese konzentrierte sich auf die Feststellung religiöser und ethnischer Identität und auf die Vorteile eines losen Föderalstaates. Vielleicht lautete der Plan auch, den Irak zu entwaffnen und dann zu zerschlagen, um die Bedrohung ein für alle Mal aus dem Weg zu räumen, die ein solch ölreiches Land für Israel und die US-amerikanische Hegemonie in der Region bedeuten könnte. Heute verfügt der Irak über eine Armee, die beim ersten Anzeichen von Schwierigkeiten die Flucht ergreift. Wenn irakische Politiker dann offen von der tragischerweise bevorstehenden Spaltung des Landes in drei Verwaltungszonen sprechen, hört man keine Worte des Widerstands aus Washington oder London.

Der Aufstand

Am 1. Mai 2003 erschütterte der erste Gewaltakt den Irak, der den Anfang der Aufstände markieren sollte, und das an dem Tag, an dem George W. Bush das Ende aller «Hauptkampfhandlungen» er-

klärte: Sieben amerikanische Soldaten wurden bei einem Hand-
granatenangriff auf Falludscha verletzt.[12]

Al-Qaida-Chef Osama bin Laden spürte, dass seiner Organisation in dem Chaos, das nach dem Einmarsch der US-Truppen
zwangsläufig ausbrach, neue Türen offenstanden, weshalb er seine
Männer umgehend mobilisierte. Damals war die Zahl der al-
Qaida-Anhänger bereits enorm geschrumpft. Die Überlebenden
des amerikanischen Angriffs auf die Höhlen von Tora-Bora, in
denen sich Osama bin Laden mit seinen Männern verschanzt
hatte, waren in die unterschiedlichsten Länder geflüchtet, und die
Kern-al-Qaida war kaum noch existent. Dennoch rief Osama bin
Laden die Jihadisten, die sich bereits im Irak befanden, dazu auf,
das Land mit Selbstmordanschlägen zu überziehen. «Fürchtet
Euch nicht vor ihren Panzern», drängte er. «Das sind künstliche
Objekte. Sobald Ihr mit den Selbstmordanschlägen beginnt, werdet Ihr die Angst der Amerikaner weltweit mit eigenen Augen sehen können.»[13]

Von Anfang an wurde der Aufstand von mehreren vollkommen
unterschiedlichen Gruppen getragen. Da gab es etwa die einheimischen säkularen Rebellen: bis zu 50 000 Anhänger der Ba'ath-
Partei, ehemalige Offiziere und Soldaten der irakischen Armee,
Männer von Saddams ehemaligen Sicherheitskräften und ganz
normale Bürger. Daneben existierten noch sieben sunnitisch-isla-
mistische Hauptgruppen, wobei Zarqawis al-Tauhid wal-Jihad das
Geschehen bestimmte.

Zunächst gab es fünf schiitische Widerstandsgruppen. Abgese-
hen von den Mitgliedern der führenden Gruppe, Muqtada al-Sadrs
Mahdi-Armee, gaben jedoch alle den bewaffneten Aufstand zugunsten von Arbeit und Mitbestimmung auf, als die neue, von den
Schiiten dominierte Regierung in Bagdad erst einmal im Amt war.
In einem seltenen Beispiel der Kooperation zwischen Sunniten
und Schiiten kämpfte die Mahdi-Armee in der Schlacht von
Falludscha gemeinsam mit den Islamisten gegen die Amerikaner.
Tausende Sunniten und Schiiten feierten ihren Sieg beim gemeinsamen Gebet. Dies sollte jedoch nur ein kurzer Augenblick reli-
giöser Eintracht sein.

Fünf Monate nach der Besetzung des Irak taten sich alle islamistischen Gruppen des Landes in einer zunächst Jaish Ansar al-Sunna (JAS, «Armee der Anhänger der Lehre») genannten Vereinigung zusammen. Nur Zarqawis al-Tauhid wal-Jihad schloss sich nicht an. Der Dachverband hatte ähnliche Ziele wie al-Zarqawis Organisation, die wiederum immer stärker von der Ideologie und der Vision al-Qaidas beeinflusst wurde. Von Anfang an hatten diese Gruppen, aus denen später einmal der ISIS/IS hervorgehen sollte, die Absicht, einen islamischen Staat im Irak zu gründen, sobald die Invasoren erst einmal vertrieben worden wären.

Im Dezember 2014 tat sich al-Zarqawis Gruppe offiziell mit al-Qaida zusammen, um eine Kampagne mit mehreren Zielen zu initiieren. Manches davon wirkt sich noch heute auf die Strategien des IS aus. Damit die Iraker nicht mit der Regierung zusammenarbeiten und um die nationalen Sicherheitskräfte zu destabilisieren, infiltrieren und attackieren die Extremisten seit nunmehr zehn Jahren die militärischen und polizeilichen Rekrutierungszentren. Schnell wurde der Irak zum perfekten Übungsgelände für Jihadisten. Immer mehr Iraker liefen zu den Islamisten über, und regelmäßig kamen neue ausländische Kämpfer hinzu, meist über die Grenze zu Syrien. Die Mujahidin, die im arabischen Raum lebten, hatten sich zuletzt in größerer Zahl in den 1980er Jahren in Afghanistan zusammengefunden, doch der Irak war ganz eindeutig ein sehr viel einfacheres Terrain, weil die Menschen dort Arabisch sprachen und eine ähnliche Kultur hatten. Laut Berichten bestanden zwischen den afghanischen Arabern und ihren Genossen, den Paschtunen, während des Krieges mit der Sowjetunion und dem darauf folgenden Bürgerkrieg erhebliche sprachliche und kulturelle Schwierigkeiten.

Die ebenso brutale wie rücksichtslose Militärstrategie al-Zarqawis bedeutete einen Wendepunkt in der Geschichte des globalen Jihad. Sie wirkte wie ein Magnet auf die ausländischen Rekruten, die den Kriegshandlungen von al-Zarqawis Brigaden im Internet in wegweisenden kurzen Clips zuschauten, die von einem Soundtrack aus harmonischen Naschids – islamischen Gesängen – begleitet wurden. Auch wenn diese Taktiken sich zu al-Zarqawis Lebzeiten nicht durchsetzen konnten, so wurde doch die Saat für den Islamischen Staat zu diesem Zeitpunkt gesät.

So wie die Taliban einst mitfühlende Gastgeber für al-Qaida gewesen waren, nachdem bin Laden 1996 den Sudan verlassen hatte und nach Afghanistan ausgewandert war, boten sunnitische Zivilisten al-Zarqawi zunächst sichere Durchreise durch ihr Stammesgebiet, Unterkunft in ihren Häusern, Geld und militärische Ausrüstung an. Al-Zarqawis Strategie bestand von Anfang an nicht nur darin, sich der amerikanischen Besatzung entgegenzustellen. Ebenso wie die Strategen der al-Qaida war er der Meinung, dass das Schüren gewaltsamer religiöser Konflikte zwischen der Minderheit der Sunniten und der Mehrheit der Schiiten der Gruppe erlauben würde, ihren Einflussbereich zu erweitern. Dies wollte er mithilfe der einheimischen sunnitischen Bevölkerung ebenso erreichen wie durch den Import sunnitischer Kämpfer aus den Nachbarländern zur Unterstützung eben dieser Einheimischen. In Syrien, in der Türkei und in Jordanien bilden die Sunniten die Mehrheit.

Al-Zarqawi war der Urheber der extremen Grausamkeit, die mittlerweile vom Islamischen Staat so offen ausgelebt wird. Wie der Islamische Staat, so verstand auch al-Zarqawi die Bedeutung psychologischer Kriegsführung mittels Videoaufnahmen, in denen eiskalter Mord skrupellos zur Schau gestellt wurde. Im Mai 2004 köpfte al-Zarqawi dann höchstpersönlich den 26-jährigen amerikanischen Geschäftsmann Nick Berg und posierte vor laufender Kamera mit seinem abgeschlagenen Kopf – ein abscheulicher Anblick, der eine flächendeckende Berichterstattung in den weltweiten Medien garantierte und vom IS mittlerweile mehrmals kopiert wurde. Im August 2014 brachte das Bild eines siebenjährigen Jungen, «Sohn des Mujahids», der einen abgeschlagenen Kopf in die Kamera hielt, noch größere Publicity für den Islamischen Staat, während dieser immer weiter nach Syrien und den Irak vordrang.

Al-Zarqawi wurde vom ISIS und später dem IS in den online abrufbaren Texten und den YouTube-Videos der Organisation als erster Emir und Idol einer ganzen Generation gefeiert. Wie al-Zarqawi bedient sich auch der Islamische Staat der in der Scharia vorgesehenen Strafen für *tazir-* und *hadd-Delikte*. Während es bei Ersteren darum geht, die Betreffenden an den Pranger zu stellen, damit sich deren Verhalten im Anschluss daran bessert, werden Letztere, bei denen es normalerweise um vorsätzliche Delikte wie Mord, Diebstahl und Ehebruch geht, mit dem Abschlagen von Kopf und Gliedmaßen oder Steinigung bestraft. Schockierende Videoaufnahmen beweisen, dass solche Strafen im Einzugsgebiet des Islamischen Staates regelmäßig zum Einsatz kommen.

Die extreme Gewalt des Islamischen Staates dient nicht nur dazu, «Recht und Gesetz» zu erhalten; sie soll die Feinde der Gruppe ebenso in Angst und Schrecken versetzen wie die vom IS unterworfene Bevölkerung. Wie wir in den folgenden Kapiteln sehen werden, ist der Anspruch des IS in dieser Hinsicht keineswegs einzigartig. Imperien stiegen schon immer aus einem Meer von Blut auf, und wir sollten uns stets vor Augen halten, dass der Islamische Staat das Kalifat (also das «Großreich») in seiner Gänze wiederherzustellen sucht.

Al-Zarqawis al-Qaida-Ableger erlebte eine kurze Blütezeit, bis sein Extremismus den Zorn der gewöhnlichen Sunniten und Stammesangehörigen auf sich zog, die ihn letztlich verrieten. Der Schlüssel zum kurzzeitigen Erfolg al-Zarqawis – nämlich familiäre und stammesspezifische Verknüpfungen – ist auch der Schlüssel zum Verständnis des Islamischen Staates und zu der Frage, wie es ihm in so kurzer Zeit gelingen konnte, in einer Region von der Größe Großbritanniens Fuß zu fassen, und das auf beiden Seiten der syrisch-irakischen Grenze.

Al-Zarqawi schürte religiöse und ethnische Konflikte und bereitete so den Boden für den Islamischen Staat. Ich glaube, er wollte die Schiiten in einen Bürgerkrieg hineinziehen.[14] In einem Brief, den er im Juni 2004 an bin Laden schrieb, verdächtigte er die Schiiten, mit den Amerikanern gemeinsame Sache zu machen, um sich die Macht für ihre eigene Gemeinschaft zu sichern. Er fügt hinzu, dass diese «lauernde Schlange … seit Anbeginn der Zeit eine verräterische und betrügerische Sekte war».

Al-Zarqawi initiierte schon früh eine Kampagne gegen schiitische Ziele, darunter das Ashura-Massaker im März 2004, bei dem

185 schiitische Pilger durch einen Selbstmordattentäter ums Leben kamen, sowie Autobombenanschläge in Bagdad und Karbala. Er übernahm auch die Verantwortung für die im August 2003 erfolgte Hinrichtung des schiitischen Führers Ayatollah Muhammad Baqr al-Hakim. Bis 2014 hatte das Feuer der konfessionellen Konflikte, das zehn Jahre zuvor von al-Zarqawi angefacht worden war, den Großteil des Landes erfasst.

Osama bin Laden und der derzeitige Anführer von al-Qaida, Aiman al-Zawahiri, standen al-Zarqawis Strategie der Konfessionskriege zunächst noch ablehnend gegenüber. Als al-Zarqawi bin Laden am 28. Dezember 2004 die Treue (*bai'a*) schwor und seine Organisation in «al-Qaida im Zweistromland» umbenannte, akzeptierten sie die Taktik wohl bereits. Von diesem Zeitpunkt an eskalierten die Konflikte zwischen den Sunniten und Schiiten. Ebenso wie der Islamische Staat interessierte sich al-Zarqawi nicht dafür, wie viele Zivilisten im Zuge des Jihad ihr Leben ließen, da solche «Kollateralschäden» aufgrund der *darura* (des übergeordneten Ziels) in seinen Augen gerechtfertigt waren.

Mit al-Zarqawi an Bord war das Schicksal al-Qaida wieder wohlgesinnt. Neu radikalisierte Rekruten strömten aus der arabischen und der muslimischen Welt in den Irak, um ihren Hauptfeind zu bekämpfen: die USA. Die Befehlshaber des Islamischen Staates kamen jedoch aus der Region, was gewährleistete, dass die Aktivitäten der Gruppe durch soziale und clanspezifische Netzwerke auf beiden Seiten der Grenze erleichtert wurden. Dem Anführer der Organisation, Abu Bakr al-Baghdadi, standen zwei einheimische irakische Stellvertreter zur Seite: der aus Mossul stammende Abu Ali al-Anbari, der zuvor den wichtigen Posten des Generals der Streitkräfte bekleidet hatte, sowie Abu Muslim al-Turkmani, der unter Saddam Hussein als Oberstleutnant des militärischen Nachrichtendienstes tätig gewesen war.

In zwei Studien – eine wurde von der saudischen Regierung in Auftrag gegeben, die andere von einem israelischen Think Tank durchgeführt – kam man zu dem Ergebnis, dass die meisten «heiligen Krieger» aus dem Ausland vor dem Einmarsch der Amerikaner in den Irak keine Jihadisten waren, sondern sich erst im Zuge der amerikanischen Besetzung radikalisierten. Obwohl es im Irak in der Vergangenheit nur wenige radikale Strömungen gegeben hatte, schloss sich die unter den amerikanischen Sanktionen aufgewachsene Generation der Iraker schon bald al-Zarqawi an. Die ersten einheimischen Selbstmordattentäter erschienen auf der Bildfläche, wie sich etwa an Flugblättern ablesen lässt, die nach den Anschlägen verteilt wurden und auf denen jeder «Märtyrer» eine *kunya* (Kampfnamen) erhielt. Bei den Jihadisten bezieht sich der Nom de guerre traditionellerweise auf den Geburtsort des Kämpfers. Bei «al-Baghdadi» wäre das also Bagdad. Eine immer größere Zahl derer, die für ihre extremistischen Glaubenssätze zu sterben bereit waren, kam mittlerweile aus dem Irak selbst.

Al-Zarqawis Stern begann im November 2005 zu sinken, als er einen dreifachen Selbstmordanschlag in seinem Heimatland Jordanien befahl. Mehr als die Hälfte der 60 Menschen, die bei diesem Angriff ums Leben kamen, waren Jordanier und Palästinenser, die auf einer Hochzeit zu Gast waren. Es ist überaus interessant, dass al-Zarqawi ganz so wie Abu Bakr al-Baghdadi auf ein größeres Ziel als den Irak aus war; deshalb importierte er den Terror auch in die Nachbarländer. Zum damaligen Zeitpunkt war ein Anschlag dieser Größe selbst für die Führungsriege von al-Qaida allerdings zu viel und zu ziellos. Aiman al-Zawahiri, der Osama bin Laden bald ablösen sollte, kritisierte al-Zarqawi dafür, dass er die «Unterstützung, die Hilfe und die Kooperation» aufs Spiel setze, die für das Überleben der jihadistischen Bewegung so essentiell sei.

Al-Zarqawi geriet aufgrund seiner Arroganz und seiner aufbrausenden Art zunehmend in die Kritik, und so büßte er in al-Qaida-Kreisen schnell an Unterstützung ein. Gleichzeitig machte er al-Qaida auch bei den Aufständischen unbeliebt, indem er versuchte, eine Ausweitung des bislang vor allem lokalen Konflikts zu erzwingen. Im Jahr 2006 versuchte sich al-Zarqawi schließlich im Brückenbau, indem er eine Vereinigung der sunnitischen Widerstandsgruppen ins Leben rief und den einheimischen Organisationen so eine Aufwertung bot. Zunächst trug die Gruppe, die von Abdullah Rashid al-Baghdadi angeführt wurde, den Namen Mujahidin-Schura-Rat. Diese Vereinigung einheimischer irakischer Organisationen sollte jeden Verdacht ausräumen, dass der Aufstand von einem Ausländer übernommen worden wäre. Osama bin Laden war von der Strategie des jungen Mannes jedoch nicht überzeugt, weshalb al-Zarqawi den Posten des Anführers von al-Qaida im Zweistromland (Irak) im April 2006 wieder verlor. Al-Zarqawi starb noch im Juni desselben Jahres, nachdem er von den Amerikanern aufgespürt und sein Versteck bombardiert worden war.

Im Oktober 2006 wurde der Dachverband in «Islamischer Staat im Irak» (ISI) umbenannt. Auch dieses Mal stand der Organisation ein Mann vor, dessen Beinamen auf seine irakische Herkunft hinwies: Abu Umar al-Baghdadi. Die meisten Berichterstatter sind allerdings der Ansicht, dass der al-Qaida-Zweig in Wirklichkeit von einem Ägypter namens Abu Ayyub al-Masri angeführt wurde.

Im Hinblick auf die derzeitigen Entwicklungen sollte der Hinweis nicht fehlen, dass der Islamische Staat im Irak verkündete, er wolle mit militärischen Mitteln ein islamisches Emirat im Zweistromland durchsetzen. Die Organisation berief ein Kabinett ein und etablierte die Scharia in den Gegenden, in denen sie die dominierende Kraft war: in Teilen Bagdads, Samarras, Mossuls, in al-Anbar, Kirkuk und seiner «Hauptstadt» Baquba. Die Vorläufer des Islamischen Staates begannen zu wachsen und zu gedeihen. Zum großen Schrecken des irakischen Ministerpräsidenten Nuri al-Maliki und seiner westlichen Verbündeten wurde der Irak zum Wunschziel ausländischer Jihadisten.

Im Herbst 2006 initiierten die USA ihre Kampagne des «Erwachens», die darauf abzielte, unter den sunnitischen Stämmen im Gouvernement al-Anbar Zwietracht zu säen und sie so gegen die IS-Extremisten aufzuwiegeln. Man ermunterte die unter Führung des wohlhabenden Geschäftsmannes und Clanführers Scheich Abd al-Sattar Abu Risha vereinten sunnitischen Stämme dazu, mit der US-Armee zusammenzuarbeiten und sich einer neuen Miliz anzuschließen, die sich al-Qaida entgegenstellen wollte. Die Männer dieser Miliz nannten sich die «Söhne des Irak». Diese Bewegung, die 300 US-Dollar monatlich von den amerikanischen Streitkräften erhielt, zog auch andere Gebiete im Land in ihren

Bann. Gleichzeitig verpflichtete George W. Bush sich dazu, weitere 21 500 Soldaten in den Irak zu schicken, um die Region militärisch zu «befrieden». 2007 gelang es den Kräften der «Erwachen»-Kampagne in Zusammenarbeit mit den US-Truppen und den «Söhnen des Irak», im Kampf gegen al-Qaida Boden zu gewinnen.

Trotz des Erfolges der neuen amerikanischen Kampagne, die von General Petraeus ausgearbeitet worden war, blieb der ISI äußerst gefährlich und gab auch seine Agenda der konfessionellen Konflikte nicht auf. Am 14. August 2007 lancierte die Gruppe vier parallele Angriffe auf die jesidische Minderheit in zwei kurdischen Städten. Bei den Angriffen kamen 796 Menschen ums Leben, 1562 wurden verletzt. Die Jesiden leben seit 2000 Jahren in dieser Region; aufgrund ihrer ganz eigenen, überaus friedlichen Interpretation des Islam werden sie von den salafistischen Hardlinern als «Ketzer» gebrandmarkt.

Am 13. September 2007 richtete der ISI dann den Anführer der «Erwachen»-Bewegung, Scheich Abd al-Sattar Abu Risha, hin; dennoch hatte die von den USA ins Leben gerufene Kampagne ihr Ziel erreicht. Ganz normale Sunniten hatten sich gegen den ISI gewandt, weil sie den Extremismus der Organisation ablehnten und immer noch daran glaubten, dass aus den Trümmern eine gerechte, repräsentative und demokratisch legitimierte neue Regierung entstehen werde.

Ohne die Unterstützung dieser ganz normalen Sunniten wurde der ISI erheblich geschwächt. Seit Frühjahr 2008 verließen immer mehr Kämpfer und wichtige Schlüsselfiguren das Land, siedelten in andere Kriegsgebiete über oder kehrten manchmal sogar ganz nach Hause zurück.

Politische Instabilität schafft neue Spielräume

Die neue Regierung des Irak und die US-Regierung waren zuversichtlich, dass ihnen die Zerschlagung der Aufstände gelungen war, weshalb der irakische Repräsentantenrat am 27. November 2008 das Status of Forces Agreement (SOFA) verabschiedete. Darin wurde festgehalten, dass die amerikanischen Truppen sich bis zum 30. Juni 2009 aus allen irakischen Städten zurückziehen und bis zum 31. Dezember 2011 vollständig aus dem Land abziehen würden.

Ende 2008 übergaben die USA die Kontrolle über die «Söhne des Irak» der von Schiiten dominierten Maliki-Regierung, die in ihrem Umgang mit diesen mittlerweile hervorragend ausgebildeten Soldaten allerdings einen katastrophalen Fehler beging. Die Amerikaner hatten den Männern nämlich versprochen, dass die neue Landesregierung sie entweder in den Verwaltungsapparat oder die Sicherheitskräfte integrieren und dafür angemessen entlohnen würde. Stattdessen wurden sie ohne eine Abfindung entlassen, ganz offensichtlich aus konfessionellen Gründen. Die unzufriedenen sunnitischen Soldaten rächten sich alsbald für diese Behandlung. Viele schlossen sich wieder den Aufständischen an, mussten jedoch vorher öffentlich Reue zeigen für ihre «Kollaboration» mit Maliki und den Amerikanern. 2014 bildeten diese Männer dann den Kern des Islamischen Staates. Da sie von den Amerikanern ausgebildet worden waren und gemeinsam mit ihnen gekämpft hatten, kannten sie den «feindlichen» Modus Operandi.

Während die USA ihren geplanten Rückzug aus dem Irak weiter vorantrieben, nahm gleichzeitig die Präsenz des ISI zu. Im Januar 2009 übergaben die Amerikaner im Zuge einer angedachten «Normalisierung» des Landes die Aufsicht und Kontrolle der Grünen Zone in Bagdad, in der sich die meisten wichtigen Behörden befanden, an die irakischen Sicherheitskräfte. Als die US-Truppen im Rahmen des SOFA-Abkommens aus den Städten des Irak abzogen, ließ die neue Landesregierung die Splitterschutzwände und andere Abwehrbauten rund um die Grüne Zone entfernen. Diese optimistische Geste wurde jedoch am 19. August 2009 mit einer Reihe verheerender Anschläge im Zentrum des Regierungsbezirks beantwortet. Als Ministerpräsident Maliki sich in einem Hotel in der Grünen Zone gerade auf eine Rede vorbereitete, kam es zu zwei schweren Autobombenanschlägen auf die Ministerien für Außenpolitik und Finanzen; mehrere Mörsergranaten explodierten. Insgesamt verloren 122 Menschen ihr Leben.

Im Frühjahr 2010 starteten die amerikanischen und irakischen Truppen abermals einen Versuch, den Aufstand niederzuschlagen. Sie teilten mit, dass sie bis zu 75 Prozent der al-Qaida-Führung im Land ausgeschaltet hätten. Die politische Instabilität, die den ergebnislosen Parlamentswahlen im Januar folgte, führte zu einem politischen Vakuum, das den Aufständischen neuen Spielraum bescherte. Am 10. Mai 2010 verübte der ISI eine Reihe von Sprengstoffanschlägen und Scharfschützenangriffen in einigen der größten Städte des Landes.

2009 gelang Maliki die Bildung einer neuen Koalition, die unter dem Namen «Rechtsstaat-Allianz» bekannt ist. Betrachtet man den politischen Zustand des heutigen Irak, können die damaligen Versprechungen Malikis, starke staatliche Institutionen einzurichten, für ein öffentliches Gesundheits- und Bildungswesen zu sorgen sowie den Kampf gegen die Korruption voranzutreiben, nur als unerhörte Ironie der Geschichte gedeutet werden. Im Sinne dieses hochgelobten Marsches zur Demokratie wurde eine weitere wichtige politische Einrichtung ins Leben gerufen, die angeblich den stabilen, harmonischen Staat wiederherstellen sollte: die Iraqiya-Allianz.

Ich erinnere mich, wie ich mich damals mit Freunden aus dem Irak traf, darunter Schiiten, Sunniten und Kurden, die allesamt ins politische Exil gegangen waren, entweder in London oder andernorts. Obwohl es auch die eine oder andere Beschwerde gab, war ich doch überrascht, wie optimistisch sie bezüglich der Zukunft ihres Landes waren. Damals hätte der Irak tatsächlich zum Leuchtturm der Demokratie in der Region werden können, wie die Amerikaner es sich wünschten. Weil er unüberlegt handelte und vor allem seine eigenen Interessen vor Augen hatte, unterlief Maliki jedoch ein Fehler nach dem anderen, was zu noch mehr Chaos, Zerrissenheit und letztlich zu einem *failed state*, einem gescheiterten Staat führte.

Nachdem sich Maliki in fragwürdigen Wahlverfahren 2010 eine zweite Amtszeit erkämpft hatte, führte sein Machthunger dazu, dass er immer autokratischer auftrat und zu Vergleichen mit Saddam Hussein geradezu einlud. Das Kabinett wurde erst neun Monate später einberufen, und Maliki ernannte sich zum Verteidigungsminister, Innenminister und Minister für die nationale Sicherheit. Er gab sich den Titel «Oberbefehlshaber der Streitkräfte». Maliki scherte sich nicht darum, gemäß der Verfassung die Zustimmung des Abgeordnetenhauses für wichtige militärische und sicherheitspolitische Ernennungen einzuholen, sondern setzte sie nach Gutdünken selbst durch. Darüber hinaus stellte er seine eigenen Milizverbände auf, darunter das «Bagdad Operationskommando». Als nächstes verabschiedete die Maliki-Regierung eine Reihe von Gesetzen zur «Entbaathifizierung», um die Anhänger des alten Regimes endgültig von den Positionen der Macht zu vertreiben. Daraufhin brach eine Hexenjagd sondergleichen aus, und die neuen Gesetze wurden gegen jeden angewandt, der in der Ba'ath-Partei gewesen war, unabhängig davon, ob er Saddam Hussein unterstützt oder ihn abgelehnt hatte.

Damals flossen in den Irak 100 Milliarden US-Dollar aus dem Ausland, die dem Wiederaufbau der Infrastruktur und der wichtigsten Dienstleistungen zugute kommen sollten. Wohin die Gelder gingen, musste größtenteils nicht offengelegt werden. Bereits 2006 hatte Transparency International gewarnt, dass dieser Fall «zum größten Korruptionsskandal der Geschichte» werden könnte. Tatsächlich bahnte sich dieser Skandal aber längst an. Malikis Sicherheitsfonds, der aus ausländischen Quellen gespeist wurde, war größer als die Budgets, die dem Bildungs-, dem Gesundheits- und dem Umweltministerium zusammen zustanden, und dennoch wurde das Ganze kaum je einer Prüfung unterzogen. Freunde und Kollegen aus dem Irak berichteten, dass Leute in die Armee eintraten und Sold bezogen, aber niemand genau zu sagen wusste, ob sie überhaupt je zum Dienst erschienen. Die Bevölkerung fühlte sich nicht mehr sicher: Immer häufiger kam es zu Terroranschlägen und konfessionell motivierter Gewalt, doch diese Fälle wurden von den Behörden nur selten untersucht. Die Aufstände nahmen noch einmal zu und nutzten die Schwäche und Korrumpierbarkeit der Militär- und Sicherheitskräfte für sich aus, die ebenfalls von Sympathisanten infiltriert worden waren.

Im Sommer 2010 warnten führende Vertreter der Zivilgesellschaft, dass al-Qaida nicht nur an Einfluss gewann, sondern auch die Anführer der «Erwachen»-Bewegung aufgrund der mangelnden Bereitschaft der Regierung, die Macht zu teilen, immer unzufriedener wurden, denn ursprünglich war es ihnen anders versprochen worden. Doch dem wurde nur wenig Aufmerksamkeit geschenkt. Die letzten US-Soldaten zogen im Dezember 2011 aus dem Irak ab und überließen das Land seinem Schicksal. Niemand half den unerfahrenen Politikern beim Aufbau einer funktionierenden repräsentativen Demokratie. Stattdessen setzten die Amerikaner politisch offensichtlich auf jeden, der ihren geopolitischen und wirtschaftlichen Interessen wohlgesinnt zu sein schien. Ob nun aus Naivität oder Arroganz: für die Amerikaner war Nuri al-Maliki ihr Mann. Tatsächlich stand dieser aber der Islamischen Republik Iran, die von schiitischen Geistlichen beherrscht wurde und als größter Feind der Amerikaner in der Region galt, sehr viel näher. Immerhin hatte er acht Jahre (1982–1990) im Teheraner Exil verbracht. Der Einmarsch der Amerikaner führte letztlich nur dazu, dass der Iran den Irak auf einem Silbertablett erhielt.

Der Rückzug der US-Truppen im Dezember 2011 öffnete konfessionellen Konflikten unter den Aufständischen – allen voran dem Islamischen Staat im Irak (ISI) – abermals Tür und Tor. 2012 waren 4594 irakische Bürger gewaltsam ums Leben gekommen (4153 mehr als im Vorjahr). 2013 hatte sich diese Zahl auf 8000 erhöht und damit nahezu verdoppelt.

Die konfessionellen Konflikte wurden von al-Qaida und ihrem Nachfolger, dem Islamischen Staat, ebenso angeheizt wie von der diskriminierenden Politik der Regierung. Angst und Hass gruben sich tief in die irakische Gesellschaft ein: Selbst Bagdad besteht mittlerweile aus verschiedenen Enklaven, die entweder von schiitischen oder von sunnitischen Milizen kontrolliert werden. 2013 eskalierte die Unzufriedenheit aufseiten der Sunniten, doch jedweder Protest aus diesem Lager wurde mit einer Brutalität niedergeschlagen, die an die Zeiten Saddams erinnerte.

Junge Männer, die sich über die Korrumpierbarkeit der Regierung beschwerten, Regimekritik übten oder zu oft die Moschee besuchten, wurden nachts aus ihren Häusern geholt und kehrten nie zurück – und wenn doch, dann bis zur Unkenntlichkeit entstellt. Ein sunnitisches Protestcamp in al-Hawidscha in der Nähe von Kirkuk wurde im April 2013 von Regierungstruppen angegriffen; 50 Menschen kamen dabei ums Leben. Im Juni 2014 war al-Hawidscha bereits zu einem Juwel in der Krone des Islamischen Staates geworden, nachdem die Stadt nicht nur von IS-Truppen überrannt worden war, sondern auch von sunnitischen Stammes-verbänden aus der Region nicht verschont wurde.

Im Juli 2013 hatte der konfessionelle Bürgerkrieg den Irak schließlich vollständig im Griff. Nachdem der ISI sich im April 2013 mit den rebellischen Jihadisten-Verbänden der syrischen al-Nusra-Front zusammengetan hatte, nahm die tödliche Gefahr, die von ihm ausging, immer weiter zu. Es dauerte nicht lange, bis diese jihadistische Bestie sich einen neuen Namen gab: «Islamischer Staat im Irak und in Syrien», ISIS.

Der Emir des ISIS, der sich in der Großen Moschee von Mossul selbst zum «Kalifen Ibrahim» ernannte, war niemand Geringeres als ISI-Anführer Abu Bakr al-Hussein al-Quraishi al-Baghdadi. Al-Baghdadi setzte der neuen Gruppe mit zwei spektakulären Überfällen auf die beiden wichtigsten Gefängnisse im Irak ein frühes Denkmal: Seine Kämpfer griffen Abu Ghuraib und Tadschi an und befreiten Hunderte verurteilte al-Qaida-Schergen. Monate-lange Planung war diesen Anschlägen vom 22. Juli 2013 vorausge-gangen: Mörsergranaten wurden auf die Gefängnisgebäude abge-feuert, während die Gefängnistore durch den gezielten Einsatz von Autobomben und Selbstmordattentätern gesprengt wurden. Mehr als 500 al-Qaida-Kämpfer – vom einfachen Soldaten bis hin zum Oberbefehlshaber – entkamen aus Abu Ghuraib. Die Wachleute des Gefängnisses waren zuvor von ISIS-Sympathisanten infiltriert worden.[15] Dem ISIS war damit nicht nur eine Machtdemonstration sondergleichen, sondern auch ein psychologischer Sieg über die ohnehin strauchelnde Maliki-Regierung gelungen – zudem füllten Hunderte erfahrene und wütende Kämpfer nun die Reihen der Organisation auf.

Darüber hinaus gerieten 2013 noch mehr Gruppen ins Zielfeuer des ISIS. Während die Kampagne gegen die Schiiten weiter ihren Gang ging, gipfelte das Ganze in eindeutig konfessionell motivierten Massakern an den christlichen, kurdischen und jesidischen Minderheiten im Land. Die kurdische Hauptstadt wurde aus taktischen Gründen ausgewählt, weil sich dort lukrative Ölfelder befanden und der ISIS sich außerdem an den Kurden rächen wollte, die den bewaffneten Kampf gegen ihn und seine Verbündeten unter den syrischen Jihadisten aufgenommen hatten.

Während der ISIS den Irak in einen immer enger werdenden Würgegriff nahm, versank das Land zusehends im Chaos, weil die Maliki-Regierung und besonders ihr Militär völlig versagten. Es zeigte sich nämlich, dass die Streitkräfte nicht in der Lage waren – oder, was wahrscheinlicher ist, gar kein Interesse daran hatten –, den Islamischen Staat zu bekämpfen, als dieser im Sommer 2014 endgültig Richtung Mossul drängte. Unter Ministerpräsident Maliki verdiente man sich Aufträge und Ämter nicht etwa – man kaufte sie, was bedeutete, dass viele Beamte entweder von ihren Posten gedrängt oder einfach übergangen wurden. Das Phänomen der sogenannten «Geistersoldaten» – Männer, die zwar Sold bezogen, aber nicht zum Dienst erschienen – breitete sich aus. Das führte dazu, dass die von den Amerikanern ausgebildeten Truppen den Glauben verloren. Warum sollten sie ihr Leben für eine derart korrupte, katastrophale Regierung riskieren? Es wurde oft davon berichtet, dass Polizeibeamte beim ersten Anzeichen von Widerstand auf der Stelle hinter ihren Einsatzwagen Deckung suchten.

Maliki isolierte sich durch sein Verhalten zusehends. Zunächst verprellte er die Kurden, die für den Erhalt seiner Macht im Parlament von größter Bedeutung waren; danach verscherzte er es sich mit den USA und schließlich auch noch mit Teheran, auf dessen Unterstützung er stets gebaut hatte. Letztlich verstand Maliki kaum etwas von der Politik und ihren Spielchen. Für viele war er zu einer schiitischen Version Saddam Husseins verkommen: ein ebenso schlimmer, wenn nicht sogar noch schlimmerer Diktator, der seine autokratische und repressive Herrschaft noch dazu mit völliger Inkompetenz verband.

Die politische Krise im Irak, die zwischen 2013 und 2014 ihren Höhepunkt erreichte, bot dem ISIS eine zweite Chance, bei den Sunniten breite Unterstützung für den ehrgeizigen Plan zu finden, im Herzen des Nahen Ostens ein Kalifat zu gründen. Im Gegensatz zu al-Zarqawi war es den irakischen Anführern des Islamischen Staates gelungen, langfristige Allianzen mit anderen sunnitischen Gruppen und Stämmen einzugehen. Als der ISIS im Juni 2014 Mossul angriff, achtete er darauf, mit lokalen Ba'athisten ebenso zusammenzuarbeiten wie mit den wichtigsten Sippen der Region. Außerdem rekrutierte er auch die Jugend der Stadt. Izaat al-Duri, Saddam Husseins ehemaliger Stellvertreter, gehörte zu den hochrangigen ehemaligen Regierungsvertretern, die in Mossul auftauchten. Im Verwaltungsapparat der Stadt saßen zudem mehrere Mitglieder des alten Regimes.

Nach elf Jahren Chaos, Gesetzlosigkeit und Verfolgung durch die Regierung in Bagdad hießen die meisten Mitglieder der sunnitischen Mehrheit in der Region jeden willkommen, der nur im Entferntesten Recht und Ordnung brachte – selbst in so extremer Form, wie sie der Islamische Staat propagierte. Deshalb wurden die ISIS-Brigaden auch von einer jubelnden Menge empfangen, als sie in einem Konvoi von Geländewagen in Mossul einfuhren.

Im Mai 2014 sicherte Maliki sich ein letztes Mal die Wiederwahl, bevor er im August desselben Jahres von Präsident Fuad Masum von seinem Posten entfernt wurde. Sicherlich geschah dies auf Drängen der Obama-Regierung, die erst spät erkannte, dass das Fehlen einer effektiven Zentralregierung in Bagdad zu einem Machtvakuum führte, das dem beispiellosen Vormarsch des Islamischen Staates in die Hände spielte. Mehr noch: Die immer unzufriedener werdende sunnitische Minderheit war mittlerweile wirklich nicht mehr in der Verfassung, es mit den Jihadisten aufzunehmen, und bejubelte deren Einzug in manchen Ortschaften sogar. Die Lage ähnelte stark der Situation, in der die Taliban nach dem Krieg gegen die Sowjets und dem darauf folgenden Bürgerkrieg vermeintlich Recht und Ordnung nach Afghanistan zurückbrachten. Auch die Taliban wurden von der Bevölkerung zunächst mit offenen Armen empfangen. Es wird Jahre dauern, bis der

Glaube an die Demokratie wiederhergestellt ist. Selbst wenn es der zukünftigen irakischen Führungsriege gelingen sollte, eine echte Regierung der nationalen Einheit zu bilden, mag auch das sich als zu spät erweisen. Nachdem der Westen den Zusammenbruch des Irak erst in Gang brachte, möchte er die Geister, die er rief, nun am liebsten wieder loswerden.

3. Ursprünge II: Die Taliban, al-Qaida und der IS

Es war der 1. Juli 2014, als Abu Bakr al-Baghdadi sich zum Kalifen und Emir al-Muminin, zum «Befehlshaber der Gläubigen», erklärte. Damals übersahen viele Kommentatoren eine wichtige Tatsache: Diese Stellung hatte bereits Mullah Omar inne, der Anführer der afghanischen Taliban. Dieser hatte sich 1996 in einer Moschee in Kandahar in den Mantel des Propheten Muhammad gehüllt und sich damit zum Kalifen erklärt. Im Augenblick macht dieser «Wettstreit der Kalifen» den Kern der jihadistischen Politik aus. Mullah Omar war stets bemerkenswert vorsichtig, wenn es um den Islamischen Staat ging, er reagierte auf die Nachricht über al-Baghdadis Erklärung deshalb nur mit dem Hinweis: Muslime sollten «es vermeiden, sich dem religiösen Extremismus hinzugeben, andere ohne jede Beweise zu verurteilen oder einander nicht mehr zu vertrauen. Muslime sollten Konflikten aus dem Weg gehen».[1]

Aiman al-Zawahiri (der augenblickliche Anführer von al-Qaida) und Osama bin Laden hatten Mullah Omar in den späten 1990er-Jahren die Treue (*bai'a*) geschworen und somit seine Herrschaftsgewalt über sie anerkannt (und damit auch über al-Qaida).[2] 2008 hatte al-Zawahiri bei einer Fragerunde im Stil einer «Bürgerversammlung» den anwesenden Jihadisten verkündet, dass er und bin Laden Mullah Omars «Soldaten» seien[3] (es dauerte allerdings vier Monate, bis alle seine Antworten online zugänglich waren). Al-Zawahiri hatte die Gelegenheit genutzt, um auch auf al-Baghdadis Erklärung einzugehen und noch einmal seine Loyalität gegenüber Mullah Omar und al-Qaida zu bekräftigen. Mitte Juli 2014 erneuerte er dann in der ersten Ausgabe eines neuen Online-Newsletters namens al-Nafir «den Treueschwur vor dem Befehlshaber der Gläubigen: Mullah Muhammad Omar Mujahid. Möge Gott ihn schützen und damit die Bestätigung erbringen, dass al-Qaida und alle Zweige der Organisation Soldaten unter Soldaten sind.»

Bislang wurde Mullah Omar von den Chronisten der Geschichte

des modernen Islamismus mehr oder weniger vergessen. Die Taliban werden jedoch ohne Zweifel die Möglichkeit nutzen, das islamische Emirat Afghanistan abermals auszurufen, das bis zum Einmarsch der Amerikaner im Jahr 2001 von ihnen beherrscht worden war – schließlich kontrollieren die Taliban bereits rund 54 Prozent des Landes.[4]

Im Herbst 2014 entfesselten die Taliban dann eine neue Welle der Gewalt, die bis heute andauert und der Hunderte Menschen zum Opfer gefallen sind. 2014 beendeten die USA und die Vereinten Nationen offiziell den Kampfeinsatz in Afghanistan. Die Amerikaner zogen den größten Teil ihrer 100 000 Soldaten aus dem Land ab, so dass Anfang 2015 nur noch 10 600 Soldaten in Afghanistan stationiert waren. Präsident Obama wies wiederholt darauf hin, dass er den Abzug der restlichen US-Soldaten bis Ende 2016 anstrebe. Wie wir im vorherigen Kapitel gesehen haben, förderte der Abzug der amerikanischen Soldaten aus dem Irak im Dezember 2011 die Entstehung des ISIS, der dann vom Islamischen Staat abgelöst wurde. Die meisten Beobachter werden dem US-amerikanischen Senator John McCain zustimmen, der meinte, in Afghanistan werde man wahrscheinlich «den gleichen Film noch einmal sehen».

Alles wies darauf hin, dass Verhandlungen mit den Taliban nicht mehr als undenkbar galten, weshalb die Gruppe 2013 eine Art «Botschaft» – oder zumindest ein Büro voller Abgesandter – in Qatar installierte. Im Juli 2014 erklärten die Taliban – angeblich in einem Statement von Mullah Omar, dessen Tod im April 2013 bis ins Jahr 2015 durch solche Verlautbarungen vertuscht werden konnte –, dass «viele, die einst nur Ablehnung für uns übrig hatten, mittlerweile das Islamische Emirat als Realität anerkannt haben». Die diplomatischen Bemühungen in Qatar, die zur Freilassung von fünf hochrangigen Taliban aus Guantanamo geführt hatten, wurden als «spektakulärer Erfolg» bezeichnet.[5]

Um die internationale Gemeinschaft und die afghanische Bevölkerung davon zu überzeugen, dass sie für eine weitere Runde an der Macht bereit sind, versuchen die Taliban seit einiger Zeit, ein «moderates» Gesicht zu zeigen. Die radikaleren «globalen Jihadisten» beschweren sich derweil darüber, dass die Taliban einzig und allein an einem Kalifat in Afghanistan interessiert seien. Dennoch riefen die Taliban – wieder angeblich durch Mullah Omar – im Juli 2014 die Umma dazu auf, eine gemeinsame Front gegen Israel zu bilden und die Palästinenser beim Ansturm auf den Gaza-Streifen zu schützen – was beweist, dass sich die Interessen des Mullah entgegen ihren Aussagen doch nicht auf eine Region allein beschränken.

Unstimmigkeiten und Dispute innerhalb der Organisation selbst könnten also der Schlüssel zur Zerstörung der radikal-islamistischen Bewegung sein. Sollte es den drei größten Gruppen der Bewegung, al-Qaida, den Taliban (in Afghanistan und in Pakistan) und dem Islamischen Staat, allerdings gelingen, ihre Differenzen zu überwinden und eben jene gemeinsame Front zu bilden, dann würde diese für viele Jahre die politische Landschaft des Nahen und Mittleren Ostens bestimmen.

Der al-Zarqawi-Faktor

Während die Fronten sich ausbilden, wird immer deutlicher, dass die ideologischen Grabenkämpfe zwischen den alten Garden al-Qaidas einerseits und dem IS andererseits ebenso schwer wiegen wie die militärischen Konflikte, auf denen sie beruhen. Damit der Islamische Staat seinen Einfluss auf die Region ausweiten kann, bedarf es jedoch der Unterstützung des bereits bestehenden Jihadisten-Netzwerkes, das größtenteils zu al-Qaida gehört (oder gehörte). Nachdem al-Baghdadi sich geweigert hatte, die Konflikte in Syrien al-Qaidas «offiziellem» Ableger, der al-Nusra-Front, zu überlassen, kappte al-Zawahiri im Februar 2014 alle formalen Verbindungen zwischen al-Qaida und dem ISIS. Wie wir noch sehen werden, ist seitdem jedoch sehr viel passiert.

Die Ursprünge der ideologischen Grabenkämpfe gehen zurück auf das Patt zwischen Abu Musab al-Zarqawi, bis 2006 im Irak der Emir von al-Qaida, und den «alten Garden» der Organisation, Osama bin Laden und al-Zawahiri. Der 1966 in Jordanien geborene al-Zarqawi war zwar jünger als al-Zawahiri (geb. 1951), wirkte mit seinem weltlichen Auftreten und seinen Tattoos aber eher wie ein Gangster als ein Gotteskrieger. Neben einer an Rambo erinnernden Sportsucht (im Gefängnis trainierte er mit Steinen), brachte er äußerst brutale und extreme Ansichten in den al-Qaida-Kosmos ein. Für die jüngere Generation des Islamischen Staates ist al-Zarqawi ein Held; im Internet wird er deshalb auch der «erste Emir» genannt.

Die höher gebildeten Ränge von al-Qaida glaubten, dass die Probleme der muslimischen Welt lösbar wären, indem jeglicher ausländische Einfluss ebenso ausgemerzt würde wie die «ungläubigen» arabischen Regierungen. Der brutale al-Zarqawi und seine Anhänger hielten dagegen an der *takfir* genannten Doktrin des IS fest, nach der die Umma nur siegen könne, wenn der wahre Glaube (wie sie ihn verstanden) von allen *murtads* (Ungläubigen und Abtrünnigen) gereinigt werde. Deshalb entfesselten sie blutrünstige konfessionelle Gewalt und ergingen sich in «religiösen Säuberungen», die tatsächlich erst unter al-Zarqawi im Irak eingeführt wurden und die Aktivitäten des Islamischen Staates bis heute prägen.

Al-Zarqawi setzte eifrig seine Interpretation der Scharia um: Öffentliche Hinrichtungen, Steinigungen und Peitschenhiebe waren in den von ihm kontrollierten Gegenden an der Tagesordnung, und selbst die kleinsten Delikte wurden rigoros bestraft. Raucher mussten sich beispielsweise die Finger amputieren lassen. Die ältere al-Qaida-Generation schimpfte darüber, dass al-Zarqawis «Extremismus» (wie sogar sie es nannten) die Öffentlichkeit verstören und die Gruppe die Unterstützung der Clans an der Basis kosten würde, die ihnen zunächst noch wohlgesinnt gewesen waren. Sie sollten Recht behalten.

Al-Zarqawi war der Ansicht, dass psychologische Kriegsführung für den Jihad ebenso viel Bedeutung habe wie der Kampfeinsatz mit der Kalaschnikow. Außerdem wusste er, wie wichtig es war, die Medien für sich einzunehmen – oder auch zu schockieren. Seine Aussage «Denkt immer daran: Der Großteil des Kampfes findet auf den medialen Schlachtfeldern dieser Welt statt» hätte auch von einem Strategen des Islamischen Staates stammen können. Al-Zarqawis Auffassung wurde von einer anderen einflussreichen al-Qaida-Persönlichkeit geteilt, die nach dessen Tod zu einem Helden des IS wurde: Anwar al-Aulaqi.

2013 veröffentlichte al-Zawahiri ein Dokument, das den Titel «Allgemeine Richtlinien für die Arbeit eines Jihadisten» trug. In diesem ging er abermals auf die Sorgen ein, die er 2005 bezüglich al-Zarqawis geäußert hatte; dieses Mal zielten seine Worte jedoch ganz klar auf den IS ab. Al-Zawahiri drängte die Jihadisten dazu, andere Glaubensrichtungen und Religionen nicht mit Worten oder Waffen anzugreifen, sondern ihnen vom «wahren» Islam zu berichten, um ihnen so die Möglichkeit zu geben, sich den echten Gläubigen anzuschließen. Außerdem erklärte er, dass Anschläge auf Marktplätze und öffentliche Gebäude nicht akzeptabel seien, weil dabei auch Muslime verwundet oder gar getötet werden könnten. Er rief zu Respekt gegenüber den Anführern auf (vielleicht auch aus Angst um die eigene Position) und meinte, dass diese «weder bekämpft noch umgebracht werden dürfen, außer sie gehen militärisch gegen andere Muslime oder die Mujahidin vor».

Dass al-Zarqawi im Juni 2006 bei einem Luftangriff der Amerikaner ums Leben kam, lässt sich indirekt auf seine eigene Arroganz zurückführen. Während bin Laden und al-Zawahiri sorgfältigst darauf achteten, dass ihr Aufenthaltsort sich nicht anhand der Hintergrundbilder von Videoaufnahmen erkennen ließ, präsentierte al-Zarqawi sich in seinem letzten Clip als Rambo, der durch eine klar identifizierbare Landschaft schreitet und ein Maschinengewehr abfeuert (dies allerdings unter Mithilfe eines Freundes, weil er vergessen hatte, die Waffe zu entsichern.) Dem amerikanischen Geheimdienst gelang es auf diese Weise, seinen Aufenthaltsort aufzuspüren.

Al-Zarqawis Nachfolger, Abu Hamza al-Muhajir, unterstellte seine Gruppe der Führung Abu Omar al-Baghdadis, nachdem die übergeordnete Organisation Islamischer Staat im Irak gegründet worden war. An dieser Stelle möchte ich eine Formalie erwähnen, die vielleicht von Bedeutung ist: Der *bai'a* ist nicht übertragbar und gilt nur zwischen denen, die den Schwur leisten. Da weder Abu Hamza noch al-Baghdadi Osama bin Laden oder seinem

Nachfolger, Aiman al-Zawahiri, die Treue geschworen hatten, unterstand der ISI nicht länger dem Oberbefehl von al-Qaida. Formal operieren der ISI und seine Nachfolgeorganisationen (der ISIS und der Islamische Staat) seit acht Jahren unabhängig von al-Qaida und möchten das aus politischen Gründen auch weiterhin tun.

Osama bin Laden hatte bereits seine Sorgen darüber geäußert, dass die «Marke» al-Qaida Schaden nehmen könnte, und das nicht nur aufgrund von al-Zarqawis Exzessen, sondern auch wegen der Entwicklungen nach dem 11. September 2001 sowie der Anschläge in Madrid 2004 und London 2005. Seitdem verband die Öffentlichkeit den Namen al-Qaida nur noch mit Terrorismus und Extremismus. Aus diesem Grund versuchte sich al-Qaida auf der arabischen Halbinsel 2011 an einem Experiment und rief Ansar al-Scharia ins Leben («Unterstützer der Scharia»). Es stellte sich heraus, dass diese neue Gruppe von der Bevölkerung besser aufgenommen wurde und zu einer höheren Rekrutierungsrate vor Ort führte. Dokumente, die am letzten Aufenthaltsort von Osama bin Laden in der pakistanischen Stadt Abbottabad sichergestellt wurden, enthalten zahlreiche Hinweise auf einen möglichen Namenswechsel. Bin Ladens Vorschläge klangen jedoch nicht so gut wie «al-Qaida», waren zu sperrig und viel zu lang. Sie bewiesen jedoch, worüber sich bin Laden Gedanken machte und in welche Richtung er die Gruppe zu führen gedachte: Sein Vorschlag «Taifat al-Tauhid wal-Jihad» bedeutete «Gruppe für Monotheismus und Jihad»; «Jama'at wahdat al-Muslimin» «Muslimische Einheitsfront»; «Hizb tauhid al-Umma al-Islamiyya» «Islamisch-Nationale Einheitspartei»; «Jama'at tahrir al-Aqsa» «Jerusalemer Befreiungsfront» und «Jama'at I'Adat al-Khilafat al-Rashida» «Gruppe für die Wiederherstellung des Kalifats».

Im Anschluss an die Erfolge der «Erwachen»-Kampagne und des damit zusammenhängenden Militärschlages sank die Gewalt im Irak stetig; der Islamische Staat im Irak (ISI) zog sich, der Tradition der Hijra folgend, von den verlorenen Kriegsschauplätzen zurück, um sich anderen Schlachten zuzuwenden. Immer mehr Schlüsselfiguren des IS – darunter auch bin Ladens Sohn Saad und bin Ladens rechte Hand Saif al-Adel – tauchten in Afghanistan auf und erneuerten ihre Freundschaft mit den Taliban. Im Herbst 2008 demonstrierte die Gruppe erstmals ihre Präsenz vor Ort, indem sie einige überaus komplexe unkonventionelle Spreng- und Brandvorrichtungen im Land verteilte. Die IS-Kämpfer hatten von ehemaligen Soldaten der Republikanischen Garde Saddam Husseins erfahren, wie man Waffen dieser Art herstellt. Der Punkt ist der: In dieser Phase war al-Baghdadi allem Anschein nach die stellvertretende Nummer eins des ISI, und seine Organisation, die Taliban und al-Qaida verfolgten dieselben Ziele.

Tatsächlich hatte al-Zawahiri im April 2008 offen für den ISI geworben, der sich unter enormem Druck befand. Damals sagte er: «Die Unterstützung der Mujahidin im Irak – und damit auch des ISI, der sie anführt – ist zurzeit die dringendste Pflicht der islamischen Umma.»[6] Al-Zawahiri, der stets ein intelligenter Beobachter gewesen war, sagte das Chaos voraus, das den Irak erfassen und den Jihadisten Tür und Tor öffnen würde. Bei einem Interview mit al-Qaidas offizieller Medienorganisation im November 2008 äußerte er sich auch über die «Erwachen»-Kampagne und erklärte: «Sie war nur aufgrund der enormen amerikanischen Unterstützung für das irakische Militär und die Polizei möglich, die von den Amerikanern mit ihrem Rückzug aus dem Irak aber sofort fallengelassen und ihrem Schicksal überlassen wurden, und zwar in Form der Mujahidin.»

Der Generationenkonflikt beginnt

Selbst als sich das Blatt für den ISI zu wenden begann und die Beziehungen zur Kern-al-Qaida noch relativ gut waren, waren die ideologischen Differenzen offenkundig. Osama bin Laden befand sich in einer zunehmend prekären Situation. Im Gegensatz zu al-Zawahiri und der Führungsriege des ISI äußerte sich bin Laden immer öfter auch zur Lage der Palästinenser. Als er im März 2008 schrieb, «die beste Möglichkeit zur Unterstützung der Palästinenser» sei «der Einsatz für den Aufstand im Irak», stellte er damit sogar einen Zusammenhang mit der Situation im Irak her.[7] 2008 äußerte er zudem erstmals Sorgen über den Klimawandel und das Schicksal der katastrophengebeutelten afrikanischen und pakistanischen Muslime. Mit den Interessen der jüngeren Generation hatte das alles freilich nur noch wenig zu tun; diese beschäftigte sich immer mehr damit, was passieren würde, wenn die Amerikaner ihren «Kampfeinsatz» im Irak am 31. August 2010 beendeten. Sie spürte, dass mit dem Rückzug der US-Truppen ihr Augenblick kommen würde, und suchte einen Anführer, der «die Chance ergriff». Die beiden alten Männer im Exil, al-Zawahiri und bin Laden, verloren zusehends an Bedeutung.

In der Zwischenzeit hatte der IS seine militärische Kampagne im Irak wieder aufgenommen. Im Sommer 2009 wurden abermals Regierungsgebäude, schiitische Einrichtungen, ausländische Botschaften und Hotels bombardiert. Die konfessionellen Konflikte, die den Boden für das Chaos und die Zerrissenheit bereiteten, die der ISI für seine Erfolge so dringend benötigte, nahmen weiter zu. Die Menschen begannen entsprechend der demographischen Zusammensetzung der jeweiligen Region die Gebiete zu wechseln, wodurch ein vornehmlich schiitisch geprägter Süden, eine – bis auf Bagdad (wo die schiitisch dominierte Regierung saß) – sunnitische Mitte und ein kurdischer Norden entstanden.

Gleichzeitig führte die unzureichende Demokratisierung im Land zu korrupten, von Teheran unterstützten, exklusiven und egozentrischen Kabinetten. Die Nahrung war knapp, die Inflation galoppierte und die Stromversorgung wurde selbst an glühend heißen Sommertagen auf zwei Stunden täglich beschränkt. Der Mangel an staatlicher Glaubwürdigkeit und das Fehlen einer funktionierenden Infrastruktur führten zu einem neuen Konservatismus, der religiöse Identität und kulturelle Normen und Werte zu einer Form des Widerstands verband. Demokratie und Liberalismus hatten aufgrund ihrer Assoziation mit den Besatzern mittlerweile einen überaus schlechten Ruf. Im Laufe der Jahre wurde der islamische Extremismus zu einer immer angenehmer erscheinenden Alternative – eine Entwicklung, die dem ISIS sehr zugute kam, als er 2014 den Irak in Schutt und Asche legte.

Weil bin Laden und al-Zawahiri so schmerzhaft weit weg von

den Ereignissen im Irak waren, stand die Strategie des ISI – die vornehmlich daraus bestand, den Irak ins Chaos zu stürzen und so den Islamischen Staat zu verankern – im direkten Konflikt mit den ideologischen Zielen von al-Qaida, die sich weiterhin vornehmlich einem «internationalen Jihad» widmete.

Die globale jihadistische Bewegung wurde immer stärker von einem Generationenkonflikt zerrissen. 2009 tauchten jüngere und noch radikalere jihadistische Gruppierungen auf, die eine Reihe von Rekruten (größtenteils online) anzogen, für die der 11. September 2001 schon lange Geschichte war. Der Islamische Staat entstand aus dieser neuen Welle. Am anderen Ende des Spektrums befanden sich die zunehmend schwerfälligen «afghanischen Araber», die bei al-Qaida und ihren Zweigen weiterhin in den Führungspositionen saßen und nach wie vor den Respekt und die Loyalität der Kader genossen. Wie wir noch sehen werden, bemühten sich alle neuen Gruppen darum, ins al-Qaida-Netzwerk aufgenommen zu werden; sobald sich ihnen jedoch die Chance dazu bot, wechselten sie meist in das Lager des Islamischen Staates.

Eine neue Welle von gewaltsamem Extremismus

Zur neuen Generation von al-Qaida-Ablegern gehörte auch die im Jemen sitzende Gruppe al-Qaida auf der Arabischen Halbinsel (AQAP), die im Januar 2009 ins Leben gerufen wurde und sich bald zum mächtigsten «Zweig» von allen entwickelte. Die Organisation wurde von dem damals 32-jährigen Nasir al-Wuhaishi angeführt, der in Afghanistan als Osama bin Ladens Privatsekretär fungiert hatte und mit Aiman al-Zawahiri eng vertraut war. AQAP hatte sofort alles im Griff und übernahm aufgrund geschickt genutzter Stammesloyalitäten und allgemeiner Sympathien für al-Qaida im Herkunftsland Osama bin Ladens schnell die Kontrolle über große Teile des Jemen.

AQAP verfügte zudem über eine äußerst effiziente Waffe im Kampf für die internationale Radikalisierung und Rekrutierung: Anwar al-Aulaqi, ein charismatischer US-Amerikaner mit jemeni-

tischen Wurzeln, der zweisprachig war und eine gute Bildung genossen hatte. Der damals 36-jährige al-Aulaqi machte sich daran,
das Potenzial des Internets auszuschöpfen. Er veröffentlichte feu-
rige Reden und verstrickte angehende Radikale aus angelsächsi-
schen Ländern in lange E-Mail-Konversationen, bevor er sie davon
zu überzeugen versuchte, als *lone wolves* Anschläge zu verüben. Zu
seinen Günstlingen gehörte Major Nidal Malik Hasan, der im
November 2009 das Feuer auf seine Kollegen im amerikanischen
Militärstützpunkt Fort Hood in Texas eröffnete und 13 Menschen
tötete. Auch der sogenannte «Unterhosenbomber», der 23-jährige
Umar Faruk Abd al-Mutallab, der Weihnachten 2009 die Maschine
des Northwest-Airlines-Flugs 253 in die Luft zu sprengen versuchte, stand unter seinen Fittichen; Gleiches galt für die 21-jährige
Studentin Roshonara Choudhry, die im Mai 2010 den britischen
Abgeordneten Stephen Timms während eines Interviews mit ihr
umbringen wollte. Außerdem steckte Aulaqi hinter einer Reihe
von Plänen, die nie in die Tat umgesetzt wurden: Bomben sollten
auf internationalen Flügen explodieren. Auch die Idee, von außen
harmlos erscheinende, aber mit Sprengstoff gefüllte und mit einer
Zeitschaltuhr versehene Druckerpatronen in ein Frachtflugzeug zu
schmuggeln, um sie über den USA zur Detonation zu bringen,
stammte von al-Aulaqi und wurde im Oktober 2011 umgesetzt. Die
Druckerpatronen wurden erst entdeckt, als die amerikanischen
Behörden vom Nachrichtendienst Saudi-Arabiens einen Hinweis
erhielten. Die Patronen waren weder bei der Durchleuchtung am
Flughafen noch bei der chemischen Stichprobe oder bei der Über-
prüfung durch Drogensuchhunde am East Midlands Airport in
Großbritannien aufgefallen.

Al-Aulaqi war wie al-Zarqawi ein recht «weltlicher» Mensch gewesen, bevor er zum Islam konvertierte. Laut seines Vorstrafen-
registers soll er 1996 und 1997 Prostituierte angeworben haben. Die
kriminelle Vergangenheit dieser Anführer (und damit zusammen-
hängend auch ihre offen zur Schau gestellte Reue) sorgte jedoch
nicht etwa dafür, dass die Jugend sich von den Männern distan-
zierte – ganz im Gegenteil, die jüngere Generation entdeckte neben Gemeinsamkeiten vor allem auch Vertrauen und Mitgefühl

für die notleidende und unzufriedene junge Generation in arabischen Ländern und im Westen.

Al-Aulaqi war einer der Ersten, der die sozialen Medien für seine Zwecke zu nutzen begann (eine Strategie, die der Islamische Staat dann auf ein neues Niveau heben sollte). Er nannte eine Facebook-Seite mit Tausenden «Likes» sein Eigen – etwas, über das Osama bin Laden und al-Zawahiri nicht verfügten. Al-Aulaqi rief das in englischer Sprache verfasste Hochglanzmagazin *Inspire* ins Leben und war auch für viele der Beiträge verantwortlich. So konnten interessierte junge Leute, die sich «selbst radikalisiert» hatten, in diesem Online-Medium beispielsweise erfahren, wie man «in Mutters Küche» Bomben baut. Genau solche Bomben, in Schnellkochtöpfen versteckt, kamen beim Anschlag auf den Boston-Marathon im Jahr 2013 zum Einsatz.

Wir wissen, dass Osama bin Laden nicht mit dem gesamten Inhalt von *Inspire* einverstanden war: In einem Notizbuch, das nach seinem Tod in Abbottabad gefunden wurde, ließ er sich beispielsweise über die in seinen Augen fremdländische Idee in einer Ausgabe aus, die vorschlug, Klingen an die Reifen eines Traktors zu montieren, um damit Menschen im wahrsten Sinne des Wortes niederzumähen und Chaos und Terror auf den Straßen des Westens zu verbreiten. Bin Laden wies darauf hin, dass «wahlloses Töten» nicht im Sinne von al-Qaida sei; dennoch kam es Ende 2014 zu einer Reihe von Anschlägen im Westen, die der Islamische Staat nicht nur lobte, sondern für die er auch die Verantwortung übernahm. Der alte Mann hatte in seinen letzten Lebensjahren mehr und mehr die Kontrolle über die Gruppe verloren, die er Ende der 1980er-Jahre gegründet hatte. Zudem verlor er in seinem selbst gewählten Gefängnis zunehmend den Bezug zur Realität draußen in der Welt.

In der Zwischenzeit war die neue extremistische Welle auch über Afrika hereingebrochen. Al-Shabaab hatte 2009 den Großteil des südlichen Somalia überrannt, darunter auch die Hauptstadt Mogadischu. Al-Shabab («Die Jugend») war aus der Union islamischer Gerichte hervorgegangen, ein Netzwerk aus Scharia-Gerichten, das sich ursprünglich in Opposition zur Übergangsregierung

Somalias zusammengefunden hatte. Al-Shabab war unerschütterlich, brutal und äußerst extremistisch. Im Dezember 2008 schaffte es die Gruppe mit der Steinigung des Vergewaltigungsopfers Aisha Ibrahim Duhulowin in die weltweiten Schlagzeilen; dem Mädchen war «Ehebruch» vorgeworfen worden. Ihr Vater bestätigte, dass sie zum Zeitpunkt ihres Todes erst 13 Jahre alt gewesen war. Anwar al-Aulaqi gratulierte al-Shabab zu dieser Tat und dankte der Gruppe dafür, den Muslimen «den rechten Weg» aufzuzeigen. Wie der IS erkannte auch al-Shabab, dass der Extremismus der schnellste Weg war, um international Aufmerksamkeit zu erregen. Nach diesem Vorfall berichteten die Medien ständig über al-Shabab, sei es nun, weil die Gruppe anordnete, Goldzähne zu ziehen, die sie für «unislamisch» hielt, oder weil sie mit somalischen Piraten kooperierte. Al-Shabab bewies eindrucksvoll, dass sie nicht nur lokal operierte, als zwei Mitglieder im Mai 2013 den britischen Soldaten Lee Rigby auf offener Straße in Woolwich im Südosten Londons brutal ermordeten. Als die Gruppe im September desselben Jahres das Westgate-Einkaufszentrum in Nairobi überfiel und mindestens 62 Menschen grausam tötete, beherrschte al-Shabab abermals die Schlagzeilen.

Trotz des abgelegenen Standortes der Gruppe gelang es ihr ebenso wie AQAP, allein über das Internet, wo die Organisation vor allem die sozialen Medien nutzte, eine Vielzahl ausländischer Rekruten anzuwerben, darunter auch Konvertiten aus dem Westen. Zu den prominentesten neuen Rekruten gehörten die Britin Samantha Lewthwaite und der Amerikaner Omar Hammami.

Anders als bei den leidenschaftlichen (und vermutlich oft langweiligen) Moralpredigten, die eine Spezialität bin Ladens und al-Zawahiris waren, ergingen sich die Sprecher von al-Shabab in ihren auf Youtube oder über ihren eigenen Satellitensender, al-Kataib, veröffentlichten Videos in Drohungen oder höhnischen Scherzen und ergänzten den jihadistischen Wortschatz um Gangsterslang und -parolen. In Anspielung auf das Straßenvokabular der westlichen Ghettos verspottete die Gruppe auf ihrem Twitterprofil die Behörden und sprach dort über Dinge, die vor allem dem westlichen Abonnentenstamm etwas sagten: In einem Eintrag sprach man beispielsweise darüber, wie sehr man sich nach einem «Karamel-Cappuccino» sehne. Zudem wurden Rapvideos produziert, in denen Omar Hammami die Worte angemessen feucht und giftig ausspie (allerdings ohne musikalische Begleitung, weil Salafisten Musik für *haram* halten). Diese Umorientierung auf die Mentalität einer Gang, auf die Gemeinschaft der Straße und die Dichotomie von Gut und Böse bzw. «wir gegen sie» macht die augenblickliche Attraktivität des Islamischen Staates größtenteils aus. Die geschickte Nutzung des Internets sorgt für eine Anhängerschaft, die sich beständig selbst erhält.

Al-Shabab unterstellte sich im Februar 2012 offiziell dem al-Qaida-Netzwerk, weil die dortige Mitgliedschaft weiterhin Ruhm, Ehre, Respekt und Glaubwürdigkeit in der internationalen Jihadisten-Szene verspricht. Parallel dazu entstand im Norden Nigerias 2009 die Gruppe Boko Haram (deren eigentlicher Name Jama'at ahl as-sunna lil-da'wat wal-jihad lautet, «Vereinigung der Sunniten für den Ruf zum Islam und den Jihad»). Bald schon hatte die Gruppe den Ruf, mit größter Willkür und Brutalität vorzugehen. Außerdem operiert sie unter dem allgegenwärtigen Banner des globalen Jihad, wenn sie nicht gerade eine eher lokal gebundene Agenda verfolgt. Im November 2011 erklärte Abu Qaga, ihr Sprecher: «Wir sind eins mit al-Qaida, sie unterstützen uns in unserem Kampf.» Abubakar Shekau schwor Aiman al-Zawahiri die Treue (*bai'a*). Wie wir bald erfahren werden, hatte Boko Haram aufgrund vieler Gemeinsamkeiten dennoch großes Interesse an al-Baghdadis Islamischem Staat.

Die Arabischen Revolutionen

Anfang 2011 entbrannten mit dem sogenannten Arabischen Frühling eine Reihe von Revolutionen, im Zuge derer die «abtrünnigen» Herrscher gestürzt wurden – das hatten die islamistischen Extremisten seit Jahrzehnten herbeigesehnt. Dennoch überraschten diese Ereignisse die jihadistischen Gruppierungen. Viele Beobachter waren der Ansicht, dass der Arabische Frühling das Ende von al-Qaida und seinen Ablegern bedeuten werde, weil ihr Widerstand nun von einer besser verdaulichen, liberaleren, allumfassenderen Volksbewegung aufgenommen wurde. Diese würde ihre Ziele durch gewaltfreien Protest erreichen und damit die Aussage der Jihadisten Lügen strafen, dass der Einsatz von Gewalt unumgänglich sei. Der Westen muss die Hoffnung gehabt haben, dass diese Wünsche sich erfüllten, denn er unterstützte die Revolutionäre sofort. Al-Qaida war dagegen vorsichtiger und schwieg zunächst noch.

Es ist interessant, wie unterschiedlich die verschiedenen Gruppen auf den Arabischen Frühling reagierten – ein weiteres Indiz dafür, wie tief die Kluft zwischen der alten Garde und den neuen Extremisten mittlerweile geworden war. Am 8. Februar 2011 gab der zusehends strenger auftretende ISI über sein «Kriegsministerium» ein überaus giftiges Statement heraus. In diesem kritisierte er den derzeitigen Kampf in Ägypten (dem Land, bei dem es sich wohl um den Schmelztiegel des Extremismus handelte). Er warnte ausdrücklich vor «unislamischen Ideologien wie dem bösen und unreinen Säkularismus, der Demokratie der Ungläubigen, der fauligen Ideologie des Patriotismus und des Nationalismus». Mit anderen Worten: Er stand Auge in Auge mit den arabischen Revolutionen und rief: «Das Gute sollte nicht vom Bösen abgelöst werden!»

Aufseiten der älteren Generation nahm Mullah Omar, der Emir der Gläubigen, die gegenteilige Position ein und gratulierte der Bewegung am 14. Februar mit folgenden Worten: «Das Islamische Emirat Afghanistan bittet den Allwissenden Allah um weitere Erfolge für das ägyptische Volk, auf dass es an die Siege anknüpfen möge, die ihm in dieser historischen Revolte bereits gelungen sind.» Mullah Omar drängte die Ägypter dazu, «eine echte, unabhängige und islamische Regierung zu installieren und die verschwörerischen Absichten der Feinde aus dem Ausland zu durchkreuzen». In seinen Augen öffnete die Revolution neue Türen für die Islamisten, und zunächst behielt er auch Recht.

Bin Laden und al-Zawahiri schwiegen indes zu den Ereignissen der tunesischen Revolution. Selbst der Sturz des ägyptischen Präsidenten Husni Mubarak am 11. Februar 2011 löste keine Reaktion bei ihnen aus, und das obwohl der Ägypter al-Zawahiri jahrzehntelang gegen den «ungläubigen» Diktator gekämpft und sogar einen Plan zu seiner Ermordung geschmiedet hatte, der allerdings 1995 in Addis Abeba fehlschlug. Eine Woche nach Mubaraks Absetzung gab al-Zawahiri am «Siegesfreitag» – also an dem Tag, an dem eine Million Menschen auf dem Tahrir-Platz feierten – dann doch noch eine Erklärung ab. Dabei handelte es sich um einen ebenso langatmigen wie langweiligen halbstündigen historischen Vortrag über die Ursprünge der ägyptischen Probleme (selbst auf Napoleon Bonapartes Ägyptenexpedition 1798 kam er zu sprechen). Zweck der Übung war, «eine hoffnungsvolle, frohe Botschaft an das ägyptische Volk» zu senden. Das Statement war ganz offenbar mehrere Tage alt und daher vollkommen überholt, da es sich mit keinem Wort auf Mubaraks Rücktritt bezog. Die Schwierigkeiten, welche Kern-al-Qaida aufgrund von Sicherheitsfragen mit der Internet-Kommunikation hatte, schwächten die Organisation zusehends. Wir wissen, dass die Botschaften auf USB-Sticks geladen und al-Qaida-Boten mit diesen in die örtlichen Internetcafés geschickt wurden. Bin Ladens Situation war sogar noch problematischer. Er versteckte sich am Stadtrand von Abbottabad in einem von hohen Mauern umgebenen Anwesen, in dem es wegen des enormen Sicherheitsrisikos keine Telekommunikationsmittel gab. Dadurch entstand der Eindruck einer passiven, entrückten Führung, die für die Kinder des Digitalzeitalters, die mit Instant-Messaging-Diensten, Twitter und Instagram groß geworden waren, keinerlei Relevanz mehr hatte.

Diese sich diametral gegenüberstehenden Reaktionen auf den Arabischen Frühling versinnbildlichen die zunehmende Spaltung der jihadistischen Bewegung. Die Hardliner des IS wollen die Rebellen, die sich nicht dem Jihad anschließen, nicht nur nicht weiter unterstützen, sondern sie mit aller Gewalt bekämpfen – selbst wenn es sich dabei ebenfalls um Sunniten handelt. Al-Qaida und sein (offizieller) syrischer Zweig, die al-Nusra-Front, nahmen eine pragmatischere und rebellischere Haltung ein, weil sie der Meinung waren, dass die Menschen im Laufe der Zeit bzw. sobald die Schlacht geschlagen wäre, vom «wahren Glauben» überzeugt werden könnten, unabhängig von ihren ursprünglichen Ansichten. Der Islamische Staat brandmarkt dagegen alle, die seiner strengen Interpretation der Scharia nicht folgen, als «Ungläubige» und hält auch deren Ermordung für legitim.

Es wird persönlich

Im Mai 2011 musste die jihadistische Gemeinde einen heftigen Schlag einstecken, als eine amerikanische Spezialeinheit Osama bin Laden in seinem Anwesen in Abbottabad tötete. Wie würde es weitergehen, jetzt, da die Loyalität zum Anführer Osama bin Laden die verschiedenen Gruppierungen nicht mehr vereinte? Al-Zawahiri wäre als offizieller Stellvertreter und Nummer zwei der Hierarchie ein sicherer Kandidat gewesen; Quellen weisen jedoch darauf hin, dass die Nachfolge in der Schura, dem Ratsgremium von al-Qaida, heftig debattiert wurde. Es sollte sechs Wochen dauern, bis die Gruppe in einer Pressemitteilung al-Zawahiri zum neuen Emir ernannte.[8]

Osama bin Laden war von der jihadistischen Gemeinschaft verehrt worden, trotz aller ideologischen Spannungen und Differenzen. Auf seinen Nachfolger, den ebenso strengen wie «schwierigen» Aiman al-Zawahiri, sollte dies nicht zutreffen, obwohl er sich der Gefahren innerer Konflikte in der Bewegung stets bewusst gewesen war und ständig davor gewarnt hatte. Ironischerweise setzten die Kontroversen um seine Ernennung nun jedoch die Erfolge der gesamten Bewegung aufs Spiel. Bin Ladens persönlicher Leibwächter, Nasir al-Bahri, verbrachte sieben Jahre im Kernland von al-Qaida und war sich sicher, dass «al-Zawahiri nicht über die persönlichen Qualitäten verfügt, die man benötigt, um dieser Organisation vorzustehen».[9] Er sagte voraus, dass «viele Mitglieder von al-Qaida al-Zawahiris Führungsanspruch nicht akzeptieren werden … Manchmal wurden seine Ideen von anderen Anführern abgelehnt, und ich bezweifle, dass er die nötige Autorität für den Posten aufbringen kann, obwohl er für seine Gehorsam einfordernde und kontrollierende Art bekannt ist.»[10] Al-Zawahiris fehlendes Charisma machte den Weg frei für eine jüngere, radikalere Generation, die eine brauchbare Alternative für eben jene Organisation lieferte, die al-Zawahiri einst mitgegründet hatte.

Erst nach Monaten der hitzigen Debatte äußerte sich ISI erstmals zum neuen Emir. Das Statement der Gruppe, das von Abu Muhammad al-Adnani stammt, liest sich nicht sonderlich begeistert: «Ich grüße den ehrenwerten Scheich, den angesehenen Lehrmeister und den erfahrenen, weisen Anführer der Umma, Scheich Dr. Aiman al-Zawahiri. Wir bitten Gott, dass er ihn und seine Ernennung zum Anführer segnen möge.» Wie wir noch sehen werden, wandte sich al-Adnani später gegen al-Zawahiri und beschuldigte ihn, vom richtigen Weg abgekommen zu sein, von dem der ISIS behauptete, dass ihm auch Osama bin Laden gefolgt sei. Auf diese Weise gelang es, al-Zawahiri erfolgreich zu isolieren.

Der Bruch zwischen ISIS und al-Nusra-Front

Als die syrische Revolution in vollem Gange war, sandte Abu Bakr al-Baghdadi, der Emir des ISI, ein hochrangiges Mitglied seiner Gruppe nach Syrien, um auch dort eine jihadistische Vereinigung zu gründen. Der Name des Gesandten war Abu Muhammad al-Jolani. Die Gründung der al-Nusra-Front erfolgte Ende Januar.

Al-Baghdadis Strategie war in Übereinstimmung mit al-Qaida-Anführer Aiman al-Zawahiri entworfen worden, bevor es zwischen beiden zu Zerwürfnissen kam. Zu Beginn wurden die Verbindungen zwischen der al-Nusra-Front und dem ISI wegen der historischen Beziehung zu al-Qaida bewusst verschleiert, weil diese nicht nur manch einen potenziellen Rekruten hätten verprellen können, sondern auch den anderen Rebellengruppen nicht gefallen hätten, die gegen das Assad-Regime kämpften. Bis Ende 2012 hatte sich die al-Nusra-Front nicht nur zu einer der effektivsten Kampfgruppen vor Ort entwickelt, sondern erfüllte auch quasi-justizielle Funktionen, nahm in örtlichen Konflikten die Vermittlerrolle ein und kämpfte gegen die Korruption. Im April 2013 verkündete al-Baghdadi eigenmächtig den Zusammenschluss von ISI und der al-Nusra-Front und rief so eine Gruppe ins Leben, die später als Islamischer Staat im Irak und in Syrien bekannt werden sollte. Al-Jolani weigerte sich jedoch aufgrund der oben erwähnten ideologischen Differenzen, dieser neuen Gruppe beizutreten, und schwor stattdessen Aiman al-Zawahiri die Treue. Auf diese Weise wurde die al-Nusra-Front zum «offiziellen» al-Qaida-Zweig in Syrien. Manche Kämpfer der Gruppe – besonders aus dem Ausland – wechselten jedoch die Seiten und schlossen sich dem ISIS an, der trotz al-Jolanis Ablehnung eines Zusammenschlusses seinen Namen behielt.

Mittlerweile war al-Baghdadi zur Gefahr für al-Zawahiris Anspruch auf den Emir-Posten der globalen jihadistischen Bewegung geworden. Er näherte sich mit großem Tempo seinem Ziel: der Wiederherstellung des Kalifats. Al-Zawahiri versuchte, den jüngeren Mann seine Autorität spüren zu lassen, und befahl ihm, seine Truppen aus Syrien abzuziehen und seine Aktivitäten auf den Irak zu beschränken. Darauf reagierte al-Baghdadi mit der eisigen Bemerkung, dass er die von den «Ungläubigen» künstlich gezogene Grenze zwischen Syrien und dem Irak, die seit dem Sykes-Picot-Abkommen 1916 bestand, ohnehin nicht anerkenne.

In seinem sektiererischen Verhalten, seiner Brutalität und seinem Interesse an einer strengen Durchsetzung der Scharia wurde der ISIS bald ebenso extrem wie al-Zawahiri selbst – wenn nicht sogar extremer. Auch der ISIS begann, Territorien, Ausrüstung und Vorräte von anderen Rebellengruppen in Syrien an sich zu reißen. Ende 2013 erklärten die anderen Widerstandsgruppen im Land, inklusive der al-Nusra-Front, dem ISIS den Krieg. Es gelang ihnen, die ISIS-Truppen aus Idlib, Aleppo und Deir al-Zur zu vertreiben.

Im Frühjahr 2014 dominierte der ISIS dann abermals die syrische Opposition, woraufhin sich al-Zawahiri im Februar 2014 genötigt sah, sich mit den folgenden verdrießlichen Worten von der Gruppe zu distanzieren: «Der ISIS ist kein al-Qaida-Zweig. Wir stehen in keinerlei formaler Verbindung zu dieser Organisation und können deshalb auch nicht für ihre Taten verantwortlich gemacht werden.»[11]

Abu Muhammad al-Adnani, der Sprecher des ISI, forderte al-Zawahiri daraufhin mit unverhohlener Aggressivität heraus: «Solltet Ihr, so Gott will, je Fuß auf den Boden des Islamischen Staates setzen, müsst Ihr dem Emir [al-Baghdadi] die Treue schwören und sein Fußsoldat sein.» Dieser Kommentar enthielt noch eine weitere Spitze: Al-Zawahiri wird «den Boden» des Islamischen Staates nie betreten, weil er ein Flüchtling ist. Die jüngere Generation wollte nicht länger Befehle von alten Männern entgegennehmen, die seit den 1980er-Jahren in Afghanistan nicht mehr an Kampfhandlungen teilgenommen hatten.

Ayman al-Zawahiri wollte den Bruch zwischen der al-Nusra-Front und dem ISIS rückgängig machen. Er setzte Menschen, denen er vertraute, als Vermittler ein, darunter den saudischen Geistlichen Abd Allah ibn Muhammad al-Muhaisini, den mittlerweile verstorbenen Abu Chalid al-Suri, Anführer der heimischen Salafistengruppe Ahrar al-Sham, und als al-Nusra-Front-Berater für Scharia-Angelegenheiten den australischen Staatsbürger Abu Sulaiman al-Muhajir. Eine Aussöhnung stellte sich jedoch als unmöglich heraus, und das nicht zuletzt, weil der ISIS sich mehr und mehr gegen al-Zawahiri wandte und dessen Anspruch auf den Posten an der Spitze von al-Qaida und als Nachfolger bin Ladens anfocht. Am 17. April 2014 gab der Sprecher des ISIS, al-Adnani, eine endgültige Erklärung ab: «Al-Qaida ist nicht mehr der Verfechter des wahren Jihad, denn die Anführer der Gruppe sind zur Axt geworden, die den Islamischen Staat und das bevorstehende Kalifat zu spalten versuchen … Die Anführer sind vom rechten Weg abgekommen …, weshalb al-Qaida sich nun der Mehrheit anbiedert, die sie für die Umma hält, und so unseren Glauben kompromittiert.»[12]

Der ISIS kämpfte nun gegen die anderen Widerstandsgruppen und hielt sie auf diese Weise davon ab, dem Assad-Regime entgegenzutreten, solange sie al-Baghdadi nicht die Treue schworen. Al-Adnani wagte eine Reihe von Prognosen, die zum damaligen Zeitpunkt zwar übertrieben und wild erschienen, sich im Laufe der Zeit jedoch als zumindest teilweise richtig erwiesen. In einem Video, das auf einer extremistischen Webseite veröffentlicht wurde, erklärte er, dass alle al-Qaida-Zweige die Seiten wechseln und dem «zukünftigen Kalifen Ibrahim» (al-Baghdadi) die Treue (*bai'a*) schwören würden. Selbst al-Zawahiri und Mullah Omar schloss er in dieses Versprechen mit ein: «Das Gebiet des Islamischen Staates wird wachsen, bis jeder al-Quraishi al-Husseini al-Baghdadi die Treue schwören wird – auch Ihr, oh al-Zawahiri, und Ihr, oh Mullah Omar.» Andere Gruppen wechselten tatsächlich die Seiten, und das in einem beispiellosen Tempo. (Dagegen dauerte es normalerweise ein bis zwei Jahre, bis der Zusammenschluss mit al-Qaida vollzogen war.)

Der Anführer von al-Qaida auf der Arabischen Halbinsel (AQAP), Nasir al-Wuhaishi, stand al-Zawahiri sehr nahe. Miteinander bekannt waren sie seit gemeinsamen Zeiten in Afghanistan, als al-Wuhaishi bin Ladens Privatsekretär war. Dennoch veröffentlichte die Gruppe am 14. August 2014 eine offizielle Erklärung auf ihrer Webseite *al-Manbar*, in der sie zur «Solidarität mit unseren muslimischen Brüdern im Irak im Kampf gegen die Kreuzritter» aufrief. Weiter hieß es: «Ihr Blut und ihre Wunden sind auch die unseren, weshalb wir ihnen selbstverständlich zur Seite stehen werden.»[13] Quellen weisen darauf hin, dass es zwischen dem IS und AQAP immer wieder zur Zusammenarbeit kam, dass Ausbilder des IS in den Jemen reisten und dass AQAP-Kämpfer die Reihen des IS in Syrien und im Irak auffüllten. So beriet AQAP – nach dem IS zweifellos die zweitmächtigste jidahistische Organisation – den IS beispielsweise in der Frage, wie er mit der Gefahr von Kampfdrohnen umgehen solle; zudem bedienten sich die beiden Gruppen ähnlicher Militärstrategien.

Im August 2014 schlug der Anführer von AQAP, Scheich Mamun Hatim, den Zusammenschluss beider Gruppen vor und schrieb dazu auf Twitter: «… erwartet die Ausrufung des Islamischen Staates im Irak, in Syrien und auf der Arabischen Halbinsel».[14] Obwohl es bislang noch nicht dazu gekommen ist, bin ich doch der Meinung, dass der Angriff auf *Charlie Hebdo* und den jüdischen Supermarkt in Paris im Januar 2015 eine gemeinsame Aktion von AQAP und dem IS war. Der AQAP-Befehlshaber Nasr Ibn Ali al-Ansi tauchte in einem Video auf und behauptete, hinter dem Massaker in den Büroräumen der Zeitschrift *Charlie Hebdo* zu stecken. Er gab an, der kürzlich verstorbene Anwar al-Aulaqi, eine Ikone des Islamischen Staates, habe die «Saat» für diese Tat gesät. Hinter al-Ansi war das Bild einer großen IS-Flagge zu sehen. Er beendete seine Botschaft mit dem Gruß des Islamischen Staates. Amedy Coulibaly hinterließ ein Video, das er vor seinem Tod aufgezeichnet hatte und in dem er angab, er habe den Anschlag auf den Supermarkt unter der Ägide des IS geplant.

Im Februar 2015 lud die libysche Gruppe Ansar al-Sharia ein Video hoch, auf dem der triumphale Einzug eines aus nagelneuen Toyota-Geländewagen bestehenden IS-Konvois in die libysche Stadt Bengasi zu sehen war. Dabei rückte die Kamera die applaudierende Menge in den Fokus, die die Jihadisten willkommen hieß. Andere jihadistische Vereinigungen im Osten Libyens schworen al-Baghdadi ebenfalls die Treue und riefen Ende 2014 den «Islamischen Staat in der Provinz Kyrenaika» aus. Im April 2016 befand sich ein großer Teil der libyschen Küstenregion unter der Kontrolle des IS. Die auf der Sinai-Halbinsel agierende Gruppe Ansar Bait al-Maqdis («Unterstützer des Heiligen Hauses bzw. Jerusalems») gelobten al-Baghdadi im November 2014 die Treue.[15]

Eines der gefährlichsten jihadistischen Netzwerke der Welt – die pakistanische Tehrik-i-Taliban («Bewegung der pakistanischen Taliban») – veröffentlichte zunächst eine recht ambivalente Reaktion auf die Konflikte zwischen al-Qaida und dem ISIS. So hieß es im Februar 2014 beispielsweise: «Unser Standpunkt zum ISIS und zu den mit der Organisation im Kampf befindlichen Gruppen ist mehr als eindeutig: Wir unterstützen die Mujahidin, die sich für das Überleben des Kalifats einsetzen.»[16] Bis Oktober 2014 war die Gruppe jedoch zu einem Entschluss gekommen und schwor dem Islamischen Staat die Treue.[17] Boko Haram hatte dem IS bereits am 25. August 2014 die Unterstützung ausgesprochen und die seitdem eroberten Dörfer und Städte zu Territorien des Kalifats erklärt.[18] Am 5. Januar 2015 schlossen sich indonesische Jihadisten unter der Führung von Alim Abu Bakar Bashir dem Islamischen Staat an. Am 10. Januar wurde Twitter von Meldungen überschwemmt, dass massenhaft «reuige Sünder von Ahrar al-Sham und der al-Nusra-

Front» desertiert seien; ein gewisser «Abu Dijani» twitterte, dass in einem bedeutenden Schritt «8000 Mujahidin kürzlich in Afghanistan ihren Treueid schworen. Viele *ichwa* [Brüder] der Taliban, der afghanischen al-Qaida und Tehrik-i-Taliban sind mittlerweile hier. Bald wird es große Neuigkeiten geben …» Ende Januar 2015 verkündete der IS dann, dass er eine neue *wilaya* (Provinz) ins Leben gerufen habe, die Afghanistan und Pakistan umfasse und von einem lokalen Emir beherrscht werde (was ganz eindeutig eine Kampfansage an die örtlichen Taliban darstellte).

Nicht jeder al-Qaida-Anhänger oder -verbündete überdachte jedoch seine Loyalität. Bei al-Qaida im islamischen Maghreb (AQIM) sind die Ansichten geteilt. Der Anführer der Gruppe, Abdelmalek Droukdel, erkannte im Juli 2014 die Ausrufung des Kalifats nicht an und erneuerte seinen Treueschwur gegenüber Aiman al-Zawahiri. Gleiches galt für Mochtar Belmochtar, Emir des Sahara-«Zweiges» al-Murabitun (eine nasseristische Miliz). Andere Gruppierungen im Maghreb, darunter etwa Ansar al-Sharia und MUJAO («Bewegung für Einheit und Jihad in Westafrika»), akzeptierten dagegen das Kalifat. Die Führungsriege von AQIM ist sich in der Frage uneins, ob sie sich dem Islamischen Staat anschließen soll oder nicht. Eine Quelle aus dem französischen Geheimdienst erklärte gegenüber *Le Figaro*, dass das Ratsgremium der Schura darüber diskutiert habe, sich auf die Seite al-Baghdadis zu stellen, diese Entscheidung aber so spät wie möglich öffentlich machen wolle, um eine Destabilisierung der Organisation wegen einer solch wichtigen Angelegenheit zu vermeiden.[19] Dieselbe Quelle verriet, dass eine wichtige Persönlichkeit von al-Qaida im Islamischen Maghreb, Abu Abdallah Othmane el-Acimi, die ehemalige Nummer eins der Salafisten-Gruppe für Einheit und Kampf, nicht mehr Droukdel, sondern nun dem Islamischen Staat treu ergeben sei.

Einheit oder Zersplitterung?

Während mehrere hochrangige al-Qaida-Anführer in Afghanistan den IS öffentlich unterstützten, riefen die Taliban zur Einheit und zur Einberufung eines jihadistischen Schura-Rats auf, «der aus allen Anführern der jihadistischen Fraktionen und den hervorragendsten Experten und Gelehrten in ash-Sham [Syrien] bestehen soll, damit die Konflikte [von al-Nusra und dem IS] endlich gelöst werden können … Zudem sollte jeder Muslim religiösen Extremismus ebenso vermeiden wie die Verurteilung anderer ohne eine Sichtung der Beweise. Auch sollten wir uns keinesfalls gegenseitig misstrauen», hieß es auf der Webseite der Bewegung.

Recht unerwartet rief auch der Anführer der ultra-extremistischen Vereinigung al-Shabab («Die Jugend») zu einer Aussöhnung auf. Diese hatte sich dem al-Qaida-Netzwerk angeschlossen, als al-Zawahiri 2012 der Gruppe vorstand, was vielleicht erklärt, warum sich al-Shabab an seinem Lösungsvorschlag orientierte. Abu Zubair leitete seine Videobotschaft über den Islamischen Staat mit lobenden Worten für al-Zawahiri und Mullah Omar ein und bat die syrischen Jihadisten anschließend darum, «die Befehlshaber und Gelehrten des Jihad zu respektieren, eine gute Meinung von ihnen zu haben und ihre Rechte über uns anzuerkennen, denn wir sind nur die Früchte der Früchte ihres Jihad und ihrer Standhaftigkeit.»[20]

Es ist interessant, dass Unterstützererklärungen für den IS und die neue Generation meist recht eindeutig ausfallen, während die Anhänger der alten Garde al-Baghdadis Gruppe nicht offen verdammen. Das weist darauf hin, dass selbst die Hardliner unter den al-Qaida-Anhängern sich alle Möglichkeiten offen halten.

Solange sich niemand um Aussöhnung und Konsens bemüht, wird sich die jihadistische Bewegung weiter aufspalten, und die radikaleren Mitglieder werden zum IS abwandern, während die Taliban und al-Qaida vergleichsweise «moderat» erscheinen werden. Deshalb wird eine «Normalisierung» der Beziehung zu ihnen ebenso möglich sein wie eine diplomatische Annäherung – beides Dinge, um die sich Mullah Omar und Mullah Achtar Mansor bereits bemühten. Hier könnten Saudi-Arabien und der Westen also ansetzen. Da die alte Garde die islamistischen Streitkräfte aber nicht mehr kontrolliert, werden diese Bemühungen den brutalen Vormarsch des Islamischen Staates leider nicht aufhalten können.

4. Ursprünge III: Syrien

Wie zuvor im Irak versuchte der IS auch in Syrien, das politische Chaos und die konfessionellen Konflikte in der Region zu nutzen, um Fuß zu fassen. Mehrere weitere Faktoren machten die Lage in Syrien sogar noch explosiver, nicht zuletzt der Ausbruch des Bürgerkriegs, der sich aus zunächst noch friedlichen Rufen nach Reformen und einem Ende des autokratischen Regimes von Bashar al-Assad heraus entwickelte.

Während das Regime die Rebellion brutal niederschlug – was mehr als 200 000 Zivilisten das Leben kostete –, entwickelten sich auch unter den verschiedenen Fraktionen Konflikte.[1] Als dann noch extremistische islamistische Gruppierungen im Kampfgetümmel auftauchten – zunächst die al-Nusra-Front und dann der Islamische Staat im Irak und in Syrien –, brach schließlich das totale Chaos aus. Schnell verwandelte sich das säkulare und verhältnismäßig moderne Syrien in ein Land, das von den extremsten Ausformungen konfessioneller Aufsplitterung entzweit wurde. Das brachte regionale und internationale Supermächte auf den Plan, die sich auf der einen oder der anderen Seite dieses Stellvertreterkrieges positionierten.

Aus der syrischen Krise ist eine globale Krise mit weitreichenden internationalen Folgen geworden. Die Amerikaner mussten ihre früheren Ziele aufgeben, die vor allem auf einen Regimewechsel hinausliefen, weil der Islamische Staat mittlerweile für den Westen und für Assad zum Staatsfeind Nummer eins geworden war.

Die Assad-Dynastie

Wie im Irak dominierte die Ba'ath-Partei seit 1963 die politische Landschaft Syriens. Seit 1970 herrscht wiederum die Familie Assad mit eiserner Faust über das Land. Bashar al-Assad übernahm im Jahr 2000 das Präsidentschaftsamt von seinem Vater Hafiz.

Ursprünglich wollte Hafiz Arzt werden, doch seine Eltern konnten nicht für die Studiengebühren aufkommen, weshalb er stattdessen eine militärische Laufbahn bei der Luftwaffe einschlug, um auf diese Weise in die Politik zu gelangen. Im Alter von 32 Jahren hatte er es zum Hauptmann gebracht und nahm an einem Militärputsch teil, in dessen Folge die Ba'ath-Partei 1963 die Macht im Land übernahm. Hafiz selbst wurde nach dem erfolgreichen Umsturzversuch zum Luftwaffenkommandeur ernannt. Sieben Jahre und zwei Coups später übernahm Hafiz schließlich die Macht vollständig und erklärte sich zum Alleinherrscher Syriens.

Hafiz al-Assads autokratischer Regierungsstil basierte auf dem Credo des «starken Mannes», der bedingungslose Loyalität einforderte (unter Androhung von Gefängnis, Todesstrafe, Folter oder Exil). Er pflegte einen Personenkult, wie er in der Sowjetunion und seinen Satellitenstaaten einst üblich gewesen war, wo riesige Poster und Statuen des Anführers und seiner Familie auf die Bevölkerung herabschauten – eine Herangehensweise, die auch von Hafiz al-Assads Zeitgenossen Saddam Hussein und Muammar al-Gaddafi bevorzugt wurde.

Die Assads sind Aleviten und damit Anhänger einer islamischen Glaubensrichtung, die mit der schiitischen Lehre entfernt verwandt ist. Weil die demographische Zusammensetzung Syriens in späteren Kapiteln dieses Buches noch von großer Bedeutung sein wird, möchte ich an dieser Stelle darauf hinweisen, dass die 1,5 Millionen Aleviten, die in Syrien leben, nur 12 Prozent der Gesamtbevölkerung ausmachen. Daneben gibt es noch 65 Prozent sunnitische Araber und 9 Prozent sunnitische Kurden im Land. Christen und Drusen sind mit einem Bevölkerungsanteil von 10 bzw. 3 Prozent ebenfalls Minderheiten, wobei Letztere einst aus den schiitischen Glaubensgemeinschaften hervorgingen.

Die Aleviten und die Drusen haben merkwürdig hybride Glaubensvorstellungen und werden deshalb von extremistischen Sunniten als Häretiker gesehen. Die Drusen haben andere abrahamitische wie auch neuplatonische und gnostische Glaubensinhalte und Praktiken übernommen. Die Aleviten halten sich für Schiiten, obwohl sie weder an das traditionelle Gebet noch an den Koran als Heilige Schrift glauben. Sie feiern das christliche Weihnachten, Ostern und das Dreikönigsfest und glauben an die Wiedergeburt (die allerdings den Männern vorbehalten ist). Am «ketzerischsten» mag jedoch ihre Lehre sein, nach der es sich bei Muhammads Schwiegersohn Ali tatsächlich um die Reinkarnation Gottes handelte. «Alevit» bedeutet «Anhänger Alis». Die alevitische *shahada* (das islamische Glaubensbekenntnis) lautet daher auch «Es gibt keinen anderen Gott als Ali», was die sunnitischen Salafisten enorm erzürnt.

In Syrien wurden die Aleviten lange verfolgt, doch das Blatt wendete sich, als Hafiz al-Assad an die Macht kam. In der syrischen Verfassung steht, dass das Staatsoberhaupt islamischen Glaubens sein muss – eine gleichermaßen politische wie religiöse Entscheidung, weil sie Christen ausschließt. Eine Zeitlang herrschten Zweifel, ob Assad aufgrund seines alevitischen Glaubens – der sich also enorm vom «traditionellen» Islam unterscheidet – überhaupt ein gläubiger Muslim war, bis ein libanesischer Imam namens Musa Sadr die Rechtmäßigkeit seines Amtsanspruchs bestätigte. Daraufhin kam es in der sunnitischen Bevölkerung immer wieder zu Aufständen gegen das von den Demonstranten als «atheistisch» empfundene Regime.

Wie Saddam Hussein erkannte auch Hafiz al-Assad die politische Kraft des Islam. Nach der Revolution im Iran betonte er immer wieder, dass Syrien ein islamischer Staat sei. Er tat dies, weil er befürchtete, dass der Aufstand in sein Herrschaftsgebiet hinüberschwappen könnte, während die Unzufriedenheit in Aleppo, Homs und Hama wuchs. Zu diesem Zeitpunkt gelang es dem nationalen Sicherheitsdienst aber noch, die sich ausbreitenden konfessionellen Konflikte zu ersticken.

In Syrien leben vier große Alevitenstämme: die Kalbiyah (der Clan der Assad-Familie), die Khaiyatin, die Haddadin und die Matawirah. Wie wir noch erfahren werden, sind Stammesallianzen in Syrien und im Irak von größter Bedeutung, um an die Macht zu gelangen und sie langfristig zu festigen. Hafiz al-Assad gelang es, die Unterstützung der meisten sunnitischen Clans zu gewinnen, indem er ihnen im Tausch gegen ihre Loyalität Geld und Macht anbot. Auch der Islamische Staat wusste die Stammesnetzwerke in ähnlicher Weise für sich zu nutzen.[2] Dass die Stämme dem Islamischen Staat nicht widerstanden, war für den Westen eine große Enttäuschung, der sich – vielleicht etwas naiv – für Syrien zunächst eine ähnliche Lösung herbeigesehnt hatte wie die «Erwachen»-Kampagne im Irak.

Hafiz al-Assad schloss die sunnitische Mehrheit zwar nicht aus dem Verwaltungsapparat aus, beschränkte ihre Teilnahme jedoch auf unwichtige politische Einrichtungen, während er strengstens darauf achtete, dass die Leitung des Militärs, der Sicherheitskräfte und des Geheimdienstes in alevitischen Händen und damit letztlich in denen seiner Familie blieben. In den folgenden Jahrzehnten entwickelte sich der syrische Sicherheitsapparat zu einem der brutalsten, gefährlichsten und komplexesten im ganzen Nahen Osten. Er bestand allein aus 48 verschiedenen Zentralstellen und unzähligen regionalen Abteilungen.[3]

Hafiz und seine Ehefrau Anisa Machluf, eine willensstarke Frau, die aus einer Bauernfamilie stammte, bekamen 1965 einen Sohn, den sie Bashar nannten. Der schüchterne, fleißige junge Mann war nicht die erste Wahl, wenn es darum ging, wer in die Fußstapfen seines Vaters treten sollte. Eigentlich war sein Bruder Rifaat der Wunschkandidat; doch alle Hoffnungen zerschlugen sich, als dieser 1984 während eines Krankenhausaufenthalts seines Vaters einen Militärputsch wagte. Als nächstes wäre Bashars verwegener älterer Bruder Basil an der Reihe gewesen, doch der kam 1994 bei einem Unfall mit seinem Sportwagen ums Leben. Bashars jüngerer Bruder Mahir, der 1967 zur Welt gekommen war, galt als zu ungestüm, aggressiv und unberechenbar für das Präsidentschaftsamt, weshalb man ihm die Leitung der Republikanischen Garden übergab, des Rückgrats des syrischen Sicherheitsapparats. Später sollte er aus dieser Position heraus die brutale Niederschlagung der ersten Proteste während des Aufstandsbeginns befehligen; man geht davon aus, dass er es war, der im Januar 2014 den Chemiewaffenangriff auf Damaskus anordnete, um den vereitelten Anschlag auf den Präsidenten zu vergelten.[4]

Bashar studierte Medizin an der Universität von Damaskus und ging dann nach London, um sich dort zum Augenchirurgen ausbilden zu lassen. Diese Laufbahn seiner Wahl wurde vom frühen Tod seines Bruders Basil jedoch jäh beendet, und er musste 1994 nach Syrien zurückkehren, wo er sich an der Militärakademie einschrieb, um beruflich in die Fußstapfen seines Vaters zu treten. Bashar musste stärker werden, weshalb er erste Erfahrungen auf dem Schlachtfeld sammelte, als er 1998 die syrische Okkupation des Libanon anführte.

Als Hafiz im Jahr 2000 starb, hofften die Syrer, dass Bashar das Land im Gegensatz zu seinem Vater liberaler und nachsichtiger führen würde. Schließlich hatte er einige Zeit in London gelebt und eine britische Staatsbürgerin namens Asma geheiratet (deren Mädchenname al-Achras lautete). Diese war eine ebenso modebewusste wie «moderne» junge Frau, die vor ihrer Heirat als Informatikerin und Investmentbankerin gearbeitet hatte. Im März 2011 – im selben Monat also, in dem die Revolution in Syrien ausbrach – erschien in der amerikanischen *Vogue* unter dem Titel «Die Wüstenblume» ein überschwängliches Porträt Asmas (die von ihren englischen Freunden «Emma» genannt wurde). Der Artikel bezeichnete Asma als «schlanke Schönheit mit langen Gliedmaßen und einem ausgebildeten analytischen Geist».[5]

Zunächst bemühte sich Bashar tatsächlich um ein offeneres politisches Umfeld. Viele politische Gefangene, darunter auch Mitglieder der Muslimbruderschaft, wurden während dieser Zeit – die stolz als «Damaszener Frühling» bezeichnet wurde – aus der Haft entlassen. Als die Muslimbruderschaft im Mai 2001 aus ihrem sicheren Londoner Exil zu Reformen in Syrien aufrief, nahm Bashar auf der Stelle alle Freiheiten wieder zurück, die er der Bevölkerung zuvor eingeräumt hatte. Von diesem Zeitpunkt an folgte er dem Weg, den sein Vater zuvor beschritten hatte, und es überraschte kaum, dass er sich der noch jungen Revolution im März 2011 mit der gesamten militärischen und polizeilichen Staatsgewalt des Landes entgegenwarf.

Auch bei der jüngeren Generation schien also jede Hoffnung auf einen gelasseneren Umgang Bashar mit der Macht im Sande zu verlaufen. Sein ältester Sohn Hafiz (nach seinem Großvater benannt) war gerade einmal elf Jahre alt, als die *New York Times* 2013 einige Zeilen von seiner Facebook-Seite zitierte. Dort schrieb er: «Amerika verfügt über keine Soldaten, sondern nur über Feiglinge mit neuer Technologie, die von sich behaupten, unsere Befreier zu sein.» Dann fügte er hinzu: «Ich erwarte sehnlichst ihren Angriff, denn ich möchte, dass sie den riesigen Fehler begehen, etwas anzufangen, was sie nicht beenden können …» Die Kinder prominenter Amtsträger quittierten den Eintrag mit «Gefällt mir», und eines setzte folgenden Kommentar darunter: «Wie der Vater, so der Sohn! Gut gesagt, zukünftiger Präsident!»[6]

Der radikale Islam in Syrien – die jüngere Geschichte

Offenbar teilt Bashar die Abneigung seines Vaters gegenüber den Islamisten. Hafiz al-Assad sah die Muslimbruderschaft und andere fundamentalistische Vereinigungen als die größte Gefahr für seinen Herrschaftsanspruch, denn obwohl die Muslimbruderschaft bereits 1964 verboten worden war, blieb sie die stärkste politische Kraft im Land, die es mit der Ba'ath-Partei aufnahm. 1976 wurden Hafiz al-Assads Befürchtungen schließlich wahr, als ein Aufstand ausbrach, der im Laufe von sechs Jahren immer wieder aufflackern sollte.

1972 war es in der Muslimbruderschaft zu einer Spaltung gekommen: Auf der einen Seite stand nun ein moderaterer Flügel, der sich vor allem auf Damaskus konzentrierte und von Issam al-Attar angeführt wurde; auf der anderen Seite ein radikalerer Flügel um Aleppo und Hama herum, dem Abd al-Fatah Abu Ghudda vorstand. Dieser Flügel suchte die direkte, gewalttätige Konfrontation mit dem Regime. Außerdem ging aus diesem Lager die Gruppe al-Talia al-Muqatila («Die kämpfende Avantgarde») hervor, deren Anführer Marwan Hadid in einem jordanischen PLO-Camp ausgebildet worden war. Inzwischen existierten auch Zellen in Damaskus, Aleppo und Hama, obwohl die Kampfeinsätze weiterhin vor allem von der jordanischen Basis aus koordiniert wurden. So entwickelte sich die Gruppe letztlich zum militärischen Arm der Muslimbruderschaft.

Bis 1979 wurden alevitische Beamte und Funktionäre der Baʾath-Partei zunehmend zum Ziel von Mordanschlägen; bis 1981 waren über 300 Menschen ums Leben gekommen, darunter ein Dutzend Imame, die Kritik an der Gewalt geübt hatten. Während sich das Land auf den siebten Jahrestag der Machtergreifung durch die Baʾath-Partei vorbereitete, wurden die meisten syrischen Städte von Streiks und Demonstrationen lahmgelegt, bei denen die Protestierenden sich Straßenschlachten mit den Sicherheitskräften lieferten.

Am 26. Juni 1980 versuchten Schützen der Kämpfenden Avantgarde Hafiz al-Assad zu ermorden. Der Vergeltungsschlag war brutal und alles andere als angemessen: Am Tag nach dem versuchten Anschlag massakrierten Soldaten der Verteidigungsbrigaden – deren Abzeichen ein Totenkopf mit zwei gekreuzten Schwertern ist – unter Führung von Hafiz al-Assads Bruder Rifaat 1152 Islamisten im Gefängnis von Tadmur. Die Insassen wurden auf dem Gefängnishof versammelt und von Schützen auf den Dächern der Gebäude erschossen.[7]

Im Juli 1980 erklärte Hafiz al-Assad die Mitgliedschaft in der Muslimbruderschaft für strafbar; geahndet wurde sie mit dem Tod. Der niedrigschwellige Aufstand nahm indes weiter seinen Lauf, während die Kämpfende Avantgarde Behörden, Polizeistationen und Parteigebäude der Baʾath-Partei angriff. Zwischen August und November 1981 kam es zu vier verheerenden Autobombenanschlägen: auf das Hauptquartier der Baʾath-Partei, auf den Sitz des syrischen Geheimdienstes, auf das Luftwaffen-Hauptkommando und auf das Büro des Ministerpräsidenten (in dieser Reihenfolge).

Am 2. Februar 1982 führte die Kämpfende Avantgarde einen Aufstand in Hama an, danach übernahm sie die Kontrolle über die Stadt und seine 250 000 Einwohner. Hafiz und Rifaat schlugen mit voller Kraft zurück und setzten die Stadt in den nächsten drei Wochen immer wieder unter Mörserfeuer, bis die Muslimbruderschaft schließlich aufgab – diese Ereignisse wiederholten sich im Februar und März 2012. Mindestens 20 000 Menschen, die meisten davon Zivilisten, verloren während dieses heftigen Bombardements ihr Leben.[8] Hafiz al-Assad gab der Muslimbruderschaft die Schuld an dem Massaker. Seine gerissene Taktik sorgte dafür, dass die Bevölkerung jede etwaige Begeisterung verlor, die sie eventuell für die islamistische Agenda verspürt hatte. Bashar al-Assad muss von den Syrern eine ähnliche Reaktion erwartet haben, als die ersten Bomben der Jihadisten 2012 in Damaskus hochgingen und er al-Qaida dafür verantwortlich machte.

Nach dem Massaker von Hama gab die syrische Regierung zu, dass sie 30 000 hohe und niedere Muslimbrüder inhaftiert hatte.[9] Es sollte 20 Jahre dauern, bis islamistische Vereinigungen in Syrien wieder Präsenz zu zeigen begannen.

Die Führungsriege der Muslimbruderschaft ging ins Exil; dennoch blieb die Organisation in Syrien und im Großteil der arabischen Welt die glaubwürdigste Kraft der politischen Opposition. Besonders der syrische Zweig in London wuchs zu einer moderaten Gruppe heran, die zur Demokratie und zum Ende jeder Form der politischen Gewalt aufrief. Fünf Jahre, bevor die ersten Proteste im Zuge des «Arabischen Frühlings» ausbrachen, erklärte der exilierte Anführer der syrischen Bruderschaft, Ali Sadr al-Din Bayanuni, in einem Interview mit dem *Guardian*, die Muslimbrüder sähen sich nicht als «einzige Alternative zu 40 Jahren korrupter Diktatur, sondern als gleichberechtigte Partner in einer neuen Phase der Landesgeschichte». In seinem Haus in Nordlondon sagte er, dass seine Partei einen friedlichen Regimewechsel in Damaskus und die Etablierung eines «demokratischen Staates, nicht einer islamistischen Republik» anstrebe.[10]

Dennoch war der Extremismus in Syrien bei Weitem nicht tot. Der im Jahr 1980 21-jährige Mustafa ibn Abd al-Qadir Sitt Maryam Nasir, auch bekannt als Abu Musab al-Suri, gehörte ebenfalls der Kämpfenden Avantgarde an; später sollte er zu einem der führenden al-Qaida-Strategen und -Gelehrten werden: Seine zahlreichen Schriften über die Taktiken und die Ideologie des Krieges beeinflussen bis zum heutigen Tag die mit dem Internet aufgewachsene

Generation der Jihadisten, darunter auch die Anführer des Islamischen Staates. Nach dem Massaker von Hama musste al-Suri das Land verlassen; er fand Zuflucht in Jordanien. Später tauchte er dann in London wieder auf (wo ich ihn kennenlernte). Im afghanischen Tora-Bora begegnete ich ihm zu meiner großen Überraschung ein weiteres Mal, nun jedoch an der Seite von Osama bin Laden. Nach dem 11. September 2001 näherte er sich den Taliban an; später erzählte er mir, er sei zur rechten Hand des Taliban-Anführers Mullah Omar geworden und berate ihn in administrativen Fragen. 2005 wurde al-Suri von der CIA in Pakistan verhaftet und kurz vor dem Ausbruch der Revolution 2011 nach Syrien zurückgeschickt. Die Berichte über seinen Verbleib widersprechen sich: Manche sagen, er sei im Gefängnis gefoltert worden und mittlerweile wohl an seinen Verletzungen gestorben, andere – darunter der Londoner *Daily Telegraph* – geben an, Assad habe ihn im Februar 2012 als «Warnung an die Vereinigten Staaten von Amerika und Großbritannien» freigelassen.[11] Keine meiner Quellen berichtet davon, in Syrien kürzlich von ihm gehört oder ihn gar gesehen zu haben. Sollte er noch am Leben sein, hält er sich mit hoher Wahrscheinlichkeit im Umfeld der Taliban oder der «alten Garde» von al-Qaida im Hinterland an der afghanisch-pakistanischen Grenze auf.

Eine weitere wichtige Figur ist der Syrer Abu Chalid al-Suri, der im Februar 2014 bei einem Selbstmordanschlag ums Leben kam. Chalid, der seit den Anfängen zur al-Qaida-Führung gehörte, fungierte in Syrien als Stellvertreter von al-Qaida-Anführer Aiman al-Zawahiri. Die Annahme, dass er vom ISIS ermordet wurde, ist einleuchtend, da zum damaligen Zeitpunkt eine erbitterte Fehde zwischen der al-Nusra-Front (dem «offiziellen» syrischen al-Qaida-Zweig) und al-Zawahiri herrschte.

Schon lange besteht der Verdacht, dass syrische Jihadisten mit al-Qaida-Gruppen in Afghanistan, Bosnien und Tschetschenien in Verbindung stehen (mit Letzteren vor allem in den 1990er-Jahren).[12] Es ist bekannt, dass sie gemeinsam mit Abu Musab al-Zarqawi kämpften, als dieser sich 2000 im afghanischen Herat aufhielt. Unter ihnen befand sich jemand, der für die vorliegende

Untersuchung von größter Wichtigkeit ist: Abu Muhammad al-Jolani (häufig auch «al-Joulani» oder «al-Julani» geschrieben), der Emir der al-Nusra-Front in Syrien. Al-Jolanis Geburtsname ist nicht bekannt, seine *kunya* weist jedoch darauf hin, dass er ursprünglich von den Golanhöhen stammt.

Als al-Zarqawi 2002 im Nordirak auftauchte, war er nicht allein, sondern wurde von mehreren syrischen Jihadisten begleitet, darunter auch al-Jolani. Gemeinsam installierten sie ein Netzwerk aus Schläferzellen in Syrien und im Libanon und sicherten Handelsrouten und geheime Unterkünfte entlang der syrischen Grenze. Diese waren für die Truppenverschiebung, den Waffentransport und die Lebensmittelversorgung unerlässlich. Zunächst führten die Wege vor allem in den Irak, doch nach dem Ausbruch der syrischen Revolution wurden die Routen auch in der entgegengesetzten Richtung genutzt. Während sich der Aufstand gegen die von den Amerikanern angeführte Besetzung des Irak 2003 weiter zuspitzte, stießen immer mehr Syrer zu den Kämpfenden. Viele ausländische Rekruten gelangten über Syrien in den Irak, wo sie sich al-Qaida anschlossen. 2007 hob das Assad-Regime die meisten der Verstecke und al-Qaida-Zellen aus, die al-Zarqawi im Land installiert hatte; laut Berichten kam es daraufhin zu einem sprunghaften Anstieg syrischer Jihadisten im Irak. Diese sollten erst nach Syrien zurückkehren, als ihnen die Revolution 2011 neue Türen öffnete.

Als al-Zarqawi 2006 getötet wurde, zog es al-Jolani für kurze Zeit in den Libanon. Er verbrachte einige Zeit bei dem al-Qaida-Ableger Jund al-Sham («Soldaten der Levante») und kehrte dann, ebenfalls im Jahr 2006, in den Irak zurück, wo er festgenommen und nach Camp Bucca gebracht wurde – in dasselbe Gefängnis, in dem auch Abu Bakr al-Baghdadi und Tausende andere Islamisten ihre Haft absaßen. Wie al-Baghdadi verschaffte sich auch al-Jolani die nötige Autorität eines Anführers, indem er hinter Gittern Arabisch und Koranstudien lehrte. Wahrscheinlich baute er dort, hinter dem Stacheldrahtzaun von Camp Bucca, eine Verbindung zu al-Baghdadi auf.

Nach seiner Entlassung 2006 rief al-Baghdadi eine neue extremistische Vereinigung namens Jaish Ahl al-Sunna wal Jamaa («Die

Armee der vereinigten Anhänger der Sunna») ins Leben. Als al-Jolani 2008 entlassen wurde, gehörte al-Baghdadis Gruppe bereits der Ratsversammlung Majlis-ash-Shura an, und al-Jolani wurde zum Vertrauten des Mannes, der 2010 zum ISI-Anführer ernannt worden war; außerdem leitete er die Operationen in der Provinz Mossul (auch bekannt als Provinz Ninawa). Während der syrische Protest sich immer mehr zu einem bewaffneten Widerstand entwickelte, wurde al-Jolani von al-Baghdadi in seine Heimat zurückgeschickt, um dort einen ISI-Ableger zu etablieren und vom Chaos vor Ort zu profitieren. Diese Gruppe trat im Januar 2012 mit einem Online-Video erstmals in Erscheinung. Sie hieß Jabhat al-Nusra, die «Unterstützerfront».

Syriens Außenpolitik

Aufgrund der syrischen Allianz mit der regionalen Supermacht Iran und den globalen Supermächten Russland und China gestaltet sich die Suche nach einer militärischen oder diplomatischen Lösung der anhaltenden Krise als überaus schwierig. Das aus diesen Umständen hervorgehende Chaos und der Zusammenbruch der staatlichen Kontrolle haben es dem Islamischen Staat ermöglicht, die Gunst der Stunde zu nutzen und mindestens ein Drittel des Landes in seine Gewalt zu bringen. Syriens turbulente Geschichte wirkt sich auch in außenpolitischen Fragen auf die Gegenwart aus.

Als der Islamische Staat in einem Video vom Juli 2014 in der Großen Moschee in Mossul das Kalifat ausrief, erklärte Abu Bakr al-Baghdadi damit das Sykes-Picot-Abkommen für nichtig. Nicht nur Jihadisten meinen, dass dieser Geheimvertrag zwischen den Engländern und Franzosen aus dem Jahr 1916 die tragischen politischen Unruhen, die seit hundert Jahren den Nahen Osten erschüttern, tatsächlich erst auslöste. Das Abkommen, das von den Diplomaten Sir Mark Sykes und Georges Picot ausgehandelt worden war, sollte das Osmanische Reich zerschlagen – und damit die 1300-jährige Geschichte der islamischen Kalifate beenden. Das Reich konnte von der islamischen Macht, die dem Kalifat folgte, geopolitisch nie wieder aufgebaut werden. Großsyrien, auch Bilad al-Sham genannt, wurde in das heutige Palästina, Israel, Jordanien, den heutigen Libanon und Syrien aufgeteilt. Die nationalistischen Araber unterwarfen sich nicht ganz freiwillig diesem Plan; 1920 wurde das Abkommen mit Waffengewalt durchgesetzt (französische Truppen besetzten Damaskus), und die Territorien wurden unter englisches bzw. französisches Protektorat gestellt. Die Briten übernahmen das spätere Jordanien und überwachten die Entwicklungen in Palästina, assistierten bei der Gründung Israels und waren damit Geburtshelfer bei all dem Chaos, das diesen Staat seitdem begleitet. Neben dem späteren Libanon übernahm Frankreich auch die Gebiete, die dereinst Syrien bilden sollten; damals befanden sich auf diesem Territorium allerdings noch drei unterschiedliche, nach Konfessionen getrennte Staaten mit eigenen politischen Einheiten für die Drusen und die Aleviten.

Nach dem Zweiten Weltkrieg gingen viele Syrer auf die Straße und forderten ihre Unabhängigkeit. Die letzten französischen Truppen zogen 1946 aus Syrien ab; die nun ausgerufene Syrische Republik vereinigte drei Staaten unter einem Banner.

In den darauffolgenden Jahren folgte ein Militärputsch auf den anderen (allein 1949 waren es drei). Der um sich greifende Panarabismus, der eine Reaktion auf den Kolonialismus darstellte und deswegen eine eindeutig anti-westliche Stoßrichtung hatte, brachte 1958 eine kurzlebige politische Allianz zwischen Ägypten und Syrien hervor: die Vereinigte Arabische Republik (VAR). Nach dem Staatsstreich im Irak schloss sich auch das Zweistromland der Republik an; nachdem einige Damaszener Militärs allerdings abermals putschten, weil sie mit der ägyptischen Dominanz über die Republik unzufrieden waren, zerbrach diese. Dennoch prägte der Gedanke einer arabischen Union auch weiterhin die Politik in der Region, was dazu führte, dass sich Libyen 1971 der Union anschloss. Die Einheit aller arabischen Staaten blieb für die arabische Bevölkerung ein gemeinsamer Traum, der von internen Konflikten und Gewaltausbrüchen jedoch ständig in Gefahr gebracht wurde.

Wie im Falle des Irak unter Saddam Hussein gab es für den Westen genug Gründe, sich einen Regimewechsel in Syrien zu wünschen. Damaskus hatte die Palästinenser seit 1947 stets unterstützt, die *nakba* immer wieder angeprangert (*nakba* bedeutet «Katastrophe» und bezieht sich auf die Vertreibung der Palästinenser aus ihren angestammten Gebieten im Zuge der Gründung Israels) und sich an die Spitze jedes größeren Konflikts mit Israel gestellt. Die syrische Unterstützung und Einrichtung von Trainingscamps für palästinensische Guerrillakämpfer und libanesische Hisbollah-Truppen war für Tel Aviv und Washington ein weiterer Grund zur Sorge. Bis zum Jahr 2005, als Syrien nach der Ermordung des ehemaligen libanesischen Ministerpräsidenten Rafiq al-Hariri alle Truppen aus dem Land abzog, galten die Syrer aufgrund ihrer enormen militärischen Präsenz, die sie seit dem Ende des libanesischen Bürgerkriegs zeigten, als die wichtigsten Machthaber im Libanon.

Nach dem 11. September 2001 besuchte der britische Premierminister Tony Blair Damaskus und versuchte Bashar al-Assad davon zu überzeugen, sich dem «Krieg gegen den Terror» anzuschließen. Weil Blair eben dies nicht gelang, erklärte der damalige US-Präsident George W. Bush jr., Syrien gehöre zur «Achse des Bösen». Die USA stellten zwischen dem Irak und Syrien eine Verbindung her und warfen der syrischen Regierung vor, «Massenvernichtungswaffen» zu erwerben und zu entwickeln. Washington drohte mit Sanktionen, sollte Damaskus die Hisbollah nicht bremsen. Die Angst und das Misstrauen der Amerikaner stammten noch aus Zeiten des Kalten Krieges, als Syrien sich auf die Seite der Sowjetunion schlug.

Der Bürgerkrieg in Syrien bedeutete für Tel Aviv abermals einen Grund zur Sorge. Assad stand Israel im Grunde genommen ebenso feindlich gegenüber, hatte sein Land jedoch im Griff und unterdrückte die islamistischen Kräfte. Als der ISIS und die al-Nusra-Front das Lager der Rebellen zu dominieren begannen, gelangten die Extremisten unangenehm nahe an die israelische Grenze. Die libanesische Hisbollah war zudem militärisch überaus aktiv und kämpfte Seite an Seite mit dem Regime. Die Tatsache, dass Russland das syrische Regime mit S-300-Flugabwehrraketen ausgestattet hatte, bedeutete eine weitere Gefahr für Israel. So oder so steckt

Tel Aviv bis heute in einer Zwickmühle, weil die Sicherheit Israels auf dem Spiel steht, ganz egal, wie die gewaltsamen Konflikte in Syrien letztlich ausgehen werden – mit einer durchsetzungsfähigen Front aus syrischen, iranischen, irakischen und libanesischen Hisbollah-Einheiten oder mit den Islamisten als stärkster Kraft.

Von der Revolution zum Bürgerkrieg

Den Revolutionären in Ägypten und Tunesien gelang es, ihre wichtigsten Ziele in nur wenigen Wochen zu erreichen; Libyen und der Jemen stürzten ihre Tyrannen in weniger als einem Jahr. In Syrien galten dagegen andere Bedingungen, weshalb es nicht sehr wahrscheinlich war, dass Bashar al-Assad allein durch friedlichen Protest von seinem Thron gestoßen werden würde. Nachdem in Dar'a 15 Studenten festgenommen und gefoltert worden waren, weil sie eine politische Parole an eine Wand geschrieben hatten, begann die umstürzlerische Phase des «Aufstands der Zivilgesellschaft» am 15. März 2011. Dutzende, die gegen die Festnahmen demonstrierten, wurden von den Sicherheitskräften inhaftiert; die Proteste weiteten sich schnell nach Banyas, Homs und in einige Vororte von Damaskus aus. Am 18. März, dem «Tag der Würde», fanden mehrere große Demonstrationen in verschiedenen syrischen Städten statt. Die Sicherheitskräfte setzten zunächst Wasserwerfer und Tränengas gegen die Demonstranten ein, eröffneten aber bald schon das Feuer und töteten mindestens 15 Menschen. Dennoch wurden die Protestierenden immer mutiger. Am 20. März wurden der Sitz der Ba'ath-Partei in Dar'a sowie eine Reihe anderer öffentlicher Gebäude zerstört. Am Freitag, dem 25. März, brachen die bislang größten Proteste aus, dieses Mal jedoch landesweit. Als schwer bewaffnete Sicherheitskräfte und Bereitschaftspolizisten die Demonstranten auf offener Straße zusammenschlugen, kamen 70 Menschen ums Leben, Hunderte wurden verletzt.

Assad ließ von nun an jeden verhaften, der sich politischer Aktivitäten verdächtig machte. Zehntausende Menschen wurden ins

Gefängnis gesteckt. Im April wurden Versuche zur Errichtung einer Zeltstadt, die in Ägypten überaus erfolgreich gewesen waren, von einer großen Menge Polizisten im Keim erstickt. Die Straßen wurden blockiert, damit die Demonstranten nicht von einer Stadt zur nächsten reisen konnten. Dennoch fanden den ganzen Monat lang weitere Demonstrationen im Land statt.

Während Präsident Bashar al-Assad den Befehl zur gewaltsamen Auflösung der Proteste gab, versuchte er gleichzeitig, die Flammen der Revolution zu ersticken, indem er als Reaktion auf die Aufstände einige Zugeständnisse machte, Hunderte Gefangene freiließ und den Notstand aufhob, der 48 Jahre lang gegolten hatte. Beamten sollten eine sofortige Gehaltserhöhung bekommen, und neue politische Parteien wurden zugelassen. Außerdem erließ Assad im April ein Gesetz, das «friedliche Proteste als eines der grundlegenden Menschenrechte gemäß der syrischen Verfassung» garantierte. Jeder, der von diesem «Recht» Gebrauch zu machen gedachte, riskierte jedoch weiterhin sein Leben.

Die Proteste eskalierten, als Assads Versprechen die Bevölkerung nicht mehr davon überzeugen konnten, dass echte Veränderungen tatsächlich bevorstanden. Am 25. April eskalierte die Lage, als 6000 Soldaten nach Dar᾽a, dem damaligen Epizentrum der Proteste, marschierten und die Stadt verwüsteten. Die Soldaten gingen von Haus zu Haus und nahmen Demonstranten fest; Scharfschützen bezogen auf den Dächern Stellung, und Panzer fuhren in die Stadt ein. Die Wasser-, Strom- und Lebensmittelversorgung wurde unterbrochen und die Telefonleitungen gekappt. Ende Juni brachen auch in Aleppo, der größten und wohlhabendsten Stadt des Landes und bis dato Enklave der konservativen Mittelklasse, die ersten Proteste aus.

Im Gegensatz zu den anderen Revolutionen im Zuge des «Arabischen Frühlings» entwickelte sich der Aufstand in Syrien bald zu einem ungleichgewichtigen bewaffneten Konflikt. Die hastig zusammengestellten Oppositionstruppen der Freien Syrischen Armee (FSA), die Ende Juli 2011 gegründet worden war, bestanden zunächst noch aus einigen unerfahrenen Freiwilligen, die von einer Handvoll desertierter Offiziere der syrischen Streitkräfte unterstützt wurden. Im Dezember 2011 zählte die FSA 20 000 Mann; im Laufe der nächsten zwei Jahre sollte die Zahl auf etwa 50 000 steigen.

Assads Armee – hochprofessionelle Streitkräfte mit einer hervorragend ausgestatteten Luftwaffe und hochkomplexen Waffensystemen – blieb relativ loyal: Es liefen weniger Soldaten über, als es bei anderen Aufständen während des «Arabischen Frühlings» der Fall war. Zum Vergleich: Muammar al-Gaddafi hatte die libysche Armee aus Angst vor einem Militärputsch bewusst heruntergewirtschaftet; die einzigen Truppen, die für ihn gegen die Rebellen kämpften, waren Sicherheitskräfte, die aus engen Verwandten und Söldnern bestanden. Husni Mubarak stürzte, als die Armee sich auf die Seite der Protestierenden schlug und sich weigerte, das Feuer zu eröffnen.

Im August 2011 schlitterte Syrien unaufhaltsam dem Bürgerkrieg entgegen, worauf das Regime immer brutaler reagierte. Laut Berichten setzte es Chemiewaffen ein und warf Fassbomben auf zufällige Ziele ab. Anfang 2016 hatten mindestens 300 000 Syrer ihr Leben verloren; 9,5 Millionen hatten ihre Heimat verlassen.[13] 3,5 Millionen Menschen waren ins Ausland geflohen. Bedenkt man, dass die syrische Gesamtbevölkerung 2011 nur 21 Millionen zählte, dann ist das eine erschreckend hohe Zahl.

Die Aussicht auf eine Lösung des Konflikts rückte im Laufe der Krise allerdings in immer weitere Ferne. Als dann noch die Jihadisten und später der Islamische Staat auf der Bildfläche erschienen, wurde sie noch unwahrscheinlicher.

Internationale Reaktionen

Die internationale Gemeinschaft, die von den vorherigen Revolutionen noch überrascht worden war, profitierte im Fall Syrien davon, dass sie vor dem Ausbruch des Bürgerkrieges mehr Zeit hatte, um die Lage im Land und die möglichen Folgen des Ganzen zu überblicken. Die syrischen Rebellen waren der Ansicht, dass der Westen schon bald einen Militärschlag gegen Assad führen würde, ganz so, wie er es im Irak 2003 und in Libyen 2011 bereits getan hatte, ohne dass dies je in Frage gestellt worden wäre. Die Rebellen erwartete jedoch eine bittere Enttäuschung.

Im Gegensatz zu den Anführern, die im Zuge des Arabischen Frühlings bereits gestürzt worden waren, hatte Assad in Russland, China, dem Iran und im Libanon, wo die Hisbollah ihn unterstützte, wichtige Verbündete. Russland hatte den Einmarsch der amerikanischen Truppen im Irak nicht aufgehalten, weil es sich nach dem Zerfall der Sowjetunion im Jahr 1991 noch nicht wieder erholt hatte. Was Libyen anging, waren die Russen unvorbereitet, weshalb es ihnen 2011 auch nicht gelang, die Resolution 1973 des UN-Sicherheitsrates mit ihrem Veto zu blockieren und so eine internationale Intervention zu verhindern. Mittlerweile ist Russland aber wieder zu einem wichtigen Faktor und einem treuen Freund Assads geworden. Außerdem befindet sich der einzige Mittelmeerstützpunkt der russischen Marine in der syrischen Hafenstadt Tartus. Die regionale Großmacht Iran und die libanesische Hisbollah rücken ebenfalls kein Stück von Bashar al-Assads Seite, und das aus gleichermaßen religiösen wie politischen Gründen.

Russland und China sitzen im UN-Sicherheitsrat und blockieren bis heute jede Resolution, mit der Assad unter Druck gesetzt werden könnte. Dennoch verhängten die USA und die EU bereits zu Beginn der Krise die ersten Sanktionen: So wurde etwa das Vermögen der Assads sowie der höchsten Beamten des Landes eingefroren und im Mai 2011 ein Waffenembargo verhängt. Wie alles in diesem Bürgerkrieg, ist auch die Sanktionspolitik überaus chaotisch. So musste die EU ihr Waffenembargo aufheben, als sie im April 2012 die Bewaffnung der Rebellen beschloss. Auch ein Verbot syrischer Ölimporte wurde zur selben Zeit aufgehoben, weil die EU ihr Öl direkt von den Aufständischen beziehen wollte, nachdem diese die Kontrolle über die Ölfelder übernommen hatten. Das Ganze hatte jedoch – unbeabsichtigt – die Folge, dass sich im Kampf um diese einträglichste Ressource (die mittlerweile von den Extremisten kontrolliert wird) die Gräben zwischen den unterschiedlichen Oppositionsgruppen weiter vertieften. Die Chancen, Assad loszuwerden, sanken damit rapide.[14]

Die «Freunde des syrischen Volkes» waren eine Gruppe, die zur politischen und materiellen Unterstützung der Rebellen unter der Ägide der damaligen US-Außenministerin Hillary Clinton ins Leben gerufen wurde. Diese verlieh dem Dachverband der syrischen Opposition, dem syrischen Nationalrat («SNC, Syrian National Council» bzw. später Coalition), nicht nur den Mantel der Legitimität, sondern brachte ihm auch internationale Anerkennung ein, weil er an vielen wichtigen Treffen teilnehmen durfte. Zunächst waren die Reaktionen allesamt positiv: Mehr als 70 Länder waren beim ersten Treffen des Nationalrats am 24. Februar 2012 in Tunis und beim zweiten am 1. April in Istanbul zugegen. An den nächsten beiden Treffen am 6. Juli 2012 und am 12. Dezember in Marrakesch nahmen sogar 114 Staaten teil.

Nur zwei Monate später war die Gruppe jedoch auf elf geschrumpft: die Türkei, die USA, Großbritannien, Saudi-Arabien, Jordanien, Ägypten, die Vereinigten Arabischen Emirate, Qatar, Italien, Deutschland und Frankreich. Die verbleibenden Mitglieder benannten sich auf ihrem letzten Treffen in die «Londoner Elf» um. Den Vorsitz hatte der britische Außenminister William Hague inne. Der Rückgang der Teilnehmerzahl war die Folge von Diskrepanzen bezüglich der Frage, inwieweit man der syrischen Opposition unter die Arme greifen sollte (die Meinungen reichten von totaler Invasion über kontrollierte Bewaffnung bis hin zur Versorgung mit nicht-tödlichen Waffen). Diese Differenzen waren schon beim ersten Treffen unübersehbar: Der erzkonservative Falke und saudi-arabische Außenminister Prinz Saud al-Faisal verließ den Konferenzsaal, weil seiner Ansicht nach nicht genug unternommen wurde, um Assad davon abzuhalten, sein eigenes Volk abzuschlachten. Keine der dringlichsten Angelegenheiten wurde einvernehmlich geklärt – beim Treffen in Marrakesch verbrachten die Teilnehmer eine frustrierend lange Zeit mit der Frage, ob der Name der Gruppe in «Freunde des syrischen Volkes» umbenannt werden sollte oder nicht. Mittlerweile haben die meisten Länder den Treffen enttäuscht den Rücken gekehrt.

Die Krise in Syrien entfaltete beträchtliche Spaltkraft und schwächte die regionale, wenn nicht sogar die globale politische

Stabilität nachhaltig, indem sich die einzelnen Mächte auf die Seiten der verschiedenen konfessionellen Lager schlugen: Der Iran, Russland, China und die Hisbollah unterstützen das Assad-Regime; die USA, Großbritannien, Europa, die Türkei und der «sunnitische Block» der arabischen Staaten (die Golfstaaten, Ägypten und Jordanien) dagegen die «gemäßigte» Opposition. Die religiösen Konflikte, die den syrischen Bürgerkrieg mittlerweile prägen und zum «Erfolg» des Islamischen Staates beitragen, werden von einer Vielzahl externer Faktoren geschürt und am Leben erhalten.

Die in die Krise verwickelten Staaten führen keinen heißen Krieg, aber die Frage der Bewaffnung ist entscheidend. Das Assad-Regime wurde während der Kämpfe von Russland und dem Iran mit Waffen versorgt. Moskau gibt an, Russland breche die UN-Sanktionen nicht, weil das Land nur die Bestimmungen älterer Verträge erfülle. Der Iran ist zum wichtigsten Lieferanten von Panzerabwehrraketen sowie Raketen- und Granatwerfern geworden, die vor allem als Schmuggelware in Frachtflugzeugen und Lastkraftwagen ihren Weg ins Land finden.[15]

Obwohl die USA, Frankreich und Großbritannien eine Bewaffnung der Rebellen versprachen, ist bislang nur ein winziger Teil der Waffen tatsächlich geliefert worden. Als die drei Länder im Sommer 2013 damit drohten, die Opposition zu bewaffnen, wurde bekannt, dass sich eine große Menge Jihadisten in den Reihen der Rebellen befand. Die Angst, dass die Waffen in die «falschen Hände» geraten könnten, brachten alle Pläne zum Stillstand. Die CIA hatte bereits eine «Operationszone» an der türkischen Grenze eingerichtet, um von dort aus sicherzustellen, dass die Waffenlieferungen aus den Golfstaaten nur den «pro-westlichen», mit der Freien Syrischen Armee verbündeten Truppen ausgehändigt würden; der Westen ging jedoch lieber auf Nummer sicher und beschränkte sich auf die Lieferung von Lebensmitteln und Kleidung.[16]

Qatar und Saudi-Arabien unterstützten das Lager der Rebellen dagegen mit Waffen und Geld. Die *New York Times* berichtete, dass Qatar im Januar 2012 Waffen in die Türkei fliegen ließ, um sie dort an die syrischen Rebellen zu verteilen. Auf normalen Linienflügen der Royal Saudi Air Force wurden Raketen, Granatwerfer, Gewehre und Maschinengewehre nach Jordanien und in die Türkei transportiert, um sie von dort nach Syrien zu schmuggeln. Laut unbestätigten Schätzungen brachte Saudi-Arabien allein 5 Milliarden US-Dollar für die Unterstützung der syrischen Opposition auf und wiederholte damit das Muster, dessen sich das Land einst bei den Mujahidin in Afghanistan bedient hatte, aus denen schließlich die gefährlichsten islamistischen Vereinigungen erwuchsen – unter anderem auch al-Qaida. Die Saudis drängten die unterschiedlichen islamistischen Gruppen in Syrien, die nicht mit al-Qaida kooperierten, zum Zusammenschluss in der Islamischen Armee, um sie auf diese Weise von den radikaleren jihadistischen Vereinigungen zu unterscheiden, vor denen sie sich fürchteten. Wie sich bald zeigte, geschah das aus gutem Grund, da der ISIS bereits kurze Zeit später erklärte, das saudische Königshaus sei das nächste Ziel auf seiner Liste.

Ein Riss tat sich auf zwischen Qatar und Saudi-Arabien, zunächst aufgrund des Militärputsches in Ägypten im Juni 2013, durch den der demokratisch gewählte Repräsentant der Muslimbruderschaft, Präsident Muhammad Mursi, von einer Militärjunta gestürzt wurde, die vom jetzigen Präsidenten Abd al-Fatah al-Sisi angeführt wurde. Qatar unterstützte die Muslimbruderschaft auch weiterhin, wohingegen die Saudis die USA dazu bringen wollten, die Muslimbruderschaft zu einer «Terrororganisation» zu erklären. Als nächstes versuchten die saudischen Behörden, die bisherige Politik Prinz Bandar ibn Sultans in ihr Gegenteil zu verkehren und die Unterstützung militanter islamistischer Vereinigungen aufzugeben, weil die bisherige Taktik nicht zum gewünschten Ergebnis, dem schnellen Sturz des syrischen Regimes, geführt hatte. Die Kluft zwischen Qatar und Saudi-Arabien zeigte sich auch darin, dass im syrischen Nationalrat zwei Lager entstanden. Die Saudis wollten, dass ihr Wunschkandidat Ahmad al-Jarba, Vorsitzender des syrischen Nationalrates, Präsident Assad ablöste.

Saudi-Arabiens Interessen widersprachen zunehmend dem, was der internationalen Staatengemeinschaft 2013 für Syrien vorschwebte. US-Präsident Barack Obama hatte erklärt, dass mit dem

Einsatz von Chemiewaffen die berühmte «rote Linie» überschritten werde, was ganz klar bedeutete, dass die USA eine Militärkampagne zum Sturz Assads anführen würden, sollte sich herausstellen, dass der syrische Präsident solche Waffen angewandt hatte. Als klar wurde, dass Assad im August 2013 tatsächlich Giftgasangriffe auf Ghuta angeordnet hatte, machte Präsident Obama einen Rückzieher und beschloss, obwohl man ihm Unentschlossenheit und Schwäche vorwarf, die Situation nicht eskalieren zu lassen und in Anbetracht der beteiligten Großmächte keinen internationalen Flächenbrand zu riskieren. Stattdessen beugte sich Obama den Vorschlägen der russischen Diplomaten am Rande des G20-Gipfels in St. Petersburg und begrüßte einen von Moskau in die Wege geleiteten Deal, im Zuge dessen sich Syrien dem Chemiewaffenabkommen anschloss, seine Bestände bis Mitte 2014 zerstörte und die Fabriken zur Herstellung von Chemiewaffen bis November 2014 abriss. Nachdem Washington seine zunächst geäußerten Forderungen nach einem Regimewechsel fallengelassen hatte, schienen die Amerikaner der russischen Position in Bezug auf Syrien auf einmal näher zu sein als der ihrer alten, Assad gegenüber feindlich eingestellten Verbündeten in Paris, Ankara, Riad und Doha.

Die sonst eher wortkargen Saudis verbargen in Anbetracht dieser Entwicklungen ihre Wut nicht. Schlimmeres zeichnete sich ab, als sich Washington ganz offen dem Iran anzunähern begann, dem Todfeind der Saudis. Das saudische Königshaus erfuhr erst über Berichte im Fernsehen von diesen für sie nicht hinnehmbaren Entwicklungen. Weder waren sie informiert noch konsultiert worden, bevor der neu gewählte iranische Präsident Hassan Rouhani und Barack Obama die ersten Telefonate miteinander führten. Zur damaligen Zeit zielte die Obama-Regierung auf eine diplomatische Lösung der Krise in Syrien ab; Außenminister John Kerry bat die Russen sogar um die Abhaltung einer Friedenskonferenz in Moskau.[17] Nach Monaten der Verhandlung fand die Genf-II-Konferenz im Januar 2014 endlich statt.

Die Saudis waren erbost, als die USA nicht in ihrem Sinne handelten, und so weigerte sich Prinz Saud al-Faisal im September 2013, seine geplante Rede vor der UN-Vollversammlung zu halten.

Im Oktober desselben Jahres verkündete der saudische Außenminister zudem, dass Saudi-Arabien seinen Sitz im UN-Sicherheitsrat nicht annehmen würde. Es war das erste Mal, dass Saudi-Arabien in den Sicherheitsrat gewählt worden war, in den Länder ohne permanenten Sitz für je zwei Jahre einziehen, um für sie dringende Fragen anzusprechen und die Staatsführer der Welt zu ihren Gunsten zu beeinflussen.

Die Arabische Liga (gegründet, um «die Unabhängigkeit und Souveränität» ihrer Mitgliedsstaaten zu schützen) hätte zwischen den Konfliktparteien in Syrien vermitteln können; stattdessen trug sie zur Eskalation bei, indem sie alle diplomatischen Verbindungen kappte. Zunächst entzog sie Syrien im November 2011 die Mitgliedschaft und belegte das Land mit einem wirtschaftlichen und politischen Embargo. Tunesien, Ägypten und die Golfstaaten schlossen ihre Botschaften in Damaskus und verbannten die syrischen Botschafter aus ihren Hauptstädten. Dieses Vorgehen verlieh den oppositionellen Kräften sofort eine besondere Legitimität und erklärte sie zu den wahren Vertretern des syrischen Volkes. Im März 2013 lud die Liga den Vorsitzenden des Syrischen Nationalrates, Muadh al-Chatib, ein, beim Gipfel in Doha den syrischen Sitz hinter der syrischen Nationalflagge einzunehmen.

Schon früh entschloss sich die Arabische Liga dazu, den Regimewechsel in Syrien mit Gewalt zu erzwingen, und ließ modernste Waffen an die Opposition liefern, um diesen Prozess zu beschleunigen. Das trug zur Militarisierung der Krise bei und bereitete den Boden für das Erscheinen jihadistischer Gruppen auf dem Schlachtfeld.

Im April 2014 gab der Sondergesandte der Vereinten Nationen und der Arabischen Liga für Syrien, Lachdar Brahimi, bekannt, dass er von nun an nur noch für die UN arbeiten werde, weil der unbedingte Wille der Arabischen Liga, die Opposition zu stärken, seiner Position als neutraler Vermittler zuwiderlaufe. Bereits ein paar Wochen zuvor, im Januar desselben Jahres, hatte Brahimi die Arabische Liga brüskiert, als er Teheran zur Teilnahme an der von den Vereinten Nationen unterstützen Genf-II-Konferenz einlud,

um das Thema Syrien zu besprechen – eine Einladung, die für kein
Mitgliedsland der Liga galt. Der Iran nahm aufgrund der scharfen
Ablehnung aus Riad dann doch nicht an den Verhandlungen teil.
Im Mai 2014 trat Brahimi schließlich zurück, so wie es sein Vor-
gänger Kofi Annan auch schon getan hatte. Beide waren an ihrer
Aufgabe, die zerstrittenen Parteien an einen Tisch zu bringen, ge-
scheitert.

Das Hauptproblem besteht weiterhin darin, dass es in Syrien keine
starke, einheitliche und geschlossene Opposition gibt. Der Syrische Nationalrat trat zusammen, um die verschiedenen oppositionellen Lager, von den Muslimbrüdern bis hin zu den Kurden, zu
vereinen; E-Mails, die Anfang 2014 in die Öffentlichkeit gelangten,
bewiesen jedoch, wie tief der Riss zwischen den Seiten tatsächlich
war und wie sehr die Fraktionen sich gegenseitig bekämpften. So
verlangte Muhammad Faruk Taifur, der Anführer der Muslimbrüder, in einer E-Mail etwa, dass Burhan Ghalyun, Vorsitzender des
Syrischen Nationalrates, die Sprecherin Basma Quadmani entlassen solle, weil sie im Fernsehen gemeinsam mit Israelis aufge-
treten war und die Ansicht geäußert hatte, dass Israel «wichtig für
den Nahen Osten» sei.[18]
   Ohne eine glaubwürdige Opposition und ohne eine alternative
Regierung waren diplomatische Verhandlungen jedoch so gut wie
unmöglich. Zwei internationale Friedenskonferenzen, Genf I und
Genf II, verliefen vollkommen ergebnislos. Es wurde immer deutlicher, dass der Frieden ohne Assad und seine beiden wichtigsten
Verbündeten, Russland und Iran, nicht auszuhandeln war. An der
Genf-II-Konferenz nahmen fast alle Parteien teil, doch die Saudis
sträubten sich so sehr gegen die Teilnahme des Iran, dass dieser
letztlich nicht eingeladen wurde. Abgesandte Assads und des Syrischen Nationalrates schafften es zwar schließlich, sich an einen
Tisch zu setzen, leider jedoch ohne Ergebnis.
   Nun, da die Diplomatie versagt hatte und eine militärische Intervention zur Erzwingung eines Regierungswechsels nicht mehr
im Bereich des Möglichen war, sah sich die internationale Staatengemeinschaft einer neuen und unerwarteten Krise in Syrien gegen-

über, die alle vorherigen Erfolge zunichte machen sollte: der Gründung des Islamischen Staates im Juli 2014. Der Westen und seine Verbündeten standen jetzt vor völlig neuen Problemen. Würde der Westen in Syrien einschreiten, fände er sich im selben Lager wie Bashar al-Assad wieder, den der Westen ja seit immerhin drei Jahren abzusetzen versuchte. In diesem Fall käme es zu einer indirekten Koalition zwischen den USA und seinen Verbündeten, dem Iran – dem größten Rivalen Saudi-Arabiens – und Russland. Russland war kein attraktiver Partner, weil das Land im März 2014 die Krim annektiert und sich daraufhin in der Ostukraine eingemischt hatte, wo Moskau laut Anschuldigung die Separatisten unterstützte. Der konfessionelle Aspekt einer – selbst unausgesprochenen – Allianz mit Syrien im Kampf gegen den Islamischen Staat war ebenso unsinnig: Der Westen und der sunnitische Block (Saudi-Arabien, Qatar, die Türkei und Jordanien) müssten mit ihren Hauptfeinden zusammenarbeiten: den Schiiten im Iran und in Syrien.

Die Sicherheit Israels ist ebenfalls ein wichtiger Faktor, weil diese für die amerikanische Außenpolitik stets von großer Bedeutung ist. Syrien war wie der Irak unter Saddam Hussein und Libyen unter General Gaddafi vor der Revolution ein mächtiges Land mit starken Streitkräften gewesen, das gegenüber Israel eine tiefe Feindschaft gepflegt hatte. Als die traditionell israelfeindlichen Islamisten nach der ägyptischen Revolution an die Macht kamen, bereitete das dem Westen ebenso große Sorgen wie Israel. Deshalb begrüßten diese auch den Sturz des Präsidenten und Muslimbruders Mursi durch die Militärjunta. Präsident al-Sisi, der sich als ebenso grausamer Diktator erwies wie Husni Mubarak, den der Arabische Frühling erst vor Kurzem vom Thron gestoßen hatte, erschien akzeptabler, weil er sich zur Einhaltung der Friedensverträge mit Israel bereit erklärte.

Die Jihadisten bereiten sich auf ihre Chance in Syrien vor

Wie ich durch meine eigenen Recherchen herausfand, waren sich die Jihadisten von Anfang an darüber im Klaren, dass eine Revolution in Syrien für sie beispiellose Möglichkeiten eröffnen würde. Im Internet liefen die Vorbereitungen dafür bereits auf Hochtouren, bevor es zu den ersten größeren Demonstrationen in Da'ra kam. Im Februar 2011 präsentierte die al-Nur-Mediengruppe einen neuen Essay des jihadistischen Ideologen Abu Abdullah al-Qasimi, der den Titel *Botschaft an das stolze syrische Volk* trug. Al-Qasimi spricht von einem syrischen Jihadisten namens Abu Musab al-Suri (zum damaligen Zeitpunkt von Assad inhaftiert), der sich für die «islamische Revolution» einsetze und dessen «mutiges Opfer» beweise, «dass die Tyrannei besiegt werden kann». Er schürt die konfessionellen Konflikte mit folgenden Worten: «Seit mehr als 50 Jahren herrscht diese Junta aus *nusairi* [beleidigender Begriff für Schiiten] über euch … Schwingt euch zu euren eigenen Herren auf und werdet diese Demütigung los.»

Als die Revolution im März 2011 ausbrach, stimmten immer mehr Gotteskrieger in den Chor der jihadistischen Anteilnahme ein. Am 25. März feierte Hamid ibn Abdullah al-Ali den «Beginn der syrischen Revolution». Am 26. März sandte die libysche Gruppe Fatah al-Islam («Eroberung des Islam») eine Botschaft aus, in der sie auf den «Sieg unserer Brüder im *islamischen* Syrien» drängte. Am 1. April ging Scheich Abu Basir al-Tartusi in einem Aufsatz mit dem Titel *Was die Menschen über das sektiererische syrische Regime nicht wissen* auf die Gotteslästerungen des «*nusairi*»-Regimes ein. Er drängte die Demonstranten dazu, sich zu erheben, und stellte die Behauptung auf, dass die alevitische Elite durch bestimmte Strategien an der Macht bleibe: «Sie bringen ihren Kindern bei, dass die Reichen und Mächtigen die Armen und Schwachen demütigen und versklaven und wie Vieh auf dem Feld behandeln können … Sie kennen weder Mitleid noch Mitgefühl, geschweige denn Barmherzigkeit …» Im April, Mai und Juni desselben Jahres veröffentlichten die verschiedenen Ideologen und die unterschiedlichen jihadistischen Gruppierungen Erklärungen im Internet, warben um Spenden für die Revolution und luden sogar Gedichte hoch, in denen sie den Kampf glorifizierten. Eines trug beispielsweise den Titel *Dar'a, du bist die Krone der Erhabenheit*.

Es sollte jedoch bis Juli dauern, bis der neue Anführer von al-

Qaida, Aiman al-Zawahiri, ein Statement zu Syrien abgab. Wie zuvor bereits bei der ägyptischen Revolution, reagierte al-Zawahiri nur langsam auf die Ereignisse vor Ort. In seiner nun veröffentlichten Erklärung lobte er die Demonstranten und stilisierte die Aufstände zu einem islamischen Kampf gegen amerikanische und israelische Interessen. Dieser stärker global ausgerichtete Blick, der später auch vom IS geteilt werden sollte, unterscheidet sich von den meisten anderen zu diesem Zeitpunkt von Jihadisten getätigten Äußerungen, in denen die syrische Revolution ausschließlich als konfessioneller Konflikt gedeutet wird. Al-Zawahiri positioniert al-Qaida auf der Seite der Rebellen und erklärt: «Ihr seid ein Vorbild und erteilt euren arabischen und muslimischen Heimatländern eine Lehre in Opferbereitschaft, Standhaftigkeit und im Kampf gegen die Unterdrückung ... Und wie könntet ihr nicht? Ihr seid die Söhne der Levante und steht an vorderster Front für den Jihad und seine Märtyrer.»

Im September 2011 veröffentlichte ein gewisser «Abu Jihad al-Shami» eine 52-seitige Anleitung für die wachsende jihadistische Gemeinde in Syrien. Dieser Text mit dem Titel *Eine Strategie für das Land der Zusammenkunft (Syrien): Ein Versuch, die wichtigsten Punkte zusammenzufassen* nahm in vielerlei Hinsicht einen Großteil der Strategien vorweg, die von den Mujahidin später ebenfalls angewandt wurden. Er gewährte erhellende Einblicke in die Art und Weise, wie jihadistische Gruppen logistische Infrastrukturen und Stützpunkte aufbauen, um von dort aus zu agieren, bevor sie nach neuen Freiwilligen suchen oder ihren Schlachtplan in die Tat umsetzen.

Al-Shami erteilte eben jenen Jihadisten Ratschläge, die sich bereits in Syrien befanden oder gerade dort angekommen waren, «um geheime logistische Zellen in den Städten oder mobile Kampfeinheiten in den verschiedenen Regionen des Landes zu installieren ... Vermeidet Zentralisierung, zumindest am Anfang ..., nehmt aber Anweisungen und Ratschläge von der obersten Führungsriege an!» Als nächstes galt es, «möglichst viele Ziele auf möglichst großem Gebiet anzugreifen ... Das zwingt den Feind dazu, seine Truppen aufzuteilen». Auf diese Weise gelang es kleinen Jihadistengruppen tatsächlich, reguläre Kampfeinheiten in Syrien und im Irak zu besiegen. Außerdem sah al-Shami die symbiotische Beziehung zwischen den Jihadisten im Irak und in Syrien voraus: «Wenn die Front erst einmal existiert», erklärte er, «dann können Ausbilder, Experten, Anführer, Waffen und Sprengstoff leicht über die Grenze gebracht werden.» Er wies darauf hin, dass die Mujahidin auf beiden Seiten der Grenze sichere Häfen füreinander bieten könnten, sollten sie einem verlorenen Kampf, einer Bombardierung oder einer Überwachung entkommen wollen.

Mit einem Auge bereits auf die Expansion schielend, erklärte al-Shami, dass Jordanien ein unwirtliches Land voller Spione sei und dass «Brüder», die innerhalb der jordanischen Grenzen bereits aktiv seien, niedrigschwellige Operationen gegen den Staat in die Wege leiten sollten, um die innere Sicherheit auszuhöhlen, was wiederum hilfreich für die syrischen Jihadisten sei. Die syrische Seite der Grenze biete sich für «Manöver» an, weil sie im Augenblick nicht sonderlich gut bewacht sei, dies werde allerdings nur der Fall sein, bis «die jordanische Regierung die Gefahr vor ihrer Haustür erkennt». Im Sommer 2014 machte der Islamische Staat dann Andeutungen, dass sich Jordanien ganz oben auf der Wunschliste möglicher Territorien befinde.

Der Libanon war in al-Shamis Augen das Hauptziel: «Das Land hat bereits zwei sehr starke Feinde im Inneren: die Hisbollah und die christliche Miliz. Diese Kräfte schwächen den Libanon und erfordern eine Menge Aufmerksamkeit der Sicherheitskräfte … Gründet daher geheime Ausbildungslager im Libanon und macht das Land zum vordersten Stützpunkt, um Angriffe in Syrien zu planen und vorzubereiten.» Im August 2014 stand in libanesischen Lokalzeitungen, es gebe mindestens 40 geheime ISIS-Zellen im Land. Es kam zu Kämpfen zwischen den libanesischen Streitkräften und dem ISIS, nachdem dieser Arsal unter seine Kontrolle gebracht hatte.

Al-Shami warnte die Mujahidin, dass aufgrund der beispiellosen Bösartigkeit des Assad-Regimes eine große Zahl von «Märtyrern» zu erwarten sei. Deshalb müssten die Nachfolger der Führungsriege jetzt schon darauf vorbereitet werden, den Platz der

Verstorbenen einzunehmen. Lokale Anführer sollten über You-Tube nach neuen Freiwilligen suchen, Märtyrer feiern und über die von den Mujahidin angeführten syrischen Operationen berichten. Das Internet ist und bleibt das PR- und Rekrutierungsinstrument Nummer eins für den Islamischen Staat.

Drei Jahre bevor «Kalif Ibrahim» (al-Baghdadi) die Kanzel der Großen Moschee in Mossul bestieg, schrieb al-Shami: «Wir müssen die Umma [die Gemeinschaft aller Muslime] wiederbeleben, indem wir sie daran erinnern, dass der Regierungssitz der Abbasiden-Dynastie in Bagdad und der Umayyaden-Dynastie in Damaskus lag.» Der Wunsch, das Kalifat wiederzubeleben, war von Anfang an untrennbar mit dem syrischen Jihad verbunden. Al-Shami war der Ansicht, dass Jihadisten finanziell unabhängig sein müssten, weshalb er dazu aufrief, das Öl, das der «Feind» besaß, unter die eigene Kontrolle zu bringen, und fügte gleichzeitig hinzu, dass die «beste Bargeldquelle immer noch das Kidnapping» sei. Leider übernahm der Islamische Staat diese Praxis ebenso wie viele andere jihadistischen Gruppierungen, und das mit verheerenden Folgen. Unabhängig davon, ob es nun al-Shamis Texte waren, die die Entwicklungen in Syrien maßgeblich beeinflussten, besteht kein Zweifel daran, dass die Ereignisse in Syrien geplant waren und systematisch ausgeführt wurden.

Ende 2011 tauchten die ersten bewaffneten islamistischen Gruppen auf, und bald schon wurde die gesamte Bandbreite jihadistischer Webseiten, Foren, Chaträume und Profile in den sozialen Medien aufgefahren, um eine Armee von Mujahidin zusammenzurufen, die dem syrischen Volk dabei helfen sollte, Assad loszuwerden. Al-Qaida kündigte ihr Erscheinen im Dezember 2011 mit zwei Selbstmordanschlägen auf Geheimdienstgebäude in Damaskus an. Dabei kamen 44 Menschen ums Leben, 160 wurden verletzt. Anfang Januar 2012 wurde ein Selbstmordanschlag auf ein geheimdienstlich relevantes Ziel verübt; am 10. Februar 2012 griffen zwei Selbstmordattentäter eine Sicherheitseinrichtung in der syrischen Handelshochburg Aleppo an.

Eine Videobotschaft von Aiman al-Zawahiri mit dem Titel

Vorwärts, syrische Löwen!, die überall im Internet und den sozialen Medien in Umlauf gebracht wurde, lieferte schließlich den Beweis, dass al-Qaida auch in Syrien aktiv war. Al-Zawahiri drängte Jihadisten aus Nachbarländern wie dem Irak, der Türkei, dem Libanon und Jordanien, nach Syrien zu reisen, um sich dem Kampf anzuschließen; er rief das syrische Volk dazu auf, «an der wütenden Revolte festzuhalten und nichts anderes als eine unabhängige, respektvolle Regierung zu akzeptieren».

Nun, da al-Qaida im Irak eine Renaissance erlebte, befanden sich viele erfahrene, kampferprobte Jihadisten nur wenige Stunden von Syrien entfernt, einem Land, mit dem der Irak eine 500 Kilometer lange gemeinsame Grenze hat. Da die vom Iran unterstützte irakische Regierung Assad ihre Unterstützung zugesagt hatte, gab es nun in beiden Ländern konfessionelle Motive für die Jihadisten: 35 Prozent der irakischen Bevölkerung sind Sunniten; dagegen kam die konfessionelle Verteilung in Syrien al-Qaida ungemein zugute, weil sunnitische Muslime (darunter auch Kurden) dort mit 75 Prozent die größte Bevölkerungsgruppe bilden.

Seit 2003 galt der nordöstliche Teil Syriens als al-Qaida-Hochburg, weil die Kämpfer auf dem Weg in den Irak, wo sie sich dem Aufstand gegen die Besatzer aus dem Westen anschließen wollten, durch diese Region kamen. Die irakischen Sicherheitsbehörden berichteten, dass al-Qaida-Kämpfer aus den Reihen des Islamischen Staats im Irak seit der erfolgreichen amerikanischen Offensive 2006 ständig die Grenze nach Syrien überschritten; nun wurde die Infrastruktur, die aufgebaut worden war, um die Reise der Jihadisten über Syrien in den Irak zu erleichtern, in der entgegengesetzten Richtung genutzt. Zudem wurden Berichte laut, dass Waffen über den Grenzübergang Rabia von Mossul nach Syrien geschafft wurden.

Zu Beginn der jihadistischen Präsenz in Syrien finanzierte Saudi-Arabien die Kämpfer und stattete sie mit Waffen aus. Die jordanischen Behörden fingen mehrere Waffenlieferungen aus Riad ab.[19] Die Nachbarländer wurden freiwillig oder unfreiwillig in die Konflikte hineingezogen. Die Türkei erleichterte den Transit von Waffen und Kämpfern. Die jordanische Stadt Irbid nahe der syrischen Grenze ist ein alter Übergangspunkt für Jihadisten. Eine Gruppe militanter Jihadisten unter der Führung von Abu-Muhammad al-Tahawi widerrief ihre Selbstverpflichtung zur Gewaltlosigkeit und machte sich auf den Weg, um den Mujahidin in Syrien zur Seite zu stehen.

Auch mit al-Qaida assoziierte Kämpfer aus libanesischen Flüchtlingslagern gelangten nach Syrien. Ende April 2012 wurde ein hochrangiger Führer der libanesischen Gruppe Fatah al-Islam, Abd al-Ghani Jauhar, in Qusair in der Nähe von Homs ermordet, einer Stadt, die laut Beobachtern «von Mujahidin nur so wimmelte».

Wie in Libyen waren die internationalen «Gotteskrieger» ganz wild darauf, einen wichtigen Teil zur Revolution beizutragen. Dieses Mal allerdings entwickelte sich die salafistisch-jihadistische Präsenz zu einer der größten, am besten bewaffneten, reichsten, brutalsten und effektivsten islamischen Armeen, die die moderne Welt je gesehen hatte.

Bewaffnete Oppositionsgruppen in Syrien

Die bewaffnete Opposition in Syrien entstand in den ersten 12 bis 14 Monaten des Aufstandes. Sie ist auf einzigartige Weise unkoordiniert und komplex, besteht aus mindestens 1000 verschiedenen Gruppierungen und 100 000 Kämpfern. Bei manchen dieser Vereinigungen handelt es sich um kleine, lokal agierende Grüppchen, bei anderen dagegen um Organisationen, die in größeren Allianzen oder Koalitionen aufgingen.

Die Freie Syrische Armee (FSA). Die Freie Syrische Armee wurde im Juli 2011 von Deserteuren der syrischen Streitkräfte sowie von syrischen Freiwilligen gegründet. Zunächst operierte sie von der Türkei aus, wo sie Ausbildungslager betrieb und Geld sammelte, bevor sie sich ins Kampfgetümmel stürzte. Im Wesentlichen verfolgte sie säkulare Ziele und wollte vor allem eines: den Sturz Assads. In Syrien entstanden in kürzester Zeit Dutzende Gruppen,

die unter dem Banner der FSA kämpften, aber es gab keine übergreifende militärische, taktische oder politische Kontrolle. Das bedeutet, dass die Gruppierung im Kampf gegen das Regime nicht so
erfolgreich war, wie sie es eigentlich hätte sein können.

Als Reaktion auf kritische Stimmen aus dem Westen und aus
den die Truppen finanzierenden Golfstaaten rief die FSA im Dezember einen Obersten Militärrat («Supreme Militäry Council»,
SMC) ins Leben. Eine von Ahmad Tomeh angeführte Exilregierung fungierte als politische Kontrollinstanz des SMC, während
General Salim Idris vor Ort als Stabschef und Militärbefehlshaber
diente. Der Oberste Militärrat sollte für die geschlossene «gemäßigte» Opposition sorgen, die sich der Westen und seine Verbündeten so dringend in Syrien wünschten, einerseits als Alternative
zum Regime und andererseits als Gegenkraft zu den wachsenden
Jihadisten-Gruppen.

Der Oberste Militärrat teilte Syrien in fünf Kommandobereiche
mit dazugehörigen «Fronten» auf: den Norden (Aleppo und Idlib),
den Osten (al-Raqqa, Deir al-Zur und Hassaka), den Westen
(Hama, Latakia und Tartus), das Zentrum (Homs und Rastan) sowie den Süden (Damaskus, Dar'a und Suwaida). Der Zentralrat
bestand aus sechs Abgeordneten aus jedem Kommandobereich;
zudem verfügte jeder Kommandobereich über einen eigenen Befehlshaber und ein aus Soldaten und Zivilisten bestehendes Bera-
tergremium. Trotz dieser offenbar gut funktionierenden Struktur
glitt Generalstabschef Idris die Kontrolle über die Militäreinsätze
zunehmend aus den Händen, und der Oberste Militärrat blieb
letztlich zersplittert und zerrissen. Die unterschiedlichen Truppenverbände unter Führung des Obersten Militärrats verfolgten weder
ein gemeinsames Ziel, noch hatten sie eine gemeinsame Identität;
manche haben sich im Laufe des Bürgerkriegs immer enger an islamistische und extremistische Vereinigungen angeschlossen.

Mit dem Obersten Militärrat stehen folgende Gruppen in Verbindung: die Syrischen Märtyrerbrigaden mit etwa 7000 Mann,
die in Idlib sitzen; die Nördlichen Sturmtruppen, eine islamistische
Vereinigung, die den türkisch-syrischen Grenzübergang bei Azaz
kontrollierte, bis dieser vom IS überrannt wurde; und die Ahrar-

Suriya-Bridagen («Brigaden der Freien Männer von Syrien»), die von einem ehemaligen Luftwaffenoffizier namens Oberst Qasim Saad al-Din gegründet wurden.

Im November 2013 deckte der *Daily Telegraph* auf, dass «aus der FSA eine größtenteils kriminelle Vereinigung» geworden war. Die vor Ort Interviewten erklärten, wie die Befehlshaber der FSA von den Konflikten profitierten und so zu Warlords wurden. Ein Rebell aus Jisr al-Shughur, einer Stadt im Verwaltungsbezirk Idlib, erklärte den Journalisten des *Telegraph*, wie die «Brüderschar», die seine Stadt befreit hatte, im April 2013 überrannt wurde. «Es kamen Menschen hierher …, die nur am Waffenverkauf interessiert waren», sagte er. «Sie nannten sich zwar FSA, hatten jedoch keinerlei Interesse am Kampf gegen Assad. Sie rissen Gegenden an sich, die bereits nicht mehr vom Regime kontrolliert wurden, installierten Kontrollpunkte an den Straßen und begannen, von den Menschen Geld für die Passage zu verlangen … manche Männer meiner Brigade schlossen sich ihnen an.»[20]

Berichterstatter für *Rai al-Youm*, das Online-Nachrichtenmagazin, das ich leite, bestätigten, dass viele Befehlshaber, die den Kampf gegen das Regime zunächst noch sehr ernst genommen hatten, von der großen Menge Geld und Waffen, die sie von ihren Unterstützern in den Golfstaaten erhielten, verführt wurden. Ehemalige Bauern verwandelten sich in Kriegsherren, die über ganze Bataillone bewaffneter Männer verfügten. Mittlerweile fahren diese Männer mit teuren Autos durch die Gegend und leben in eigens für sich und ihre Familien errichteten riesigen Häusern. Vielleicht ist ein Ende von Bürgerkrieg und Chaos bei diesen Männern nicht erwünscht, weil sie dann weniger «Möglichkeiten» hätten.

Korrupte Befehlshaber verfügen über eigene Online-Medienteams, die sie ständig begleiten, um ihre Militäroperationen zu dokumentieren. Die Videos werden dann auf YouTube veröffentlicht, um Sponsoren und potenzielle Spender davon zu überzeugen, dass der Kampf gegen Assad nicht ruht. «Unsere Sponsoren geben uns für bestimmte Einsätze Geld, und wenn wir diese durchziehen, filmen wir sie, damit wir beweisen können, dass wir ihre finanziellen Mittel gut genutzt haben», erklärte ein Medienoffizier der Faruq-Brigade, einer der bekanntesten syrischen Rebellengruppen, im Jahr 2013 dem *Daily Telegraph*.[21] Offenbar wollte er keine näheren Informationen zur Identität dieser «Sponsoren» preisgeben.

Ohne einen zentralen Rechtsstaat geriet jedes Dorf und jede Stadt in Syrien unter die Kontrolle sich gegenseitig bekämpfender Warlords. Nachdem die Ölfelder um al-Raqqa herum eingenommen worden waren, «verwandelte sich der Kampf um die Revolution in den Kampf um das Öl», wie Aktivisten es ausdrückten, die im selben *Telegraph*-Artikel zu Wort kamen.

Der Westen hielt die FSA stets für seinen engsten Verbündeten, und so betonten westliche Diplomaten immer wieder, wie wichtig der zentrale Oberbefehl unter der Kontrolle des Obersten Militärrates sei. Diesem gelang es jedoch nie, Fuß zu fassen, und das nicht etwa, weil er unter dem Bombardement des Regimes zerfiel, sondern weil er bald schon von Habgier, Korruption und Eigeninteressen zerfressen wurde. Vor diesem Hintergrund mag die Ankunft des ISIS mit seinen Versprechungen von Recht, Ordnung und religiösem Konservatismus als willkommene Unterbrechung erschienen sein.

Der Oberste Militärrat machte unermüdlich weiter, und auch der Westen ließ ihm weiterhin seine ungebrochene Unterstützung zukommen, weil er hoffte, die FSA könnte zu dem Bündnispartner werden, den der Westen so dringend benötigte. General Idris wurde im Februar 2014 seines Postens enthoben, weil es ihm nicht gelungen war, «eine Institution einzurichten». Er wurde durch Brigadegeneral Abd al-Ilah al-Bashir al-Nu'aimi ersetzt. Am 25. Juni 2014 entschlossen sich die USA, den Obersten Militärrat mit 500 Millionen US-Dollar zu finanzieren, doch bereits am nächsten Tag verkündete Ahmad Tomeh, dass der Militärrat aufgelöst und al-Bashir inhaftiert worden sei; die Führungsriege werde wegen Korruption angeklagt.[22]

Heute gibt es die FSA zwar noch, im eigenen Land wie im Ausland hat sie jedoch mittlerweile jede Glaubwürdigkeit und Unterstützung verloren. Trotz ihres vierjährigen Kampfes gegen das

Assad-Regime, das sogar noch an Boden zu gewinnen scheint, hat sie nur wenig vorzuweisen. Die USA haben das Interesse an der Freien Syrischen Armee als Verbündetem im Kampf gegen Assad verloren und widmen ihre Aufmerksamkeit inzwischen lieber der Zerstörung des IS. Dafür kümmern sich die Amerikaner seit 2015 um die Ausbildung neuer syrischer Einheiten. Ende 2014 erklärte die FSA dem IS den Krieg und sandte Truppen in die nordsyrische Stadt Kobane, die sich in der außergewöhnlichen Situation wiederfanden, mit den Soldaten Assads und den Amerikanern gegen einen gemeinsamen Feind zu kämpfen.

Die Islamische Front.   Die Islamische Front wurde im November 2013 als Reaktion auf die Furcht Saudi-Arabiens vor dem ISIS und der al-Nusra-Front gegründet. Sieben Gruppen schlossen sich in der Islamischen Front zusammen, um eine alternative islamische Armee von 45000 Mann aufzustellen. Diese Gruppen waren: Harakat Ahrar al-Sham al-Islamiyya («Islamische Bewegung der Freien Männer der Levante»), Jaish al-Islam («Armee des Islam»), Suqur al-Sham («Falken der Levante»), Liwa al-Tauhid («Einheitsbrigaden»), Liwa al-Haqq («Wahrheitsbrigaden»), Ansar al-Sham («Unterstützer der Levante») sowie die Kurdisch-Islamische Front. Obwohl sich die Islamische Front der Sprache und Rhetorik jihadistischer Vereinigungen bediente, strebte sie eine «moderate» islamistische Präsenz an, die auf den Sturz Assads und die Einrichtung eines islamischen Staates zielte. Im Dezember 2013 zog sich die Gruppe aus dem Obersten Militärrat zurück und begann mit dessen Truppen um die Kontrolle über eine Reihe von Lagerhallen und den Grenzübergang zur Türkei Bab al-Hawa zu kämpfen. Als Reaktion auf diese Ereignisse unterbrachen die USA und Großbritannien die Lieferung «nicht-tödlicher» Waffen an die Rebellengruppen im Norden.

Außerdem existierte eine ähnliche Allianz aus etwa 20 islamistischen Rebellengruppen, die sich im September 2012 unter dem Namen «Syrisch-Islamische Befreiungsfront» zusammenschlossen. Zu ihren Mitgliedern gehörten moderate wie radikale Salafisten; dennoch erkannte die Gruppe den Obersten Militärrat an und kämpfte Seite an Seite mit ihm. Nur ein Jahr nach ihrer Gründung verkündete die Vereinigung jedoch ihr Aus. Die Kämpfer der Islamischen Front verteilten sich daraufhin auf unterschiedliche Oppositionsgruppen, die al-Nusra-Front und den ISIS.

Harakat Ahrar al-Sham al-Islamiyya.   Angeführt von Hassan Abbud, einem ehemaligen IS-Befehlshaber, und mit einer Stärke von etwa 20 000 Mann, erwarb sich die «Islamische Bewegung der Freien Männer der Levante» den Ruf, diszipliniert und mutig zu sein. Nach ihrer Gründung Ende 2011 in Idlib hinterließ sie auf dem Schlachtfeld sofort einen bleibenden Eindruck. Sie wurde zur mächtigsten Oppositionsgruppe und war trotz ihrer salafistisch-jihadistischen Agenda und Identität in der Lage, mit den Truppen der Freien Syrischen Armee militärisch zu kooperieren. In letzter Zeit hat sich die Gruppe jedoch von der FSA distanziert und positioniert sich mittlerweile tief im jihadistischen Lager. Die Amerikaner bombardieren die von der Gruppe gehaltenen Stellungen ebenso wie die der al-Nusra-Front und des Islamischen Staates. Viele Mitglieder wanderten nach der Ausrufung des Kalifats in die Gebiete des Islamischen Staates aus.

Jaish al-Sham.   Die «Armee der Levante» wurde im September 2013 von einer Allianz aus mehr als 50 islamistischen Vereinigungen in der Region Damaskus gegründet. Die wichtigste Gruppe, Liwa al-Islam («Brigade des Islam»), wird von Zahran Allush angeführt, einem Salafisten, der bereits im Gefängnis saß und dessen Vater, ein theologischer Gelehrter, in Saudi-Arabien lebt. Außerdem gilt Allush als Nummer eins von Jaish al-Sham. Die Gruppe wurde auf Anweisung Saudi-Arabiens ins Leben gerufen, um sich den mit al-Qaida assoziierten Gruppen entgegenzustellen, die im Umfeld der Hauptstadt aktiv waren. Liwa al-Islam operierte hauptsächlich in Ghuta, wo die Truppen Assads 2013 laut bestätigten Berichten das erste Mal Giftgas einsetzten. Die Gruppe bekannte sich zum Bombardement des Hauptquartiers der Nationalen Sicherheitsbehörde in Damaskus, bei dem Assads Schwager sowie einige andere Staatsdiener ums Leben kamen.

Als die Amerikaner und ihre Verbündeten in den Golfstaaten ihre Aufmerksamkeit schließlich auf die Ausmerzung des IS lenkten, verlor Allushs Organisation ihr internationales Unterstützernetzwerk und ihre Geldgeber. Im Juli 2014 löste sich die Gruppe schließlich auf; viele Mitglieder wanderten daraufhin in die Gebiete des Islamischen Staats aus. Allush dagegen überraschte seine ehemaligen Kameraden ebenso wie die Berichterstatter, als er zu Verhandlungen mit Assad aufrief.

Suqur al-Sham. Die «Falken Syriens» verfügen über circa 10 000 Mann und stammen aus der Jabal-al-Zawiya-Region in Idlib. Angeführt werden sie von Abu Issa (auch bekannt als Ahmad al-Sheich), der zwar ebenfalls nach einem islamischen Staat rief, jedoch nicht der Ansicht war, dass dieser mit Gewalt durchgesetzt werden sollte. Suqur al-Sham wurde im September 2011 gegründet und weitete seinen Einflussbereich auf die Gouvernements Aleppo und Damaskus aus. Ende 2013 schloss sich die Organisation dann dem Islamischen Staat an.

Die Kurdisch-Islamische Front. Die kurdische salafistische Front ist bemerkenswert, weil sie an der Seite des ISIS kämpfte.

Sonstige Gruppierungen. Es gibt einige weitere unabhängige Gruppen, von denen die meisten islamistisch sind. Zu ihnen gehören die Ahfad-al-Rasul-Brigaden («Brigaden der Enkel des Propheten»), die Asala-wal-Tanmiya-Front («Front der Authentizität und des Wachstums»), die Duru-al-Thaura-Kommission («Kommission der Revolutionsschilde», mit Unterstützung der Muslimbrüder ins Leben gerufen), Tajammu Ansar al-Islam («Zusammenschluss der Unterstützer des Islam») sowie die Yarmuk-Märtyrer-Brigade. Letztere ist von besonderem Interesse, weil sie entlang der syrisch-jordanischen Grenze und auf den Golanhöhen operiert. Im März und im Mai 2013 nahmen ihre Mitglieder jeweils kurzzeitig Friedenswächter der Vereinten Nationen gefangen.[23]

Die einzigen Truppenverbände ohne religiösen Hintergrund sind die Freie Syrische Armee, so wie sie ursprünglich war, sowie die Nationale Einheitsbrigade. Letztgenannte ist mit ihren knapp 2000 Kämpfern zu klein, um von Bedeutung zu sein. Es ist erstaunlich, wie sehr die bewaffnete Rebellion mittlerweile zu einem Aufstand islamistischer Gruppierungen geworden ist. Als US-Präsident Obama seinen Ruf nach einer Bewaffnung der «gemäßigten» Rebellen bekräftigte, erklärte der altehrwürdige Nahost-Experte Patrick Cockburn: «Die gibt es nicht.»[24]

5. Abu Bakr al-Baghdadi: «Kalif Ibrahim»

Bislang war Abu Bakr al-Baghdadi sehr erfolgreich in der Wahrung seiner Anonymität und der Geheimhaltung seiner Aktivitäten. Zunächst gelang ihm dies als Anführer des Islamischen Staates im Irak (ISI), eine Position, die er seit 2010 innehat; doch auch als Emir und Kalif, wie er sich seit dem 1. Juli 2014 nennt, schaffte er dies. Er tritt kaum in der Öffentlichkeit auf, und bis vor Kurzem gab er nur selten offizielle Erklärungen ab, sei es in Form von Texten, Audiomitschnitten oder Videobotschaften. Das liegt vor allem an seinen Sicherheitsberatern, die sich darüber im Klaren sind, dass jede Art von öffentlicher Präsentation ausländische Geheimdienste auf seine Spur bringen könnte. Schließlich war es die ebenso leichtsinnige wie prahlerische Videoaufnahme, die Abu Musab al-Zarqawi 2006 in der Wüste aufzeichnete, die dazu führte, dass amerikanische Spezialeinheiten ihn noch im selben Jahr aufspürten und ausschalteten.

Dennoch war es mir mithilfe von Interviews und Gesprächen mit arabischen Quellen sowie eines überaus wertvollen Informanten, der der Führungsriege des IS sehr nahe steht und gemeinsam mit al-Baghdadi zwei Jahre im Gefängnis saß, möglich, ein Bild von Abu Bakr al-Baghdadi zu zeichnen. Was nun folgt, ist ein mosaikartiges Porträt, in dem bislang noch viele Teile fehlen. Zusammengesetzt ergeben diese Fragmente jedoch das erschreckende Bild des gefährlichsten Mannes der Welt.

Seine Herkunft, seine Frauen

Abu Bakr al-Baghdadi, auch bekannt als Abu Du'a, Docteur Ibhahim, Awad Ibrahim, Abu Duaa, Al-Shabah (das Phantom) und der «unsichtbare Scheich» (aufgrund seiner Angewohnheit, beim Gespräch mit seinen Kommandanten eine Maske zu tragen), wurde 1971 in der 50 Kilometer nördlich von Bagdad gelegenen Stadt Samarra geboren. Sein echter Name lautet Ibrahim ibn Awad ibn Ibrahim al-Badri al-Quraishi. Er gehört dem Stamm der Bobadri an, die größtenteils in der Gegend von Samarra und Diyala leben. Die Clans der Radhawiyya, der Husseiniyya und der Adnaniyya gehören ebenfalls den Bobadri an, genauso wie die Quraish, denen auch der Prophet Muhammad entstammte – eine Tatsache, die von enormer Bedeutung ist. Schließlich ist die Abstammung vom Propheten historisch gesehen eine der wichtigsten «Qualifikationen» des Kalifen. Nicht zuletzt berichteten Beobachter, dass al-Baghdadi einen *miswak* (einen Zweig zur Zahnreinigung) benutzte, bevor er am 4. Juli 2014 seine berühmte Rede in der Großen Moschee in Mossul hielt. Damit ahmte er die vom Propheten Muhammad überlieferte Praxis nach und stellte so in Worten, Taten und Verwandtschaftsverhältnissen eine direkte Verbindung zu ihm her. Außerdem verwies er auf den Wunsch der Salafisten, zur Lebensweise der ersten Muslime zurückzukehren.

Laut einer Biografie, die von al-Hayat ins Internet gestellt und über jihadistische Webseiten überall in Umlauf gebracht wurde, stammt al-Baghdadi aus einer streng religiösen Familie, die auch einige Imame und Korangelehrte hervorgebracht haben soll. Seine Mutter kommt aus einer bedeutenden Bobadri-Familie. Al-Baghdadi besuchte die Islamische Universität von Bagdad, machte dort seinen Bachelor- und seinen Masterabschluss und promovierte anschließend. In seiner Doktorarbeit ging es um islamische Rechtsprechung, islamische Kultur und islamische Geschichte. Seine religiösen Qualifikationen sollen seinen Anspruch auf eine militärische, politische und religiöse Führungsposition legitimieren – etwas, das noch nicht einmal Osama bin Laden gelang. Bin Laden und der derzeitige al-Qaida-Führer Aiman al-Zawahiri hatten einen weltlicheren beruflichen Hintergrund: Bin Laden war Bauingenieur, al-Zawahiri Chirurg.

Menschen, die al-Baghdadi persönlich kennen, beschreiben ihn als ernst und ruhig. Ein Informant, der den Anführern des IS nahesteht, dessen Identität ich aus Sicherheitsgründen aber nicht enthüllen darf, verbrachte ab 2004 etwa zwei Jahre gemeinsam mit al-Baghdadi im amerikanischen Gefangenenlager Camp Bucca im Irak. Er erzählte, al-Baghdadi habe stets ein abgeklärtes Lächeln auf den Lippen gehabt und sei «still und kontrolliert» gewesen. Außerdem sagte meine Quelle, die auch Osama bin Ladens Zirkel angehört haben will, dass al-Baghdadi ihn an den verstorbenen Osama bin Laden erinnert habe. Zudem sei al-Baghdadi äußerst charismatisch, weshalb es «sehr schwer» sei, «gemeinsam mit ihm in einem Raum zu sitzen und sich nicht von ihm, seinen Gedanken und seinen Ansichten beeinflussen zu lassen».

Al-Baghdadi kann jedoch auch skrupellos und bedrohlich sein. Mein Informant berichtete mir, al-Baghadi habe sich nach seiner Entlassung aus dem Gefängnis mit folgenden Worten von den Wächtern am Tor verabschiedet: «Eines Tages finden wir euch; egal wo, egal wann. Entweder hier oder auf den Straßen von New York.» Dieser vermeintlich so ruhige Anführer vergibt und vergisst nie: Als das Schura-Ratsgremium nach dem gewaltsamen Tod Abu Umar al-Baghdadis 2010 einen neuen Emir ernennen sollte, waren zwei der elf Mitglieder nicht mit der Wahl Abu Bakrs einverstanden. Einer der beiden, Jamal al-Hamdani, wurde kurz darauf umgebracht.

Als militärischer Führer ist Abu Bakr al-Baghdadi gerissen und berechnend. Obwohl er nie im Ausland gekämpft hat – was für einen Anführer des globalen Jihad äußerst ungewöhnlich ist –, verfügt er doch über sehr viel Erfahrung auf dem Schlachtfeld. Zudem ist er ein intelligenter Gegner, der die Geschichte «erfolgreicher» langjähriger jihadistischer Vereinigungen wie der Taliban oder al-Qaidas sorgsam untersucht und analysiert hat. Er ist von der Wirksamkeit der Hijra (hier: Flucht) überzeugt: Sobald er erkennt, dass ein Kampf nicht mehr so einfach zu gewinnen ist, ordnet er den sofortigen Rückzug an. Er vertritt die Ansicht, dass die Hijra der Schlüssel zum Überleben der al-Qaida-Ableger von Somalia bis China ist.

Al-Baghdadi weiß, wie wichtig eine gute Führungsstruktur für eine Organisation ist. Ebenso wie die Taliban und al-Qaida zu ihrer Blütezeit im Afghanistan der späten 1990er-Jahre, entwickelte der ISI sowie später der IS unter al-Baghdadi einen komplexen, hierarchisch organisierten Verwaltungsapparat, in dem es für alles eigene Abteilungen und Komitees gibt – von der Entführung über die Gehälter bis hin zur Propaganda.

Häufig und quasi unausweichlich wird al-Baghdadi mit Osama bin Laden verglichen. Er genießt ebenso großen Respekt wie einst bin Laden bei seinen sunnitischen Kämpfern, denn er wurde zu einem mächtigen militärischen und religiösen Führer, was al-Zawahiri bisher nicht gelang. Auf seinem Weg an die Spitze hatte al-Baghdadi im Gegensatz zu Osama bin Laden nicht das Privileg, reich geboren zu sein. Sein Erfolg gründet sich einzig und allein auf seinem Ruf, der ihm unter den Extremisten offenbar sehr viel Lob und Loyalität eingebracht hat. Er behauptet, dass er selbst, nicht etwa die augenblickliche Nummer eins von al-Qaida, der wahre Erbe bin Ladens sei und dessen Ziele am besten verwirklichen werde. Ein syrischer IS-Kämpfer erklärte einmal: «Scheich Baghdadi und Scheich Osama sind sich sehr ähnlich: Beide schauen stets nach vorne; beide streben einen islamischen Staat an.» Im Gespräch mit demselben Reporter fügte ein anderer Soldat, der nicht aus Syrien stammte, hinzu: «Al-Qaida gibt es nicht mehr. Die Gruppe wurde gegründet, um den Islamischen Staat ins Leben zu rufen, und der ist jetzt da. Al-Zawahiri sollte Scheich Baghdadi die Treue schwören.»[1]

Es gibt Hinweise darauf, dass al-Baghdadi zwei bis drei Ehefrauen hat oder hatte. Das erste Mal soll er kurz nach seiner Promotion geheiratet haben; sein erster Sohn soll 2003 zur Welt gekommen sein.[2] Laut Informationen des irakischen Innenministeriums heißt seine erste Frau Israa Rajab Mahal al-Qaisi. 2011 oder 2012 soll er zudem Saja Hamid al-Dulaimi geheiratet haben, die zuvor mit dem jihadistischen Befehlshaber Falah Ismail Jassim verheiratet war. Dieser hatte der irakischen Rebellengruppe Jaish al-Rashidin («Armee der Rechtgeleiteten») angehört. Laut Medienberichten wurde er 2010 von den irakischen Streitkräften in der Provinz Anbar erschossen. Saja stammt aus einer extremistischen Familie, deren Mitglieder allesamt an die salafistisch-jihadistische Ideologie glauben. Ihr Vater war ISIS-Kommandant und kam im September 2013 im Gefecht mit der syrischen Armee ums Leben.

Angeblich hat ihre Schwester, Duaa, einen Selbstmordanschlag auf eine kurdische Versammlung in Erbil verübt; ihr Bruder soll aufgrund seiner Verwicklung in eine Bombenanschlagsserie im Südirak auf seine Hinrichtung warten.

Der Stamm der Dulaimi, dem Saja angehört, ist mit 7 Millionen Mitgliedern einer der größten in der arabischen Welt. In einem Land, in dem Stammesnetzwerke eine überaus wichtige soziopolitische Rolle spielen, ist das von immenser Bedeutung. Als die Clanführer im Zuge der von den Amerikanern koordinierten «Erwachen»-Kampagne, die 2006 ihren Anfang nahm, davon überzeugt werden konnten, sich gegen die Jihadisten zu stellen, führte dies dazu, dass sich das Blatt für al-Qaida im Zweistromland (Irak) deutlich wendete, obwohl dies nur von kurzer Dauer war. Jihadistische Anführer arrangieren Ehen traditionellerweise aus politischen Gründen, um sich die Unterstützung anderer Stämme zu sichern. Osama bin Ladens fünfte Frau, Amal al-Sadah, war beispielsweise Jemenitin und stammte aus Taizz, der zweitgrößten Stadt im Jemen. Osama bin Laden durfte aufgrund seiner Ehe mit Amal auf den Schutz ihres Clans bauen, was al-Qaida-Anhängern die Einwanderung in den Jemen erheblich erleichterte. Laut irakischem Innenministerium heiratete al-Baghdadi in den 2010er-Jahren eine weitere Dulaimi namens Asma Fauzi Muhammad. Die Verbindung zu diesem Clan garantiert zusammen mit al-Baghdadis eigenem, äußerst weitläufigem Stammesnetzwerk größeren Schutz und mehr Loyalität.

Sajas Identität kam ans Licht, als sie bei einem Gefangenenaustausch fotografiert wurde. Irgendwann im Jahr 2014 entführte der al-Qaida-Ableger in Syrien, die al-Nusra-Front, eine Gruppe Nonnen im syrischen Maalula. In einem Deal mit dem Regime in Damaskus kam es zu einem Gefangenenaustausch. Unter den weiblichen Gefangenen, die von Bashar al-Assads Regierung freigelassen wurden, befand sich Saja. Abu Maan al-Suri, ein Mitglied der al-Nusra-Front, erklärte Reportern, al-Baghdadis Ehefrau sei zusammen mit ihren beiden Söhnen und einem jüngeren Bruder gefangen gehalten worden. Im November 2014 wurde Saja bei der Überquerung der libanesischen Grenze mit zwei Söhnen und einer

Tochter – Abu Bakrs Kind – festgenommen.[3] Laut einer Quelle, die von der *New York Times* interviewt wurde, sollen der libanesische, der irakische, der syrische und der amerikanische Geheimdienst gemeinsam an der Festnahme gearbeitet haben, weil sie hofften, so an wertvolle Informationen zu gelangen.[4] Außerdem hält die libanesische Regierung Mitglieder von Abu Bakrs Familie für ein überaus nützliches Druckmittel, sollte ein libanesischer Staatsbürger je in die Fänge des Islamischen Staates geraten.

Nach Sajas Festnahme wurden allerlei Gerüchte und Fehlinformationen gestreut, um ihren Wert als Gefangene herunterzuspielen, darunter auch der Hinweis, sie sei nur drei Monate mit al-Baghdadi verheiratet gewesen und habe danach einen Palästinenser geehelicht, von dem sie ein Kind erwartete. Saja und ihre zehnjährige Tochter wiederum waren wenig gesprächig, wenn es um ihre Beziehung zu al-Baghdadi ging. An einem Punkt der Befragung erzählte Saja den Ermittlern sogar, dass ihr Ehemann verstorben sei. Wie es um ihre Ehe mit al-Baghdadi tatsächlich steht, wird sie wohl kaum je enthüllen. So oder so ist sie nun nicht mehr sicher, denn laut dem oben zitierten Artikel der *New York Times* ereignete sich Folgendes, nachdem der amerikanische Geheimdienst eine von Abu Musab al-Zarqawis Ehefrauen im Irak gefangen genommen hatte: «Wir bekamen kaum etwas aus ihr heraus ..., und als wir sie zurückschickten, nahm ihr al-Zarqawi das Leben.»

Sajas hoher Status unter den «Bräuten des Jihad» lässt darauf schließen, dass sie von ihrem Ehemann und von seinen engsten Vertrauten keinesfalls geächtet wird. Wären die beiden geschieden, wäre dies wohl kaum der Fall – und der Gedanke, dass sie ihn für einen anderen Mann verlassen haben könnte, ist geradezu lächerlich.[5]

Radikalisierung

In den 1990er-Jahre lebte al-Baghdadi in der Moschee des ärmlichen Bagdader Vororts Tobchi. Anwohner erinnerten sich an sein Auftauchen vor Ort, der junge Mann machte einen ruhigen und freundlichen Eindruck. In der kleinen Moschee sammelte er erste Erfahrungen als Geistlicher, fungierte als Vorbeter oder hielt eine Predigt, wenn der Imam nicht zugegen war.

Wie Osama bin Laden fand auch al-Baghdadi großen Gefallen am Sport. Bei bin Laden war es Basketball, al-Baghdadi bevorzugte laut Interviews, die Reporter des *Daily Telegraph* mit Weggefährten von ihm führten, Fußball.[6] Glaubt man Berichten, war er ein beeindruckender Stürmer. Für ihn ging es jedoch nicht nur um Spiel und Spaß. Anwohner in Tobchi erzählen, dass er fundamentalistische Ansichten zum Besten gab, Wutausbrüche hatte, wenn er Frauen und Männer bei Hochzeiten miteinander tanzen sah, und sich mit der Moschee entzweite, als ihr Betreiber in der «Islamischen Partei» aktiv wurde – nach al-Baghdadis extremistischen Ansichten sind politische Parteien Ketzerei. Mithilfe seines Stammesnetzwerkes gelang es dem Betreiber der Moschee, al-Baghdadi wieder loszuwerden; danach begann dieser an der Imam-Ahmad-ibn-Hanbal-Moschee in Samarra zu predigen, die von einer ganzen Reihe Hardliner besucht wurde. Damals wurde er als «Scheich Ibrahim» bekannt, und dieser Name war in jihadistischen Kreisen üblich, bis al-Baghdadi zum «Kalifen Ibrahim» wurde.

Nach dem Einmarsch der Amerikaner in den Irak 2003 zog al-Baghdadi in die Kleinstadt Qaim im Gouvernement al-Anbar. Empört über den Einmarsch ausländischer Truppen in sein Land, schloss er sich unter dem Pseudonym Abu Duaa einer Gruppe aufständischer Extremisten an, die wahrscheinlich zum Dachverband Jaish Ansar al Sunna («Armee der Anhänger der Lehre») gehörte. Höchstwahrscheinlich traf er in diesem Umfeld das erste Mal auf Abu Musab al-Zarqawi und seine ebenfalls in al-Anbar ansässige Gruppe al-Tauhid wal-Jihad («Monotheismus und Jihad»). Damals schwor er al-Zarqawi jedoch nicht die Treue.

Ende 2004 wurde al-Baghdadi wegen «militanter Aktivitäten» festgenommen und ohne jede Verhandlung im amerikanischen Gefangenenlager Camp Bucca inhaftiert. Dort begegneten er und mein Informant sich zum ersten Mal. Letzterer war zunächst in Abu Ghuraib verhört und dann nach Camp Bucca gebracht worden – meiner Quelle zufolge eine zum damaligen Zeitpunkt übli-

che Praxis der Amerikaner. Sollte al-Baghdadi vor seinem Gefäng-
nisaufenthalt noch nicht vollständig radikalisiert gewesen sein, so
geschah dies im Gefängnis, wo er etliche al-Qaida-Anhänger kennenlernte. Al-Baghdadi unterrichtete viele bekannte extremistische irakische und ausländische Insassen in Camp Bucca in Koranstudien und hielt Vorträge.

Laut Angabe meiner Quelle wurde al-Baghdadi 2006 entlassen – eine Information, die anderen Berichten zuwiderläuft, darunter auch den offiziellen Angaben des US-Geheimdienstes, nach
denen er bis 2009 im Gefängnis saß. Das kann angesichts der nun
folgenden Chronologie aber nicht sein. Al-Baghdadi gründete eine
neue extremistische Vereinigung namens Jaish Ahl al-Sunna wal-
Jamaa («Armee der vereinigten Anhänger der Sunna»), die in der
Gegend in und um Diyala, Bagdad und Samarra aktiv war, wo er
regelmäßig in der Moschee predigte. Außerdem hatte er den Vorsitz über das Scharia-Komitee dieser Organisation inne.

Al-Baghdadi stand einigen Anführern von al-Qaida im Irak
zwar recht nahe, schwor al-Zarqawi oder dessen Nachfolger, Abu
Hamza al-Muhajir, jedoch nie die Treue (*bai'a*). Letztgenannten
mochte und respektierte al-Baghdadi sehr; gegenüber meiner
Quelle nannte er al-Muhajir einen «weisen Anführer», weil er den
Konflikten unter den damals im Irak kämpfenden jihadistischen
Vereinigungen aus dem Weg zu gehen versuchte. Es war Abu
Hamza, der den Jordanier al-Zarqawi davon überzeugte, Osama
bin Laden den Treueschwur zu leisten, und als dessen Stellvertreter
nahm Abu Hamza al-Zarqawi den Eid ab. Im Anschluss daran leistete Abu Hamza al-Baghdadi einen eigenen Treueschwur, wenn-
gleich ihn das eher zu einem militärischen als zu einem spirituellen
oder religiösen Anführer machte.

Als al-Zarqawi 2006 ums Leben kam, schloss al-Baghdadi auf
Abu Hamzas Einladung hin seine Gruppe dem Dachverband
Mujahidin-Shura-Rat («Mujahidin Shura Council», MSC) an. Al-
Qaida gehörte ebenfalls dieser Organisation an und sollte bald als
«Islamischer Staat im Irak» (ISI) in neuem Glanz erscheinen. Al-
Baghdadi saß im Scharia-Komitee und im Zentralrat (der Schura)
des MSC. Als der ISI ins Leben gerufen wurde, war ein einheimi-

scher irakischer Führer nun unabdingbar, um die Ortsansässigen wie auch die einheimischen Aufständischen zu beruhigen, die ob der großen Zahl ausländischer Jihadisten in ihrem Land immer ungehaltener wurden. Der erste einheimische Anführer trug den Kampfnamen (*kunya*) Abu Umar al-Baghdadi; wie Abu Bakr al-Baghdadi kam er aus dem Stamm der Quraishi, und Abu Bakr schwor ihm die Treue. Abu Hamza al-Muhajir, der nicht aus dem Irak stammte, wurde Generalbevollmächtigter der ausländischen Jihdaisten im Schura-Rat. Die enge Beziehung zwischen al-Muhajir und Abu Bakr gründete auf gegenseitigem Respekt. Al-Muhajir empfahl, Abu Bakr – damals bereits der Leiter des Scharia-Komitees – zum stellvertretenden Anführer des ISI zu «befördern».

Als Abu Umar al-Baghdadi 2010 bei einem Luftangriff der Amerikaner ums Leben kam, wurde Abu Bakr al-Baghdadi vom Schura-Rat, der in Niniwa im Nordirak zusammenkam, zum Emir ernannt. Obgleich auch ältere und erfahrenere Kämpfer zur Auswahl standen, entschieden sich neun der stimmberechtigten elf Männer für Abu Bakr.[7] Innerhalb knapp eines Jahrzehnts war aus dem unbekannten ruhigen und streng religiösen Mann der Anführer einer der gefürchtetsten Terrororganisationen der Geschichte geworden. Menschen, die ihn kennen, erzählen jedoch immer wieder, dass er das Rampenlicht seit jeher gescheut und nie auf den Posten als Anführer gedrängt habe.

Unerschrockener Führungsstil

Wie jeder erfolgreiche Anführer weiß auch al-Baghdadi ganz genau, wie man «die Gunst der Stunde nutzt». Er entschloss sich, das Chaos im angrenzenden Syrien auszunutzen, um dort einen «Ableger» einzurichten. Er riss sich Gebiete unter den Nagel, bevor das Assad-Regime oder die Opposition überhaupt wusste, was vor sich ging, wodurch 2013 quasi über Nacht die Gründung des Islamischen Staats in Irak und in Syrien (ISIS) gelang. In Raqqa wurde ein Stützpunkt gegründet, und bald war die Stadt vollständig unter der Kontrolle des ISIS.

Von Anfang an pflegte al-Baghdadi einen aggressiven, auf Konfrontation ausgelegten militärischen Stil, im Zuge dessen er vor «Hit-and-Run»-Überfällen ebenso wenig zurückschreckte wie vor direkten Angriffen. Mit nahezu unfassbarer Verwegenheit machte der neu gebildete ISIS sich daran, Banken auszurauben und Ölfelder in der syrischen Provinz Deir al-Zur in Beschlag zu nehmen. Al-Baghdadi wusste genau, dass al-Qaida unter der Führung Osama bin Ladens in der Glanzzeit überaus wohlhabend und daher hervorragend ausgestattet gewesen war. Solche Faktoren erhöhen das Rekrutierungspotenzial (weil das bedeutet, dass den Kämpfern Sold ausgezahlt werden kann) sowie die Reichweite (aufgrund eines komplexeren Waffenarsenals und Spionagevermögens) einer Gruppe enorm. Im Falle bin Ladens wurde ein Großteil des Geldes von al-Qaida entweder aus seinem Privatvermögen oder über seine persönlichen Beziehungen zu den Golfstaaten bereitgestellt. Al-Baghdadi entschloss sich allerdings, sich nicht auf Geldgeber aus dem arabischen Raum zu verlassen (über die der Islamische Staat mit Sicherheit verfügt), sondern einfach zuzugreifen, wenn sich die Möglichkeit dazu ergab.

Als nächstes widmete sich al-Baghdadi der neuen al-Qaida-Führungsriege. Er ignorierte die Befehle al-Zawahiris, seine Aktivitäten auf den Irak zu beschränken. Gleichzeitig stellte er damit al-Zawahiris Führungsanspruch über die wachsenden Jihadisten-Armeen zunehmend in Frage. Es schien offenkundig, dass al-Baghdadi die Kontrolle über die Bewegung des Globalen Jihad (eine eher panislamisch als mehrheitlich sunnitisch ausgerichtete Gruppe), die von al-Zawahiri 1998 mitgegründet worden war, aus den Händen der alternden Flüchtlinge am Hindukusch reißen wollte.

Im Gegensatz zu seinem gelassenen Äußeren kannte al-Baghdadi die Wirkung äußerster Brutalität ganz genau und setzte sie auch ein. Mithilfe des Internets und der sozialen Medien lancierte der IS-Propagandaapparat eine raffinierte Medienkampagne, die vor entsetzlichen Bildern von Massakern, Köpfungen, öffentlichen Hinrichtungen – manche von kleinen Jungen durchgeführt – und Amputationen nur so strotzte. Al-Baghdadi hatte schließlich den

Koran und die Scharia studiert, was der grausamen Rechtsprechung seiner Organisation eine gewisse Autorität verlieh. Die syrische und die irakische Bevölkerung sind der Gesetzlosigkeit und
der Angst in ihren Heimatländern mittlerweile mehr als überdrüs-
sig geworden, und al-Baghdadi ist sich sehr wohl bewusst, dass
jede Form der Rechtsordnung von ihnen als Erleichterung emp-
funden wird – zumindest zunächst. Nach dem Afghanistankrieg
hieß die Bevölkerung die Taliban aus denselben Gründen willkommen.

Al-Baghdadis mutigste Tat war jedoch die Ausrufung des Kalifats zu Beginn der Fastenzeit (Ramadan) 2014. Im selben Atemzug
ernannte er sich in der Großen Moschee von Mossul, die Tage zuvor vom IS überrannt worden war, zum Kalifen und zum Herrscher aller Muslime. Die Verlautbarungen, die der neue Kalif seitdem von sich gegeben hat, beweisen, dass er nicht nur von der
Herrschaft über Mekka und Medina, sondern auch von der über
Rom und die ganze Welt träumt. Ist er ein Visionär oder ein grö-
ßenwahnsinniger Spinner? Die meisten westlichen und internationalen Medien wissen genau, wie sie diese Frage beantworten würden; doch in weiten Teilen der arabischen Welt steht das Urteil
noch aus.

Popularität

In den meisten erfolgreichen Volksbewegungen gibt es einen charismatischen Anführer, der zur Legende wird – Che Guevara, Mal-
colm X oder Mahatma Gandhi kommen einem in den Sinn, weil
ihnen in ihren jeweiligen Bereichen eben dies gelang. Auf dem
Höhepunkt seines Erfolges war das al-Qaida-Netzwerk untrennbar
mit dem Namen Osama bin Laden verbunden. Obwohl jihadistische Vereinigungen sehr genau darauf achten, für jeden ihrer Anführer zwei bis drei Stellvertreter heranzuziehen, büßte al-Qaida
nach dem Verlust ihrer Ikone zweifellos an Bedeutung ein, die
auch ihr Nachfolger, der mürrische Dr. Aiman al-Zawahiri, nicht
wiederherstellen konnte.

Al-Baghdadis Unerschrockenheit, sein Trotz, seine Standhaftigkeit und sein Ruf als intelligenter Militärstratege, der auf seinen unzähligen Erfolgen auf dem Schlachtfeld basiert, brachten ihm in der gesamten muslimischen Welt Tausende Bewunderer ein. Umfragen beweisen, dass 92 Prozent aller Saudis positiv über ihn denken. Wie dasjenige bin Ladens vor ihm, findet sich auch al-Baghdadis Konterfei auf zahlreichen Werbeartikeln, von T-Shirts über Tassen bis hin zu Abzeichen. Gleiches gilt für die schwarzweiße Flagge mit dem Glaubensbekenntnis des Islam (der *shahada*), die dank des IS mittlerweile so berühmt-berüchtigt ist. Als ich diese Zeilen niederschrieb, waren alle genannten Artikel frei über Facebook erhältlich.[8]

Auch al-Baghdadi profitiert von der Unterstützung seines weitläufigen Stammesnetzwerks. Sein Einfluss auf seinen eigenen Clan – derselbe, aus dem auch sein Vorgänger, Abu Umar al-Baghdadi al-Quraishi, stammt – ist so groß, dass die Clanführer dem selbsternannten «Kalifen» und dem «Islamischen Staat» auf der Stelle die Treue (*bai'a*) schworen, nachdem das Staatengebilde aus der Taufe gehoben worden war. Bereits in der Vergangenheit hatten Stämme aus Samarra und Diyala aus Loyalität zu Abu Bakr den IS unter Führung Abu Umars unterstützt.

Als al-Baghdadi die Führung des IS übernommen hatte, trat er das erste Mal am 9. Mai 2011 mit einem schriftlichen Nachruf auf Osama bin Laden in Erscheinung. In den nächsten zweieinhalb Jahren folgten gerade einmal vier weitere Audiobotschaften. Abu Bakrs Filmdebüt – die Rede in der Großen Moschee, in der er den Islamischen Staat ausrief und sich selbst zum Kalifen ernannte – wurde gleich am nächsten Tag ins Internet gestellt, breitete sich auf Twitter sofort wie ein Lauffeuer aus, wurde in Clouds gespeichert und im Anschluss digital an die weltweiten Medien weitergeleitet. Ansonsten umgibt ihn sein Nichtvorhandensein auf den Fernseh- und Computerbildschirmen mit einem geheimnisvollen Nimbus.

Mehr wissen wir über Abu Bakr al-Baghdadi leider nicht: ein ruhiger und frommer Mann, der aber mit größter Berechnung brutalste Gewalt einsetzt; ein gerissener und kluger Militärstratege; ein Gelehrter der alten Schriften und des alten Rechts; ein überzeugender Redner und Prediger, der die Öffentlichkeit bewusst meidet und dadurch nur an Charisma gewinnt; und ein aufmerksamer Manipulator von Stammesloyalitäten, der nicht davor zurückschreckt, andere vom Thron zu stürzen, um ihn selbst zu besteigen.

Wie schon bei Osama bin Laden vor ihm, verfassten die Dichter der jihadistischen Welt ihm zu Ehren Gedichte. Im September 2013 erschien folgendes Naschid (ein Lied, das a cappella gesungen wird, weil Musik unter Extremisten als *haram*, verboten, gilt). Zunächst wurde das Lied auf den YouTube-Kanal des IS hochgeladen (wo es inzwischen gelöscht ist) und dann überall im Internet verbreitet. Offenbar fasst es nicht nur den Status und die Beliebtheit zusammen, die dieser Mann genießt, sondern lässt auch darauf schließen, wie er von den Tausenden Extremisten wahrgenommen wird, die den IS unterstützen.

Sie haben die Reihen geschlossen und al-Baghdadi die Treue geschworen, denn er ist der Emir unseres Irak und unseres ash-Sham [Großsyrien].

Für das Kalifat Gottes: Ich bin sein Symbol.
Unser Blut trägt seinen Ruhm.
Sie haben einander versprochen, das Kalifat zu schützen.

Von einer Seite zur anderen
schrecken sie nicht davor zurück, ihr Leben für sein Bestehen zu geben.

Sie haben die Reihen geschlossen und al-Baghdadi die Treue geschworen, denn er ist der Emir unseres Irak und unseres ash-Sham.

Sie haben unserem Emir die Treue geschworen,
sie sind unsere heldenhaften Krieger und unsere Waffe,
denn ihm schwört man in unserem Land, dem Irak, die Treue
und in unserem Land ash-Sham
und im Land aller Muslime.
Denn er ist unser Emir.

Sie haben die Reihen geschlossen und al-Baghdadi die Treue geschworen, denn er ist der Emir unseres Irak und unseres ash-Sham.

Schütze die Soldaten Allahs, oh unser Wächter!
Das Kreuz ist in unser Land und unsere Häuser zurückgekehrt.
Wir geben unsere Leben und unsere Köpfe,
wir werden die Unterdrückung überwinden,
während unsere Feinde am Boden liegen.

Sie haben die Reihen geschlossen und al-Baghdadi die Treue geschworen,
denn er ist der Emir unseres Irak und unseres ash-Sham.

6. Konsolidierung und Expansion

In den vorangehenden Kapiteln habe ich die ideologische und organisatorische Entwicklung des heutigen «Islamischen Staats» detailliert nachgezeichnet, sie lässt sich wie folgt zusammenfassen: Von 2000 bis 2004 führte Abu Musab al-Zarqawi die Gruppe «Monotheismus und Jihad» an, die 2002 von Afghanistan über den Iran in den Irak zog. Nach der offiziellen Anerkennung durch Osama bin Laden wurde sie 2004 in «Al-Qaida im Zweistromland» umbenannt. Als dann Vorwürfe laut wurden, dass Kämpfer aus dem Ausland den Aufstand im Irak übernähmen, wurde der Mujahidin-Schura-Rat als Vereinigung aller salafistisch-jihadistischen Vereinigungen ins Leben gerufen. Die Organisation wurde kurzzeitig von al-Zarqawi angeführt, bis bin Laden ihn seines Postens enthob; bald darauf – im Juni 2006 – wurde al-Zarqawi von den Amerikanern getötet. Der Dachverband wurde in «Islamischer Staat im Irak» umbenannt (ISI), um die geopolitischen Ansprüche der Gruppe zu betonen. Der Iraker Abu Umar al-Baghdadi übernahm den Vorsitz der neuen Vereinigung und behielt ihn bis zu seinem Tod im Jahr 2010. Daraufhin wurde ein anderer Iraker, Abu Bakr al-Baghdadi (der derzeitige «Kalif Ibrahim»), zu seinem Nachfolger ernannt.

Al-Baghdadi nutzte die Möglichkeiten, die ihm der Aufstand in Syrien bot, und verlor dabei keine Zeit. Im Sommer 2011 entsandte er ein ehrwürdiges Mitglied seiner Gruppe, Abu Muhammad al-Jolani, um abermals eine jihadistische Kampfgruppe ins Leben zu rufen. Ergebnis dieser Bemühungen war die Gründung der Gruppe Jahbat al-Nusra, die Ende Januar 2012 erstmals im Internet in Erscheinung trat.

Bevor ihre Beziehung einen Riss bekam, hatte al-Baghdadi seine strategischen Entscheidungen stets in Absprache mit dem Anführer von al-Qaida, Aiman al-Zawahiri, getroffen. Zunächst wurde die Verbindung von al-Nusra-Front und Islamischem Staat im Irak

bewusst verschleiert. Man befürchtete, die historische Zusammenarbeit mit al-Qaida könnte nicht nur potenzielle Rekruten verprellen, sondern auch andere Rebellengruppen abschrecken, die
ebenfalls gegen das Regime kämpften. Bis Ende 2012 war die al-
Nusra-Front, die vor allem aus Syrern bestand, nicht nur zu einer
der erfolgreichsten Rebellengruppen im ganzen Land geworden,
sondern fungierte in den von ihr kontrollierten Ortschaften auch
als kommunale und gesetzliche Autorität, die in örtlichen Konflikten vermittelte und Korruption bekämpfte.

Ermutigt von dem Erfolg und dem Einfluss, den die salafistisch-
jihadistischen Vereinigungen mittlerweile genossen, trafen von
nun an Kämpfer aus dem Ausland in großer Zahl ein. Laut einer
aus dem Jahr 2012 stammenden Schätzung der Zeitschrift *Jane's
Defence and Security Weekly* bestand über die Hälfte der Mitglieder
der verschiedenen Oppositionstruppen aus Jihadisten, viele davon
aus dem Ausland. Bis April 2013 hatte sich die al-Nusra-Front vor
Ort etabliert und wurde von der lokalen Bevölkerung respektiert,
und das trotz der staatlich gelenkten Propagandakampagne der syrischen Medien gegen sie. Abu Bakr al-Baghdadi verkündete die
Fusion des ISI und der al-Nusra-Front unter dem Banner des Islamischen Staates im Irak und in Syrien (ISIS), ohne dies jedoch mit
allen Beteiligten abgesprochen zu haben. Auch dieses Mal bewies
der neue Name eindrücklich die geopolitischen Ansprüche der
Gruppe, obwohl sie damals kaum jemand ernst nahm. Der Anführer der al-Nusra-Front, al-Jolani, widersetzte sich allerdings dieser
Zusammenführung, während al-Baghdadi von Aiman al-Zawahiri
den Befehl erhielt, seine Aktivitäten auf den Irak zu beschränken.
Al-Zawahiri zeigte zwar Verständnis für den Wunsch des jungen
Mannes, die Wiederherstellung des Kalifats zu beschleunigen; er
war jedoch nicht der Ansicht, dass der Augenblick bereits gekom-
men war, um diese dramatische Wende beim «globalen jihadistischen Projekt» in die Wege zu leiten. Al-Baghdadi, der keinem al-
Qaida-Führer je die Treue geschworen hat, wies al-Zawahiris
Befehl zurück.

Al-Baghdadi hatte unter dem Banner des ISIS bereits Tausende
Kämpfer nach Syrien gelockt. Mehr und mehr schwang er sich

zum potenziellen Rivalen al-Zawahiris auf, denn längst hatte er ein Auge auf den ganz großen Preis geworfen: das die Grenze zwischen Syrien und dem Irak überschreitende Kalifat. Als der al-Qaida-Anführer von al-Baghdadi den Abzug der ISIS-Truppen aus dem Irak forderte und die Kampfhandlungen in Syrien der al-Nusra-Front überlassen wollte, demütigte ihn al-Baghdadi zutiefst, indem er angab, dass er künstliche Grenzen, wie sie von den «Ungläubigen» im Zuge des Sykes-Picot-Abkommens von 1916 ausgehandelt worden waren, ohnehin nicht anerkenne.

Eine ideologische Kluft tat sich zwischen dem ISIS und al-Baghdadi sowie der al-Nusra-Front und al-Zawahiri auf. Der ISIS verfolgte von Anfang an den Plan, neue Gebiete unter seine Kontrolle zu bringen, um dort ein Kalifat zu gründen. Die al-Nusra-Front legte ihr Augenmerk dagegen auf lokale Ziele, vor allem die Befreiung Syriens vom Joch des *taghut* (des gottlosen, unislamischen Systems) in Gestalt von Bashar al-Assads Regime. Im Vergleich zu den brutalen Exzessen des ISIS erscheint die al-Nusra-Front geradezu moderat. Nachdem al-Nusra eine Gruppe Nonnen entführt und sie gegen 150 Insassinnen syrischer Gefängnisse ausgetauscht hatte, berichteten die Nonnen, dass sie von den Jihadisten gut behandelt worden seien und alles erhalten hätten, was sie benötigten. Auch theologisch gebärdet sich die al-Nusra-Front weniger extrem, denn sie vertritt die Ansicht, dass die Scharia besser schrittweise eingeführt und den Bedürfnissen der Menschen angepasst werden sollte.

Al-Jolani reagierte, indem er Aiman die Treue schwor. Kurz darauf wurde im Internet verkündet, dass die al-Nusra-Front von nun an zum al-Qaida-Netzwerk gehöre. Die meisten ausländischen Jihadisten der al-Nusra-Front liefen jedoch im Laufe der Zeit zum Islamischen Staat über.

Der ungeheuerliche Landraub des Islamischen Staates

Zunächst kämpfte der ISIS noch Seite an Seite mit den syrischen Rebellengruppen, doch schon bald stellte er sich ihnen offen entge-

gen und bekämpfte die säkularen Elemente in ihren Reihen. Anfang Juli 2013 stoppten ISIS-Soldaten den Befehlshaber der Freien
Syrischen Armee, Kamal Hamami (Abu Bashir al-Jeblawi), an einer ihrer Straßensperren und schossen ihm in den Kopf.[1] Dieser
Vorfall war nur der erste einer Reihe von Mordanschlägen auf rivalisierende Anführer, denen auch Abu Ubaida von der jihadistischen Vereinigung Ahrar al-Sham im September desselben Jahres
zum Opfer fiel.

Der unaufhaltsame Erfolg des ISIS im Laufe der nächsten Monate basierte vor allem auf seiner Fähigkeit, überaus komplexe
Operationen auf beiden Seiten der syrisch-irakischen Grenze
durchzuführen. Während der ISIS seine Dominanz über die Rebellengruppen in Syrien ausweitete, organisierte er im Irak die spek-
takuläre Flucht seiner Anhänger aus dem berühmt-berüchtigten,
politisch bedeutsamen Gefängnis Abu-Ghuraib. Dort hatten die
Briten und Amerikaner für einen beispiellosen Folterskandal gesorgt, über den die Medien detailliert berichteten. Etwa 500 führende Jihadisten, darunter wichtige al-Qaida-Männer, kamen frei
und schlossen sich verbittert und frustriert dem ISIS an.[2] Meine
Informanten, die der ISIS-Führungsriege sehr nahe standen, erzählten mir, dass der Ausbruch ein Jahr lang geplant worden sei
und dem ISIS Anerkennung, Unterstützung und neue Rekruten
bescheren sollte.

Die Befehlshaber des ISIS verfolgten eine sorgsam ausgearbei-
tete Strategie, um nicht nur wichtige Stellungen einzunehmen,
sondern auch die Herzen der Menschen zu gewinnen. Im August
2013, als die syrische Regierung mit hochentzündlichen Sprengstof-
fen gefüllte Fassbomben, Nagelbomben und Schrapnells auf die
Bewohner von Aleppo abwerfen ließ, brachte der ISIS den Militär-
flughafen Menagh im Nordwesten der Stadt unter seine Kontrolle;
daraufhin wurde das Bombardement zeitweise unterbrochen. Im
September 2013 rang der ISIS der Freien Syrischen Armee die Stadt
Azaz an der türkischen Grenze ab. Sie hat große strategische Bedeutung und dient nicht nur Kämpfern aus dem Ausland als wichtiger
Übergangspunkt – auch Waffen und Gelder aus dem Golfgebiet
trafen hier ein, die vom ISIS einfach in Besitz genommen wurden.

Dieser Landraub setzte sich in Syrien und im Irak fort. Im Dezember 2013 begann der ISIS, Städte im irakischen Gouvernement
al-Anbar zu überrennen; an Neujahr eroberte er Falludscha. In all
dem Chaos wurden die spektakulären Gebietsgewinne des ISIS
aus unerfindlichen Gründen übersehen, so dass die westlichen Geheimdienste zur selben Zeit voller Zuversicht davon sprachen, dass
der ISIS über gerade einmal 3000 Kämpfer verfüge.[3] Bezeichnen-
derweise tat US-Präsident Barack Obama im Januar 2014 in einem
Interview mit dem *New Yorker* ISIS noch als «Juniorliga» ab.[4]

Vor Ort war die Gefahr dagegen offenkundiger. Die von den
Saudis geförderte Islamische Front griff gemeinsam mit der Freien
Syrischen Armee ISIS-Stellungen in Aleppo und Idlib an. Die Freie
Syrische Armee tötete Abu Bakr al-Baghdadis rechte Hand, Haji
Bakr, einen ehemaligen Offizier von Saddam Husseins Republika-
nischer Garde. Als die al-Nusra-Front sich dann den Streitkräften
der Freien Syrischen Armee anschloss, um al-Baghdadis Truppen
aus der syrischen Provinz Deir al-Zur zu vertreiben, begann sich
der Riss zwischen dem ISIS, al-Qaida und der al-Nusra-Front auch
auf dem Schlachtfeld zu zeigen.

Im Mai 2014 brachte der ISIS dann seine Internetkampagne ins
Rollen, um seinen Bekanntheitsgrad und sein Profil auszubauen.
Immer wieder wurden Bilder und Videos von Selbstmordanschlä-
gen, Überfällen, Köpfungen, anderen brutalen Strafaktionen und
Hinrichtungen in den sozialen Medien und auf den Online-
Plattformen hochgeladen. Die Bilder sollten unbedingt in die welt-
weiten Schlagzeilen gelangen, um möglichst viele potenzielle Re-
kruten von den «Chancen» in Kenntnis zu setzen, die der ISIS im
Irak und in Syrien bot.

Zudem sollte die psychologische Kriegsführung im Internet die
Bewohner vor Ort ebenso in Angst und Schrecken versetzen wie
die Soldaten, die sich dem ISIS entgegenstellten. Die Gruppe
konnte so eine Vielzahl von Gebieten erobern, ohne auf nennens-
werten Widerstand zu stoßen. Als eine Brigade von 500 ISIS-Soldaten Anfang Juni 2014 in Mossul (Bevölkerung: über eine Million), der zweitwichtigsten Stadt im Irak, einmarschierte, legten
30 000 reguläre irakische Soldaten auf der Stelle ihre Waffen nie-

der, zogen ihre Uniformen aus und machten sich aus dem Staub.[5] In drei kleineren Orten in der Nähe wiederholte sich diese Szene. Meine Korrespondenten in Mossul berichteten mir, dass die ISIS-Leute selbst offenbar überrascht waren, wie leicht die Stadt, dieser strategisch wichtige Punkt auf dem Weg von Bagdad nach Syrien, einzunehmen war. Sie brachten Behörden, den Flughafen, Polizeistationen und die Zentralbank unter ihre Kontrolle, wo sie Berichten zufolge fast eine Milliarde Dollar erbeuteten.[6] Der ISIS eroberte die türkische Botschaft und nahm den Generalkonsul sowie 48 seiner Mitarbeiter gefangen – ein Umstand, der später zur Weigerung der Türkei führen sollte, sich der von den USA angeführten Allianz gegen den Islamischen Staat anzuschließen. Eine halbe Million Menschen floh daraufhin aus Mossul, darunter auch die aus rund 400 Familien bestehende christliche Minderheit der Stadt.

Als nächstes brachte der ISIS die Ölfelder und den riesigen Staudamm außerhalb Mossuls unter seine Kontrolle, dann überrannte er einen Großteil des Gouvernements Ninawa, Falludscha und Tikrit, zehn Städte im Gouvernement Salah al-Din sowie einige Orte im Gouvernement Kirkuk, wo er Ölfelder und einen weiteren wichtigen Damm einnehmen wollte. Nachdem 400 irakische Soldaten sich dazu bereit erklärt hatten, zu desertieren, eroberte der ISIS am 21. Juni 2014 die größte Ölraffinerie in Baidschi; später brachte er auch noch die Ölfelder von Ajil unter seine Kontrolle. Ebenfalls im Juni 2014 überrannte der ISIS dann die irakische Stadt Mansuriyat al-Jabal und nahm die riesigen, von ausländischen Firmen betriebenen Gasfelder vor Ort ein. Einen Monat später verkaufte der ISIS bereits Rohöl aus eigener Produktion auf dem Schwarzmarkt.

Am 19. Juni 2014 fiel dem ISIS Saddam Husseins ehemalige Chemiewaffenfabrik al-Muthanna 100 Kilometer nördlich von Bagdad in die Hände.[7] (Im Oktober 2014 folgten Berichte, der ISIS habe beim Angriff auf irakische Sicherheitskräfte im nördlich von Bagdad gelegenen Balad Chlorgas eingesetzt.)[8] Weil Bagdad bereits in Sichtweite des ISIS lag, evakuierten die Vereinten Nationen 60 Mitarbeiter; doch anstatt die Stadt anzugreifen, konzentrierten sich die ISIS-Truppen darauf, einen Korridor zur syrischen Grenze freizuschlagen. Auf dem Weg dorthin eroberten sie nahezu jede größere Siedlung, darunter den strategisch wichtigen Ort Tal Afar einschließlich des dortigen Flughafens. Das war aber beileibe nicht das Ende der Kampfhandlungen im Irak: Auch der strategisch wichtige Flughafen Turaibil an der jordanischen Grenze wurde von ISIS-Truppen eingenommen.

Hunderte Kämpfer anderer islamistischer Vereinigungen im Irak liefen zum ISIS über, weil sie von der schnellen Eroberung eines Drittels des Landes geködert wurden und von der groben, ja brutalen Macht des ISIS beeindruckt waren. In der Zwischenzeit führte der ISIS seine psychologische Kriegsführung fort, ließ irakische Soldaten, die in der Nähe von Kirkuk festgenommen worden waren, öffentlich köpfen und inszenierte eine Massenhinrichtung von 670 schiitischen Häftlingen des Gefängnisses Badush in Mossul. Tausende irakische Soldaten, die vom Luftwaffenstützpunkt Camp Speicher flohen, wurden vom ISIS gefangen genommen; 1500 richtete man im Laufe der nächsten drei Tage hin. In Mossul wurden 13 Imame exekutiert – darunter auch der Imam der Großen Moschee –, weil sie sich geweigert hatten, al-Baghdadi die Treue zu schwören.

Dem Westen geht ein Licht auf

Der Westen und die regionalen Regierungen erkannten erst spät, dass der ISIS sehr viel größer und mächtiger war, als sie jemals für möglich gehalten hatten. Der im Juni 2014 erschienene CIA-Sicherheitsbericht war mit seiner Schätzung von «bis zu 7–10 000 ISIS-Kräften» immer noch erschreckend ungenau.[9]

Am 1. Juli 2014 veröffentlichte der ISIS einen Audiomitschnitt im Internet, der sich wie ein Lauffeuer verbreitete und es schnell in die weltweiten Schlagzeilen schaffte. Der Sprecher der Gruppe, Abu Muhammad al-Adnani, verkündete, dass der ISIS Gebiete von Diyala im Irak bis Aleppo in Syrien besetzt halte und sich von nun an «Islamischer Staat» nennen werde. Außerdem rief er ein Kalifat aus, mit al-Baghdadi als «Kalif Ibrahim» an der Spitze. «Hört auf euren Kalifen und gehorcht ihm!» drängte al-Adnani. «Unterstützt den Staat, der tagtäglich wächst.»[10] Am 4. Juli hielt Kalif Ibrahim vor einer Versammlung in der Großen Moschee eine Rede, die über das Internet an Tausende Anhänger, Reporter und Schaulustige auf der ganzen Welt übertragen wurde.

In den folgenden Monaten gelang den Truppen des Islamischen Staates ein spektakulärer militärischer Erfolg nach dem anderen, darunter die Eroberung von Syriens größten Ölfeldern in al-Umar, die er den Händen der al-Nusra-Front (die keinerlei Widerstand leistete) entriss. Auch die al-Shair-Gasfelder in der Nähe von Homs brachte er unter seine Kontrolle. Diese Kampagne war von äußerster Brutalität, skrupelloser Auslöschung der Feinde und dem Drang, «Exempel zu statuieren», geprägt und setzte sich ungehindert fort. Spitzel wurden aus einer Stadt in der Nähe von Tikrit verschleppt, 60 Offiziere der irakischen Streitkräfte in der Nähe Mossuls entführt, 700 Turkmenen in al-Bashir ermordet und 42 gefangene irakische Soldaten hingerichtet. Brigaden des Islamischen Staates nahmen nicht weit von al-Raqqa entfernt eine ganze Einheit syrischer Streitkräfte gefangen und massakrierten viele Soldaten, um ihre abgeschlagenen Köpfe auf Zäunen und Pfählen zu präsentieren. In der Nähe von Tikrit ereilte 18 irakische Polizisten dasselbe Schicksal; der sunnitische Imam Abd al-Rahman al-Juburi aus Baquba wurde exekutiert, weil er den Islamischen Staat kritisiert hatte. Und zum Fastenbrechen am Ende des Ramadan – *Id al-Fitr* – veröffentlichte das Medienunternehmen des Islamischen Staates, al-Hayat, am 28. Juli 2014 die brutale Videoaufnahme einer Massenhinrichtung und verbreitete sie im Internet. Die Vereinten Nationen veröffentlichten Zahlen, laut denen im gesamten Irak (ohne das Gouvernement al-Anbar) allein im Juli 2014 1737 Menschen gewaltsam zu Tode kamen, darunter 1186 Zivilisten.[11]

Ideologische Säuberung

Inzwischen ergeht sich der Islamische Staat in einer rigorosen ideologischen Säuberungskampagne, im Zuge derer er wichtige religiöse Stätten anderer Glaubensgemeinschaften zerstört, darunter die Moschee und das Grab des Propheten Jonas, der für Schiiten wie Juden heilig ist, sowie den Schrein des Propheten Seth. Bevor seine Kämpfer die Gebäude dem Erdboden gleichmachten, plünderten sie sie jedoch und nahmen alle wertvollen Altertümer als Beute mit.

Tödliche Konflikte innerhalb der extremistischen Gruppen könnte man möglicherweise ausnutzen, um den Islamischen Staat zu zerstören; im August 2014 mussten westliche und lokale Geheimdienste jedoch entsetzt feststellen, dass die al-Nusra-Front bei manchen Militärschlägen offenbar gemeinsame Sache mit dem Islamischen Staat machte. Meine Korrespondenten in Nordsyrien berichteten, dass Vertreter von al-Qaida, IS und al-Nusra am 2. November 2014 spätabends zu einem Treffen in der Stadt al-Atarib zusammenkamen. Dort hätten sie sich auf eine Zusammenarbeit geeinigt, um vor allem kurdische und andere rivalisierende Rebellengruppen zu schlagen: Seit September 2014 belagerten Truppen des Islamischen Staates das strategisch wichtige Kobane, die kurdische Hauptstadt nahe der türkischen Grenze. Neben der al-Nusra-Front war auch eine Gruppe hochrangiger al-Qaida-Veteranen zugegen, die sich nach einem al-Qaida-Führungsgremium «Chorasan-Gruppe» nannten. Auch Vertreter von Ahrar al-Sham, dessen ehemaliger Anführer im September 2013 vom ISIS ermordet worden war, waren anwesend. Die al-Nusra-Front wies weit verbreitete Meldungen zurück, nach denen die Gruppe mit dem Islamischen Staat einen Waffenstillstand eingegangen sei, gab jedoch zu, dass beide Vereinigungen dieselben Ziele hätten.[12] Die sonst so lautstarken Stimmen des Islamischen Staates blieben in den sozialen Medien in dieser Sache stumm.

In Anbetracht der vergangenen katastrophalen Interventionen im Irak, in Afghanistan und in Libyen sowie der chaotischen politischen Lage in Syrien, schaute der Westen tatenlos zu, während der Schrecken verbreitende Islamische Staat unaufhaltsam weitermarschierte. Als seine Truppen im August 2014 dann jedoch die Dörfer der mehrheitlich von irakischen Jesiden bewohnten Provinz Sindschar zerstörten, erhoben sich in der westlichen Presse die ersten kämpferischen Stimmen. Die Soldaten des IS massakrierten Hunderte jesidischer Männer – die Überlebenden erzählten den Reportern, die IS-Soldaten hätten ihnen mitgeteilt, es erwarte sie der Tod, wenn sie nicht zum Islam konvertierten. 500 Frauen und Mädchen wurden verschleppt, wahrscheinlich um als Sklavinnen verkauft zu werden. Bei einem besonders barbarischen Angriff ließ der IS einige jesidische Frauen und Kinder lebendig vergraben; überall berichteten die Menschen von den grausamsten Vergewaltigungen. Bis zu 40 000 Jesiden flohen in Todesangst und zogen sich in die Berge von Sindschar zurück, wo viele von ihnen an Überhitzung, Hunger und Durst starben.

Als der IS die Kontrolle über Mossul und einige Städte im Gouvernement Ninawa übernahm – darunter Qaraqosh, Bartella, Tel Keppe, Karemlash und Machmur –, stellte er auch dort die lokale christliche Minderheit vor die Wahl: gehen und leben oder bleiben und sterben. Die syrischen Christen mussten ähnlichen Terror erleiden. Zuvor war Syrien laut der Wohltätigkeitsorganisation Barnabus Fund «einer der sichersten Orte für Christen in der arabischen Welt» gewesen; mittlerweile hatten 600 000 Christen das Land verlassen oder ihr Leben verloren.[13]

Der Westen interveniert

Medien und Öffentlichkeit im Westen waren empört. Wenn sich die Regierungen für eine Militärkampagne zur Zerstörung des IS entscheiden wollten, dann hatten sie jetzt die Zustimmung der Öffentlichkeit. Als der Eroberungsfeldzug des Islamischen Staates die Extremisten gefährlich nahe an die kurdische Hauptstadt Erbil und die zweitgrößten Ölfelder im Irak heranbrachte, begannen die von den USA angeführten Militärschläge. Während die Truppen der

Peschmerga (die Streitkräfte des irakischen Kurdistan) und der PKK (Kurdische Arbeiterpartei) die tatsächlichen Schlachten vor Ort ausfochten, stimmte US-Präsident Obama Luftschlägen auf ausgewählte IS-Stellungen zu. Auch Frankreich und Großbritannien schickten Flugzeuge in den Irak, die aber nur Hilfspakete für die vor der Gewalt fliehenden Menschen abwarfen.

Ab 9. September 2014 ergab eine Umfrage der *Washington Post*, dass 71 Prozent der befragten Amerikaner eine umfangreichere Intervention im Irak und 65 Prozent eine größere Intervention in Syrien befürworteten. Dennoch zögerte Präsident Obama. Mittlerweile hielten ihn 40 Prozent der Amerikaner für «zu zurückhaltend». In Großbritannien stimmten die Abgeordneten des britischen Unterhauses am 20. August gegen einen Militärschlag. Erst Ende September 2014 sollte sich eine von den USA angeführte Koalition aus mehr als 40 Staaten, zu denen seit einer abermaligen Abstimmung am 24. September auch Großbritannien gehörte, darauf einigen, dass etwas getan werden musste. Abgesehen davon kamen die Koalitionsmitglieder jedoch kaum auf einen gemeinsamen Nenner.

In der Zwischenzeit fand der IS abermals eine Möglichkeit, um einen «Twitter-Sturm» auszulösen und sich so die Titelseiten zu sichern: Er war auf einen Tauschhandel mit den von ihm gefangen gehaltenen US-amerikanischen und britischen Staatsbürgern aus. Am 12. August 2014 erhielten die Eltern des amerikanischen Journalisten James Foley eine E-Mail, in der die Entführer klarmachten, dass ein Zusammenhang bestehe zwischen der westlichen Einmischung in muslimischen Ländern und den augenblicklichen Gewaltakten, die Vergeltungsmaßnahmen seien.

Eine Botschaft an den amerikanischen Staat
und seine schafartigen Bürger

Seit eurer ehrlosen Niederlage im Irak haben wir euch in Ruhe gelassen. Wir haben uns in eurem Land nicht eingemischt und keinen eurer Bürger angegriffen, während sie sich in ihren eigenen vier Wänden sicher wähnten, und das obwohl wir sehr wohl dazu in der Lage gewesen wären. Was den Abschaum eurer Gesellschaft angeht, den wir gefangen halten:

SIE HABEN SICH IN DIE HÖHLE DES LÖWEN GEWAGT
UND WURDEN GEFRESSEN!

Ihr hattet viele Gelegenheiten, die Freilassung eurer Leute auszuhandeln. Ihr hättet wie andere Staaten Geld überweisen oder den von uns vorgeschlagenen Gefangenenaustausch akzeptieren und so die in eurer Haft befindlichen Muslime freilassen können, beispielsweise unsere Schwester Dr. Afia Sadiqqi. Ihr habt jedoch sehr schnell bewiesen, dass ihr daran NICHT interessiert seid.

In eurem Umgang mit Muslimen bedient ihr euch einzig und allein der Sprache der Gewalt – einer Sprache, die «ins Arabische übersetzt» wurde, als ihr versuchtet, den Irak zu besetzen.

Nun kehrt ihr zurück, um die Muslime im Irak abermals mit Bomben zu überziehen, dieses Mal in Form von Luftangriffen und «Stellvertreter-kriegen», während ihr euch wie Feiglinge vor der direkten Konfrontation drückt.

Heute richten wir unsere blanken Schwerter auf euch, AUF EUREN STAAT UND AUF SEINE BÜRGER. WIR WERDEN NICHT AUFGEBEN, BIS WIR UNSEREN DURST MIT EUREM BLUT GESTILLT HABEN:

Ihr schont unsere Schwachen, Alten, Frauen und Kinder nicht, deshalb werden wir auch die euren nicht verschonen.

Ihr und eure Bürger, ihr werdet den Preis für euer Bombardement zahlen. Der erste, der mit seinem Blut bezahlen wird, ist der amerikanische Staatsbürger James Foley. Er wird als direkte Reaktion auf eure Verfehlungen uns gegenüber hingerichtet werden.

Tatsächlich wurde James Foley am 19. August vor laufender Kamera exekutiert. Um die politische Botschaft zu unterstreichen, hatte man ihn in den orangefarbenen Anzug eines Guantanamo-Bay-Insassen gesteckt. Ein weiterer Amerikaner, Steven Sotloff (der ebenfalls einen israelischen Pass hatte), verlor Anfang September 2014 auf dieselbe Weise sein Leben. Der IS sicherte sich durch das kleine Detail, dass der Henker einen britischen Akzent hatte – was ihm in der Boulevardpresse den Namen «Jihadi John» einbrachte –, maximale mediale Aufmerksamkeit. Seine Identität blieb der Öffentlichkeit unbekannt, bis ihn die britischen und amerikanischen Medien Ende Februar 2015 als Muhammad Emwazi identifizierten, einen in Kuwait geborenen Londoner von Mitte 20, der für die britischen Sicherheitsbehörden kein Unbekannter war. Bünyamin Aygün, ein türkischer Fotojournalist, der in derselben Einrichtung gefangen gehalten wurde, bevor er von einer rivalisierenden, für den türkischen Sicherheitsdienst tätigen Miliz befreit wurde, berichtete, es gebe eine britische Zelle, der «Jihadi John» angehöre. Sie werde von anderen Extremisten vor Ort «Die Beatles» genannt, weil ihre Mitglieder nach den Sängern der Popgruppe benannt worden seien.[14] Zwei weitere westliche Staatsbürger, David Haines und Alan Henning, beides britische Entwicklungshelfer, wurden im September und Oktober desselben Jahres hingerichtet.

Die Geburt des digitalen Kalifats

Als der Islamische Staat und das neue «Kalifat» am 1. Juli 2014 ausgerufen wurden, machte sich der Großteil der weltweiten Medien darüber lustig, bezeichnete das Ganze als «mittelalterlich» und war der Ansicht, der Islamische Staat habe in der modernen Welt keinen Platz. Tatsächlich aber folgt seit 1300 Jahren auf die eine oder andere Weise ein Kalifat auf das nächste, wobei es nur zwischen dem Zerfall des Osmanischen Reiches 1922 und der Ausrufung des Islamischen Staates 2014 zu einer bedeutenden Lücke kam.

An dieser Stelle möchte ich die Geschichte des islamischen Kalifats kurz nachzeichnen. Der Kalif ist im wahrsten Sinne des Wortes «Nachfolger» des Propheten Muhammad und damit der unbestrittene Herrscher des Landes. Nach dem Tod Muhammads errichteten die Anhänger und Familienangehörigen des Propheten das erste Kalifat der Rashidun, um das religiöse, soziale und das Rechtssystem aufrechtzuerhalten, das der Prophet geschaffen hatte. Abu Bakr al-Siddiq war der erste Kalif. Er ernannte seinen Nachfolger, Umar ibn al-Chattab, auf dem Sterbebett. Ein Rat (*majlis*) wählte Umars Nachfolger, Uthman ibn Affan, doch dieser wurde von einer Rebellengruppe getötet, woraufhin sich Ali ibn Abi Talib zum Kalifen erklärte. Um das Kalifat entbrannte ein islamischer Bürgerkrieg, der als *fitna* in die Geschichte einging. An dieser Stelle kam es zum Bruch zwischen der schiitischen und der sunnitischen Interpretation des Islam. Die Anhänger Alis – die Schia Ali – wurden von nun an Schiiten genannt.

Der nächste Kalif, Muawiya ibn Abi Sufyan, war Statthalter Syriens und ein Verwandter Uthmans. Er legte fest, dass der Titel des Kalifen innerhalb einer Blutlinie vererbbar sei, womit er die Dynastie der Umayyaden gründete, die von 661 bis 750 n. Chr. herrschte, einer Zeit enormer Expansion auf den damals bekannten drei Kontinenten (Afrika, Asien und Europa). Das Kalifat der Umayyaden wuchs zu einem der größten Staatsgebilde in der Geschichte der Menschheit heran. Der Islamische Staat möchte diese Gebiete nun zurückerobern.

Die Abbasiden entrissen den Umayyaden 750 n. Chr. die Macht und installierten ein neues Kalifat, das aufgrund seiner reichen intellektuellen, kulturellen und wissenschaftlichen Tradition als «goldenes Zeitalter» des Islam gilt. Aus diesem Grund beruft sich al-Baghdadi auch immer wieder auf diese Zeit. Die Abbasiden stammten aus Mekka, und ihre Dynastie blieb für fast 300 Jahre bestehen. Dann jedoch begannen die Herrscher der verschiedenen Teile des riesigen islamischen Reiches mehr Autonomie einzufordern, wodurch das gesamte Gebilde – das nominal stets ein Kalifat blieb – in Sultanate und Monarchien zerfiel.

Abu Bakr al-Husseini al-Quraishi al-Baghdadi – so der volle gewählte Namen des derzeitigen selbsternannten Kalifen – bezieht sich mit diesem Titel auf eine ganze Reihe vorheriger Kalifate (auf die er so ebenfalls Anspruch erhebt). Abu Bakr war der erste Kalif, und Imam Husseini der Enkel des Propheten. Muhammad gehörte zum Stamm der Quraish, weshalb die «wahren Kalifen» ebenfalls aus deren Schoß entsprungen sein sollen und damit als Muhammads Nachfahren gelten. Wie jeder Führer eines neuen Staates ist al-Baghdadi besonders auf neue Einwanderer mit nützlichen Fähigkeiten erpicht: «Wir rufen ganz besonders Gelehrte, *fuqaha* [islamische Rechtsgelehrte] und Richter sowie Personen mit Erfahrungen im Militär, in der Verwaltung und im Dienstleistungsbereich und alle Mediziner sowie Ingenieure aus den unterschiedlichsten Bereichen und mit den verschiedensten Spezialisierungen dazu auf, sich uns anzuschließen.»[15]

Zwei Tage, nachdem er sich zum Kalifen ernannt hatte – also am ersten Freitag des Ramadan –, trat «Kalif Baghdadi» (al-Baghdadi), in Anlehnung an die traditionelle Kleidung eines Kalifen in ein schwarzes *thaub* (Gewand) gehüllt und mit einem schwarzen Turban auf dem Kopf, aus dem Schatten hervor und wandte sich in der Großen Moschee von Mossul (deren Imam vom IS geköpft worden war) an die zum Gebet Versammelten. In einer ebenso theatralischen wie kriegerischen Rede, die er hier und da mit Hinweisen auf den Koran spickte, betonte al-Baghdadi, das Kalifat sei nur aufgrund der «Eroberungen und Siege der Mujahidin, die sich nach vielen harten und geduldigen Jahren einstellten», wieder eingerichtet worden. Man beachte an dieser Stelle die Begriffe «wieder eingerichtet» und den Hinweis auf die Mujahidin, beides wichtige Bezüge auf die Vergangenheit. Es ist wichtig zu betonen, dass der IS sich an Pläne und Strategien hält, die vor vielen Jahren von älteren extremistischen Garden entwickelt worden waren.

Zum Schluss äußerte sich al-Baghdadi auch zu seinen persönlichen Gefühlen bei der Ernennung zum Kalifen, nannte sie eine «schwere Bürde». «Allah stellt mich mit der Wahl zum Kalifen auf die Probe», erklärte er. «Denn ich bin keinen Deut besser als Ihr. Sollte ich mich in meinem Urteil täuschen, weist mich darauf hin; sollte ich Erfolg haben, folgt mir und steht mir im Kampf gegen die *tawaghit* [die ungläubigen Herrscher und die Götzendiener] zur Seite.»

Verbreitung und Vernetzung

Die Da'wa (Ruf zum Islam; Propaganda) fördert die ideologische Ausbreitung der eigenen Religion über die Nachbarländer hinaus. Mir kam schon oft zu Ohren, dass die Literatur des Islamischen Staates auf den Straßen mehrerer Kontinente verbreitet wurde. An jedem Ort, an dem sich bereits ein al-Qaida-Zweig etabliert hat, gibt es zudem eine ideologische Infrastruktur. Obwohl al-Qaida-Anführer Aiman al-Zawahiri die Kontrolle über seine Organisation zu behalten versucht, haben sich viele Anhänger inzwischen dem IS angeschlossen, und solange es dem Newcomer gelingt, Erfolge zu feiern, wird sich das auch nicht ändern. Das schafft von China bis Libyen eine Menge Möglichkeiten für al-Baghdadi.

Al-Qaida auf der Arabischen Halbinsel (AQAP) entstand, als im Januar 2009 der saudische und der jemenitische al-Qaida-Zweig miteinander verschmolzen. Obwohl die Gruppe von anhaltenden Drohnenangriffen geschwächt ist, gilt sie weiterhin als gefährlichste terroristische Bedrohung für die Golfstaaten, für die Interessen des Westens und für den Westen selbst. Im April 2011, kurz vor seinem Tod, wies Osama bin Laden mit großer Zufriedenheit darauf hin, dass der Jemen zur «weltweiten Versorgungsbasis aller jihadistischer Aktivitäten» geworden sei.[16] Der mittlerweile verstorbene Chefideologe der Organisation, Anwar al-Aulaqi, gab als Erster Online-Magazine und weiteres Rekrutierungsmaterial in englischer Sprache heraus, weil er der Ansicht war, dass die Nutzung der *lingua franca* fast der gesamten Welt enormes Rekrutierungspotenzial biete. Offenbar hatte er damit Recht. Im August 2014 verkündete AQAP, dass die Gruppe den Islamischen Staat unterstütze und sich mit ihm solidarisiere.[17]

Im Januar 2015 bekannte sich AQAP in einem Online-Video zu den Morden an zwölf Menschen in Paris – darunter fast die gesamte Redaktion der kontroversen satirischen Wochenzeitschrift *Charlie Hebdo*. Ausgeführt wurden diese Anschläge von den Brüdern Cherif und Said Kouachi. Ein AQAP-Befehlshaber erklärt in besagtem Video, dass die «Saat» für diesen Angriff von al-Aulaqi gesät worden sei, der im September 2011 bei einem Drohnenangriff ums Leben gekommen war. Al-Ansi sprach mit der IS-Flagge im Rücken und beendete seine Botschaft mit dem typischen Gruß der Organisation: dem gen Himmel gerichteten Zeigefinger der ausgestreckten rechten Hand. Amedy Coulibaly, ein Freund der Brüder, war für einen ähnlichen, mit dem Anschlag in Verbindung stehenden Angriff auf einen jüdischen Supermarkt in Paris verantwortlich, bei dem vier Geiseln ums Leben kamen; Coulibaly hinterließ nach seinem Tod ein Video, in dem er offenbarte, dass er im Auftrag des Islamischen Staates gehandelt habe. Es ist durchaus möglich, dass AQAP und der IS bei diesen schrecklichen Gräueltaten in der französischen Hauptstadt gemeinsame Sache machten.

In Somalia ging die Organisation Al-Shabab («Die Jugend») aus der Union Islamischer Gerichte hervor, die 2006 kurzzeitig die Kontrolle über das Land übernahm. Somalia zog schon seit Längerem ausländische Jihadisten an. Im Februar 2012 verkündeten der Emir von al-Shabab, Ahmad Abdi Godane (auch bekannt als Muchtar Abu al-Zubair), und Aiman al-Zawahiri in einem gemeinsamen Video die «frohe Botschaft», dass «al-Harakat al-Shabab al-Mujahidin sich offiziell al-Qaida angeschlossen hat».[18] Als der IS gegründet wurde, blieb Godane gegenüber al-Zawahiri loyal. Nachdem er am 1. September 2014 durch einen Drohnenangriff der USA getötet worden war, gingen viele Beobachter davon aus, dass sich die von US-Drohnenangriffen bedrängte Al-Shabab-Miliz nun dem IS anschließen würde, was bisher jedoch nicht geschehen ist.

Auch in noch weiter entfernten Ländern finden sich Verbündete des Islamischen Staates, darunter etwa die indonesische Vereinigung Jamaah Islamiyyah (JI, «Islamische Gemeinschaft»). Diese jihadistische Organisation steckte hinter dem fürchterlichen Bombenanschlag auf Bali 2002, bei dem mehr als 200 junge Leute ums Leben kamen, mindestens die Hälfte davon Australier. 235 Millionen Menschen leben in Indonesien; 85 Prozent davon sind Sunniten – die größte muslimische Bevölkerung auf der ganzen Welt. Aus diesem Grund wollen die Jihadisten in der Region ein islamisches Kalifat errichten. Im August 2014 schwor der Anführer von Jamaah Islamiyyah, Abu Bakr Bashir, aus dem Hochsicherheitsgefängnis, in dem er mittlerweile einsaß, dem Islamischen Staat die Treue.[19] Indonesien erklärte die Unterstützung von ISIS bzw. des Islamischen Staates zwar zu einer Straftat; es gibt jedoch viele Extremisten im Land, die sich wohl kaum durch so etwas aufhalten lassen.

Die hitzige Debatte in den Reihen der Tehrik-i-Taliban Pakistan (TTP, «Bewegung der Pakistanischen Taliban»), die über die Frage entbrannte, ob die Gruppe sich dem IS anschließen sollte oder nicht, spaltete die Organisation tief. Obwohl die TTP kaum die

Kraft haben wird, ein ganzes Land zu kontrollieren, so wie es die Taliban in Afghanistan offenbar anstreben, ist die Gruppe doch ein hervorragender Verbündeter und eine skrupellose Streitmacht. Der amerikanische Radiosender NPR brachte am 27. Oktober 2014 einen Bericht, der wie folgt begann: «Wenige Szenarien beunruhigen die Amerikaner und ihre Alliierten mehr als die Aussicht auf einen erstarkenden IS in der vom Krieg zerrütteten Landschaft des nordwestlichen Pakistan.»[20] Der Islamische Staat ist in Pakistan bereits jetzt überaus beliebt, wo radikale Vereinigungen gedeihen und das «Kalifat» auf den Straßen und im Internet bereits unermüdlich daran arbeitet, unter den 180 Millionen Bewohnern des Landes neue Rekruten zu gewinnen. Traditionell ein Verbündeter der afghanischen Taliban, scheute sich die vergleichsweise gemäßigte Führungsriege, sich dem Islamischen Staat anzuschließen, bis im Oktober 2014 sechs hochrangige Befehlshaber Abu Bakr al-Baghdadi die Treue schworen. Ebenfalls im Oktober versuchte der Emir von TTP, Mullah Fazlullah, ein doppeltes Spiel zu spielen, als er erklärte, er unterstütze «alle islamistischen Vereinigungen, die in Syrien und im Irak kämpfen».[21]

Neben diesen Regionen, die aufgrund ihrer Nähe oder ihres Status als Verbündete für den IS gut zugänglich sind, macht al-Baghdadis Ehrgeiz auch vor Regionen jenseits des Mittelmeers nicht Halt, um dort nicht nur die Gebiete von al-Andalus (Spanien und Portugal) zurückzugewinnen, sondern auch Rom dem Kalifat einzuverleiben, wie er in einer Audiobotschaft im Juli 2014 mitteilte.

7. Im Innern des Islamischen Staates

Verwaltung

Die Strukturen von Verwaltung und Entscheidungsfindung, die al-Baghdadi in seinem Kalifat einführte, basieren auf Vorbildern aus dem Koran und aus der Geschichte. Dieser Rahmen erscheint wohlvertraut, wenn man auch die Taliban, al-Qaida und ähnliche Gruppen wie al-Shabab in Somalia oder Boko Haram in Nigeria genauer betrachtet.

Der Kalif ist als Stellvertreter des Propheten die höchste Autorität im Islamischen Staat. Al-Baghdadi verfügt über einen ausgeklügelten Sicherheitsapparat, dem Abu Yahya al Iraqi vorsteht. Obwohl er bei seinem Amtsantritt die Bitte formulierte, «Sollte ich mich in meinem Urteil täuschen, weist mich darauf hin», wird jede Form von Drohung, Opposition oder Widerstand ohne Zögern im Keim erstickt. Die Organisation ist sehr diszipliniert und die Verwaltung stark zentralisiert. Weil sich der Islamische Staat über weite Gebiete erstreckt und alle hochrangigen Mitglieder für den Todesfall über Stellvertreter verfügen müssen, ist das Delegieren von Aufgaben besonders wichtig. Al-Baghdadi selbst hat zwei Stellvertreter, beides ehemalige Mitglieder der irakischen Ba'ath-Partei, die gemeinsam im US-amerikanischen Gefangenenlager Camp Bucca einsaßen. Abu Muslim al-Turkmani (auch bekannt als Fadil Ahmad Abdallah al Hayyali), al-Baghdadis stellvertretender Kommandeur, war erster Offizier der Spezialeinheiten und gehörte unter Saddam Hussein dem Geheimdienst an; er stammt aus Tal Afar im nordwestlichen Irak, hat Wurzeln in Turkmenistan und stand Saddam Hussein ebenso nahe wie dem irakischen Militärführer Izzat Ibrahim al-Duri. Er ist «Generalgouverneur» der irakischen Gebiete des Islamischen Staates, d.h. er überwacht die lokalen Statthalter und örtlichen Gremien und fungiert als politischer Gesandter.

Al-Baghdadis zweiter Stellvertreter heißt Abu Ali al-Anbari (auch bekannt als Ali Qurdash al-Turkmani sowie als Abu Jasim al Iraqi). Er kommt aus einem Dorf in der Nähe von Mossul, obwohl sein Deckname darauf hinweist, dass er auch turkmenische Wurzeln hat. Vor dem Einmarsch der amerikanischen Truppen 2003 diente er als Generalmajor der irakischen Armee. Er schloss sich den Aufständischen an und trat den Ansar al-Islam von Abu Musab al-Zarqawi bei (bevor al-Zarqawi sich al-Qaida anschloss). Dadurch wurden er und seine Anführer Mitglieder des übergeordneten IS-Netzwerks. Er gehört dem Schura-Rat an und ist Vorsitzender des Nachrichten- und Sicherheitsrats, wo er eng mit Abu Yahya al-Iraqi zusammenarbeitet. Außerdem dient er als «Statthalter» der syrischen Gebiete und hat sich in Syrien für erfolgreiche Geheimdienstoperationen jenseits der Front einen guten Ruf erarbeitet, was den Truppen des Islamischen Staates ermöglichte, mit großer Geschwindigkeit und tödlicher Effektivität zu operieren. Eine ihrer Spezialitäten ist beispielsweise, arglose Feinde in einen Hinterhalt zu locken.

Al-Baghdadi und seine beiden Stellvertreter sind für die allgemeinen Ziele der Gruppe verantwortlich, die dann den niederen Rängen innerhalb der Hierarchie mitgeteilt werden. Wie diese Ziele erreicht werden, bleibt größtenteils dem Ermessen der lokalen Befehlshaber und Verwalter überlassen. Aufgrund dieses Systems ist der Islamische Staat in der Lage, an mehreren Stellen gleichzeitig zu operieren; als besonders effektiv hat sich diese Methode in militärischen Belangen erwiesen: Die Offiziere kennen das Ziel, haben jedoch die Freiheit, selbst zu entscheiden, wie sich dieses am besten erreichen lässt. Außerdem gibt man ihnen die Zeit, die nötige Agenda entsprechend den jeweiligen Umständen und Möglichkeiten umzusetzen.

Al-Baghdadi unterstehen eine Reihe von Räten und Abteilungen, die von Gremien verwaltet werden und verschiedene staatliche Aufgabenbereiche lenken. Die Anführer aller Abteilungen bilden al-Baghdadis «Kabinett».

Das mächtigste Gremium ist der Schura-Rat. Er muss den vom Scharia-Rat gewählten Kalifen im Amt bestätigen und steht diesem

im Anschluss beratend zur Seite. Außerdem überwacht der Schura-
Rat Staatsangelegenheiten und gibt Anweisungen entsprechend
der Befehlskette nach unten weiter, um so deren Umsetzung zu ge-
währleisten. Der Rat besteht aus bis zu einem Dutzend Mitgliedern, die von al-Baghdadi eigenhändig ausgewählt werden, und
wird von Abu Arkan al-Amiri geleitet.

Der Scharia-Rat wiederum kümmert sich um alle religiösen und
rechtlichen Belange und muss den Kalifen wählen. Der Rat sorgt
dafür, dass der gesamte Verwaltungsapparat des Islamischen Staates den Gesetzen der Scharia folgt, und ist dafür verantwortlich,
die Disziplin innerhalb des politischen Apparats zu wahren und
Strafen für Regelbrüche zu verhängen. Die Scharia-Polizei und
die Scharia-Gerichte unterstehen diesem Rat, der auch die Richter ernennt und das Strafmaß gemäß dem Koran festsetzt. Außerdem kümmert sich der Rat um die religiöse Propaganda – die
Da'wa – im Gebiet des IS und darüber hinaus. Wenig überra-
schend konzentriert sich die westliche Presse auf die drakonischen
hudud-Strafen (Amputationen, Hinrichtungen usw.), doch die
Scharia-Gerichte des Islamischen Staates verhängen auch *tazir*-
Strafen, bei denen die Straffälligen für ihr Vergehen zwar getadelt,
aber im Hinblick auf eine erhoffte Besserung nicht aus der Gemeinschaft ausgestoßen werden.

Laut Berichten meiner Informanten, die sich in den vom Islamischen Staat kontrollierten Gebieten aufhalten, installiert der IS
in einem neu eroberten Territorium als allererstes eine Scharia-
Polizei, die für die Einhaltung des islamischen Verhaltens zuständig ist. Sie agiert unabhängig von den regulären Sicherheitskräften
und kümmert sich um die religiöse «Reinheit» des Islamischen
Staats. Dies erreicht sie, indem sie beispielsweise Moscheen kontrolliert oder Plakate in den Straßen aufhängt, die die genauen Zeiten für die täglichen fünf Gebete oder Koranverse vorgeben, die
Männer und Frauen zu «zurückhaltender Kleidung» aufrufen. Die
«Moralpolizei» steht unter dem Kommando der Scharia-Polizei
und sorgt für ein «angemessenes» Äußeres und ein «angemessenes» Verhalten auf den Straßen des Islamischen Staates. Man erzählt sich, dass diese Aufgabe zumindest in al-Raqqa von den

Frauen der al-Chansa-Brigade erfüllt werde, die auch nach feindlichen, unter Burkas verborgenen Soldaten sucht.[1] Auch die regulären Polizeikräfte werden dem Verwaltungsapparat des Islamischen
Staates unterstellt und mit neuen schwarzen Uniformen ausgerüstet, die den weißen Schriftzug des Islamischen Staates aufgedruckt
oder als Aufnäher auf dem Ärmel tragen. Polizeiautos werden mit
den Abzeichen des Islamischen Staates besprüht, ebenso die Boote
der Wasserschutzpolizei, wo es sie gibt.

Die Scharia-Gerichte befassen sich mit religiösen wie mit zivil-
rechtlichen Angelegenheiten, und Klagen können von der Polizei
oder von Einzelpersonen eingereicht werden. In Ballungszentren,
in denen es aufgrund des Zusammenbruchs des Zentralstaates
keine Polizei und keine Justiz gibt, liegt die Rechtsprechung weit-
gehend in der Hand von Volksgerichten; die Bürger können ihre
Angelegenheiten direkt vor den Gerichten vorbringen, die die Fälle
schnell und meist angemessen behandeln. Sobald ein Bürger sich
dem staatlichen Recht unterwirft, akzeptiert er, sozio-psycho-
logisch gesehen, dessen Autorität und bittet den Staat, seine Sicherheit zu garantieren. Auf diese Weise kontrolliert der Islamische
Staat die von ihm eingenommenen Gebiete.

Der Scharia-Rat ist ein wichtiges Instrument, um möglicher
Kritik an der Legitimität des Islamischen Staates oder al-Baghdadis
selbst zu begegnen – und davon gibt und gab es viel. Der Rat bemüht
sich um die Unterstützung muslimischer Geistlicher und Islam-
gelehrter und hat einen ehemaligen Offizier der saudischen Streitkräfte, Bandar ibn Shalan, angeworben, der sich darum kümmert,
Unterstützererklärungen von respektablen Predigern einzuholen.

Der Nachrichten- und Sicherheitsrat wird von der Fachkompe-
tenz und der Erfahrung seiner vier wichtigsten Vorsitzenden geprägt, die allesamt als hochrangige Offiziere in Saddam Husseins
berühmt-berüchtigtem Sicherheitsdienst gedient haben. Der Rat
verfügt über ein Netzwerk von Zweigstellen im gesamten Islamischen Staat und eliminiert Dissidenten, Oppositionelle und Spione
sofort. Er spielt eine wichtige Rolle bei der Wahrung der Integrität
des Kalifats sowie seiner Einrichtungen und installiert und be-
mannt Straßensperren und regionale Grenzkontrollen.

Der Militärrat überwacht die territoriale Ausdehnung des Islamischen Staates und verteidigt die bereits eroberten Gebiete. Abu Aiman al-Iraqi, ehemaliger Oberstleutnant von Saddam Husseins geheimdienstlicher Flugabwehrbehörde und enger Verbündeter Izaat al-Durs, ist der Vorsitzende des Rates. Er gehört zur Kerngruppe des IS, die sich im Gefangenenlager Camp Bucca kennenlernte, und ist für äußerste Brutalität bekannt. Er war IS-Statthalter im Gouvernement al-Anbar und in Westsyrien als Militärführer für die Operationen des IS verantwortlich. Der Stabschef ist der jihadistischen Internetgemeinschaft nicht unbekannt: Der rotbärtige Tschetschene Tarkhan Tayumurazovich Batirashvili (auch bekannt als Umar al-Shishani) diente als Offizier in der georgischen Armee, bevor er sich dem Kaukasus-Emirat (ein al-Qaida-Zweig) anschloss. Er tauchte im März 2012 zusammen mit einer Gruppe kampferprobter, gut ausgebildeter tschetschenischer Kämpfer in Syrien auf. Mitte 2013 schwor er al-Baghdadi die Treue. Bilder, die zeigen, wie er seinerseits im Namen al-Baghdadis den Treueschwur (bai'a) annimmt, machten bei Twitter die Runde, was darauf hinweist, dass er innerhalb des Islamischen Staates einen überaus wichtigen Posten bekleidet.

Der Militärrat kümmert sich darüber hinaus um die Versorgung von Märtyrerfamilien, die Herstellung, die Verteilung und den Einsatz von Sprengstoff und die Truppenbewegungen. Um verängstigte Einwohner vom IS zu überzeugen, untersagte der Militärrat den Einzug uniformierter und bewaffneter Soldaten ins Zentrum von Mossul.[2] Dies hält die Scharia-Polizei jedoch nicht von öffentlichen Hinrichtungen ab; unter anderem wurden Diebe gekreuzigt und angeblich Homosexuelle von hohen Gebäuden gestürzt.[3]

Der Wirtschaftsrat kümmert sich um das beeindruckende Vermögen des Islamischen Staates, das sich aus einer Vielzahl von Quellen speist, auf die ich weiter unten näher eingehen möchte. Zu diesen Quellen gehören: der Verkauf von Rohöl; das Bargeld, das der IS von 62 staatlichen und nicht-staatlichen Banken in den unterschiedlichsten Städten in den von ihm eingenommenen Gebieten erhält; die Gebühren, die er an Straßensperren kassiert; die

Einnahmen aus Lösegeldern, islamischen «Steuern» (die Kopf-steuer *jizya* gilt für Nichtmuslime, die Vermögensabgabe *zakat* wiederum für Muslime) und aus Kriegsbeute.[4] Im Januar 2015 legte der Wirtschaftsrat seinen ersten Jahresetat vor, der für die von ihm kontrollierten Gebiete 2 Milliarden US-Dollar betrug; ein Plus von 250 Millionen US-Dollar fließt demnach in die Kriegskasse.[5] Zu-dem legt der Wirtschaftsrat alljährlich im März den Jahresbericht «al-Naba» vor, in dem die Ausgaben für Militäreinsätze detailliert den Einnahmen gegenübergestellt werden, was den Anführern, Anhängern und Finanziers signalisieren soll, dass ihr Geld «gut angelegt» wird. Alle Berichterstatter stimmen darin überein, dass dieses hohe Niveau bürokratischer Abläufe und bürokratischer Re-chenschaftspflicht auf ein großes, gut organisiertes Staatsgebilde hinweist.

Der Bildungsrat kümmert sich um die öffentliche Bildung und die schulischen Lehrpläne, die natürlich auf einer strengen Ausle-gung des Koran basieren. Verschiedene Themenbereiche sind tabu, darunter die Evolutionsbiologie und die Philosophie.[6] Entgegen dem, was in den westlichen Medien berichtet wird, untersagt der IS die Schulbildung für Mädchen nicht vollständig und bewirbt seine schulischen und universitären Einrichtungen für Mädchen in sei-nen Online-Publikationen. Diese Information erhielt ich aus erster Hand von Menschen, die in den vom IS besetzten Gebieten leben.

Der islamische Dienstleistungsrat überwacht die «Dienstleis-tungen für Bürger», zu denen unter anderem die Einrichtung und Pflege der Infrastruktur, der Straßenbau, die Stromversorgung so-wie die Abwasser- und Abfallentsorgung gehören. In den vom IS kontrollierten Ortschaften unterhält die Organisation ein System zur Verteilung von Lebensmittelrationen und untersagt den Händ-lern den Warenverkauf an Kunden, die nicht die richtige Karte mit dem IS-Logo dabeihaben. Im Zuge der bis heute anhaltenden Stra-tegie, die Herzen der Einwohner für sich zu gewinnen, werden Be-dürftige seit Dezember 2014 täglich mit Mahlzeiten versorgt; zu-dem wird jede Woche umsonst Getreide und Gemüse verteilt. Arme und Kranke, Witwen und Waisen sowie Familien, die ihren Ernährer verloren haben, erhalten ein monatliches «Gehalt».[7]

Twitter-Einträge aus dem Inneren des Islamischen Staates lassen darauf schließen, dass es ein eigenes Postsystem gibt, wobei dieses wohl nur in den vom IS kontrollierten Gebieten funktioniert. In der Ausgabe des *Islamic State Report* (eines der vielen Online-Magazine) vom September 2014 findet sich ein Artikel über die Verbraucherschutzbehörde, die der Dienstleistungsrat in al-Raqqa geprüft hat und die von einem gewissen Abu Salih al-Ansari geleitet wurde. Außerdem überwacht der Rat die grundlegende Gesundheits- und Wohlfahrtsversorgung, darunter ein «Waisenbüro», Suppenküchen für Bedürftige und Impfprogramme. Es gibt Kästen für «Anregungen und Beschwerden» – eine Neuerung, die von den Taliban eingeführt wurde, die diese Methode vor ein paar Jahren entwickelten, um «verbraucherfreundlicher» zu werden.

Die IS-Behörde für Öffentliche Informationen ist für den Medien- und Propagandaapparat des Islamischen Staates verantwortlich. Der 37-jährige Abu Muhammad al-Adnani al-Shami, ehemaliger Anführer des ISIS in Syrien und nach Kalif Ibrahim und seinen Stellvertretern wichtigste Figur im Islamischen Staat, leitet die Einrichtung. Der ursprünglich aus Idlib stammende Mann ist der wichtigste Sprecher des Islamischen Staates. Al-Adnani ist für die flammende IS-Propaganda verantwortlich, darunter die am 22. September 2014 im Internet veröffentlichte Rede, in der die Organisation jihadistische Einzelgänger im Westen dazu aufrief, «die Bürger der Länder, die sich der Koalition angeschlossen haben, mit allen verfügbaren Mitteln umzubringen».[8] Al-Adnani schlug beispielsweise vor, Menschen absichtlich mit dem Auto zu überfahren. Es folgten mehrere Angriffe auf Passanten, bei denen im Anschluss Fahrerflucht begangen wurde. Abermals bewies die Gruppe damit eindrucksvoll, welche Reichweite sie online und damit weltweit bereits hatte: Im Oktober 2014 überfuhr ein Extremist zwei Soldaten in Kanada; im November 2014 kamen zwei Israelis ums Leben; im Dezember 2014 wurde ein Dutzend Fußgänger von einem Autofahrer im französischen Dijon verletzt, und im Januar 2015 wurde eine Polizistin in Paris von einem Auto überfahren.

Der Provinzrat überwacht die Verwaltung der 18 Provinzen (*wilayat*), die der IS bislang umfasst: Im Irak sind das al-Anbar, Bagdad, Diyala, Falludscha, al-Janub (der Süden), Kirkuk, Ninawa und Salah al-Din; in Syrien Aleppo, Homs, al-Baraka, Damaskus, Hama, Idlib, al-Chair, al-Raqqa und Latakia. Die Provinz al-Furat erstreckt sich über ein Gebiet auf beiden Seiten der syrisch-irakischen Grenze, die für den Islamischen Staat nicht mehr besteht.

Die alltäglichen Verwaltungsarbeiten des Islamischen Staates werden von einem «Kabinett» unterstützt; die jeweiligen Zuständigkeitsbereiche der Mitglieder dieses Kabinetts, die ich im Folgenden kurz anreißen werde, sollen einen lebendigen Eindruck von den breiten Aktivitäten der Gruppe liefern. Es gibt einen Geschäftsführer; einen Beamten für Gefangene und Geiseln; einen Zuständigen für Sicherheits- und Finanzfragen; Beamte, die für Neuankömmlinge aus dem Ausland und den arabischen Staaten verantwortlich sind, sowie Staatsdiener, die sich um den «Transport von Selbstmordattentätern» kümmern. Zu den Mitgliedern des kabinettseigenen «Kriegsbüros» gehört zudem ein «Ordner für Märtyrer- und Frauenangelegenheiten» sowie jemand, der für das Basteln von sogenannten unkonventionellen Spreng- und Brandvorrichtungen, also Sprengfallen, zuständig ist.[9]

Alltag im Islamischen Staat

Weil der Islamische Staat die Zeit des Propheten und seiner Gefährten nachzuahmen versucht, greift er in den Territorien des digitalen Kalifats auf eine andere Zeitrechnung zurück. Am 27. Oktober 2014 verkündete die IS-Medienorganisation al-Hayat auf Twitter, dass man von nun an nur noch den Mondkalender der islamischen Zeitrechnung benutzen werde. Diese beginnt mit dem Jahr der Hijra, als Muhammad und die Sahaba (die «Gefährten» Muhammads, also seine Familie, seine Schüler und seine Schriftgelehrten) nach Medina auswanderten. Aus diesem Grund wird diese Zeitrechnung auch Hijra-Kalender genannt. Jeder Monat beginnt, sobald die Mondsichel nach Neumond mit bloßem Auge sichtbar wird; allerdings unterscheidet sich dieser Zeitpunkt je nach geografischer Lage, weshalb in verschiedenen Ländern das neue Jahr zu verschiedenen Zeiten anfängt. Es ist durchaus üblich, dass totalitäre Regime neue Zeitrechnungen einführen: Nordkorea und Kambodscha setzten ihre Kalender erst vor kurzem auf das «Jahr null» zurück.

Über den Alltag im Islamischen Staat wird viel berichtet. In einem von al-Hayat produzierten Film mit dem Titel *Ein Besuch in Mossul*, der im August 2014 erschien, spaziert der Moderator durch die «wunderschöne Stadt» und zeigt den Zuschauern die Orte, an denen die «Ungläubigen» ihre Waffen niederlegten und sich – in seinen Worten – 200 «Brüdern» ergaben. Er besucht alle vom IS übernommenen städtischen Gebäude, darunter auch das Rathaus und die Gerichtshöfe. Die von ihm befragten Bewohner geben (recht vorhersehbar) an, das Leben in Mossul habe sich im Vergleich zum Alltag unter Maliki, der von Straßensperren, Schlägen, Autodurchsuchungen und Verhaftungen bestimmt gewesen sei, unter dem Islamischen Staat erheblich verbessert. Die wenigen Journalisten, die sich bis in die Gebiete des IS durchschlagen, erzählen von grauenhaften Strafaktionen, räumen jedoch ein, dass nun mehr Recht und Ordnung herrsche und die öffentliche Infrastruktur nicht mehr so schlecht sei. Es gelang mir, über verschiedene soziale Medien mit Bewohnern des Islamischen Staates in Kontakt zu treten, wodurch ich die folgenden Eindrücke und Tatsachenberichte sammeln konnte. Man sollte sich jedoch stets vor Augen halten, dass dies eher die Menschen waren, die freiwillig dort lebten, als die, die eingesperrt wurden.

Ein etwa 30-jähriger irakischer Jihadist aus Mossul beantwortete meine Fragen über das Leben der Frauen im «Daulat al-Islamiyya» (im Islamischen Staat). Offenbar war es seine Aufgabe, die Anfragen potenzieller Rekruten zu beantworten und vor allem ihre Zweifel auszuräumen. Er erzählte, dass unverheiratete Frauen, die aus dem Ausland eintreffen, in einem *maqar* für «Schwestern» leben (einem Haus, in dem nur unverheiratete Frauen wohnen dürfen). Es gebe Leute, die für «Heiratsangelegenheiten» zuständig seien und für Interessierte die Ehen arrangierten. Die Zukünftigen in spe dürften sich fünf Minuten miteinander unterhalten; sollten sie dann immer noch interessiert sein, «können sie sich sehen, wenn sie das wünschen» (also unverschleiert), um im Anschluss die Ehe «anzunehmen oder abzulehnen». Er versicherte uns, dass Frauen Auto fahren dürfen und Verheiratete entweder ein leer stehendes Haus (eine der unzähligen Unterkünfte, die von den Millionen geflohenen Bewohnern zurückgelassen wurden) oder, sollte keines vorhanden sein, staatliche Hilfe bei der privaten Wohnungssuche erhalten. Die Familien der Kämpfer bekommen monatlich Lebensmittel und Geld. Mein Informant erklärte, es gebe keine eigenen Trainingslager für Frauen; sollten allerdings Frauen eine Kampfausbildung wünschen, können sie diese «von ihren Ehemännern erhalten».

Ein nicht-extremistischer sunnitischer Muslim, der in Manbidsch lebte, einer kleinen syrischen Stadt in der Nähe von Aleppo, die dem IS im Januar 2014 in die Hände gefallen war, erzählte, dass es aufgrund der rücksichtslosen Methoden der Extremisten und ihrer «konsequenten Haltung» nahezu keine Kriminalität mehr gebe. Er erklärte, die Organisation sammle *zakat*-Steuern (auf das Einkommen und das Vermögen) und verteile die Einnahmen unter armen und aus anderen Teilen Syriens vertriebenen Familien, die mittlerweile die Hälfte der städtischen Bevölkerung ausmachen. Glaubt man seinen Worten, dann unterstützt die Bevölkerung die starke Betonung der Bildung, und das trotz des Fokus auf den Islam. Er gab an, dass auch die Wissenschaft einen hohen Stellenwert im Lehrplan habe. Die Lehrer erhielten nach Monaten der Zahlungsausfälle endlich wieder ein Gehalt. Die Bewohner der Stadt seien sich darüber im Klaren, dass rivalisierende «Rebellengruppen» versuchen könnten, die vom Islamischen Staat kontrollierte Stadt zu erobern. Der Gedanke an eine solche Entwicklung erfreue die Bewohner der Stadt nicht im Geringsten, weil das eine weitere Flucht bedeuten könnte. Die ohnehin fragile städtische Verwaltung, das Gesetzwesen und die Sicherheit, die von den Extremisten installiert worden seien, wären gefährdet. Außerdem erklärte er, dass das Regime die vom Islamischen Staat kontrollierten Städte nicht angegriffen habe, weshalb ihnen das Leid, das ihren Landsleuten in Aleppo zuteilwurde, bislang erspart geblieben sei. Aus diesem Grund würden sie Bewohner anderer Ortschaften auch abwertend *shabihat daesh* nennen («Daesh-Verbrecher»; das Akronym DAESH kürzt eine arabische Version des Namen der Organisation ab und wird meistens von IS-Gegnern verwendet).

Trotz der allgemein positiven Eindrücke erklärte dieser Bewohner von Manbidsch, die meisten bezweifelten, dass der Islamische Staat überleben werde, und das aus zwei Gründen: Erstens würden die Menschen irgendwann gegen die strengen Regeln der Organisation aufbegehren; zweitens unterhalte der IS eine geradezu symbiotische Beziehung zum Assad-Regime: Aus Antipathie gegenüber Assad schlossen sich die Sunniten in Scharen dem IS an; dennoch verzichtete Assad auf den Kampf gegen die Jihadisten, weil die Gotteskrieger die «moderate» Opposition in Grund und Boden rammten. Auf lange Sicht sei Letztere für Assad nämlich die größere politische Bedrohung.

In den sozialen Netzwerken, die von ausländischen Jihadisten genutzt werden, wird das Leben innerhalb der Grenzen des Islamischen Staates in den rosigsten Farben gezeichnet. Mittlerweile tauchen dort jedoch auch Berichte junger Menschen auf, die erkannt haben, dass sie einen schrecklichen Fehler begangen haben; allerdings können sie nicht mehr zurück, weil sie in ihren Heimatländern bei der Einreise sofort verhaftet werden würden und ihre Befehlshaber ihnen den Tod androhen, sollten sie zu entkommen versuchen. Im November 2014 reiste eine 25-jährige Britin mit ihrem kleinen Sohn nach al-Raqqa. Der Aufenthalt dort zerstörte all ihre Illusionen allerdings schnell, weshalb sie über die Grenze in die Türkei floh, wo sie sich momentan in Haft befindet. Sie sprach davon, wie schrecklich es war, «dass überall Bomben fielen … und Frauen wie Vieh behandelt wurden».[10]

Ein irakischer Journalist, der in Mossul lebte, beschwerte sich über Stromausfälle, galoppierende Inflation, Schulschließungen und das Ende der kostenlosen Ausgabe von Lebensmitteln – darunter Zucker, Reis, Öl und Mehl –, für die der Staat zuvor noch gesorgt hatte. Der Reporter interviewte ehemalige Beamte und Arbeitnehmer, weshalb sich die Neutralität seines Artikels, den er unter dem Pseudonym Muhammad Muslawi veröffentlichte, schwer einschätzen lässt.[11]

Die reichste Terrororganisation der Geschichte

Offensichtlich hat der Islamische Staat beschlossen, eine der grundlegenden Regeln für unternehmerischen Erfolg anzuwenden: Streuung. Der IS akquiriert in Zusammenarbeit mit lokalen wie globalen Partnern sein Einkommen aus unzähligen legalen und illegalen Quellen. Im Gegensatz zu al-Qaida verdient der IS sein eigenes Geld. Dank des Internets und seiner Anonymität sowie dank virtueller Währungen wie Bitcoins können Einzelpersonen und Organisationen große Summen Geld spenden, obwohl diese letztlich nur einen kleinen Teil der Kriegskasse ausmachen. Im Oktober 2014 wies das US-Finanzministerium darauf hin, dass es dem IS gelungen sei, «in beispielloser Geschwindigkeit ein ganzes Vermögen anzuhäufen»,[12] indem er Ölfelder und Raffinerien eroberte und auch vor Plünderung, Waffenschmuggel, Bankraub, Sklavenhandel und Lösegelderpressung für Entführungsopfer nicht zurückschreckte.

Im Jahr 2015 hatte der IS elf Ölfelder im Irak und in Syrien unter seiner Kontrolle, in Syrien alle wichtigen Ölfelder des Landes, darunter auch das größte, al-Umar, das bis zu 75 000 Barrel Öl am Tag produziert. Im Irak kontrolliert der IS mindestens sechs Ölfelder im zentral gelegenen Gouvernement Salah ad-Din und dem im Osten des Landes gelegenen Gouvernement Diyala, darunter die Felder von Qayyara, Ajil und Hamrin. Außerdem eroberte der IS Raffinerien in beiden Ländern, darunter die in Baidschi – eine der wichtigsten Einrichtungen im Irak – sowie die kleinere Raffinerie in Gayara in der Nähe von Mossul. Um Luftangriffe der Koalition abzuwehren, setzten die IS-Kämpfer einen riesigen Öltank mit 100 000 Barrel Öl in Brand. Das Feuer loderte tagelang.[13] In Syrien sind glaubwürdige Berichte über das Vorgehen des IS wegen fehlender geheimdienstlicher Informationen nur schwer zu beschaffen. Aber da die Truppen der Koalition nur Angriffe auf Stellungen der Extremisten fliegen, lässt sich aus dem Muster dieser Angriffe schließen, dass der IS offenbar mindestens 20 syrische Raffinerien unter seiner Kontrolle hat.[14]

Der Islamische Staat fördert in Syrien schätzungsweise 50 000 und im Irak 30 000 bdp (barrels per day), um das Öl dann zu Schleuderpreisen zu verkaufen: Der IS nimmt zwischen 25 und 60 US-Dollar für das Barrel Öl; normalerweise liegt der Preis bei 100 US-Dollar pro Barrel. Trotzdem verdient der IS auf diese Weise täglich 3 bis 5 Millionen US-Dollar.[15] Es ist schon bemerkenswert, dass das syrische Assad-Regime Öl vom Islamischen Staat im Irak kauft, weil die Produktion in Syrien seit dem amerikanischen und europäischen Embargo auf syrisches Öl nahezu zum Erliegen gekommen ist.[16] Im Irak verkauft der IS Rohöl an Händler oder Mittelsmänner, die es dann über altbewährte Schmugglernetzwerke in die Türkei, nach Jordanien und in den Iran schaffen; und anscheinend gibt es nichts, was die kurdische Regierung im Nordirak (wo sich die betreffenden Felder befinden) dagegen tun kann.[17]

Auch der Raub und Verkauf von Kunstschätzen, der manchmal sogar auf Bestellung erfolgt, bringt eine Menge Geld ein. Der Irak und Syrien sind voller antiker Stätten, die bis zu 6000 Jahre alt sind und von den Behörden sorgsam erhalten wurden, um das kulturelle Erbe und die kulturelle Integrität des jeweiligen Landes zu pflegen und Touristen anzuziehen. Antiquitätenraub passt zu den Ansichten der Gruppe, sie müsse die Region von «heidnischen» Relikten wie Schreinen oder Gräbern «reinigen». Endgültig zerstört werden sie aber erst, wenn alles Wertvolle entfernt wurde. Die Schätze gelten dann als Kriegsbeute und legitimer Vermögensgegenstand. Archäologen gehen davon aus, dass es die Stätten in Apameia, Dura-Europos und al-Raqqa bislang am härtesten getroffen hat. Auch im Irak kam es während der Aufstände zu Plünderungen, aber nicht in so industriellem Ausmaß, wie es auf Satellitenaufnahmen des Irak zu erkennen ist, wo Bulldozer antike Heiligtümer niederwalzten, um an verborgene Schätze zu gelangen.[18]

Oft landen geplünderte Kunstschätze, darunter Statuetten, Gold- und Silbermünzen, Mosaike, Schmuck, Rollsiegel und Tontafeln, an der türkisch-syrischen Grenze, wo sie zum Verkauf angeboten werden.[19] Experten teilten dem *New Yorker* mit, dass «besonders hochwertige» Antiquitäten für astronomische Summen den

Besitzer wechselten. Ein knapp 700 Meter hoher und 5000 Jahre alter mesopotamischer Kalksteinlöwe kam 2007 in einem New Yorker Auktionshaus für 57 Millionen US-Dollar unter den Hammer. Als im Juni 2014 ein Bote verhaftet wurde, fand man bei ihm Finanzberichte, die belegten, dass der Verkauf von Altertümern einer einzigen syrischen Provinz 36 Millionen US-Dollar in die Kasse des Islamischen Staates gespült hatte.[20]

Die westliche Presse strotzt nur so von fürchterlichen Berichten über weibliche Gefangene, die als «Sexsklavinnen» verkauft werden. Es wäre leicht, die tendenziöseren Geschichten als reine Propaganda abzutun, sähe der Islamische Staat nicht selbst den Menschenhandel und die Sklaverei als legitime Mittel an. In der vierten Ausgabe seiner Online-Zeitschrift *Dabiq* erschien ein Artikel mit dem Titel «Die Wiedergeburt der Sklaverei vor der letzten Stunde», in dem davon die Rede ist, wie eine Gruppe von «Gelehrten» darüber diskutiert, ob die vom IS gefangen genommenen Jesiden eine gefallene Sekte des Islam, «Leute des Buches» (also Christen oder Juden) oder Heiden seien. Nachdem man sich auf Letzteres verständigt hatte, verkündete der Islamische Staat, dass «ihre Frauen im Gegensatz zu weiblichen Apostaten, die laut der Mehrheit der *fuqaha* [Rechtsgelehrten] nicht versklavt werden dürfen, sondern vor die Wahl gestellt werden müssen, Buße zu tun oder das Schwert zu erwarten, sehr wohl versklavt werden dürfen». Außerdem heißt es in dem Artikel: «[N]achdem ein Fünftel der Sklaven an die Behörden des Islamischen Staates übergeben worden war, um als *khum* [Kriegsbeute] aufgeteilt zu werden, wurden die jesidischen Frauen und Kinder laut den Gesetzen der Scharia unter den Gotteskriegern des Islamischen Staates verteilt, die an den Militäreinsätzen in Sindschar teilgenommen hatten … Die versklavten jesidischen Familien wurden von den Soldaten des Islamischen Staates ebenso verkauft, wie die Gefährten (*radiyallahu ʾanhum* [Möge Allah mit ihnen sein!]) die *mushrik* [Heiden] verkauften. Viele bekannte Rechtsurteile sprechen dafür, darunter das Verbot, eine Mutter von ihren kleinen Kindern zu trennen.» Außerdem verknüpft der Autor dieses Phänomen mit dem «Anbruch des Jüngsten Gerichts», auf das die «Zeichen der letzten Stunde» hinwiesen.

Als letztes geht er dann auf den sexuellen Aspekt der geplanten Sklaverei ein: «Zahlreiche zeitgenössische Gelehrte haben bereits darauf aufmerksam gemacht, dass das Ende der Sklaverei zu einem Anstieg der *fahisha* (Schamlosigkeit in Form von Ehebruch, Unzucht usw.) führte, weil die der Scharia entsprechende Alternative zur Ehe damit nicht mehr möglich war. Ein Mann, der sich die Heirat mit einer freien Frau nicht leisten kann, ist damit ständig der Versuchung ausgesetzt. Das führt dazu, dass sich viele muslimische Familien, die daheim Dienstmädchen haben, nach unzulässigem *chalwa* [Zurückziehen] und dem daraus resultierenden *zina* [unzulässigem Geschlechtsverkehr] zwischen dem Mann und der Dienstmagd *fitna* [schweren Zeiten] gegenübersehen; wäre das Mädchen jedoch seine Konkubine, so wäre das Verhältnis legal. Das passiert, wenn man den Jihad aufgibt und den *dunya* [den weltlichen Genüssen] hinterherjagt.»[21]

Laut Berichten jesidischer Frauen, die ihren Geiselnehmern entkommen konnten, wurde im September 2014 zehn Tage lang eine Art Sklavenmarkt in Mossul abgehalten. In einem dieser Berichte erzählt die Jesidin Alyas einem Reporter, was ihr in dieser Zeit widerfuhr. «Die Männer verfolgten die gefangenen Frauen und gaben ihr Gebot ab», schrieb der Journalist. «Manche Frauen wechselten für gerade einmal 15 US-Dollar den Besitzer.» Wie Alyas sagte, waren unter den Käufern Ausländer wie Einheimische – sie erkannte mehrere Leute aus Sindschar wieder. Männer, die keine Kinder kaufen wollten, trennten diese von ihren Müttern und ließen sie in Mossul zurück, wo sie in ISIS-Schulen ausgebildet wurden, wie Alyas zufällig mitbekam. Während die Tage endlos langsam ins Land zogen, versuchten einige Frauen Selbstmord zu begehen, indem sie aus ihren Kopftüchern Stricke anfertigten. Mindestens vier Frauen gelang dies.[22] Der Sklavenhandel mag zwar nicht zu den Haupteinnahmequellen des Islamischen Staates zählen; dennoch ist er gewiss die unmenschlichste und absonderlichste von allen.

Lösegeldforderungen für Geiseln spülten allein 2014 weitere 20 Millionen US-Dollar in die Kassen des IS. Mehrere Länder, darunter Frankreich, einigten sich darauf, den Forderungen nachzugeben; Washington weigert sich bis heute und weist darauf hin, dass ein solches Verhalten nur weitere Geiselnahmen nach sich ziehen würde.[23] Associated Press berichtete, dass der Islamische Staat 132,5 Millionen US-Dollar für die Freilassung des amerikanischen Journalisten James Foley verlangt habe.[24]

Das Militär: Taktik und Ziele

Glaubt man den Angaben kurdischer Befehlshaber in den Medien, verfügt der Islamische Staat augenblicklich über eine bewaffnete Armee von mehr als 200 000 Mann. Ein Drittel davon hat bereits Kampferfahrung.[25] Laut offiziellen Schätzungen von September 2014 kämpfen in den Reihen des IS 15 000 ausländische Soldaten, die aus 90 verschiedenen Ländern stammen.[26] Im Januar 2015 waren es laut verlässlichen Quellen dann bereits 30 000 Ausländer, 7000 davon aus Europa. Zudem übernehmen Sunniten im Irak und in Syrien geheimdienstliche und logistische Aufgaben für den IS. Schätzungen zufolge sind in beiden Staaten jeweils 10 000 – 15 000 Männer (und Frauen) auf diese Weise tätig. Neue Rekruten schließen sich seit dem Bombardement der Amerikaner in Scharen dem IS an. Sunnitische Kämpfer, die zunächst für die «gemäßigte» Opposition aktiv gewesen waren, liefen zum IS über, weil sie frustriert und erbost darüber waren, dass es dem Westen nicht gelingen wollte, das Regime zu besiegen, und er sich stattdessen lieber der Ausrottung der Jihadisten widmete. Im Irak und in Syrien schießen die Arbeitslosenzahlen in die Höhe, und die Aussicht, ein anständiges und regelmäßiges Gehalt zu erhalten, macht den IS äußerst attraktiv. Der Islamische Staat zahlt seinen Kämpfern monatlich einen überaus großzügigen Sold von 500 – 650 US-Dollar aus. (Im Irak beträgt der Durchschnittslohn 590 US-Dollar; in Syrien gerade einmal 243 US-Dollar.)[27]

Die Offiziere aus Saddam Husseins Militär- und Sicherheitsräten, die sich in den Reihen des IS eingefunden haben, sind Experten für so wichtige Fragen wie die Herstellung von hochkomplexen, tödlichen unkonventionellen Spreng- und Brandvorrichtungen (engl. «improvised explosive devices», IEDs, die im

Irak schnell zum Markenzeichen von al-Qaida wurden). Auch mit sicherheitstechnischen und geheimdienstlichen Fragen kennen sich diese Leute aus, sei es in den eigenen, sei es in feindlichen Gebieten. Ein amerikanischer Militärexperte erklärte, dass sie «das militärische Terrain und die demographischen Dynamiken im Irak wie ihre eigene Westentasche kennen und daher ganz genau wissen, wie sie diese zu ihrem eigenen Vorteil nutzen können … In meinen Augen prägte die Militäraktionen des IS in den letzten beiden Jahren vor allem die Handschrift verschiedener Befehlshaber, gut erkennbar daran, dass die aufeinanderfolgenden Feldzüge allesamt die Reichweite, die Verteilung, die Hinterlist und das Timing als übergreifende strategische Elemente aufweisen».[28] Die professionellen Soldaten rieten dem IS zudem, eine Militärhierarchie und eine klare Kommandostruktur aufzubauen, um nicht mehr wie eine Terrororganisation, sondern wie eine hochgradig disziplinierte Armee zu funktionieren. Bislang ist das in einem vergleichbaren Ausmaß noch nicht geschehen, die einzigen Gruppen dieser Art sind die Irisch-Republikanische Armee (IRA), der Leuchtende Pfad in Peru und die Hisbollah-Miliz.

Wie der ISI auf seinem Höhepunkt genießt auch der Islamische Staat die Unterstützung sunnitischer Stammesverbände vor Ort und kann auf einige andere salafistisch-jihadistische Vereinigungen zählen, mit denen er auch militärisch kooperiert. In den letzten Monaten nahm die Feindschaft zwischen dem Islamischen Staat und dem syrischen al-Qaida-Zweig al-Nusra immer mehr ab, weshalb sich die beiden Organisationen mittlerweile auf eine Zusammenarbeit geeinigt haben.[29]

Die Streitkräfte des Islamischen Staates bestehen aus Dutzenden schwer bewaffneter Bataillone. (Ein Bataillon zählt 500 Soldaten.) Sie verfügen über eine hochentwickelte militärische Ausrüstung, die größtenteils von irakischen Armeestützpunkten und aus Militärlagern gestohlen wurde; doch auch Equipment und Waffen aus den Lagern des ehemaligen libyschen Herrschers Muammar al-Gaddafi finden sich beim IS. Diese Waffen wurden während der libyschen Revolution zurückgelassen, gelangten daraufhin wie von Geisterhand in die Wüste und wurden von dort weiter in die meisten jihadistischen Kampfzonen geschafft. Außerdem pickten sich die Kämpfer des IS und der al-Nusra-Front aus den Waffen, die für die «gemäßigten» Rebellengruppen über die türkische Grenze geschickt wurden, die besten heraus.[30]

Letztlich schränkt das Fehlen einer Luftwaffe oder einer Marine die militärische Stärke des Islamischen Staates aber ein. Es ist jedoch nicht vollkommen ausgeschlossen, dass er irgendwann Schiffe und Flugzeuge mitsamt ihrer Besatzung beschlagnahmen wird.

Die Einheiten und Bataillone des Islamischen Staates passen sich sehr schnell neuen Situationen und neuen Entwicklungen auf dem Schlachtfeld an, und die Befehlshaber erhalten freie Hand bei der Umsetzung der ihnen übertragenen Operationen. Diese Flexibilität und diese auf gegenseitigem Vertrauen basierende Weitergabe von Kompetenzen machen die Kriegsführung des IS nicht nur ungemein effektiv, sondern ermöglichen dem Militärrat zudem die Konzentration auf eine allgemeine Strategie statt auf die Details einzelner Kämpfe. Die überaus opportunistische, «fließende» Struktur des IS erschwert es den Geheimdiensten weltweit, verlässliche Informationen und konkrete Hinweise zu erhalten, um die Militärschläge des IS zu verhindern. So nutzt die Organisation stets den Überraschungseffekt und ergreift Möglichkeiten, sobald sie sich bieten. Statt «bis zum letzten Atemzug zu kämpfen», ziehen sich die Soldaten des IS lieber zurück, sobald ein Kampf aussichtslos erscheint, um sich an einer günstigeren Position neu zu formieren – eine Taktik, die über viele Jahre hinweg von al-Qaida perfektioniert wurde. Als im Januar 2015 beispielsweise die von den USA angeführte Koalition IS-Stellungen im Irak bombardierte, beschloss der Militärrat, den Fokus auf Syrien zu verlagern. Kämpfer, die sich im Irak befanden, erhielten den Befehl, sich ruhig zu verhalten (vor allen Dingen in den Städten, wo Luftschläge ohne bedeutende «Kollateralschäden» nicht durchführbar waren). Truppenverbände und Schläferzellen in Syrien wurden reaktiviert. Zwischen August 2014 und Januar 2015 gelang der Organisation daraufhin die Verdopplung der von ihr kontrollierten Gebiete in Syrien.[31]

Weil der Westen sich ziert, Bodentruppen zu schicken, gelingt es ihm kaum, die Ausbreitung des Islamischen Staates zu verhindern. Sein schlechter Ruf und die von ihm verübten Grausamkeiten schrecken ebenfalls ab. Darüber hinaus kennen sich die Kämpfer des Islamischen Staates nicht nur in konventioneller Kriegsführung aus, sondern sind wie die meisten Jihadisten auch im Guerillakampf in den Städten und Bergen der Region erprobt. Beim Guerillakrieg müssen sich größere Bataillone schnell in kleine, agile und anpassungsfähige Einheiten auflösen. Im Kampf gegen konventionelle Truppen, die unter solchen Umständen ins Straucheln geraten, gewinnen sie so die Überhand – daran lag es auch, dass die US-amerikanischen Truppen in der Schlacht von Falludscha im Irakkrieg untergingen. Ein amerikanischer Militärbeobachter fasste das Ganze so zusammen: «Der Islamische Staat kombiniert und verschmilzt den Terrorismus, den Guerillakampf und die konventionelle Kriegsführung…, und das macht den IS zu einer neuen Art.»[32]

Taktisch und strategisch gestalten sich die Angriffe des Islamischen Staates auf die Städte meistens so, dass die Kämpfer der Gruppe die Ortschaften umstellen und belagern. Handelt es sich um eine große Stadt oder gar die Hauptstadt – Bagdad scheint ein naheliegendes Ziel zu sein –, besteht die Taktik darin, zunächst die Kontrolle über die äußeren Gebiete und den «Gürtel» der wichtigsten Regionen um die Stadt herum zu erlangen. Mithilfe von Straßensperren und Stützpunkten entlang dieses «Gürtels» kontrolliert die Organisation den Zugang zum Ballungsraum, wodurch auch der Transfer von Geld, Waffen und Truppen vereinfacht wird.

Außerdem legt der Islamische Staat sein Augenmerk auf die Eroberung der für die Lebensmittel- und Wasserversorgung strategisch wichtigen Ziele in Syrien und im Irak, so zum Beispiel auf die wichtigsten Staudämme am Euphrat und Tigris. Besonders Staudämme können bei Verhandlungen als Druckmittel eingesetzt werden. In der Ausgabe des IS-Online-Magazins *Dabiq*, die im Juli 2014 erschien und mit «Die Flut» betitelt war, drohte die Gruppe mit der Sprengung des von ihr eroberten Mossul-Staudamms, was eine Flutwelle ausgelöst und ganz Bagdad zerstört hätte.

8. Das Handbuch des Jihadismus

Kreuzigungen und Köpfungen; Vergewaltigungsopfer, denen das Herz herausgeschnitten und auf die Brust gelegt wird;[1] Massenhinrichtungen; Homosexuelle, die von hohen Gebäuden geworfen werden; abgeschlagene Köpfe, die auf Geländer gespießt oder von grinsenden «jihadistischen» Kindern – seit Kurzem erschießen sie Gefangene selbst –[2] hin- und hergeschwungen werden: All diese grauenhaften Bilder schlimmster Brutalität werden vom Islamischen Staat sorgsam aufbereitet und über seine Medienkanäle in Umlauf gebracht. Da jede neue Grausamkeit die vorherige in den Schatten stellt, schaffen es diese Meldungen garantiert in die weltweiten Schlagzeilen.

Das Ganze mag zwar wie eine sadistische Orgie ohne Sinn und Verstand erscheinen, ist jedoch alles andere als das. Tatsächlich handelt es sich um eine systematisch angewandte politische Kampagne. Die äußerste Brutalität des Islamische Staates wird in der jihadistischen Literatur ausgiebig angepriesen, ganz besonders in dem 2004 im Internet erschienenen Dokument *The Management of Savagery*, das von dem al-Qaida-Ideologen Abu Bakr Naji verfasst wurde. Online-Sprecher und -Autoren des IS verweisen gerne auf Najis Arbeiten.

Die meisten Staaten und Imperien erhoben sich aus einem Meer von Blut und entstanden mit grausamster Gewalt. Zum Arsenal einer feindlichen Armee gehört immer auch die psychologische Kriegsführung. Die Anführer und Ideologen des Islamischen Staates erschaffen in ihren eigenen Augen nicht nur einen neuen Staat, sondern stellen zudem das alte muslimische Imperium wieder her: das Kalifat.

Kriegszeiten: Die lange Geschichte extremer Gewalt

Donald G. Dutton beweist in seinem Buch *The Psychology of Genocide, Massacres and Extreme Violence*, dass auch «hochentwickelte»
und «zivilisierte» Gesellschaften Gräueltaten ganz ungeniert akzeptieren, wenn sie für eine gemeinsame Sache verübt werden. So
waren die meisten Amerikaner mit einer Bestrafung Leutnant William Calleys nicht einverstanden, obwohl dieser die Schändung
und Ermordung der Frauen und Kinder des vietnamesischen Or-
tes My Lai durch seine Truppen angeordnet hatte.[3] Als kürzlich
enthüllt wurde, welche barbarischen Folterpraktiken die CIA in
Guantanamo Bay einsetzte, löste das bei den Amerikanern kaum
eine Reaktion aus.[4] Auch Staaten, die Widerstand ersticken oder
Ungehorsam vermeiden möchten, bedienen sich oft äußerst brutaler Methoden. Im Laufe des 20. Jahrhunderts wurden 170 Millionen Bürger von ihren eigenen Regierungen umgebracht; allein in
der UdSSR kamen zwischen 1917 und 1987 auf diese Weise 62 Millionen Menschen ums Leben.[5]

Das Muster, nach dem die Menschen zu äußerster Gewalt und
schlimmster Brutalität greifen, hat sich seit den ersten im Namen
der Religion verübten, gut dokumentierten Gräueltaten der Kreuzzüge kaum verändert. Im Rom des 11. Jahrhunderts wurde das
Konzept der «positiven» Gewalt erstmals angewandt, als Papst
Urban II. den «Heiligen Krieg» als ein Abenteuer darstellte, das
Gott nicht nur toleriere, sondern aktiv unterstütze. Psychologische
Kriegsführung war während der Kreuzzüge gang und gäbe und
umfasste auch «Drohgebärden»: Christen katapultierten beispielsweise die abgeschlagenen Köpfe muslimischer Soldaten über die
Wehranlagen einer belagerten Stadt, Muslime hängten tote Kreuz-
ritter hoch oben an ihren Mauern auf, damit «ihre Freunde ihnen
beim Verwesen zuschauen konnten».[6]

Krieg *ist* Gewalt, deshalb sollte es uns nicht verwundern, dass
der Sieger in der Regel zu größerer – nahezu psychopathischer –
Kaltblütigkeit fähig ist als der Verlierer. Im 20. Jahrhundert klet-
terte die Zahl der Todesopfer in bislang unbekannte Höhen, ebenso

die Vielzahl an Methoden, mit denen Menschengruppen im Fadenkreuz beseitigt wurden. Stalin hungerte während seines versuchten Genozids an den Ukrainern, der als «Holdemor» in die
Geschichte einging, Millionen Menschen systematisch zu Tode;
zudem massakrierte er weitere 30 Millionen «Dissidenten». Die
Osmanen schlachteten 1914 eine Million Armenier ab; 20 Millionen Osteuropäer wurden während des Zweiten Weltkrieges von
den Nazis umgebracht, neben Millionen Juden auch Menschen mit
Handicap, Sinti und Roma sowie Homosexuelle; 1995 massakrierten serbische Streitkräfte im ehemaligen Jugoslawien 8000 bosni-
sche Muslime (größtenteils Jungen und Männer) und vertrieben
30 000 gewaltsam aus ihren Häusern – diese niederschmetternde
Bilanz lässt sich endlos fortführen.

Während des Zweiten Weltkrieges sollte die Hemmschwelle
japanischer Soldaten bewusst gesenkt werden, beispielsweise, indem sie mit ansehen mussten, wie lebenden Gefangenen die
Köpfe abgeschlagen wurden. Zunächst reagierten die Soldaten
mit Entsetzen, doch die Gräueltaten, die sie und ihre Kameraden
begingen, stumpften sie nach und nach immer mehr ab. Ein Soldat, der später Arzt wurde, schrieb Folgendes über sein Verhalten
während des Krieges auf: «Es ist furchtbar, dass ich mich in ein
Tier verwandeln und all diese Dinge tun konnte. Es gibt keine
Worte für das, was ich tat. Ich war wirklich und wahrhaftig der
Teufel.»[7]

Die Entmenschlichung der Opfer führt dazu, dass moralische
Bedenken nebensächlich erscheinen; aus diesem Grund werden
Feinde oft als abstoßende Bestien dargestellt, beispielsweise als
Ratten oder Kakerlaken. Der US-amerikanische Soldat Steven
Green vergewaltigte und ermordete gemeinsam mit vier Kameraden die erst 14-jährige Abir Qasim vor den Augen ihrer Familie,
die danach ebenfalls umgebracht wurde. Er erklärte das Ganze so:
«Für mich waren Iraker einfach keine Menschen.»[8] In einem Krieg
geht es vor allem darum, den Feind in Angst und Schrecken zu versetzen und mit besonders großer Skrupellosigkeit vorzugehen. Das
lässt sich an den Exzessen des Islamischen Staates gerade sehr eindrücklich beobachten. Die Amerikaner haben dafür einen Begriff:

«Shock and Awe», was sich etwa mit «Schrecken und Ehrfurcht» übersetzen lässt.

Gräueltaten können auch genutzt werden, um noch mehr Soldaten auf die eigene Seite zu locken: Wer den Feind dämonisiert und gegen ihn agitiert, tut sich leichter, Kriegsverbrechen zu rechtfertigen. Ein britischer General umschrieb das nach dem Ersten Weltkrieg so: «Damit zwei Armeen aufeinander losgehen und sich gegenseitig die Köpfe einschlagen, müssen Lügen über den Feind verbreitet werden.»[9] Im Falle der Bewegung des «Globalen Jihad» (der auch al-Qaida und der Islamische Staat angehören) speist sich der Kriegshunger einerseits aus dem Wunsch nach Rache für die Gräueltaten, die die Staaten des Nahen und Mittleren Ostens sowie der Westen gegen die eigenen Bürger und Kameraden verübt haben, und andererseits aus dem Ruf nach Vergeltung für die unerwünschten militärischen Interventionen und den – so wird das wahrgenommen – Raubbau multinationaler Konzerne an den Ressourcen der muslimischen Länder. Auch das Unvermögen, eine gerechte Lösung für die Palästinenser zu finden, spielt eine wichtige Rolle.

Für den Islamischen Staat sind Gräueltaten eine bewusst hinterlassene «Botschaft aus Blut», um an dieser Stelle einmal den Titel aufzugreifen, den die IS-Medienorganisation al-Hayat im Oktober 2014 für ein grausames Video wählte, das die Ermordung kurdischer Kämpfer zeigt. Es handelt sich dabei um «Propaganda durch die Tat», denn je abscheulicher die Tat, desto stärker die Wirkung (und die weltweite Berichterstattung darüber). Häufig erzeugt der Islamische Staat zudem einen politischen Subtext für seine gut sichtbaren Gräueltaten. Die Liveübertragung einer Hinrichtung, in deren Vorfeld eine Reihe von Geiseln in orangefarbenen Overalls auf ihren Tod wartet, bewirkt auf der Stelle eine Verbindung zwischen der Szene und der Misshandlung muslimischer Gefangener in Guantanamo, die ohne jede Gerichtsverhandlung jahrelang hinter Gittern saßen. Der IS impliziert damit, dass nicht er, sondern der amerikanische Staat in Wirklichkeit für die Hinrichtung seiner Bürger verantwortlich ist, weil es sich bei den Morden um Vergeltungsaktionen für vergangene Missetaten handelt, deren Haftbarkeit auf das ganze amerikanische Volk ausgeweitet wurde.

«The Management of Savagery» –
eine Abhandlung über den Terror

Abu Bakr Najis Online-Traktat *The Management of Savagery* erschien 2004. Der Autor bezieht sich darin stark auf die Schriften des muslimischen Gelehrten Taqi al-Din ibn Taimiya, der im 14. Jahrhundert lebte und als erster salafistischer Jihadist gilt, weshalb er von heutigen Hardlinern ganz besonders verehrt wird. Naji soll der Deckname von Muhammad Chalil al-Hakaima (auch bekannt als Abu Jihad al-Masri) gewesen sein, einem Ägypter, der sich mit seiner Gruppe, Jamaa Islamiyya, al-Qaida anschloss und ein enger Vertrauter Aiman al-Zawahiris war. Naji kam 2008 bei einem US-Drohnenangriff im pakistanischen Wasiristan ums Leben.

Naji diskutiert in seinem Text die Rolle extremer Gewalt in den drei Phasen, an deren Ende die Wiederherstellung des Kalifats steht: Auf die Phase von «Beunruhigung und Erschöpfung» folgt der «Gezielte Einsatz von barbarischer Gewalt», danach dann die «Ausrufung des Kalifats». Dieses Dokument muss Abu Musab al-Zarqawi stark beeinflusst haben. Als es aufgezeichnet wurde, spalteten al-Zarqawis Ansichten das jihadistische Lager, weil er brutalste Gewalt befürwortete und anwandte, und zwar nicht nur gegen «Ungläubige», sondern auch gegen andere Muslime im Irak und in Jordanien.

Naji beginnt sein Traktat mit dem Hinweis, dass der «Gezielte Einsatz barbarischer Gewalt» ein Entwicklungsstadium während der Staatsbildung und Teil des «menschlichen Wesens» sei. Er und seine Gefährten zielten darauf ab, die Umma (die Gemeinschaft aller Muslime) aus dem «Sumpf der Dunkelheit und der Dekadenz» zu befreien, in der die Welt nach dem «Zusammenbruch des Kalifats» versunken sei. Dieser heidnische Zustand wird *jahiliyya* genannt.

Jedes Kalifat sei durch das Schwert gegründet und gehalten worden. Salafistische Jihadisten behaupten, dass sogar der Prophet selbst zu Gewalt greifen musste, als er den Islam durchzusetzen versuchte, und aus ihm wahrlich ein hervorragender militärischer Führer wurde, der alle Muslime in die Pflicht nahm, im Angriffsfall in den Jihad zu ziehen und sich zu verteidigen. Die Argumentation lautete, dass der Jihad zu einer Notwendigkeit geworden sei: Zunächst trug Gott Muhammad auf, nach friedlicher Aussöhnung zu streben. In den ersten 13 Jahren seiner Mission (610–632), als er sich in Mekka aufhielt, stand der Prophet für die Gewaltlosigkeit ein und erklärte seinen Anhängern, dass ihre Geduld dereinst im Paradies belohnt werde. Die zu dieser Zeit offenbarten Suren (Koranverse) lauteten unter anderem: «Darum übe Vergebung in schöner Weise» (Koran 15:85) und «So ertrage geduldig, was sie sagen» (50:39). Selbst als die polytheistische Oligarchie der Quraisch Muhammad ermorden lassen wollte, sandte ihm Gott die Botschaft, nicht zur Gewalt zu greifen, sondern lieber Folgendes zu tun: «Rufe zum Weg deines Herrn mit Weisheit und schöner Ermahnung auf» (16:125).

Muhammad und seine Gefährten waren gezwungen, im Zuge der sogenannten ersten Hijra aus Mekka zu fliehen und sich in Medina niederzulassen. Diese Umsiedlung gilt als wichtigste Entwicklung in der Geschichte des Islam und markiert den Beginn des islamischen Kalenders. In Medina wurde Muhammad zum politischen, rechtlichen und militärischen Anführer einer äußerst gemischten Gemeinschaft unterschiedlicher arabischer Stämme ernannt, die zum Islam konvertiert waren. Die vor Ort lebenden Juden akzeptierten das politische Herrschaftssystem. Die Suren, die Muhammad in Medina offenbart wurden, setzen sich daher vor allem mit Recht und Gesetz auseinander, wohingegen die zuvor enthüllten Koranverse vor allem die Natur und den Glauben thematisierten.

Weil die 1000 Mann starke Armee Mekkas die Muslime auslöschen wollte, die zum damaligen Zeitpunkt gerade einmal 300 Krieger zählten, enthält Sure 8 die folgende Prophezeiung: «Wenn es unter euch zwanzig Standhafte gibt, werden sie zweihundert besiegen. Und wenn es unter euch hundert gibt, werden sie tausend von denen, die ungläubig sind, besiegen, weil sie Leute sind, die nicht verstehen» (Koran 8:65). Den Muslimen war nun Folgendes gestattet: «Und kämpft gegen sie, damit keine Verführung mehr stattfinden kann und (kämpft,) bis sämtliche Verehrung auf Allah allein gerichtet ist» (Koran 8:39). In der darauffolgenden Auseinandersetzung, der Schlacht von Badr (624 n. Chr.), siegten 300 Muslime tatsächlich über 1000 Soldaten aus Mekka.

Drei Jahre später folgte dann die «Grabenschlacht», kurz nachdem Sure 8 über die militärischen Möglichkeiten des Jihad offenbart worden war, in der den Muslimen versichert wurde, dass Allah auf ihrer Seite stehe und für ihren Sieg sorgen werde. Abermals siegten die Muslime, und die Bürde auf den feindlichen Schultern wurde nunmehr immer größer: «Wenn ihr auf diejenigen, die ungläubig sind, (im Kampf) trefft, dann schlagt (ihnen auf) die Nacken. Wenn ihr sie schließlich schwer niedergeschlagen habt, dann legt (ihnen) die Fesseln fest an. Danach (lasst sie) als Wohltat frei oder gegen Lösegeld, bis der Krieg seine Lasten ablegt» (Koran 47:4). In derselben Sure werden Märtyrern – also all «denjenigen, die auf Allahs Weg getötet werden» – Belohnungen versprochen, denn «Er [wird] ihre Werke nicht fehlgehen lassen … und sie in den (Paradies)garten eingehen lassen, den Er ihnen kenntlich gemacht hat» (Koran 47:6).

Mittlerweile befinden wir uns tief in den ideologischen Gefilden des Islamischen Staates und seiner Vorgängerorganisation, al-Qaida. Als Osama bin Laden in der Fatwa von 1996 den USA den Krieg erklärte, warnte er, dass die Mujahidin «kein anderes Ziel verfolgen, als durch euren gewaltsamen Tod ins Paradies zu kommen … Diese Jugendlichen unterscheiden sich von euren Soldaten. Ihr werdet vor dem Problem stehen, eure Soldaten zum Kämpfen zu bewegen; wir werden vor dem Problem stehen, unsere zur Zurückhaltung aufrufen zu müssen, damit sie warten, bis sie an der Reihe sind … Unsere Jugend weiß sehr wohl, dass der Tod auch dann kommt, wenn man nicht im Kampf sein Leben verliert, und dass es keine größere Ehre gibt, als für Allah zu sterben.[10] Diese Fatwa-Erklärung wurde al-Quds al-Arabi zugefaxt und dort erstmals veröffentlicht.

Insgesamt befand Muhammad sich die letzten zehn Jahre seines Lebens ständig im Krieg, zunächst als Anführer einer kleinen Bande «Aufständischer» oder «Guerillakämpfer», die später zur ersten konventionellen Streitmacht der arabischen Welt mit bis zu 10 000 Soldaten heranwuchs. Diese Streitmacht bestand aus Kavallerie- und Infanterie-Einheiten und verfügte über einen überaus effektiven Geheimdienst. Muhammad kehrte im Triumph nach Mekka zurück, wo die meisten der Stadtbewohner mittlerweile zum Islam übergetreten waren. Militärhistoriker beschreiben den Propheten als hervorragenden General und erstklassigen Strategen.[11]

Nachdem er seine Autorität etabliert hatte, schreckte Muhammad auch nicht vor Gewalt zurück, denn er hatte die Macht der Angst erkannt. Er sicherte sich die Loyalität seiner Anhänger, indem er Verräter öffentlich bestrafen ließ; wer vom Glauben abfiel, wurde hingerichtet, und viele seiner politischen Gegner fielen Attentaten zum Opfer. Um in den Herzen der Ungläubigen Furcht zu säen, erklärte ihnen Muhammad den «Krieg der Messer». Auch die folgenden Kalifate wurden vor allem durch militärische Macht erhalten: Die Abbasiden schwammen in einem Meer von Blut ins Amt und begründeten ihre Kalifendynastie mit Gewalt, als sie eine der berühmtesten Schlachten der Weltgeschichte schlugen: die Schlacht am Talas. Dort nahmen es die arabischen Truppen mit den Soldaten der chinesischen Tang-Dynastie auf und trugen sogar den Sieg davon.

Abu Bakr Naji schreibt in seinem Traktat, dass die erste Phase der Wiederherstellung des Kalifats (die er als «islamistische Phase» bezeichnet) vor allem von «Beunruhigung und Erschöpfung» geprägt sei: Die Supermächte sollten durch ständige Drohgebärden, ständigen Terror und ständige Aggressionen durch die Jihadisten aufgerieben werden. Die USA und ihre Alliierten würden mithilfe dieser Strategie «aufgrund ihrer moralischen Degeneration, ihrer sozialen Ungerechtigkeiten, ihrer Dekadenz, ihres Egoismus und ihrer Vorliebe für weltliche Genüsse» irgendwann politisch implodieren. Unter der unerträglichen finanziellen Last ständiger Kriege werde schon bald der wirtschaftliche Zusammenbruch folgen: «Der sicherste Weg, um auch den stärksten Feind in die Knie zu zwingen, ist, ihn militärisch und ökonomisch ausbluten zu lassen», versichert Naji. Viele al-Qaida-Ideologen teilen diese Meinung, darunter Osama bin Laden und Aiman al-Zawahiri. Beide sind Bewunderer von Paul Kennedys *Aufstieg und Fall der großen Mächte*, in dem der Autor die These vertritt, Großmächte zerfielen vor allem deshalb ganz von alleine, weil sie sich im Ausland militärisch übernähmen und gleichzeitig in der Heimat die innere Sicherheit aufrechterhalten müssten. Die gesellschaftliche Unruhe, die aus dem wirtschaftlichen Zusammenbruch resultiere, schädige den «Feind» umso mehr. Die Leser mögen sich an dieser Stelle daran erinnern, dass eben dies mit der Sowjetunion geschah, die aufgrund der anhaltenden militärischen Intervention in Afghanistan und des Versuchs, die zunehmend widerspenstigen Mitgliedstaaten auf Linie zu halten, gleich an mehreren Fronten zusammenbrach.

Die zweite Phase ist laut Naji der «Gezielte Einsatz von barbarischer Gewalt», in der die Truppen des Jihad alles beiseiteräumen, was ihnen im Weg steht. In Najis Augen haben die Amerikaner «einen Zustand der Verweiblichung erreicht, der es ihnen unmöglich macht, Schlachten lange durchzuhalten, was sie mit einer verlogenen Presse zu verschleiern versuchen». Dieselbe Strategie wurde 1996 von Osama bin Laden genannt, der «den schwerfälligen amerikanischen Elefanten» dadurch zu Fall zu bringen gedachte, dass er ihn auf muslimischem Territorium in aussichtslose Kämpfe verwickelte. Der Islamische Staat hat seine Feinde noch nicht so weit provoziert, dass sie «mit Militärstiefeln seinen Boden betreten»; ganz bestimmt ist das jedoch sein größtes Ziel. Naji ist nämlich der Meinung, dass die «direkte Intervention der Amerikaner in der islamischen Welt» gemeinsam mit deren «Unterstützung des zionistischen Gebildes» zwangsläufig deren Niederlage durch die «Erneuerungsbewegung» bringen müsse.

«Die Gefilde der barbarischen Gewalt», in denen die salafistischen Jihadisten operieren, werden laut Naji «ein Gebiet sein, das sich dem Gesetz des Dschungels in seiner primitivsten Form un-

terwerfen muss». Dieser Prozess beginnt mit dem Zusammenbruch oder der Schwächung der regulären Streitkräfte, was den
Mujahidin erlaubt, in den von der Verteidigung verlassenen Regionen letztlich die Oberhand zu gewinnen. Der Irak unter Saddam,
Syrien unter Assad und Libyen unter Gaddafi: All diese Länder
verfügten bis zum Einmarsch der Amerikaner in den Irak und dem
Ausbruch des Arabischen Frühlings über die schlagkräftigsten Armeen der arabischen Welt. Keines dieser Länder hatte vor dieser
Zeit «Probleme mit Islamisten».

Die unwissenden Menschen, die das große Pech haben, in diesem «barbarischen Chaos» zu leben, werden «sich nach jemandem
sehnen, der Ordnung in das Chaos bringt». Und das wird der Islamische Staat sein, stellt Naji fest. Wie wir bereits erfahren haben,
wird der IS unter anderem deshalb von den Menschen, die in den
von ihm überrannten Ortschaften leben, so begeistert begrüßt,
weil es ihm gelang, Gesetz und Ordnung einzuführen und aufrechtzuerhalten, ganz ähnlich wie den Taliban nach dem Bürgerkrieg in Afghanistan.

Naji betont, wie wichtig es sei, dass die Jihadisten selbst «barba-
risch grausam» werden. Im Hinblick auf das Kalifat der Abbasiden
erklärt er, «einer der Gründe für den Erfolg der Abbasiden und
den Misserfolg der anderen» sei «die Gewalttätigkeit der Ersteren
und die Verweichlichung der Letzteren sowie deren große Angst
vor Blut» gewesen. Die Abscheu, die die meisten Rekruten beim
bloßen Gedanken an äußerste Gewalt verspüren, ist ihm bewusst,
und so verweist er auf die Gefährten des Propheten, die «Menschen verbrannten, obwohl es ihnen zuwider war, weil sie die Wirkung roher Gewalt in Zeiten der Not verstanden … Sie taten das
nicht etwa, weil sie das Töten liebten oder grobschlächtige Menschen waren. Bei Gott, wie weich ihre Herzen waren!… Was diese
Aufgabe wirklich mit sich bringt, muss den Jugendlichen erklärt
werden, die sich dem Kampf anschließen möchten.»

Naji schildert detailliert, wie Abu Bakr, ein Gefährte des Propheten, für seine «Skrupellosigkeit in der Schlacht» bekannt wurde,
die es fast mit der «des Gottgesandten» aufnehmen konnte, denn
er befahl seinen Soldaten, «einen Hals ohne Gnade oder Zögern

durchzuschneiden». Für Naji (und die Soldaten des Islamischen Staates) «befinden wir uns mittlerweile in Umständen, die denen ähneln, die auf den Tod des Propheten (Friede und Segen sei mit Ihm!) und den Abfall vom Glauben folgten. Die Gläubigen hatten zu Beginn des Jihad Ähnliches zu ertragen, deshalb müssen wir ein Massaker veranstalten …».

Für Naji bedeutet die Tatsache, dass die eigene «Barbarei» wächst, dass auch der «Ruf und die Erhabenheit der Mujahidin» wachsen werden, weil «eine Operation auf die nächste folgt, was die Herzen der Menschen mit Angst erfüllen und die Furcht ins Unermessliche steigern wird». Man habe das Ziel, mit den Gräueltaten möglichst große mediale Aufmerksamkeit zu erregen, «damit sie tausendmal nachdenken, bevor sie uns angreifen». Deshalb drängt er auch auf Exzesse, beispielsweise indem er dazu aufruft, «eine solch gewaltige Menge Sprengstoff zu verwenden, dass nicht nur das Gebäude zerstört und dem Erdboden gleichgemacht wird, sondern alles vollständig in Schutt und Asche gelegt wird. Durch Taten dieser Art lässt sich nicht nur die Angst der Feinde ins Unendliche steigern – auch Propagandaziele werden erreicht.» Wenn für Geiseln keine Lösegelder gezahlt werden, dann sollten sie «auf die schrecklichste Art und Weise liquidiert werden, die möglich ist, um die Herzen der Feinde und ihrer Unterstützer mit Furcht zu erfüllen».

Wer den Feind «bezahlen» lässt, wird laut Naji «eher an einer Aussöhnung interessiert sein». Das bedeutet nun jedoch nicht, dass er sich dafür einsetzen würde, Frieden zu schließen: «Die temporäre Unterbrechung der Kampfhandlungen ohne einen Friedensvertrag oder sonstige Zugeständnisse … wird es den Kämpfern ermöglichen, sich etwas auszuruhen und so letztlich wieder Fortschritte zu machen.»

Naji weist darauf hin, dass die von den USA angeführte Koalition einzig und allein auf «Eigeninteressen» basiere (im Gegensatz zu den Mujahidin, die ein gemeinsamer Glaube vereine), weshalb er langfristig nicht mit wirklichem Widerstand gegen den Islamischen Staat rechne: «Und was ihre Beharrlichkeit angeht, den Krieg unbedingt weiterführen zu wollen, so gilt sie nur, wenn sie ihren

Feind für schwach halten und meinen, sie könnten seinen Willen brechen. Treffen sie auf einen starken Widerstand, der Militäroperationen herausfordert, die eine ganze Menge kosten und nur sehr wenig bewirken, ziehen sich die Mitglieder der Koalition eines nach dem anderen zurück, weil sie sicherere Gefilde bevorzugen oder den Konflikt vor sich herschieben, bis ihnen die Umstände günstiger erscheinen.»

Sobald die Mujahidin in der Lage dazu seien, «barbarische Gewalt kontrolliert einzusetzen», sollten sie sich um verschiedene «Hauptziele» kümmern, die zumindest theoretisch in der Ausrufung des Islamischen Staates (also des Kalifats) gipfelten. Ich überlasse den Lesern die Entscheidung, welche der von Naji beschriebenen Ziele vom Islamischen Staat bis heute erreicht wurden.

1. Die Ausweitung und Erhaltung der inneren Sicherheit in jedem Verwaltungsgebiet.
2. Die Sicherstellung der medizinischen Versorgung und der Lebensmittelversorgung.
3. Der Schutz der Gebiete der Barbarei vor feindlichen Invasionen, die Errichtung von Verteidigungsanlagen und die Ausbildung von Kampfverbänden.
4. Die Etablierung der Scharia in den Gebieten der Barbarei.
5. Die Stärkung des Glaubens und der Kampfkraft durch die Ausbildung der örtlichen Jugend, um auf allen Ebenen eine kriegerische Gesellschaft zu etablieren. Am besten lässt sich dies umsetzen, indem man alle Menschen, die in den Gebieten der Barbarei leben, auf ihre Bedeutung für den Jihad hinweist. Es muss jedoch deutlich gemacht werden, dass es sich um eine unerlässliche Pflicht handelt (*wujbihi al-muta'ayyan*), was aber nicht heißt, dass alle für den Kampfeinsatz ausgebildet werden müssen. Das gilt nur für einen kleinen Teil, der [üben muss], und das in einer Art und Weise, wie es die Gesellschaft für angemessen hält.
6. Der Einsatz für die Ausweitung des Scharia- und säkularen Rechts [die Schulen und Universitäten im Islamischen Staat räumen diesen beiden Fächern Priorität ein].

7. Die Einschleusung von Spionen und die Einrichtung zumindest eines kleinen Geheimdienstnetzes.

8. Die Vereinigung der Herzen der Menschen mittels Geld und die Vereinigung der Welt in einer der Scharia entsprechenden Herrschaft sowie in der Einhaltung von Regeln, die zumindest von Menschen in der Führung beispielhaft vorgelebt werden.

9. Die Abschreckung von Heuchlern mithilfe von Beweisen und anderen Mitteln, um sie so zu zwingen, ihre Scheinheiligkeit zu unterdrücken, ihre unerwünschten Ansichten zu verbergen und sich den Autoritäten zu fügen, bis ihrer Bösartigkeit Einhalt geboten wird.

10. Aktiv bleiben, bis eine territoriale Ausweitung und Angriffe auf feindliche Truppen möglich sind, um schließlich alle Gegner zu schlagen, ihr Geld zu rauben und sie in einen Zustand der ständigen Angst zu versetzen, damit sie sich eine Aussöhnung herbeiwünschen.

11. Wenn möglich, Koalitionen mit den Kräften eingehen, die der Führung noch nicht vollends die Treue geschworen haben.

12. Hinzu kommt ein zukünftiges Ziel, nämlich die Befähigung von Führungseinheiten zur Ausübung geregelter Macht und die Förderung der Bereitschaft, die Früchte [ihrer Bemühungen] zu ernten und den Staat aufzubauen.

Gesteuerte Brutalität

Die Strategien und Ideologien, die hinter dem andauernden Versuch stecken, ein Kalifat im Herzen des Nahen Osten zu installieren, existieren seit mindestens zehn Jahren und nehmen bewusst äußerst brutale Methoden in Kauf.

Ein Jahr nachdem Abu Bakr Najis Traktat veröffentlicht wurde, erschien 2005 ein weiteres Dokument mit dem Titel *Al-Qaidas Strategien bis zum Jahr 2020*. Verfasst hatte es ein geheimnisvoller Ideologe namens Makawi (aller Wahrscheinlichkeit nach eines von

Saif al-Adels Pseudonymen). Der Autor erarbeitet in seinem Text einen Fünf-Punkte-Plan, der ebenfalls damit einsetzt, «den schwerfälligen amerikanischen Elefanten zu provozieren» und ihn auf muslimisches Terrain zu locken, um dort seine Truppen zu dezimieren. Das Ganze mündet in die Wiederherstellung des Kalifats nach der letzten Schlacht gegen die «Ungläubigen».[12]

Wie sich herausgestellt hat, wurde al-Qaida – möglicherweise nur zeitweilig – vom Islamischen Staat geschluckt, doch sind sich beide Gruppen in ihrer Ideologie und ihren Zielen sehr ähnlich. Zukünftig mag sogar ein strategischer Zusammenschluss erfolgen, falls Aiman al-Zawahiri die bittere Pille schluckt und Abu Bakr al-Baghdadi die Treue schwört.

Die abscheuliche öffentliche Zurschaustellung äußerster Gewalt soll Angst und Schrecken in den Herzen der Feinde bewirken. Wie ich zu zeigen versucht habe, ist der Islamische Staat in dieser Hinsicht heutzutage keineswegs einzigartig, aber doch auf verheerende Art und Weise herausragend.

9. Die ausländischen Kämpfer des Kalifen

«Es gibt Tausende von uns, wir kommen aus der ganzen Welt …, und wir sind alle al-Qaida», erklärte ein ausländischer ISIS-Kämpfer im Dezember 2013 dem BBC-Korrespondenten Richard Galpin. Er fügte hinzu, dass seine 8000 Mann starke, aus ausländischen Jihadisten bestehende Brigade erst kürzlich dem ISIS ihren Treueschwur geleistet habe. Während meiner Recherchen interviewte ich Soldaten des Islamischen Staates und ging mündlichen Hinweisen nach, die mir während meiner Reise durch den Nahen Osten, die ich Ende 2014 für dieses Buch unternahm, von verschiedenen Kontaktpersonen gegeben wurden. Einiges weist darauf hin, dass die ausländischen Jihadisten, die ein Jahr nach dem oben erwähnten Interview mit Galpin in die Region strömten, die unterschiedlichsten Vorgeschichten hatten. Viele gehörten bereits al-Qaida an, andere hatten vorher noch nie gekämpft.

In seinem Rekrutierungs- und Propagandamaterial beharrt der Islamische Staat auf der «religiösen Pflicht» der Hijra (Migration), um sich dem Kalifat anzuschließen. Viele junge Leute nehmen diesen Ruf ernst. Jeder, der in den Irak oder nach Syrien reisen möchte, kann sich jederzeit von denen, die bereits im Daula (kurz für Daulat al-Islamiyya, Islamischer Staat) leben, beraten lassen, weil sie leicht über Twitter erreichbar sind. Der zukünftige Rekrut erhält die Anweisung, sich über eine andere Seite wie Ask.fm oder Kik – anonymisierte Seiten, auf denen alles möglich, aber nichts nachweisbar ist – mit einer Kontaktperson in Verbindung zu setzen, um genauere Informationen und Hilfestellung zu erhalten.

Das Phänomen, dass ausländische Kämpfer in die Krisenregion einwandern, weil sie von einer gemeinsamen religiösen Identität und der Aussicht auf die Teilnahme an einer nicht-geografischen, quasi-nationalen Einheit (in diesem Fall der Umma) angezogen werden, war bis vor kurzem so selten, dass es keinen eigenen politikwissenschaftlichen Begriff dafür gab. Im jihadistischen Vokabular werden ausländische Kämpfer in Anlehnung an das Wort, das der Prophet Mohammed für seine Gefährten nutzte, die für den Jihad das Land verließen, *muhajirun* genannt. Das Konzept der Umma ist für die jihadistische Ideologie von größter Bedeutung. Die «Gemeinschaft der Muslime» ist grenzenlos, weshalb die Jihadisten die von den ehemaligen Kolonialmächten künstlich gezogenen Grenzen erbittert ablehnen. Der Islamische Staat ist also kein Nationalstaat, sondern ein Staat für alle Muslime. So lautet jedenfalls die Theorie.

Eine Geschichte der Migration

Dass Muslime größere Strecken zurücklegen, um einander in regionalen Konflikten zur Seite zu stehen, ist beileibe nichts Neues. So beteiligten sich arabische Freiwillige – wenn auch nur in geringer Zahl – immer wieder am Kampf der Palästinenser gegen Israel; im Zuge des Sechstagekriegs 1967 schnellte ihr Anteil in die Höhe.[1] Während des zehn Jahre dauernden Kriegs gegen die Sowjets in Afghanistan in den 1970er-Jahren schlossen sich erstmals muslimische Freiwillige aus nicht-arabischen Ländern in großer Zahl den Mujahidin an. Schätzungsweise 20 000 Mann gesellten sich zu den paschtunischen und arabischen Auswanderern, die in den Jihad zogen. Etwa 2000 davon blieben auch nach dem Abzug der Sowjets im Land, um im Bürgerkrieg zu kämpfen. Die meisten von ihnen schlossen sich dem al-Qaida-Netzwerk an, das sich unter dem Schutz der Taliban von 1996 bis 2001 in Afghanistan etablieren konnte, bis die Amerikaner als Vergeltungsmaßnahme für den 11. September 2001 Tora-Bora bombardierten. Daraufhin zerstreuten sich die Mujahidin.

Der «Jihad» in Bosnien 1992 bis 1995 zog um die 6000 Kämpfer aus dem Ausland an. (Laut bosnischen Geheimdienstangaben stammten 25 Prozent davon aus Saudi-Arabien.) In den Reihen der Groupe Islamique Armé (GIA), die 1990 während des Bürgerkriegs in Algerien ins Leben gerufen wurde, und ihrer Nachfolgeorganisation, der Salafisten-Gruppe für Predigt und Kampf («Groupe Salafiste pour la Prédication et le Combat», GSPC), kämpften Tausende ausländische Jihadisten, auch aus dem Westen. Als die USA 2003 in den Irak einmarschierten, schlossen sich sogar noch mehr Menschen den Aufständischen an und hauchten al-Qaida – einer Organisation, die bis zu diesem Zeitpunkt fast nicht mehr existiert hatte – neues Leben ein. Es ist nicht leicht, genaue Zahlen zu ermitteln, was auch auf die gemeinsamen Anstrengungen des Westens und der auseinanderfallenden irakischen Regierung zurückzuführen ist, das Phänomen unbedingt herunterzuspielen. Laut Angaben der US Army stammten allerdings 20 Prozent der gefangen genommenen Kämpfer aus dem Ausland.[2]

Viele ausländische Kämpfer schlossen sich außerdem AQAP (al-Qaida auf der Arabischen Halbinsel) an, was größtenteils an den unermüdlichen Rekrutierungsbemühungen des charismatischen Anwar al-Aulaqi lag. Dieser hatte viele Jahre in den USA verbracht und sprach fließend Englisch. Auch die somalische Gruppe al-Shabab kam bei den Kämpfern aus dem Westen gut an; unter anderem fühlten sich der bekannte Amerikaner Umar Hammami (Abu Manur al-Amriki) und die «weiße Witwe» Samantha Lewthwaite (die Frau des verstorbenen U-Bahn-Attentäters Germaine Lindsay) von dieser Gruppe angezogen.[3] Viele, die auf der Reise von den USA nach Somalia abgefangen wurden, weil sie sich dem Islamischen Staat anschließen wollten, waren Somalis aus Minneapolis.[4]

Die zunehmend internationale Natur des «Jihad» speist sich derweil aus einer Reihe von Faktoren: aus dem engagierten Export der wahhabitischen Lehre (einer besonders strengen Auslegung des Islam, auf die ich bereits im ersten Kapitel hingewiesen habe) durch das saudische Königshaus in die gesamte muslimische Welt sowie aus der daraus resultierenden Zunahme extremistisch orientierter Moscheen, Schulen und Universitäten, die den Jihad als religiöse Pflicht ansehen; aus einer hohen Zahl islamistischer Hilfsorganisationen, die denen, die in Moscheen rekrutiert wurden, bei der Planung ihrer Reise mit finanziellen Mitteln und hilfreichen Ratschlägen zur Seite stehen; sowie nicht zuletzt aus dem explosionsartigen Anstieg der Online-Anwerbung ausländischer Kämpfer, die zunächst die Reihen der AQAP und der somalischen al-Shabab-Gruppe füllten, bis der ISIS bzw. der Islamische Staat seinen Triumphzug begann.

In den letzten zwei bis drei Jahren machten sich so viele Kämpfer wie nie zuvor auf den Weg in den Irak und nach Syrien. 2012 hielten sich allein in Syrien bereits mehr ausländische Kämpfer auf, als sich in Afghanistan und im Irak dem Jihad angeschlossen hatten. Das Carnegie Middle East Center äußerte daraufhin seine Sorge darüber, dass im Vergleich zu vorherigen Rekrutierungsmaßnahmen «eine große Menge Kämpfer in einer bislang nicht dagewesenen Geschwindigkeit mobilisiert worden» seien.[5] Als das Kalifat im Juli 2014 ausgerufen wurde, kam es zu einer weiteren Rekrutierungswelle; und als die Amerikaner im August 2014 mit ihren Luftschlägen begannen, schnellten die Zahlen noch einmal in die Höhe. Die Londoner *Times* berichtete im September 2014, dass sich in nur zwei Wochen 6000 neue Rekruten gemeldet hätten, 1300 davon aus dem Ausland.[6]

Laut meinen Korrespondenten im Irak und in Syrien tauchen überall in den vom IS kontrollierten Gebieten tagtäglich Hunderte neue Rekruten auf. Soldaten, mit denen ich über Skype oder Instant-Messaging-Dienste gesprochen habe, berichten, dass der Islamische Staat bei der Auswahl seiner Rekruten weniger streng vorgehe als die al-Nusra-Front, bei der aus Sicherheitsgründen drei Angehörige der Organisation für Fremde bürgen müssten. Viele geben jedoch an, dass sie ihren neuen Kameraden so lange mit «Misstrauen» begegnen, bis sie sich bewährt hätten. Meine Kontakte sagen auch, dass Geheimdienste oft Spione einschleusen, die sich häufig jedoch dadurch verraten, dass sie sich nicht der jihadistischen Sprache bedienen, offenbar neue Kleidung tragen oder zu eifrig unterwegs sind. Am schwierigsten seien jedoch «Doppelagenten» zu identifizieren: echte Jihadisten, die sich dazu bereit erklärten, ihre Kameraden zu verraten. Jeder, auf den im Islamischen Staat der Spionageverdacht fällt, wird auf der Stelle exekutiert, was mit Sicherheit überaus abschreckend wirkt.

Obwohl die Streitkräfte des Islamischen Staates nach den meisten Medienberichten um die 100 000 Mann zählen, erklärte der

Großteil der Jihadisten und Journalisten, die mir während meines Besuches der Region Ende 2014 begegneten, dass es noch sehr viel mehr seien. Mehr als ein Drittel käme aus dem Ausland, insgesamt aus 80 Ländern. Nach einer konservativen zeitgenössischen Schätzung stammen 30 000 Kämpfer aus dem Ausland. Laut Angaben der internationalen Sicherheitsbehörden kann die al-Nusra-Front dagegen nur mit 20 Prozent ausländischen Kämpfern aufwarten.[7] Untermauert werden diese Angaben von Berichten, nach denen die al-Nusra-Front auf Menschen, die des Arabischen nicht mächtig sind, nur sehr schlecht vorbereitet ist, wohingegen der Islamische Staat Leute mit Kenntnissen aller europäischen Sprachen vorzuweisen hat.

Das Washington Institute hat eine Liste vorgelegt, die detailliert aufschlüsselt, woher die ausländischen Kämpfer stammen. Obwohl ich mit den Zahlen selbst nicht einverstanden bin, stimmen die Prozentangaben größtenteils mit dem überein, was mir berichtet wurde. Unter den Arabern machen die Libyer mit 21 Prozent den größten Anteil aus, gefolgt von Tunesiern mit 15,7 Prozent, Saudis mit 15,7 Prozent, Jordaniern mit 11,4 Prozent, Ägyptern mit 9,6 Prozent und Libanesen mit 7,86 Prozent.[8] Was die Zahl der türkischen Rekruten angeht, stimme ich nicht mit den offiziellen Schätzungen von gerade einmal 3 Prozent überein: Die meisten, mit denen ich mich während meiner Recherchereise im Mai 2014 unterhielt – darunter auch türkische Parlamentsabgeordnete –, gaben an, dass es mindestens 2000 Türken in den Reihen des ISIS gebe. Weil Syrien nicht weit von Europa entfernt ist, haben so viele Europäer wie nie zuvor ihre Heimat und ihre Familien aufgegeben und sich in die Unwägbarkeiten des «Jihad» gestürzt, manchmal auch unter dem Banner einer Hilfsorganisation oder einer NGO. Weil es sich dabei meist um «ganz normale» junge Leute handelt, haben die nationalen Sicherheitsbehörden sie nicht auf dem Radar. Franzosen machen mit 6 Prozent den größten Teil dieser Gruppe aus. In der «Armee» des IS gibt es sechs «französische Einheiten», die aus französischen und belgischen Staatsbürgern mit nordafrikanischen Wurzeln bestehen. *Paris Match* berichtete 2014, dass diese Brigaden größtenteils im Gouvernement Aleppo stationiert sind.[9] Den zweitgrößten Anteil stellten 2014 die Briten mit 4,5 Prozent. Die australischen Behörden waren schockiert, als sie erfuhren, dass mindestens 200 australische Staatsbürger sich auf die Reise zum IS begeben hatten. Der 17-jährige Australier «Abdullah Emir» wurde zum Aushängeschild des Islamischen Staates, als er im Oktober 2014 von zuhause weglief, um sich dem IS anzuschließen. Der Bundesnachrichtendienst registrierte vom Beginn des syrischen Bürgerkriegs bis September 2015 740 Ausreisen von Islamisten nach Syrien; die meisten schlossen sich dem IS an, davon immerhin 21 Prozent Frauen. Die Amerikaner reagieren stets sehr ausweichend, wenn sie von Reportern auf die Zahl der amerikanischen Staatsbürger in den Reihen des IS angesprochen werden. Der ehemalige Verteidigungsminister Chuck Hagel ließ sich im Oktober 2014 zu nicht viel mehr als folgender Aussage hinreißen: «Es sind wohl um die 100 … Wir wissen es nicht.»[10] Eine ähnlich große Zahl kanadischer Staatsbürger soll sich in den Reihen des IS befinden.[11]

Verbreitung durch Networking

Ein großer Teil des Erfolgs, den der Islamische Staat momentan genießt, ging aus Samen hervor, die vor langer Zeit gesät wurden. Die internationale Unterstützung, die er enthält, bildet da keine Ausnahme. Im Laufe der Jahrzehnte haben ausländische jihadistische Kämpfer, die in die verschiedenen Konfliktregionen ausgewandert sind, hochgradig verzweigte Netzwerke zur gegenseitigen Unterstützung geschaffen und so trotz der inneren Zerrissenheit und der internen Konflikte zur Stärke der Gesamtbewegung und zur wachsenden Zahl von Anwerbern und Rekruten beigetragen. Die fest etablierten Zusammenschlüsse ausländischer Jihadisten sind in diesem internationalen Netzwerk von überaus großer Bedeutung.

Die tschetschenischen Islamisten sind ein gutes Beispiel. Obwohl sie geografisch gesehen recht weit vom Nahen Osten entfernt sind (Georgien trennt die ehemalige Sowjetunion von der nördlichen Türkei), teilen sie den ideologischen Glauben an den Jihad, der auch al-Qaida und dem IS zu eigen ist. 1994 entfachten tschetschenische Separatisten den ersten von zwei Kriegen gegen Russland, und bald schon erhielt der Aufstand einen islamistischen Drall, hatten doch die meisten Tschetschenen als sunnitische Muslime sich schon im Kampf mit der atheistisch-marxistischen Sowjetunion befunden, die jegliche Religion abschaffen wollte. Jihadisten aus anderen Ländern reisten nach Tschetschenien, die meisten aus Saudi-Arabien (nach dem Datenmaterial, das von dem Forscher Murad Batal al-Shishani gesammelt wurde, immerhin 59 Prozent).[12] Zu den effektivsten Kampftruppen gehörte das «Islamische Bataillon», das aus arabischen und anderen ausländischen Kräften bestand. Als der Krieg in Bosnien (der ebenfalls eine große Zahl ausländischer Jihadisten angezogen hatte) 1995 endete, kehrten viele Kämpfer nicht etwa nach Hause zurück, sondern gingen nach Tschetschenien oder suchten politisches Asyl in Europa.[13] Viele arabische Kämpfer gründeten in Bosnien oder Tschetschenien mit Frauen aus der Region Familien. Diese internationalen Ehen hatten einen ideologischen Zweck, überschritten Stammesgrenzen und schufen tiefe Beziehungen zwischen verschiedenen jihadistischen Gemeinden im Nahen und Mittleren Osten, in Eurasien und darüber hinaus.

Die Verbindung zu Tschetschenien war im al-Qaida-Taliban-Nexus von Anbeginn offenkundig. Der «internationale Wohltätigkeitsfonds» war nur eine Fassade und wurde genutzt, um Geld an die tschetschenischen Kämpfer umzuleiten. Das al-Qaida-Mitglied Saif al-Islam al-Masri arbeitete bis 1998 im Büro der Organisation in Grosny. Die Tschetschenen zeigten sich für dessen Dienste erkenntlich, indem sie sich bei anderen Konflikten den Mujahidin anschlossen. Mindestens drei Guantanamo-Insassen, die 2001 in Afghanistan gefangen genommen wurden, stammten aus dem Nordkaukasus. Als die *Times* 2003 aus dem Irak berichtete, schrieb sie, dass «die Amerikaner … tschetschenische Kämpfer gefangen genommenen hatten, die gemeinsam mit Fedayin-Einheiten in der Nähe von Bagdad gekämpft hatten».[14] Tschetschenen aus dem «tschetschenischen Emirat» (das seit 2007 besteht) wurden im

Zuge vereitelter Anschläge identifiziert, die von al-Qaida-Schläfern in Europa verübt werden sollten. So hoben die Behörden im April 2011 eine Zelle in der Tschechischen Republik aus, der ein Tschetschene, zwei Dagestaner, zwei Moldawier und zwei Bulgaren angehörten. Einige von ihnen erklärten den Ermittlern, sie hätten Trainingslager in Pakistan besucht.

In einem Interview, das der Emir der Gruppe, Doku Chamatowitsch Umarow (der Ende 2013 vergiftet wurde, woraufhin Ali Abu Muhammad seinen Posten übernahm), im August 2011 gab, schien er bereits eine Vorahnung zu haben, denn er erklärte: «Im Irak entwickelt sich gerade ein wahrer heiliger Krieg, weil dort ein Emirat ausgerufen wurde.»[15] Als der ISIS auftauchte, schickte Umarow Männer und Geld zur Unterstützung und sprang im Kampf gegen die al-Nusra-Front, die Rivalin der Organisation, dem ISIS zur Seite. Mittlerweile stehen viele Tschetschenen an der Spitze der ausländischen Bataillone. Zu diesen gehören unter anderem der 28-jährige Tarkhan Batirashvili (auch bekannt als Umar al-Shishani, wobei «al-Shishani» «der Tschetschene» bedeutet), ein Kaukasuskriegsveteran, der 2008 gemeinsam mit den georgischen Streitkräften gegen die Russen kämpfte. Umar ist einer der bekanntesten und am meisten respektierten Rebellenführer in Syrien, und in seiner Organisation Jaish al-Muhajirin wal-Ansar («Armee der Auswanderer und Unterstützer»), die er im Oktober 2013 unter den Befehl des ISIS stellte, kämpften Hunderte Tschetschenen. Der Islamische Staat weist gern auf die Teilnahme dieser tschetschenischen Kämpfer hin, und die Facebook- und Twitterprofile der Organisation wimmeln vor Neuigkeiten über die kaukasischen Gefährten. Al-Baghdadi bewundert sie für ihre Grausamkeit und ihre Gerissenheit, weshalb er Umar den Oberbefehl bei verschiedenen wichtigen Schlachten gab, beispielsweise gegen die kurdischen YPG (Volksverteidigungseinheiten). Der Islamische Staat hält die Jihadisten vom Kaukasus außerdem für überaus wichtig, um Einfallstore nach Osteuropa und in die EU zu schaffen.

Auch indonesische Jihadisten nutzen die Möglichkeiten, die ihnen der Jihad in Syrien bietet, um alte Verbindungen zu den Vereinigungen weltweit wieder aufleben zu lassen. Im Februar 2014 veröffentlichte der 76-jährige altgediente indonesische Jihadist Abu Bakar Bashir, der im Augenblick im Gefängnis sitzt, weil er in Aceh ein Trainingslager für al-Qaida Serambi Mekkah gründete, eine Erklärung, in der er die indonesischen Extremisten dazu aufrief, «die Universität des Jihad» in Syrien zu besuchen.[16] Der indonesische Geheimdienst wies im Januar 2014 darauf hin, dass mindestens 50 militante Extremisten nach Syrien ausgereist seien. Seit der Ausrufung des Kalifats sind es sehr wahrscheinlich noch mehr geworden.

Die Anzahl der islamistischen Guerillakämpfer im algerischen Bürgerkrieg, der 1995 ausbrach, überschritt nie 28 000, wobei eine kleine, aber feine Gruppe «ausländischer Freiwilliger» von al-Qaida ausgeschickt worden war.[17] Der gemeinsame Kampf gipfelte letztlich in der Gründung eines der stärksten al-Qaida-Zweige, der zudem international gut vernetzt war. Al-Qaida im Islamischen Maghreb (AQIM) entstand, als sich die Salafisten-Gruppe für Predigt und Kampf («Groupe Salafiste pour la Prédication et le Combat», GSPC) Ende 2007 Osama bin Ladens Netzwerk anschloss. Algerier und Tunesier spielen beim Islamischen Staat eine große Rolle. Auch bei früheren Jihad-Einsätzen fielen mir Tunesier auf, doch nie in einer vergleichbaren Anzahl wie heute: Laut der Sindschar-Berichte (die 2007 von al-Qaida erbeutet wurden), betrug der Anteil der Tunesier, die an den Aufständen im Irak teilnahmen, gerade einmal 1 Prozent. Sicherlich ist dies auch auf den Arabischen Frühling zurückzuführen, denn der ehemalige tunesische Diktator Ben Ali unterdrückte alle jihadistischen Aktivitäten und inhaftierte sogar moderate Islamisten. Die Revolution 2011 und die darauf folgenden Wahlsiege islamistischer Parteien führten dazu, dass der radikale Islam in Tunesien wieder auflebte. Mittlerweile können Gruppierungen wie Ansar al-Scharia («Unterstützer der Scharia») in Libyen ganz offen um neue Rekruten werben und tunesische Jihadisten, die an die Front reisen möchten, finanziell unterstützen.

Die Libyer im Maghreb sympathisieren schon lange mit den radikalsten Ideologien und versorgen al-Qaida im Irak sowie ei-

nige der wichtigsten Anführer der Organisation «wie eine spru-
delnde Quelle ständig mit neuen Kämpfern», wie es in einer Diplo-
matendepesche heißt, die 2008 an die Öffentlichkeit gelangte.[18] Ich
war nicht überrascht, Hunderte Flaggen des Islamischen Staates im
Irak (ISI) bei den Feierlichkeiten in Bengasi anlässlich der brutalen
Hinrichtung Muammar al-Gaddafis zu sehen. Der Osten des Landes ist mittlerweile zur Hochburg lokaler extremistischer Vereinigungen geworden (darunter auch der Gruppe Ansar al-Sharia, die
2012 den US-amerikanischen Diplomaten Christopher Stevens
ermorden ließ). Sie schworen im Oktober 2014 al-Baghdadi die
Treue und unterstellten ihre Gebiete dem Islamischen Staat. Al-
Baghdadi war es auch, der sich zu einem Anschlag auf ein Hotel in
Tripolis im Januar 2015 bekannte, bei dem zehn Menschen – größtenteils aus dem Ausland – ums Leben kamen.[19] Die Jihadisten und
die libysche Miliz verfügen vor allem deshalb über ein derart spek-
takuläres Waffenarsenal, weil sie so viel wie möglich aus Gaddafis
großen und gut ausgestatteten Beständen für sich beanspruchten.
Kämpfer in Syrien und im Irak teilten mir mit, dass mit libyscher
Kennzeichnung versehene Waffen bei den Jihadisten vor Ort kein
seltener Anblick seien. Libyen stellt zudem eines der größten Kon-
tingente ausländischer Kämpfer im Islamischen Staat. Abd al-Hakim Belhaj, ein Halbire, der auch unter den Namen Mahdi al-
Harati bekannt ist und als Stellvertreter des politischen und
militärischen Führers Libyens gilt, führte die Tripolis-Brigaden,
einen Stoßtrupp libyscher Kämpfer, im Juni 2012 nach Syrien.[20]

Auch in der Sahel-Region von Mali bis Mauritius zeigen radikal-
islamistische Vereinigungen eine große Präsenz; die in Nigeria
operierende Boko Haram ist die größte und militanteste davon, in
ihrer Skrupellosigkeit und ihrem Extremismus dem Islamischen
Staat zudem am ähnlichsten. Es wäre enorm gefährlich, wenn diese
Gruppen sich miteinander vernetzen und sich gemeinsam dem Islamischen Staat anschließen würden. Im August 2014 verkündete
der Anführer von Boko Haram, Abubakar Shekau, dass seine Organisation von nun an dem islamischen Kalifat angehöre.

Die Stammesgebiete auf beiden Seiten des Hindukusch, die sich
unter pakistanischer Bundesverwaltung befinden («Federally Ad-

ministered Tribal Areas», FATA), ziehen ausländische Jihadisten weiterhin magisch an, die dann gemeinsam mit al-Qaida, den afghanischen Taliban und Splittergruppen der pakistanischen Taliban (TTP) kämpfen und trainieren. 2008 wurden Berichte bekannt, dass sich bereits 4000 ursprünglich aus Großbritannien stammende Kämpfer in der Region aufhielten,[21] nebst Hunderten von Türken – eine beispiellose Entwicklung.[22] Im September 2009 berichtete der *Daily Telegraph*, dass es bei den pakistanischen Taliban in Waziristan ein ganzes «deutsches Dorf» gebe.[23] Sollten sich diese Gruppen zukünftig zusammenschließen, könnten die Kämpfer von den Streitkräften des Islamischen Staates als weitere Reserveeinheiten genutzt werden. Wie wir bereits erfahren haben, hat manch einer in den Reihen des TTP «Kalif Ibrahim» bereits die Treue geschworen, was zu einem Riss in den Reihen der pakistanischen Taliban führte.

Zwischen der Tendenz, im Ausland Anschläge zu verüben, und der Anzahl der ausländischen Kämpfer besteht eine eindeutige Korrelation: So war al-Shabab beispielsweise für den schrecklichen Anschlag auf das kenianische Westgate-Shoppingcenter im September 2013 verantwortlich. Zuvor hatten zwei Mitglieder der Gruppe im Mai desselben Jahres den Gefreiten der britischen Armee Lee Rigby in London auf offener Straße mit einer Machete angegriffen und getötet. Die TTP soll auch in das Mumbai-Massaker von 2008 verwickelt gewesen sein; außerdem bekannte sich die Gruppe zu dem vereitelten Bombenanschlag auf den Times Square 2009 und gab an, Muhammad Merah, den französischen «Einzelkämpfer», der 2012 innerhalb weniger Tage sieben Menschen im französischen Toulouse erschoss, ausgebildet zu haben. Außerdem war AQAP für einige der teuflischen Pläne verantwortlich, bei denen Flugzeuge zum Absturz gebracht werden sollten, darunter auch das Vorhaben des «Unterhosenbombers» Umar Faruk Abdulmutallab, der Weihnachten 2009 ein Flugzeug über Detroit in die Luft sprengen wollte.

Die neuen Rekruten

Normalerweise reisen Menschen, die ihre Heimat verlassen und sich dem Islamischen Staat anschließen, über die türkische Grenze in dessen Gebiete ein. Die zukünftigen Bürger des Islamischen Staates stammen aus allen möglichen Regionen und haben die verschiedensten Hintergründe, weshalb es kein gemeinsames Profil gibt. Als die Universität London etwas über die britischen Jihadisten erfahren wollte, stellte sich heraus, dass diese vergleichsweise gut ausgebildet sind – mindestens Hochschulreife – und weder Vorstrafen noch eine kriminelle Vergangenheit haben. Eine andere Studie, in der 600 britische Muslime befragt wurden, ergab, dass gerade einmal 2,4 Prozent mit den Zielen der Jihadisten sympathisierten; wer dies aber tat, fiel interessanterweise in eine von drei Kategorien: junge Menschen, Studenten, Leute, die mehr als 75 000 Pfund im Jahr verdienen. Im Gegensatz dazu hatten deutsche Jihadisten typischerweise eine kriminelle Vergangenheit, mit Gewaltdelikten oder Drogen. Nur zwei Prozent von ihnen verfügten überhaupt über eine Ausbildung, die meisten waren arbeitslos: Nur 12 Prozent hatten einen Job, als sie Deutschland in Richtung Syrien verließen.

Hinweise aus einer Vielzahl von Quellen lassen darauf schließen, dass die meisten neuen Rekruten aus dem Ausland zwischen 15 und 20 Jahre alt sind und keinerlei Kampferfahrung haben. Sie sind also sehr viel jünger als die, die sich den Mujahidin in Afghanistan anschlossen, denn diese waren meist zwischen 25 und 35 Jahre alt. In der dritten Ausgabe des Online-Magazins *Dabiq* charakterisierte der Islamische Staat die Zielgruppe, auf die er es mit seinen Rekrutierungsmaßnahmen besonders abgesehen hatte: Er beschrieb den typischen Menschen des Digitalzeitalters, «der seit Jahren unter den *kufr* im Westen lebt, Stunden um Stunden im Internet verbringt, Nachrichten liest und in Online-Foren postet».

Studien weisen darauf hin, dass Frauen genauso leicht radikalisiert werden wie Männer.[24] Dr. Katherine Brown, Dozentin am Londoner King's College, fand heraus, dass zwischen 1981 und

2007 26 Prozent aller Selbstmordanschläge von Frauen begangen worden waren und der Anteil weiblicher Selbstmordattentäter seit 2005 ständig zunahm.[25] Abu Musab al-Zarqawi war der erste al-Qaida-Anführer, der sich ganz offen dafür einsetzte, auch weibliche *shahidas* (Märtyrer) auszubilden. Wie ich bereits erwähnte, galt er in den Reihen des Islamischen Staates als besonders hohes Tier.

Als im Juli 2014 das Kalifat ausgerufen wurde, nahm die Online-Rekrutierung für den Islamischen Staat sogar noch zu; als die US-Kampfflugzeuge im August ihre Bomben über dem Irak abwarfen, erreichte die Zahl der Neuanwerbungen mit 6300 Rekruten – von denen 1000 aus dem Ausland stammten – einen neuen Höhepunkt.[26] Ausländische Rekruten werben andere für den Islamischen Staat an, indem sie Eindrücke ihres Alltags und Bilder ihrer Kampfeinsätze in «Echtzeit» auf Twitter, Facebook und Instagram hochladen und dort mit der Allgemeinheit teilen, wodurch einerseits eine gewisse Vertrautheit und Anteilnahme aufseiten ihrer Follower entsteht, andererseits der Jihad auch eine «Normalisierung» erfährt.

Obwohl der Islamische Staat vor allem im Cyberspace nach neuen Anhängern sucht, beschränkt er sich nicht auf seine Online-Mission. Im Gegensatz zu vergleichbaren Gruppen wie al-Qaida präsentieren sich die Anhänger des IS mit geradezu dreister Selbstherrlichkeit auf den Straßen. Passanten, die im August 2014 die Londoner Oxford Street entlanggingen, waren mehr als erstaunt, als ihnen in Schwarz gekleidete, bärtige und langhaarige Jugendliche «Pässe» für den Islamischen Staat überreichten und ihnen die «frohe Botschaft» verkündeten, dass das Kalifat ausgerufen worden sei. So ein «Pass» wurde am 12. August 2014 auch an die Türe unseres Redaktionszimmers bei *Rai al-Yaum* geheftet. Darin fanden sich sieben «Gebote», an die sich alle Muslime im Vereinigten Königreich zu halten hätten. Sie lauteten:

1. Leiste dem Kalifen [Abu Bakr al-Baghdadi] den *baiʾa* [Treueschwur].
2. Gehorche dem Kalifen, wie es die Scharia verlangt.

3. Weise den Kalifen darauf hin, sollte er sich in seinem Urteil irren.
4. *Dua* [Gebet] – Bete zu Allah um Schutz und Unterstützung für den Kalifen.
5. Wandere aus. Wer auswandern und sich an einem anderen Ort niederlassen kann [sic], sollte dies tun.
6. Unterrichte Muslime und Nicht-Muslime über das Kalifat.
7. Enthülle alle Lügen und Hirngespinste über den Islamischen Staat.

Korrespondenten der *Rai al-Youm* berichteten daraufhin, dass sie IS-Anhänger auf den Straßen der pakistanischen Stadt Peschawar beim Verteilen von Broschüren gesehen hätten. Die schwarz-weiße Flagge des IS (ursprünglich die Flagge des Islamischen Staates im Irak) ist bei Kundgebungen und Demonstrationen in großen Teilen der muslimischen Welt mittlerweile zu einem gewohnten Anblick geworden. Bei einem Londoner Protestzug gegen die jüngsten israelischen Angriffe im Gazastreifen sah ich im Juli 2014 mit eigenen Augen, wie eine Gruppe Jugendlicher unter dem Banner des Islamischen Staates marschierte. Pariser Journalisten berichteten, dass die Fahne des IS bei ähnlichen Kundgebungen in der französischen Hauptstadt ebenfalls geschwungen wurde. Flagge und Abzeichen des Islamischen Staates sind mittlerweile ebenso politische und sozio-kulturelle Bezugspunkte wie religiöses Statement.

Das Gefühl, Teil einer starken Umma zu sein, verleiht ein Gefühl von Sicherheit in einer zunehmend chaotischen und unsicheren muslimischen Welt. Die muslimische Jugend wurde Zeuge, wie der Arabische Frühling scheiterte, wie der Demokratisierungsprozess von einem Militärputsch diskreditiert wurde, durch den der gewählte ägyptische Präsident – der Islamist Muhammad Mursi – entmachtet wurde, und wie die säkulare Revolution nur noch mehr Ungerechtigkeit und Korruption hervorbrachte. Verschwörungstheorien und anti-westliche Einstellungen gedeihen in einem Klima der Enttäuschung und der Verbitterung.

Während die meisten Staaten versuchen, die jihadistischen

Imame zum Schweigen zu bringen, schaffen es bekannte Persönlichkeiten dennoch immer wieder, Muslime davon zu überzeugen, sich dem Jihad in Syrien anzuschließen. Seit dem Beginn der Revolution ruft der ebenso berühmte wie hitzköpfige ägyptische TV-Geistliche Yusuf al-Qaradawi die Mujahidin immer wieder dazu auf, nach Syrien auszuwandern; Gleiches gilt für den saudischen Imam Muhammad al-Arifi. Der in Großbritannien lebende Imam Anjem Choudary erklärte in einer Fernsehdebatte, dass britische Muslime, die in den Irak oder nach Syrien reisen, nichts anderes täten als Mitglieder der jüdischen Gemeinden, die sich nach Israel aufmachten, um dort für das Land zu kämpfen.[27] Der libanesische Imam Scheich Mazen al-Muhammad, der Mauretanier Abu Mundhir Al-Shinqiti und sogar Muhammad Mursi haben sich für den «syrischen Jihad» ausgesprochen. Für manche jungen Muslime ist ein Aufruf hoch geachteter religiöser und gesellschaftlicher Autoritäten eine starke Bestätigung für ihren Wunsch «auszuwandern».

Was die 30000 Jihadisten aus dem Westen angeht, so müssen wir auch den wachsenden Rechtsextremismus in Europa berücksichtigen. Bei den Wahlen zum Europaparlament 2004 errangen rechte und neofaschistische Parteien in Großbritannien, Frankreich und Griechenland eine große Zahl von Sitzen. Einige dieser Parteien schüren rassistische Ängste vor den 10 Millionen Muslimen in Europa, während es immer öfter zu islamfeindlichen Angriffen auf Moscheen, muslimische Gemeinschaftszentren und islamische Institutionen kommt. Auch Einzelpersonen sind davor nicht gefeit. In den zwei Wochen nach den Pariser Anschlägen im Januar 2015 kam es in Frankreich zu 128 anti-muslimischen Attacken – mehr, als sich im gesamten Kalenderjahr 2014 ereignet hatten. Im ganzen Land wurden Schüsse auf Moscheen und islamische Zentren abgegeben; eine Handgranate wurde auf das Gelände einer Moschee in Le Mans geworfen, und auf den Zaun vor einem Gebetsraum in Korsika wurde ein Schweinekopf aufgespießt.[28] Parallel dazu steigt der Extremismus unter den westlichen Muslimen exponenziell an.

Andere Motive für eine Reise in den Islamischen Staat offenbarten sich in Gesprächen, die ich über das Internet mit ausländischen Kämpfern im Irak und in Syrien führte. Oft waren die Gründe ganz profan: Das «normale Leben» sei «langweilig» geworden; man wolle wie in «Videospielen» kämpfen. Der Propagandaapparat des Islamischen Staates veröffentlicht regelmäßig Videomaterial, das mit GoPro-Kameras aufgezeichnet wird, die man auf den Helmen oder der Brust der Soldaten befestigt. Dadurch entsteht leicht der Eindruck, ein Videospiel – und nicht etwa die Realität – zu beobachten. Ironischerweise gehörten die sogenannten «Pompey Lads» – fünf Briten aus Portsmouth, die sich nach Syrien aufmachten, um sich dort dem Jihad anzuschließen – zu einer Gruppe muslimischer Missionare, die T-Shirts mit der Aufschrift trugen «Ist das Leben bloß ein Spiel?»

Der Islamische Staat hat außerdem nichts dagegen, wenn «Prominente» sich für ihn einsetzen. Der vielleicht skurrilste westliche Rekrut war ein bekannter deutscher Rapper, dessen Künstlername Deso Dogg lautete, bevor er in Syrien ankam und dort seine *kunya* (Kampfnamen) Abu Talha al-Almani erhielt. Er trat in einigen Rekrutierungsvideos auf und scharte Tausende Twitter-Follower hinter sich, bis sein Account – auf dem er live von der Front berichtete – so oft abgeschaltet wurde, dass er mittlerweile wohl aufgegeben hat.

Die Jugend ansprechen

Die Ablehnung des Westens, der Demokratie, des Liberalismus und des Säkularismus sind fester Bestandteil der extremistischen Anschauung und haben zur Entstehung einer kleinen, aber bedeutenden urbanen Jugendkultur geführt. Extremistische Jugendliche, mit denen ich mich in London unterhielt, sprachen häufig die dominierende Bandenloyalität und die vorherrschende Islamfeindlichkeit an – beides zusammen führte zu einer Mentalität, bei der jihadistische Glaubwürdigkeit und Zugehörigkeit zu einer Gang einander sehr ähneln, wo Brüderlichkeit, gemeinsame Ziele, «Respekt», Ehre zählen und eine Gemeinschaft von Freunden, die sich «im Kampf zur Seite stehen». In nicht wenigen Fällen wird dies drastisch in die Tat umgesetzt: dann nämlich, wenn junge Menschen sich entschließen, die Reise in die Gebiete des Islamischen Staats anzutreten, entweder allein oder in Gruppen. Potenzielle Rekruten werden von den Anhängern des IS unter anderem in Moscheen oder muslimischen Gemeindezentren in den Städten des Westens angesprochen. Drei Jugendliche aus Cardiff – Nasser und Aseel Muthana sowie Reyad Khan – sollen von islamistischen «Talentscouts» kontaktiert und ermutigt worden sein, nach Syrien zu reisen, wo sie für ein Propagandavideo gefilmt wurden, in dem sie andere dazu aufrufen, es ihnen gleichzutun.[29]

Im Juni 2014 veröffentlichte al-Hayat, das Medienzentrum des IS, ein Rekrutierungsvideo, das auf westliche Jugendliche abzielt, mit dem Titel *Ohne den Jihad ist das Leben nichts wert*. Darin kommen verschiedene Kämpfer aus dem Westen zu Wort, darunter auch zwei Briten, der eine mit jemenitischen Wurzeln (Abu Muthanna al-Yamani), der andere ein indischer Muslim (Abu Barra al-Hindi). Al-Yamani berichtet darin: «Wir haben an Schlachten in ash-Sham teilgenommen, und schon in ein paar Tagen brechen wir in den Irak auf, wo wir ebenfalls kämpfen werden … Selbst nach Jordanien und in den Libanon werden wir es problemlos schaffen – wir gehen dahin, wohin unser Scheich uns schickt.» Al-Hindi erklärt den Zuhörern, es gebe kein besseres «Heilmittel gegen Depressionen» als «die Ehre, am Jihad teilzunehmen».

Im diesem Video tritt außerdem ein kanadischer Konvertit namens André Poulin auf, der später im Kampf fiel. In dem Clip, in dem er seinen letzten Willen und sein Testament verlas, stellte er potenziellen Rekruten aus dem Westen folgende Frage: «Wie könnt ihr gegenüber Allah, dem Allmächtigen, loyal sein, wenn ihr ihnen [den westlichen Staaten] Steuern zahlt, die sie dann für den Krieg gegen den Islam verwenden?» Poutin empfiehlt stattdessen das Leben im Islamischen Staat, in dem «jeder eine Aufgabe hat. Jeder kann und darf etwas zum Islamischen Staat beitragen. Das ist für uns unerlässlich. Wer nicht kämpfen kann, spendet Geld; wer nicht spenden kann, beteiligt sich an der Organisation, und wer sich nicht an der Organisation beteiligen kann, nutzt eben ein anderes seiner Talente … Wir können euch hier gut gebrauchen, und wir werden uns gut um euch kümmern. Eure Familien werden hier ebenso sicher sein wie zu Hause. Hier in Syrien gibt es nämlich weite Gebiete, in denen wir für euch und eure Familien leicht eine Unterkunft finden werden.»

Der «heldenhafte Kampf»

Der Geist des heldenhaften Kampfes zum Schutz der Schwachen (in diesem Fall des syrischen Volkes) wurde von emigrierten Jihadisten ebenso häufig erwähnt wie das ursprünglich von al-Qaida ins Leben gerufene Konstrukt des globalen Jihad gegen den «nahen Feind» (die Regime der vom Glauben Abgefallenen) und den «fernen Feind» (den Westen). Andere hatten das Gefühl, Teil eines echten Religionskrieges zu sein, in dem man dem Kalifat nicht nur die alten Hauptstädte Damaskus und Bagdad wieder einverleiben, sondern auch den Islam gegen weltweite Angriffe verteidigen könne. Paradoxerweise führte dies dazu, dass der IS die alte Dynastie der Abbasiden mit der digitalisierten, globalisierten modernen Welt verknüpfte.

Offenbar sind jedoch nicht alle Rekruten in religiösen Fragen sonderlich versiert. Die beiden Briten Yusuf Sarwar und Muhammad Ahmad bestellten das Buch *Islam für Dummies* auf Amazon, um sich damit auf ihre Reise nach Syrien vorzubereiten.[30] Ein weiteres Paradoxon ist die oft wiederholte Ansicht, die Jihadisten kämpften für den Frieden unter dem Gesetz der Scharia; dieser Aspekt wird aufgrund der im Internet kursierenden Bilder von langhaarigen, muskulösen, Kalaschnikows schwenkenden Männern auf Pferden oder Panzern, die fünfmal am Tag zu Gott beten, stark romantisiert. Lauscht man den Liedern dieser Kämpfer und betrachtet man ihr dramatisches Aussehen, ihren unbedingten Willen, sich für die Sache zu opfern, ihren Mut sowie – entscheidend im Kontext des Islamischen Staates – ihre realen Erfolge, dann ist leicht nachvollziehbar, warum sie auf die Jungen und Unerfahrenen so überaus anziehend wirken.

Manche Neuankömmlinge berichteten davon, wie ihnen die strenge Umsetzung der Scharia und die organisatorische Infrastruktur des Islamischen Staates ein Gefühl von Sicherheit gegeben hätten: So bewunderte eine aus dem Jemen stammende Kontaktperson beispielsweise die Tatsache, dass «es eine eigene Polizei, eigene Gerichtshöfe, eigene Banken, einen eigenen Dienst zur Instandsetzung der Straßen sowie eine eigene Müllentsorgung» gebe. Und wie jeder gute Patriot erzählte ein ägyptischer Jihadist, dass ihn «beim Anblick der Flagge des Islamischen Staates großer Stolz und starke Gefühle» überkämen.

Ein Syrer, der von der Freien Syrischen Armee (die ja größtenteils aus Deserteuren der staatlichen Streitkräfte bestand) zum Islamischen Staat übergelaufen war, erklärte: «Der Islamische Staat ist als einzige Kriegspartei stark genug, um den Schlächter Assad vom Thron zu stoßen.» Darüber hinaus gibt es da noch den konfessionellen Rahmen, an dem al-Qaida seit fast zehn Jahren zimmert. Er ist im Irak von besonderer Bedeutung, wo die Schiiten größtenteils für das traurige Schicksal der Sunniten verantwortlich gemacht werden. Die Amerikaner erkannten wohl zu spät, dass der exklusivistische Regierungsstil und die Politik des ehemaligen irakischen Präsidenten Nuri al-Maliki, eines Schiiten, die Militanz der Sunniten nur noch mehr anstachelte. Die Sunniten setzten sich für seinen Rücktritt ein und bestanden darauf, an seiner Stelle eine «Einheitsregierung» einzusetzen, die alle irakischen Volksgruppen repräsentieren sollte, um den immer wieder neu entflammenden Bürgerkrieg zwischen den verschiedenen Konfessionen endlich ersticken zu können. Dafür war es aber längst zu spät, denn es brannte bereits wieder, und nun wird es Zeit, dass die Politiker im Irak endlich ihre Eigeninteressen dem Gemeinwohl unterordnen.

Bei so vielen Enttäuschungen und Fehlschlägen, über die man sich in der arabischen Welt beschweren kann, scheinen die Jihadisten wenigstens «etwas zu unternehmen», statt nur darüber zu lamentieren, was alles «falsch» läuft, beispielsweise bezüglich der Korruption, der Dekadenz, der fehlenden Moral, des Materialismus und natürlich des Fehlens einer «wahren» Religion, die der salafistischen Interpretation des Islam entspricht.

Willkommen im Islamischen Staat

Das allgemeine Chaos in Syrien und im Irak und das daraus resultierende Sicherheitsvakuum bedeuten, dass es relativ einfach ist,
in die Kriegsgebiete zu reisen. Zunächst braucht man dafür ein
Flugticket oder einen Fahrschein für den Bus, um in die Türkei
zu gelangen. Die türkischen Behörden erklärten gegenüber der
Times, dass «eine Kontrolle unserer Grenze nach Syrien zur Eindämmung der Jihadistenströme … einfach unmöglich» sei.[31] Entlang der türkisch-syrischen Grenze finden sich unzählige «sichere
Unterkünfte», die von den Kämpfern genutzt werden, wenn sie
nach Syrien hinein wollen oder nach ihrem Dienst für den Islamischen Staat wieder in ihre Heimat zurückkehren, woher auch immer sie stammen. Einer meiner Recherche-Assistenten gab sich als
williger Rekrut aus, der aus Großbritannien aufbrechen wollte. Er
wurde von einer Kontaktperson, mit der er zunächst über Twitter
und dann über das soziale Netzwerk Ask.fm kommuniziert hatte,
in ein Haus in der türkischen Grenzstadt Reyhanli eingeladen. Der
angebliche Rekrut beschwerte sich jedoch, er habe nicht die finanziellen Mittel für die Reise. Daraufhin teilte man ihm mit, dass man
Hilfe für ihn organisieren könne. Die Gruppe verfüge über «Leute»
in Großbritannien, die sich mit ihm in Verbindung setzen und das
nötige Geld aushändigen würden. Der Leiter der Unterkunft (üblicherweise ein Jihadist) werde sich bald mit weiteren Instruktionen
bei ihm melden. An dieser Stelle entschied ich, dass es für meinen
Recherche-Assistenten zu gefährlich sei, die Unterhaltung weiter-
zuführen. Andere Ausländer erzählten mir in diesem Zusammenhang, dass sie über Jordanien oder den Libanon nach Syrien gereist
seien.

Die Bewohner vor Ort heißen die Neuankömmlinge oft nicht
so herzlich willkommen, wie ihnen weisgemacht wird. Mir kamen
Beschwerden zu Ohr, dass Kämpfer aus dem Westen auf den
Schlachtfeldern «nutzlos» seien, weil sie sehr viel mehr Training
benötigten als ihre arabischen Kameraden. Die Ausbildung dauert
mindestens zwei Wochen, mit zusätzlichen speziellen Ausbil-

dungseinheiten wie etwa dem kürzlich eingeführten Scharfschützentraining, das rund zwei Monate dauert. Wiederholt wurde darüber geklagt, dass einigen Rekruten aus dem Westen die Integration nicht gelinge, was in den Augen mancher Jihadisten damit zu tun hat, dass die Menschen aus dem Westen mit ihren teuren Laptops und Mobiltelefonen zu «verwöhnt» seien. Ein westlicher Jihadist twitterte nach dem Tod von Hollywood-Schauspieler Robin Williams eine Trauerbotschaft; andere ausländische Kämpfer in den Reihen des IS bitten neue Rekruten, die kurz vor der Ausreise aus ihren Heimatländern stehen, um Mitbringsel wie Nutella (besonders beliebt) oder Marmite.

Altgediente Kämpfer, die wir im Zuge unserer Recherchen kontaktierten, hatten nur wenig schmeichelhafte Worte für die Neuzugänge aus dem Westen übrig. Einer sagte, sie seien «im Kampf vollkommen nutzlos», weshalb sie öfter «Märtyrer-Operationen» durchführten. Der 22-jährige Munir Muhammad Abu Salah aus Florida wurde durch einen Anschlag am 25. Mai 2014 zum ersten in den USA geborenen Selbstmordattentäter. Sein Märtyrer-Video, das im Internet überall zugänglich ist, zeigt ihn dabei, wie er seinen Pass verbrennt, während er die amerikanische Bevölkerung und US-Präsident Obama mit allerlei Schmähungen überzieht, darunter auch dem Versprechen «Wir werden euch kriegen!». Zudem dankt er Anwar al-Aulaqi von al-Qaida von der Arabischen Halbinsel für seine Radikalisierung und beschreibt seinen «Sinneswandel», der ihn dazu brachte, ein Flugzeug in die Türkei zu besteigen, ohne zu wissen, wo er dort hingehen oder was er dort tun sollte. «Ich habe Angst. Ich habe keine Unterkunft und kein Geld … Ich weiß nicht, was ich tun soll. *Subhan Allah* [Gott sei Dank] sehe ich zwei, drei Männer, die Arabisch sprechen. Und ich sage: *Subhan Allah*! Ich weiß, warum die hier sind. Entweder sind das Syrer oder, wie ich aus meinen vielen Recherchen weiß, *muhajirun* [Emigranten] aus Tunis oder sonst irgendwo her … Ich sage also nichts, sondern setze mich einfach hin und warte, bis sie aus dem Zug aussteigen. Dann wollte ich mit ihnen sprechen. Das war ein sehr gefährliches Unterfangen – wissen Sie, ich hätte im Gefängnis landen, hätte ja ein Spion sein können … Nachdem ich also ebenfalls den Zug verlassen habe, folge ich ihnen und sage: Ich möchte mich auf die Hijra begeben und mich dem Jihad anschließen.» Schließlich begegnete Abu Salah einem Türken, der ihm erklärte, er sei bei al-Qaida. Er werde ihm bei der Überquerung der syrischen Grenze und bei der Suche nach einem Ausbildungslager helfen.

Abdul Wahid Majid aus Crawley, ein 41-jähriger Brite, Vater von drei Kindern, wurde dagegen die zweifelhafte Ehre zuteil, zum ersten britischen Selbstmordattentäter zu werden: Er sprengte sich im Februar 2014 in die Luft, um Hunderte islamistische Insassen aus einem Gefängnis in Aleppo zu befreien. Zuvor war er als persönlicher Assistent des radikalen Geistlichen Umar Bakri Muhammad tätig gewesen; als dieser von der Londoner Zeitung *Evening Standard* zu der Angelegenheit befragt wurde, bezeichnete er die Tat seines ehemaligen Angestellten als «überaus edel».[32]

Die meisten Kämpfer, mit denen ich mich unterhalten habe, sind tatsächlich der Auffassung, Teil einer staatsbildenden Maßnahme zu sein. Der Islamische Staat ist finanziell gut ausgerüstet und daher in der Lage, seine Kämpfer und Unterstützer großzügig zu entlohnen. Neuankömmlinge erhalten ein Haus, die Wasser- und Lebensmittelversorgung ist gesichert, da der IS Getreidesilos und Staudämme unter seine Kontrolle gebracht hat. All diese Faktoren ermöglichen ein Leben als Familie, und al-Baghdadi hat ausdrücklich betont, dass eine neue Generation nötig sei, um den neuen Staat zu festigen. Es gibt unzählige Berichte von Ehepaaren, die gemeinsam nach Syrien auswanderten, darunter auch die amerikanischen Staatsbürger Yusuf und Amira Ali. Laut Berichten bringen viele Kämpfer aus dem Ausland zwar ihre Kinder, aber nicht ihre Ehefrauen mit, da sie die Begeisterung ihrer Männer für das Kalifat oft nicht teilen. Ein Franzose nahm seine dreijährige Tochter im August 2014 mit in die vom Islamischen Staat besetzte Region; ein anderer wurde im Oktober 2014 in Gewahrsam genommen, als er mit seinen zwei- und vierjährigen Töchtern von Marokko aus in die Gebiete des Islamischen Staates vorzudringen versuchte, um sich dort niederzulassen.[33] Junge Frauen und Mädchen werden rekrutiert, um als «Babysitter» für all die mutterlosen

Kinder zu arbeiten. Und dann gibt es da noch das Phänomen der sogenannten «Bräute des Jihad».

Die Bräute des Jihad

Mindestens 10 Prozent der aus dem Ausland stammenden Rekruten sind junge Frauen, die einen Jihadkämpfer heiraten möchten.[34] Sie wollen innerhalb der Grenzen des Islamischen Staates leben und für die nächste Generation sorgen. Viele von ihnen sind im Westen groß geworden. Manche Rekrutinnen werden auch für den Kampf ausgebildet (laut meiner Quelle übernimmt diese Aufgabe meist der Ehemann), während eine steigende Zahl von Frauen als «menschliche Bomben» eingesetzt wird.

Im Sommer 2014 lancierte Abu Bakr al-Baghdadi eine Online-Rekrutierungsseite, um mehr Frauen davon zu überzeugen, «sich dem Kalifat anzuschließen». Um den Alltag im Islamischen Staat weniger harsch erscheinen zu lassen, wurden auf den IS-Seiten in den sozialen Netzwerken neben den üblichen Bildern von Steinigungen oder dem Abschlagen von Köpfen oder Gliedmaßen auch Fotos eingestellt, die Jihadisten beim Ausruhen in den eigenen vier Wänden zeigen. In der Sommerausgabe des Online-Magazins *Dabiq* aus dem Jahr 2014 erschien ein Artikel, der «ein für alle Mal mit Gerüchten aufräumen» und eindeutig junge Mädchen und Frauen ansprechen sollte. Darin fand sich das Foto von drei jungen, gutaussehenden Männern, die mit Kätzchen spielen (Hunde gelten als *haram*), während sie in eine Schale voller Schokoriegel greifen. Auf anderen Bildern sind Mädchen und junge Frauen beim Schulunterricht zu sehen; im dazugehörigen Text wird betont, dass der Islamische Staat auch auf die Bildung der Mädchen großen Wert lege.

Aus allerlei Berichten lässt sich schließen, dass im Vergleich zu anderen muslimischen Ländern vor allem junge muslimische Frauen aus dem Westen dem Ruf des IS folgen. Meist werden sie von anderen, im Westen aufgewachsenen Frauen angeworben, die sich dem Islamischen Staat bereits angeschlossen haben. In den so-

zialen Medien veröffentlichen Frauen wie Aqsa Mahmood – eine
21-jährige Medizinstudentin, die Glasgow verließ, um einen
schwedischen IS-Kämpfer zu heiraten, den sie im Internet kennengelernt hatte – Bilder oder schreiben auf Twitter, wie glücklich sie
seien, an den «staatsbildenden Maßnahmen» des IS teilnehmen zu
dürfen. Mahmood, die auf Twitter den Namen «Umm Ubaydah»
führt, schreibt einer Freundin, sie solle schnell nach Syrien kommen und sich einen der «Kekse mit M&Ms» schnappen, die sie
extra für sie aufgehoben habe. Außerdem lädt Mahmood gerne
Fotos von Kätzchen auf ihr Profil hoch. Auf dem offiziellen Twitterprofil des Islamischen Staates waren Aufnahmen eines örtlichen
Ladens zu sehen, in dem sich die Handtaschen nur so stapeln,
während eine Frau in einem Niqab (Gesichtsschleier) die knall-
bunten Auslagen durchsieht. Im Oktober 2014 riet Umm Ubaydah
Mädchen, die sich auf dem Weg nach Syrien befanden, warme
Kleidung mitzubringen, weil es Winter werde und in den Geschäften vor Ort nur Sommerbekleidung erhältlich sei. Andere Britinnen posteten dagegen grausige Aufrufe, sich dem Islamischen Staat
anzuschließen: Eine junge Frau stellte etwa ein Bild ins Netz, auf
dem sie einen abgeschlagenen Kopf in Händen hielt.

Außerdem bot Umm Ubayada «Schwestern, die Hilfe oder Rat»
benötigten, an, ihnen bei der Reiseplanung und der Suche nach
einer Kontaktperson, «einem von mir geschätzten und treuen
Freund … namens Umm Khattab» zu helfen. In ihren Twitter-
Einträgen sympathisiert sie mit allen, die «Angst davor haben, er-
wischt zu werden», erinnert aber auch daran, dass «Allah es ehrlich
mit euch meint und euch den Weg hierher zeigen wird, *Inshallah*
[so Gott will]!» Sie gesteht, dass sie «in der Türkei aufgegriffen und
inhaftiert» worden sei, «aber *wallah* [Gott ist mein Zeuge], ich behielt mein *tawakkal* [Gottvertrauen], und so führte er mich und
zeigte mir den Weg.» Im Allgemeinen scheinen junge Britinnen alleine zu reisen, während Frauen aus dem restlichen Europa eher in
Gruppen unterwegs sind.

Für viele hat die Auswanderung weniger mit religiösen Fragen
als mit der Flucht vor islamfeindlichen Vorurteilen zu tun, die mit
kultureller Anmaßung verbunden sind: Im Westen werden musli-

mische Frauen in einem Niqab sehr viel häufiger Opfer von rassistischen Angriffen als muslimische Männer. Umm Chattab Kanadiya schrieb auf Twitter folgenden Eintrag, während sie sich auf die Hijra aus Kanada vorbereitete: «Kann mir irgendjemand Arabisch in mein Hirn hämmern?» Außerdem erklärte sie: «Sie nennen dies ein freies Land, wollen uns aber vorschreiben, was wir anzuziehen haben, wie wir uns bewegen sollen, wie wir reden sollen und was wir sonst alles tun sollen.» Die genannte Jihadistin zeigte auf ihrem Profil nicht nur unzählige Bilder von Waffen, Messern und Dolchen, sondern wünschte sich bei ihrer Ankunft im Islamischen Staat auch eine «AK-47, eine Steyr AUG und ein Tri-Dagger-Jagdmesser der Marke Jagdkommando [sic]».

Mitte 2014 wurde unter dem Namen «Jihad Matchmaker» ein Twitter-Profil ins Leben gerufen, das Unterstützung für all jene bieten soll, «die auf der Suche nach jihadistischen Heiratskandidaten in Syrien» sind. Diese sollen «Informationen über ihre Person, ihren Beziehungsstatus und ihren Aufenthaltsort» per persönlicher Nachricht an das Profil weiterleiten. Wer sich auf diese Weise bewirbt, der wird über anonyme Webseiten wie Ask.fm oder Kik mit potenziellen Partnern zusammengebracht. Auf diesen Seiten können sich die Heiratswilligen dann miteinander austauschen. Es tauchen aber auch Alleinstehende in Daula (Islamischer Staat) auf, wo sie gemeinsam mit anderen unverheirateten Personen des gleichen Geschlechts untergebracht werden; wer heiraten möchte, dem vermitteln ältere Frauen mögliche Kandidaten. Passt alles zusammen, erhalten die erstaunten Eltern zu Hause einen Anruf von einem unbekannten Mann, der um die Hand ihrer Tochter anhält.

Über Ask.fm befragten unsere Recherche-Assistenten eine Reihe muslimischer Mädchen, die dem Westen den Rücken gekehrt hatten, zu den Motiven für ihre Tat. Manche gaben an, ihr neues Leben mache sie «frei». Sie erzählten von ihrem dringenden Wunsch, ein strenges Elternhaus mit überfürsorglichen, konservativen Vätern und Müttern zu verlassen; andere versuchten einer arrangierten Ehe mit einem Fremden zu entfliehen. Ganz sicher spielen romantische und sexuelle Anreize eine Rolle, und die Mädchen, die in Online-Foren über das Weglaufen chatten, beschrei-

ben Jihadisten oft als «Ritter». Einige Mädchen sind bei ihren An-
näherungsversuchen auf Facebook überaus direkt, was dazu führt,
dass manch ein Jihadist seine «Schwestern» dafür tadelt, sich auf
eine Art und Weise zu benehmen, die als *haram* gilt. Diese jungen
Frauen wollen Ehe und Bindung – aber das Ganze gut gewürzt mit
einer großen Prise Abenteuer. Zudem ist ein solch einschneiden-
der Schritt zweifelsohne recht mutig (und in manchen Fällen geradezu naiv), was zu einem Gefühl von Befreiung führt, das bei der
Ankunft vor Ort unter Umständen bald auf die Probe gestellt wird.
Jemand erkundigte sich auf Aks.fm danach, ob es den Frauen im
Islamischen Staat erlaubt sei, «das Haus zu verlassen», woraufhin
ein anderer antwortete: «Das kommt auf den Ehemann an.»

Stirbt dieser Ehemann im Kampf, können die jungen Ehefrauen
damit rechnen, all die Bewunderung zu erfahren, die einer «Mär-
tyrerwitwe» zuteil wird. Samantha Lewthwaite, die «weiße Witwe»,
die unter den Extremisten zur Ikone wurde, hat eben dies erlebt.
Unter diesem außergewöhnlich hohen kulturellen Druck feiern
manche Ehefrauen den Märtyrertod ihrer Männer auf Twitter,
während andere beklagen, dass ihre Partner heil aus dem Kampfeinsatz zurückgekehrt seien und ihren Platz unter den Märtyrern
deshalb noch nicht einnehmen könnten. Mädchen, die das Pech
haben, mit jungen Männern zusammen zu sein, die sich sträuben,
in den Kampf zu ziehen, rät Umm Ubaydah, «den Jihad zu einer
Bedingung für die Eheschließung zu machen … Viele Schwester[n] taten dies und gelangten so letztlich [nach Syrien].» Pärchen,
die Eheprobleme haben, können diese mithilfe einer Kummer-
kastentante lösen – Umm Saifullah ist so eine und hat 50 000 Follower.

Untersuchungen haben ergeben, dass die Mädchen, die sich aus
dem Westen auf den Weg nach Syrien machen, im Durchschnitt
19 bis 20 Jahre alt sind.[35] Zuweilen sind sie auch gerade einmal
14 Jahre alt.[36]

Die größte Gruppe – etwa 25 Prozent – stammt aus Frankreich.
Im September 2014 teilte der französische Innenminister Bernard
Cazeneuve der Presse mit, die französische Polizei in Zentralfrank-
reich habe einen Ring ausgehoben, der junge Französinnen für den

Islamischen Staat rekrutiert und ihre Ausreise erleichtert, indem er alle Kosten übernimmt. Die zweitgrößte Gruppe kommt aus Großbritannien: Mindestens 50 britische «Migrantinnen» wurden bislang identifiziert.[37] Anscheinend halten auch Deutsche das Kalifat für überaus anziehend, denn 40 «Bräute des Jihad» sind in der Bundesrepublik von zuhause weggelaufen und in Syrien gestrandet. Die *Rheinische Post* berichtete, dass vier minderjährige Mädchen ein paar Jihadisten im Internet kennengelernt hätten, woraufhin es ihnen gelungen sei, das nötige Geld aufzubringen und einen Flug nach Syrien zu organisieren. Die Jüngste sei gerade einmal 13 Jahre alt gewesen.

Auch in Österreich existiert dieses Phänomen. Es sind zwar nur 14 Fälle bekannt, bei denen junge Mädchen nach Syrien ausgereist sind; die österreichischen Behörden befürchten jedoch, dass es sehr viel mehr sein könnten; die Familien der Mädchen würden sie wohl aus kulturellen Gründen nicht als vermisst melden, weil sie sonst «Schande» über die Familie brächten. Ähnliche Dunkelziffern mag es auch in anderen Ländern geben. Die USA verweigern weiterhin jede genauere Angabe, wie viele amerikanische Staatsbürger das Land verlassen und sich dem Islamischen Staat angeschlossen haben. Zu den «Migrantinnen» aus Österreich gehörten auch die 16-jährige Samra Kesinovic und die 15-jährige Sabina Selimovic, Freundinnen, deren Familien ursprünglich aus Bosnien stammten. Samra hatte sich an ihrer Schule offen für den «Jihad» eingesetzt und «I love al-Qai'da» an die Wand des Schulgebäudes geschrieben. Als die hübsche Blondine in Syrien ankam, wurde sie sogleich zum weiblichen Aushängeschild der Internetpropaganda des Islamischen Staates und dessen Rekrutierungskampagnen. «Sucht nicht nach uns. Wir werden Allah dienen und für ihn sterben.»

Betrachtet man die Einträge, die sich im Internet auf Plattformen wie Twitter, JustPaste.it, Ask.fm und Instagram finden lassen, dann ähnelt das Leben einer «Braut des Jihad» dem jeder Hausfrau: Der Alltag dreht sich um die Hausarbeit, die Zubereitung der Mahlzeiten und gegebenenfalls um die Kinder. Viele loben die «Freuden» des Jihad, obwohl in Wirklichkeit nur wenige Frauen kämpfen dürfen und sie höchstens die Aussicht haben, von ihrem Ehemann in den Gebrauch einer Waffe eingewiesen zu werden. Trotzdem macht es vielen offenbar Spaß, sich auf ihren Gravataren («globally recognised avatar», also ein Bild, das neben dem Namen des Nutzers erscheint, wenn dieser auf einem Blog etwas postet oder kommentiert) mit Maschinengewehren oder Handfeuerwaffen in der schwarz behandschuhten Hand zu zeigen, während die andere Hand im IS-Gruß zum Himmel zeigt. Eine malaysische Sanitäterin schrieb auf Twitter: «Stethoskop um den Hals und Kalaschnikow auf der Schulter. Es ist mein größter Wunsch, eine Märtyrerin zu sein.»

Das traumhafte Leben, das die Mädchen im Kalifat zu finden meinen, existiert meist nur in deren Fantasie. Das Konzept der Ehe auf Zeit – *al-nikah* – ist bei den Jihadisten erlaubt und reduziert Frauen, die einer solchen Heirat zustimmen, auf den Status einer Konkubine. Manche Kämpfer machen sich diesen Umstand zunutze und gehen gleich mehrere solcher Verbindungen ein. Eine Frau, die einen besonders radikalen Extremisten heiratet, findet sich vielleicht eingesperrt in ihren eigenen vier Wänden wieder. Am entgegengesetzten Ende des Spektrums erlauben die liberaleren Ehemänner ihren Frauen – das Autofahren.

Die beiden erwähnten Österreicherinnen kontaktierten im Oktober 2014 ihre Eltern und gaben an, dass sie nach Hause zurückkehren wollten. Sie hatten tschetschenische Kämpfer geheiratet, und die Eltern schlossen daraus, dass sie schwanger sein könnten. Selbst wenn es ihnen gelingen sollte, dem Islamischen Staat zu entkommen – was aus naheliegenden sicherheitspolitischen Gründen hochgradig unwahrscheinlich ist –, verbietet es das österreichische Gesetz, dass Personen, die das Land verlassen haben, um sich dem Jihad anzuschließen, wieder nach Österreich einreisen.

Die Reaktion der westlichen Länder

Die europäischen Staaten wurden vom schnellen Erfolg des Islamischen Staates und der Bereitwilligkeit manch eines Staatsbürgers, sich dem IS anzuschließen, überrascht. Deshalb reagieren sie im Großen und Ganzen nur sehr langsam auf diese Entwicklungen.

Großbritannien preschte mit der besonders strengen Entscheidung voraus, an der Grenze die Ausweispapiere aller Personen einzuziehen, die die Polizei verdächtigte, auf dem Weg zum Islamischen Staat und anderen extremistischen Gruppierungen zu sein. Im Oktober 2014 brachte die konservative Regierung unter David Cameron gar den Vorschlag ein, ein Gesetz von 1351 zu reaktivieren und alle Jihadisten wegen Hochverrats anzuklagen – ein Verbrechen, das bis 1998 mit dem Tode bestraft wurde.[38] Innenministerin Theresa May brachte zudem ihre Hoffnung zum Ausdruck, dass bald ein neues Gesetz verabschiedet werde, mit dem man Menschen, «die radikaler Umtriebe verdächtigt» würden, den Zugang zum Internet verwehren könne. Auf dem Parteitag der Tories 2014 erklärte sie, dass eine zukünftige Tory-Regierung alle extremistischen Gruppierungen verbieten würde. Es gibt jedoch eine Reihe staatlicher und nicht-staatlicher Organisationen, die es mit der Radikalisierung aufnehmen wollen: zum Beispiel telefonische Beratungsstellen, die Eltern und Geschwister beim kleinsten «Zeichen der Radikalisierung» kontaktieren können.

Im Oktober 2014 entwickelten Frankreich, Großbritannien und die Türkei gemeinsam eine Methode, um in die Heimat zurückkehrende Kämpfer mithilfe des Computersystems des europäischen Grenzschutzes zu identifizieren. Die ganze Sache wird durch das Schengen-Abkommen allerdings erheblich verkompliziert, da es für Bürger der EU Bewegungsfreiheit in den Mitgliedsstaaten vorsieht. Aus diesem Grund können europäische Staatsbürger durch die EU in die Türkei reisen und von dort dann nach Syrien gelangen. Die Einreise in die Türkei ist mit einem Touristenvisum leicht möglich, das vor Ort erworben werden kann.

Unter dem australischen Premierminister Tony Abbot wurde ein neues Gesetz verabschiedet, das den australischen Behörden ermöglicht, die Ausweispapiere von australischen Staatsbürgern, die sich dem Jihad angeschlossen haben, für ungültig zu erklären. Er verstärkte zudem den Grenzschutz, damit verurteilte Verbrecher mit falschen Papieren anders als früher nicht mehr so einfach das Land verlassen können. Außerdem hat Abbot vorgeschlagen, den australischen Sicherheitsbehörden größeren Spielraum bei der Überwachung des Internets zu gewähren, wobei es ihm wie allen westlichen Regierungsvertretern allerdings wichtig ist, die Menschenrechte nicht zu verletzen. Als er 2012 mit der Einführung des «Mobile Data Surveillance Plan» ein ähnliches System für die Telefonüberwachung einzuführen versuchte, zog das harsche Proteste nach sich.

Die USA haben bislang noch keine Gesetze erlassen, um die Rückkehr von Kämpfern aus Syrien oder dem Irak zu verhindern. Präsident Obama betonte stattdessen, er sei wild entschlossen, den Islamischen Staat zu zerstören.

Extremismus-Experten sind dagegen der Ansicht, dass die Menschen nach ihrer Rückkehr nicht ausgeschlossen oder gar strafrechtlich verfolgt werden sollten, damit sie auch andere davon überzeugen können, auszusteigen und nach Hause zurückzukommen, wo man sie rehabilitieren sollte, damit sie ihre Erfahrungen mitteilen und so andere davon abhalten, sich dem Jihad anzuschließen.[39] Richard Barrett, der ehemalige Direktor der Anti-Terror-Einheit des britischen Geheimdienstes MI6, sprach ebenfalls davon, dass Rückkehrer eine gute Informationsquelle sein könnten.[40] Dänemark fährt mit Rehabilitierungsmaßnahmen und Beratungsangeboten für Rückkehrer dagegen einen liberaleren Kurs. Statt die radikale Grimhojvej-Moschee zu schließen, die als Sammelstelle für Rekruten auf dem Weg nach Syrien gilt, haben die dänischen Behörden sie in einen Dialog einbezogen.[41] Dennoch konnte diese Herangehensweise die tödlichen Anschläge, die sich am 14. und 15. Februar 2015 in Kopenhagen ereigneten, nicht verhindern.

Nichtsdestotrotz sehen alle Staaten die Gefahr, dass Rückkehrer oder Schläfer auf Geheiß des Islamischen Staates Anschläge in ihren Heimatländern verüben. Nach Angaben des International Centre for the Study of Radicalisation and Political Violence (ICSR, ein internationaler Thinktank mit Sitz in London) sind bislang bereits 250 Briten, 70 Belgier und 100 Deutsche nach Hause zurückgekehrt.[42] Statistische Untersuchungen des ICSR besagen zudem, dass die Anwesenheit nur eines einzigen kampferprobten «Veteranen» in einer Terrorzelle die Chancen um 40 Prozent erhöht, dass sie einen erfolgreichen Angriff durchführt.

Die vierte Ausgabe der *Dabiq* rief alle Leser im Westen dazu auf, auch bei ihnen vor Ort Angriffe zu lancieren. Nur kurze Zeit später eröffnete der 29-jährige Mehdi Nemmouche im Mai 2014 das Feuer auf die Besucher des Jüdischen Museums in Brüssel. Drei Menschen kamen dabei ums Leben. Nemmouche war erst kürzlich aus Syrien zurückgekehrt, wo er für den IS gekämpft hatte. Im September 2014 köpfte ein Mann eine seiner Kolleginnen, und auch dieses Mal war der Täter für seine radikal-islamistischen Ansichten bekannt und an seiner Arbeitsstelle durch seinen Missionierungseifer aufgefallen. Als Kanada die ersten Kampfjets nach Syrien schickte, um dort Stellungen des IS zu bombardieren, fuhr der erst kürzlich zum muslimischen Glauben übergetretene Martin Rouleau-Couture mit seinem Wagen zwei kanadische Soldaten in Quebec an. Einer erlag seinen Verletzungen. Rouleau-Couture hatte den Islamischen Staat und seine Gewalt ausdrücklich auf Facebook gelobt. Er wurde von der Polizei erschossen. Am 22. Oktober ereignete sich im kanadischen Ottawa ein Amoklauf, bei dem Michael Zehaf-Bibeau, ein Einzeltäter, zunächst das Wachpersonal eines Kriegsdenkmals erschoss und danach in das Parlamentsgebäude der kanadischen Hauptstadt stürmte, wo er von Polizisten erschossen wurde. Nach den Pariser Anschlägen im Januar 2015 tauchte ein Video auf, das den inzwischen verstorbenen Attentäter Amedy Coulibaly zeigt. In diesem erklärt er, er habe im Auftrag des Islamischen Staates gehandelt.

Glücklicherweise sind dies alles Einzelfälle. Weil aber die Bombenangriffe der Alliierten immer weiter zunehmen und es stets wahrscheinlicher wird, dass Bodentruppen im Kampf gegen den IS eingesetzt werden, müssen auch wir im Westen mit einer steigenden Zahl solcher Attentate rechnen.

10. Gefährliches Spiel:
Der Westen instrumentalisiert den radikalen Islam

Seit den 1980er-Jahren haben sich die USA in die Angelegenheiten von insgesamt 14 muslimischen Staaten eingemischt. Im schlimmsten Fall marschierten amerikanische Truppen in diese Länder ein oder bombardierten sie aus der Luft. Diese waren (in chronologischer Reihenfolge): Iran, Libyen, Libanon, Kuwait, Irak, Somalia, Bosnien, Saudi-Arabien, Afghanistan, Sudan, der Kosovo, Jemen, Pakistan und nun Syrien. In den letzten Jahren fanden diese Bemühungen im Rahmen des «Kriegs gegen den Terror» und der versuchten Eindämmung des islamischen Extremismus statt.

Und doch versuchte der Westen jahrhundertelang, die Kraft des radikalen Islam für seine außenpolitischen Interessen zu nutzen. Im Falle Großbritanniens geht dies bis in die Zeit des Osmanischen Reiches zurück. In der jüngeren Vergangenheit machte die britisch-amerikanische Allianz den Islamisten in Afghanistan, dem Irak, Libyen und Syrien zunächst den Hof und wandte sich dann gegen sie. In meinen Augen trug die Politik der USA und Großbritanniens, die darauf basierte, unterschiedlichste Gruppen für den kurzfristigen militärischen, politischen oder diplomatischen Erfolg zu bewaffnen und damit gegeneinander auszuspielen, direkt zum Aufstieg des IS bei.

Das Kalifat erhält Unterstützung

Das Osmanische Reich war jahrhundertelang das größte muslimische Gebilde der Welt. Es erstreckte sich über große Teile Nordafrikas, Südosteuropas sowie des Nahen und Mittleren Ostens. Seit dem 16. Jahrhundert setzten sich die Briten nicht nur für das Osmanische Reich ein, sondern befürworteten und unterstützten auch die Institution des Kalifats selbst und den Anspruch des Sul-

tans auf den Titel des Kalifen und Anführers der Umma (der Gemeinschaft aller Muslime).

Die Unterstützung, die die Briten dem osmanischen Kalifen entgegenbrachten – eine Politik, die als die «Orientalische Frage» in
die Geschichte einging[1] –, war stets vor allem von Eigeninteressen
geprägt. Zunächst sollte das Osmanische Reich als Puffer gegen die
imperialen Rivalen Frankreich und Russland dienen, doch nach
der Kolonialisierung Indiens schützte das Osmanische Reich vor
allem die britischen Handelsrouten nach Osten. Diese Unterstützung war nicht nur diplomatischer Art; sie wurde auch militärisch
umgesetzt. Während des Krimkriegs (1853–1856) kämpften die Briten gemeinsam mit den Osmanen gegen die Russen und gewannen. Erst mit dem Ausbruch des Ersten Weltkriegs 1914 geriet diese
400 Jahre alte Konstellation ins Wanken. Als Mehmed V. sich auf
die Seite der Deutschen schlug, waren die Briten gegen ihren Willen von den 15 Millionen Muslimen des Kalifats abgeschnitten, was
sie für nachteilig hielten, denn: «Wer auch immer den Kalifen kontrollierte, kontrollierte auch den sunnitischen Islam».[2] Also entschied London, dass ein arabischer Aufstand mit dem Ziel, Mehmed V. zu stürzen, die Möglichkeit böte, den Posten des Kalifen
einem zuverlässigeren und leichter beeinflussbaren Verbündeten
anzuvertrauen: Husain ibn Ali Husain, Sherif von Mekka und angeblich direkter Nachfahre des Propheten Muhammad. Die Briten
instrumentalisierten den Rassismus, um Unterstützung für den
angedachten Aufstand zu finden: Sie beriefen sich auf den Glauben
der Araber, dass ihnen der Islam ursprünglich gehöre, weil er in
Medina und Mekka entstanden war und nicht im türkischen Kon-
stantinopel. In einer britischen Erklärung aus dem Jahr 1914 hieß
es deshalb: «Unter den Muslimen gibt es keine andere Nation als
die arabische, die dazu fähig wäre, das islamische Kalifat zu bewahren.»[3] Man schickte einen Brief an Sherif Husain, in dem man seinen Ehrgeiz anfachte: «Vielleicht wird ein echter Araber das Kalifat
in Mekka oder Medina übernehmen.» (Medina war nach dem Tod
des Propheten der Mittelpunkt des ersten Kalifats.) Abermals waren die Briten bereit, das Kalifat mit dem Schwert zu verteidigen.
Sie versprachen, «die heiligen Stätten vor jeder äußeren Aggression

zu schützen». Es ist schon merkwürdig, dass die Anhänger des heutigen «War on Terror» vor gerade einmal 100 Jahren versprachen, das islamische Kalifat den Arabern zurückzugeben und es mit ihren Streitkräften zu verteidigen.

Die Arabische Revolte, ein Aufstand gegen das Osmanische Reich, der 1916 ausbrach, war von den Briten erfolgreich in die Wege geleitet worden. Im selben Jahr handelten die Briten und Franzosen das geheime Sykes-Picot-Abkommen aus, demzufolge sie die Gebiete untereinander aufteilten, die Sherif Husain versprochen worden waren. Verrat, Manipulation und Egoismus waren und sind die wichtigsten Faktoren, wenn es um die westliche Intervention im Nahen Osten geht. Die Revolte zog sich über zwei Jahre hin und trug erheblich zum Zusammenbruch des Osmanischen Reiches bei. Gleichzeitig kämpfte die britische Armee gemeinsam mit ihren verbündeten Streitkräften – darunter auch den «arabischen Freischärlern» – auf den Schlachtfeldern des Ersten Weltkrieges gegen das Osmanische Reich. T. E. Lawrence, der aufgrund der Loyalität, die ihm Sherif Husain und sein Sohn, Emir Faisal, entgegenbrachten, als «Lawrence von Arabien» in die Geschichte einging, war in diesem Zusammenhang eine überaus wichtige Gestalt. Lawrence wurde von Sherif Husain zum «Sohn ehrenhalber» ernannt und kämpfte viele Schlachten unter dem Befehl von Emir Faisal, dessen Berater er später wurde. Als die Osmanen eine Belohnung von 15 000 Pfund auf Lawrences Kopf aussetzten, war kein Araber bereit, ihn zu verraten.

Leider wurden dieses ehrenhafte Verhalten und dieser Respekt nicht wirklich erwidert. In einem Memo an den britischen Geheimdienst ging Lawrence auf die geheime Agenda hinter dem Aufstand der Araber ein: «Die Araber sind sogar noch unbeständiger als die Türken. Wenn wir das Ganze richtig angehen, werden sie politisch zerrissen bleiben – ein Flickenteppich kleiner und kleinster Fürstentümer, die sich eifersüchtig gegenseitig beäugen und deshalb nie zum Zusammenhalt fähig sein … oder gemeinsamen Widerstand gegen uns leisten werden.» Darauf folgte ein Brief, in dem es hieß: «Als der Krieg ausbrach, kam das dringende Bedürfnis auf, die islamische Welt zu zersplittern. … Husain wurde

ausgewählt, weil er unter den Muslimen Zwietracht säen würde.
Anders ausgedrückt: teile und herrsche!»[4]

Öl und die westliche Außenpolitik

Lassen Sie uns nun in die 1950er- und 1960er-Jahre vorspulen, eine
Zeit, in der das Öl zum ausschlaggebenden Faktor der westlichen
Außenpolitik wurde. Auch dieses Mal galt das Prinzip «teile und
herrsche». In einem britischen Kabinettsmemo steht beispielsweise: «Unsere Interessen lauten ... die vier wichtigsten ölfördern-
den Länder [Saudi-Arabien, Kuwait, Iran und Irak] unter separater
politischer Herrschaft zu halten.» Diese Politik führte dazu, dass
der Westen im Ersten Golfkrieg – der den Irak und Iran in den
1980er-Jahren an den Rand der Zerstörung brachte – beide Seiten
mit Waffen belieferte, um dann im Zweiten Golfkrieg 1990–1991
mit einer Streitmacht von 700 000 Mann zu intervenieren, damit
der Irak Kuwait nicht annektierte.[5]

Die USA, Großbritannien und die EU waren auch wegen der
Kohäsionskraft des arabischen Nationalismus in tiefer Sorge, einer
überaus beliebten politischen Bewegung, angeführt vom ägyptischen Präsidenten Gamal Abdel Nasser und seinen (zum damaligen Zeitpunkt) mächtigen Verbündeten im Irak und in Syrien. Allein schon der Gedanke, dass diese drei riesigen, «linken»
Regionalmächte sich politisch und militärisch zusammentun
könnten, war zu Zeiten des Kalten Krieges einfach unerträglich.
Auch nach dem Zusammenbruch der Sowjetunion änderte sich
dieser Sachverhalt aufgrund einer möglichen Bedrohung Israels in
der Region nicht. Um dem Aufstieg des Panarabismus Einhalt zu
gebieten, begann der Westen, islamistische Strömungen in den betreffenden Ländern zu unterstützen, meist, indem er unterschiedliche Zweige der Muslimbruderschaft stärkte. Auch in diplomatischer Hinsicht gab der Westen sein Bestes und schuf robuste und
verbindliche Beziehungen zu den pro-westlichen islamischen
Monarchien in Saudi-Arabien, den Golfstaaten und Jordanien.
Diese Verbindungen bestehen bis heute.

Die extremste Ausformung des radikal-sunnitischen Islam war der saudi-arabische Wahhabismus, der von einer Reihe internationaler Organisationen und deren «globaler islamischer Mission», wie sie es nannten, verbreitet wurde. 1962 leitete Saudi-Arabien die Gründung der Islamischen Weltliga in die Wege, die größtenteils aus exilierten Mitgliedern der ägyptischen Muslimbruderschaft bestand. Die Beziehungen des Westens (und der Golfstaaten) zur Muslimbruderschaft waren immer widersprüchlich und durch und durch eigennützig. Vor und während des «Arabischen Frühlings», in dessen Folge sich die ägyptische Bevölkerung 2011 gegen Husni Mubarak auflehnte, unterstützten die Briten und die Amerikaner die Muslimbruderschaft als glaubwürdigste und (einzige) politische Bewegung mit ausreichend Erfahrung im Land. 2014 wurden Großbritannien und die USA von den Saudis allerdings unter Druck gesetzt, die verlangten, die Muslimbruderschaft zu einer «Terrororganisation» zu erklären. Obwohl keiner der beiden Staaten bislang so weit ging, ließen die Briten die Gruppe pflichtschuldig von einem offiziellen Ermittlungsausschuss untersuchen, der vom britischen Botschafter in Saudi-Arabien, Sir John Jenkins, geleitet wurde.[6] In den USA wurde 2014 derweil der «Muslim Brotherhood Terrorist Designation Act» in den Kongress eingebracht.[7]

Das saudische Königshaus selbst fürchtete sich vor einem «Arabischen Frühling» im eigenen Land, weshalb es mit Begeisterung auf den Militärputsch vom Juni 2013 reagierte, durch den der demokratisch gewählte Präsident und Kandidat der Muslimbruderschaft, Muhammad Mursi, abgesetzt wurde. Der saudische König Abdullah gratulierte dem Anführer des Putsches, Abd al-Fattah al-Sisi (dem jetzigen ägyptischen Präsidenten), nur eine Stunde nach dem Coup zu seinem Erfolg. Ägypten unter al-Sisi werde Israel gegenüber nicht nur freundschaftlicher gesinnt sein, sondern ebenso wie Saudi-Arabien jeden Aufstand brutal niederschlagen, um so dem Königreich in seinem Kampf ums Überleben moralisch zur Seite zu stehen. Der politische Pragmatismus der Saudis (den manche vielleicht als Scheinheiligkeit bezeichnen würden) wird zunehmend von den Interessen der USA und Großbritanniens, den engsten Verbündeten des Königshauses, bestimmt und entwickelte sich so zu einer der wichtigsten Triebfedern des augenblicklichen Chaos im Nahen Osten – und dazu gehört auch die Entstehung des ISIS.

Der Kommunismus als Staatsfeind Nummer eins

Seit den 1950er-Jahren finanzierte die CIA die Muslimbruderschaft.[8] Als Gamal Abdel Nasser sich dazu entschloss, die Muslimbrüder in Ägypten auszurotten, half die CIA bei der Übersiedlung der führenden Köpfe nach Saudi-Arabien, wo sie im ganz eigenen Fundamentalismus des wahhabitischen Königreichs aufgingen. Viele schafften es bis in einflussreiche Positionen. Während Saudi-Arabien die Entstehung eines Zweigs der Muslimbruderschaft im eigenen Land erfolgreich verhindert hatte, finanzierte das Land die Bewegung in anderen arabischen Staaten. Einer der bedeutendsten Anführer des vom Westen unterstützten afghanischen Jihad (1979–1989) war ein Muslimbruder, der in Kairo studiert hatte: Burhanuddin Rabbani, führender Kopf von Jamiat-i Islami (JI, «Islamische Gemeinschaft»).

Die Amerikaner und – in geringerem Ausmaß – die Briten fürchteten sich vor dem Aufstieg des Kommunismus, der als «Feind der freiheitlichen Weltordnung» (eine Bezeichnung, die später auch auf islamistische Extremisten angewandt wurde) angesehen und dementsprechend dargestellt wurde. Am Ende des Zweiten Weltkriegs umfasste das Territorium der Sowjetunion ein Sechstel der weltweiten Landmasse. Dadurch wurde die UdSSR zu einer Supermacht, die den USA ernsthaft gefährlich werden konnte. Außerdem war das Weiße Haus im Hinblick auf die weiteren Entwicklungen in China besorgt, wo die Kommunistische Partei 1949 an die Macht gelangt war. Darüber hinaus zeigten sich während der Nachkriegszeit Millionen idealistischer Amerikaner und Europäer vom Kommunismus begeistert, wodurch auch im Inland nach Ansicht der meisten Staaten eine politische Bedrohung entstand. Zeitgleich musste der Westen mit Schrecken erkennen, dass der Kommunismus und der Sozialismus im Nahen und

Mittleren Osten immer beliebter wurden; revolutionäre, der Sowjetunion freundlich gesinnte arabische Staaten würden einen enormen strategischen Nachteil bedeuten und die sichere Ölversorgung
des Westens gefährden.

In den Augen des Westens war der radikale Islam die beste Op-
tion, um das Vordringen des arabischen Nationalismus und Kommunismus aufzuhalten.

Nach dem Sechstagekrieg 1967 fiel den Regierenden in den USA
und Großbritannien zufrieden auf, dass der Ruf nach einer Einheit
der Araber und der Geist eines gemeinsamen Ziels inzwischen in
einen wiederauflebenden islamischen Fundamentalismus und in
den weit verbreiteten Wunsch nach einer Durchsetzung der Scharia kanalisiert worden waren. Dieses Revival setzte sich auch in
den 1970er-Jahren fort und führte Ende der 1970er-Jahre schließlich dazu, dass überall im arabischen Raum Mujahidin auftauchten, die sich in den folgenden zehn Jahren in Afghanistan den sowjetischen Streitkräften entgegenstellten.

Wie in Syrien und im Irak waren die sunnitischen Jihadisten
nicht die einzigen, die an den Aufständen teilnahmen. Es gab sieben sunnitische Hauptgruppen,[9] die von den USA, Saudi-Arabien,
Großbritannien, Pakistan und China mit Waffen und Geld im
Wert von insgesamt 6 Milliarden Dollar unterstützt wurden. Abdullah Azzams «Dienstleistungsbüro» (Maktab al-Chidamat), in
dem auch Osama bin Laden tätig war und aus dem al-Qaida letztlich hervorging, war zu diesem Zeitpunkt einer der wichtigen sunnitischen Organisationen unterstellt, der «Gulbuddin-Fraktion»,
die 1977 von Gulbuddin Hekmatyar gegründet worden war. Was
bei der Nacherzählung der Geschichte des Afghanistankriegs oft
vergessen wird, ist die Tatsache, dass es sich um einen panislami-
schen Aufstand handelte: Es gab acht schiitische Gruppen, die alle
vom Iran ausgebildet und finanziell unterstützt wurden.[10]

Unter den von ihnen finanzierten Sunniten bevorzugte die CIA
die afghanischen Araber (wie die Kämpfer in Afghanistan genannt
wurden, die ursprünglich aus arabischen Ländern stammten), weil
sie diese im Vergleich zu ihren einheimischen afghanischen Pen-
dants für leichter «lesbar» hielten.[11] Die Recherchen des australisch-

britischen Journalisten John Pilger bestätigten im Jahr 2003: «Zwischen 1986 und 1992 wurden mehr als 100 000 militante Islamisten in von CIA und MI6 geleiteten Camps ausgebildet, während die SAS zukünftige al-Qaida- und Talibankämpfer im Bombenbau und anderen schwarzen Künsten unterwies. Die Führer dieser Truppen wurden währenddessen in einem CIA-Ausbildungslager in Virginia trainiert.»[12] Tatsächlich war der Westen schon einige Wochen vor dem Einmarsch der Russen in Afghanistan aktiv, worauf nur selten hingewiesen wird. Weil die in Afghanistan von den ausländischen Mächten angewandten Methoden auch in Syrien und im Irak zum Einsatz kamen, ist es an dieser Stelle sinnvoll, den Praktiken nachzugehen, mit denen die verschiedenen Seiten vor Ort ihre Ziele verfolgten.

Die Lage Afghanistans und die langen gemeinsamen Grenzen mit dem Iran und Pakistan machen es zu einer Trophäe von ausgesprochen großem strategischem Wert. Bei einem Militärputsch im Jahr 1978 (dem dritten in fünf Jahren) kam der pro-sowjetische Muhammad Taraki an die Macht; dies ließ in Islamabad, Washington, London und Riad die Alarmglocken läuten. Der pakistanische Geheimdienst versuchte einen islamischen Aufstand anzuzetteln, was aufgrund mangelnder Unterstützung der Bevölkerung letztlich nicht gelang. In den fünf Monaten vor dem Einmarsch der sowjetischen Truppen unterstützte US-Präsident Jimmy Carter mithilfe Pakistans und Saudi-Arabiens heimlich islamistische Oppositionsgruppen. Carters Nationaler Sicherheitsberater Zbigniew Brzezinski wies in einem Memo an seinen Vorgesetzten darauf hin, dass – sollten sich die Islamisten erheben – das Ganze «eine sowjetische Militärintervention auslösen würde, die mit sehr hoher Wahrscheinlichkeit scheitern und der UdSSR ihr Vietnam bescheren würde».[13]

Bei einem weiteren Coup im September 1979 gelangte der stellvertretende Premierminister Afghanistans, Hafizullah Amin, an die Macht. Im Dezember desselben Jahres marschierte Moskau ein, ließ Amin ermorden und ihn durch einen seiner eigenen Männer, Babrak Karmal, ersetzen. Brzezinski schickte Carter abermals ein Memo, in dem er die von ihm empfohlene Taktik umriss: «Um die Rebellen zu unterstützen, sollten wir in den islamischen Ländern einerseits eine Propaganda- und andererseits eine Geheimdienstkampagne in die Wege leiten.»

Auf einem Treffen, das am 18. Dezember 1979 in der Foreign Policy Association in New York abgehalten wurde, begrüßte die britische Premierministerin Margaret Thatcher begeistert die Herangehensweise Washingtons. Sie ging sogar so weit, die Revolution im Iran zu loben, denn wie sie selbst sagte, «haben wir im Nahen Osten viel zu verlieren … Es kann nur in unserem Interesse sein, wenn sie sich auf ihre tief verwurzelten religiösen Traditionen berufen … Wir möchten nicht, dass sie sich dem trügerischen Reiz des importierten Marxismus hingeben.»

So wie der IS ein Produkt der westlichen Intervention im Irak und in Syrien war, so rechnete keine der Mächte, die die Mujahidin in Afghanistan unterstützten, mit dem Auftauchen von al-Qaida mit ihrer extrem anti-westlichen Stoßrichtung und dem ehrgeizigen Wunsch, das Kalifat wiederherzustellen. Der pakistanische Präsident Pervez Musharraf schrieb in seiner Autobiografie, dass «weder Pakistan noch die USA erkannten, was Osama bin Laden mit der Organisation anstellen würde, die wir ihn aufbauen ließen.»[14]

Was ist Extremismus? Das Dilemma des Westens

Im Laufe der 1990er-Jahre nahm der politische Islam immer radikalere Züge an – eine Entwicklung, die von Saudi-Arabien finanziert wurde. Der Stern der Muslimbruderschaft begann zu sinken, als die Anführer der Bewegung zunehmend als zu «moderat» kritisiert wurden, weil sie sich am Demokratisierungsprozess beteiligt hatten. Da die Muslimbruderschaft verboten worden war, kandidierten ihre Vertreter als «Unabhängige» und erzielten auf diese Weise ein sehr gutes Wahlergebnis, wodurch sie zur wichtigsten Oppositionsgruppe in Konkurrenz zu Präsident Husni Mubarak aufstiegen. Es gab noch einen weiteren Grund, warum die Muslimbruderschaft es sich mit Riad verscherzte: 1990 hatte sie die Invasion Kuwaits durch Saddam Hussein unterstützt. Das saudische Königshaus, das mit der wahhabitischen Lehre über seine eigene Version der salafistisch-jihadistischen Ideologie verfügte, verband sein Überleben nun mit dem Erfolg eben dieser Anschauung.

Der Westen beobachtete diese immer radikaleren Entwicklungen mit großem Entsetzen, während der Kampf der Salafisten stets internationaler wurde: Arabische Jihadisten reisten 1992 nach Osteuropa, um gemeinsam mit bosnischen Muslimen zu kämpfen; der erste Anschlag auf das World Trade Center in New York wurde 1993 von radikalen Islamisten ausgeführt; und 1995 ließen Jihadisten der mit al-Qaida in Verbindung stehenden Groupe Islamique Armé (GIA) in der Pariser Metro Bomben hochgehen, wobei acht Menschen ums Leben kamen und mehr als 100 verletzt wurden.

Die USA und Großbritannien reagierten erstaunlich gelassen auf diese neue Welle des radikalen Islam. Weder die britische Regierung noch die britischen Sicherheitsbehörden sahen in den Extremisten eine echte Gefahr, weshalb sie in den 1990er-Jahren auch die Entstehung «Londonistans» zuließen, wie die Medien es nannten. Man könnte meinen, es habe sich dabei um ein überaus erfolgreiches Modell gehandelt, weil die Jihadisten als Gegenleistung dafür, dass sie keine Gewalt auf britischen Straßen ausübten, in London leben und dort ungestört ihren Geschäften nachgehen durften. Der syrische Jihadist Abu Musab al-Suri (auch bekannt als Sitt Maryam Nasir) war einer der Hauptakteure der jihadistischen Gemeinde «Londonistans», zu der auch Osama bin Ladens «Botschafter» in London, Chalid al-Fawwaz, gehörte. Al-Suri bestätigte mir, dass es zwischen dem MI6 und den Extremisten eine stillschweigende Übereinkunft gab.

Im Laufe der 1990er-Jahre brachten saudische Einrichtungen und Einzelpersonen insgesamt 300 Millionen US-Dollar zur Unterstützung gewalttätiger salafistischer Gruppen auf, während die USA und Großbritannien tapfer ihren Kurs hielten. Ein Jahr nachdem Margaret Thatcher endgültig ihre politischen Ämter aufgegeben hatte, erklärte sie bei einer Zusammenkunft in den Räumen des Chatham House, eines Thinktank für internationale Angelegenheiten: «Das saudische Königreich ist eine starke gemäßigte Kraft und wichtig für die weltweite Stabilität.»[15] Als man sie auf die abscheulichen Menschenrechtsverletzungen Saudi-Arabiens hinwies, zu denen öffentliche Hinrichtungen und das Pfählen und Steinigen von Menschen ebenso gehörten wie die Unterdrückung der Frau und die Inhaftierung friedlicher Demonstranten,[16] entgegnete sie: «Ich habe nicht vor, mich in die inneren Angelegenheiten des Landes einzumischen.» Später sprach Tony Blair von der «Achse der gemäßigten Kräfte» und meinte damit Saudi-Arabien, die Golfstaaten, die Türkei, die Palästinensischen Autonomiegebiete und Israel.

Der Zweite Golfkrieg führte zu zwei Veränderungen. Die erste war, dass Saudi-Arabien in militärischen Belangen von nun an vollkommen abhängig von den USA wurde. Die zweite, dass die CIA in ihrem Versuch, Saddam Hussein zu schwächen, schiitische Gruppen im südlichen Irak zur Rebellion anstiftete, was dazu führte, dass Tausende Schiiten im Helikopterfeuer der Regierungstruppen ihr Leben ließen. George Bush senior gab 40 Millionen US-Dollar für Geheimoperationen im Irak aus und ließ schiitische und kurdische Anführer zum Training nach Saudi-Arabien fliegen. Er sorgte außerdem für die Gründung zweier Oppositionsgruppen, die anschließend auch von den USA finanziert wurden: einerseits das Irakische Nationalabkommen, das von Iyad Alawi geleitet wurde, einem Mann, der 1996 an einem von der CIA-Einsatzgruppe Irak angezettelten, aber letztlich vereitelten Militärputsch beteiligt gewesen war;[17] andererseits der Irakische Nationalkongress, der von Ahmad Jalabi angeführt wurde, der wiederum dem amerikanischen Verteidigungsminister Dick Cheney nahestand. Trotz dieser strengen Strafmaßnahmen blieb Saddam Hussein für weitere 12 Jahre an der Macht.

Washington und London waren weiterhin der Ansicht, dass eine Allianz mit den «gemäßigten» Islamisten den Schlüssel zum Sieg über die Extremisten bedeuten würde. 2004 schrieb der britische Botschafter in Damaskus, Basil Eastwood, gemeinsam mit Richard Murphy, der unter Reagan als Vizeaußenminister gedient hatte, in einer Denkschrift für das britische Verteidigungsministerium: «Im arabischen Nahen Osten gilt die schreckliche Wahrheit, dass die bedeutendsten Bewegungen mit dem größten Rückhalt in der Bevölkerung diejenigen sind, die mit dem politischen Islam verbunden sind.» Die beiden machten zum ersten Mal zwei Lager innerhalb des politischen Islam aus: die, «die sich um einen Wandel bemühen, den Regimewechsel aber nicht mit Gewalt erzwingen möchten, und die Jihadisten …, die eben diese Gewalt anstreben».[18]

Dieses neue Paradigma gewann schnell an Boden. 2006 machte Tony Blair deutlich, dass der bevorstehende Kampf im Nahen Osten zwischen den «gemäßigten» und den «radikalen» Islamisten ausgefochten werde. Der Westen, erklärte er dem Publikum des World Affair Council in Los Angeles, müsse die moderaten Kräfte «unterstützen». «Wir möchten, dass der gemäßigte, etablierte Islam über den reaktionären triumphiert.» Dann widmete sich Blair den wirtschaftlichen Vorteilen, die eine solche Zielsetzung den großen, international tätigen Konzernen und den von ihnen verteidigten Organisationen einbringen würde: «Der Sieg der gemäßigten Kräfte bedeutet eine Öffnung des Islam – eine Öffnung für die Globalisierung.»[19]

Der Westen benimmt sich weiterhin so, als könnte Saudi-Arabien die Welt vor der Gefahr des Extremismus bewahren. Und doch hat das saudische Königshaus 50 Millionen US-Dollar investiert, um den Wahhabismus überall auf der Welt zu fördern, und der Großteil der finanziellen Unterstützung für al-Qaida – die sich mittlerweile auf Milliarden von Dollar beläuft – stammt immer noch von Privatpersonen oder Organisationen in Saudi-Arabien. Die sogenannten Sindschar-Berichte (Dokumente, die die Koalitionstruppen 2007 erbeuteten) haben klar gezeigt, woher die ausländischen Jihadisten im Irak vor allem kamen: 45 Prozent waren Saudis. Heute füllen sie die Reihen des IS.

Der Arabische Frühling führte dazu, dass die Trennlinien in Libyen und in Syrien sogar noch mehr verschwammen und es unmöglich wurde, zwischen «moderaten» und «radikalen» Kräften zu unterscheiden. In Libyen stärkte die westliche Intervention vor allem die Radikalen, weil nach Gaddafis Sturz riesige Mengen hochkomplexer Waffen aus dessen Arsenal auftauchten und ganze Wagenladungen in die Hochburgen der Jihadisten geschafft wurden. Aufgrund dieses fatalen Fehlers zauderte US-Präsident Obama in Syrien – sehr zum Ärger seiner saudischen Verbündeten –, und so konnte sich die radikalste aller extremistischen Gruppen durchsetzen: der Islamische Staat.

11. Saudi-Arabien und der Islamische Staat

Die sonst so zurückhaltende konservative britische Zeitung *The Financial Times* veröffentlichte am 8. September 2014 einen wütenden Artikel, in dem Saudi-Arabien und dem saudischen Königshaus vorgeworfen wurde, für die Entstehung des Islamischen Staates verantwortlich zu sein, weil das Land den Wahhabismus und den Jihad überall hin exportiere und extremistische Gruppen finanziere. Die Zeitung vertrat nicht nur die These, dass das Königshaus nicht länger die Führung über die Sunniten beanspruchen sollte, sondern bezeichnete die zeitgenössischen Jihadisten zudem als «Wahhabiten auf Steroiden».[1]

In Fragestunden zum radikalen Islam erkundigt man sich regelmäßig bei mir nach der ebenso erstaunlichen wie komplizierten Beziehung zwischen Saudi-Arabien und gewalttätigen extremistischen Gruppierungen wie al-Qaida und, seit Kurzem, auch dem Islamischen Staat. Als nächstes folgen dann Nachfragen zur scheinbar unvereinbaren Nähe zwischen Washington, London und Riad. Die Fragesteller vermuten zu Recht, dass diese Angelegenheit für die Stabilität und die Sicherheit im Nahen Osten von zentraler Bedeutung ist. Saudi-Arabien, das Land, in dem sich mit Mekka und Medina zwei der wichtigsten heiligen Stätten des Islam befinden, ist das selbsternannte Oberhaupt der muslimischen Welt. Es hat sich stets sehr darum bemüht, diesen Status zu behalten, was ihm größtenteils auch gelungen ist – bis jetzt.

Solche Ausdrücke wie die «Wahhabiten auf Steroiden» erregen natürlich einige Aufmerksamkeit. Sie präsentieren eine scheinbar einfache Lösung, nach der die Verbreitung einer ultra-konservativen Auslegung des Islam – des Wahhabismus – und ihre finanzielle Unterstützung durch das saudische Königshaus zwangsläufig zur Entstehung von al-Qaida und zur Gründung des Islamischen Staates führen mussten. Die Geschichte Saudi-Arabiens und seine Offenheit für den islamischen Fundamentalismus auf der einen und den westlichen Kapitalismus auf der anderen Seite hängen in vielerlei Hinsicht mit den Umständen zusammen, die uns im Laufe dieses Buches begegnet sind. Um das Ganze verstehen zu können, muss es in Einzelteilen betrachtet werden, denn es besteht kein Zweifel, dass dadurch wichtige Wahrheiten ans Licht treten, die wir berücksichtigen müssen, wenn wir ganz verstehen wollen, wie der IS an die Macht gelangte.

Das saudische Königshaus und der Islamische Staat behaupten beide, «dem wahren Pfad» zum Islam zu folgen, wie er von dem Gelehrten Muhammad ibn Abd al-Wahhab, der im 18. Jahrhundert lebte, aufgezeichnet wurde. Deshalb sehen beide Seiten die jeweils andere auch als abtrünnige an. Nun könnte das alles als viel heiße Luft abgetan werden, hätte eine Online-Umfrage im Juli 2014 nicht ergeben, dass 92 Prozent aller saudischen Staatsbürger glauben, dass der IS «die Werte des Islam und der islamischen Gesetzgebung vertritt».[2] Der Islamische Staat stellt den saudischen Führungsanspruch über die muslimische Welt vor eine gewaltige Herausforderung, indem er die Luxusverliebtheit und die Korrumpierbarkeit des saudischen Königshauses herausstellt und somit die Ansicht vertritt, die Königsfamilie sei dieser Aufgabe weder moralisch noch ideologisch gewachsen. Und offenbar stimmen die saudischen Bürger dieser Meinung zu: Der saudische Berichterstatter Jamal Chashuqji warnte bereits vor den unzähligen Befürwortern des Islamischen Staates in Saudi-Arabien, die «aus dem Schatten heraus alles beobachten».[3]

Was will der Wahhabismus?

Der Wahhabismus geht auf Muhammad ibn Abd al-Wahhab (1703–1792) zurück, einen sunnitischen Gelehrten, der in Nadsch lebte, einer Gegend, die später einmal zum Königreich Saudi-Arabien gehören sollte. Wahhab beeinflussten die Schriften des Gelehrten Taqi al-Din ibn Taimiya (1262–1328), der im 14. Jahrhundert lebte und von den Salafisten (was «Altvordere» oder «Vorfahren» bedeutet) als einer der größten muslimischen Denker aller

Zeiten gefeiert wird. Taimiya vertrat die Ansicht, dass nur die ersten drei Generationen der Muslime dem richtigen Weg folgten; er
bezieht sich auf den Ausspruch des Propheten, wie er in folgendem
Hadith überliefert wurde: «Die besten meiner Umma sind diejenigen in meiner Epoche, dann diejenigen, die nach ihnen folgen,
dann diejenigen, die nach ihnen folgen.»[4]

Taimiya drängte seine Zeitgenossen dazu, zu den Ursprüngen
ihrer Religion zurückzukehren: dem Koran und der Sunna. Er war
es, der die enge Definition des «wahren Glaubens» vorlegte, wie sie
später in den wahhabitischen Lehren und den Prinzipien der *takfir*
(eine Praxis, mit der andere Muslime der Apostasie bezichtigt werden) und des Jihad gegen die *kufr* (Ungläubigen) festgehalten wurden – auch der Islamische Staat bezieht sich im Internet wiederholt
auf diese Begriffe.

Dass Abd al-Wahhab fast 400 Jahre nach der ersten Formulie-
rung dieser strengen Ansichten eben diese wieder aufleben ließ, lag
wenigstens zum Teil an den historischen Umständen seiner Zeit.
Der weltweite Einfluss des Islam nahm stetig ab, während der der
Europäer immer weiter wuchs. Abermals hieß es, der Abfall vom
«rechten Weg» sei an allem schuld. Bis 1741 war al-Wahhab als
Wanderprediger tätig gewesen, bis er sich in Diriyya – damals
noch eine Wüstenoase – niederließ und damit unter den Schutz
des dortigen Stammesführers Muhammad Ibn Saud begab. Ibn
Saud war ein ergebener Diener – und er hatte Ehrgeiz. Er erkannte,
dass die Lehren Wahhabs die zeitgenössischen arabischen Werte
und die arabische Kultur infrage stellten und als Machtinstrument
eingesetzt werden konnten, ganz besonders, weil sie den Jihad gegen all jene heraufbeschworen, die gegen die wichtigsten Maximen
verstießen.

Gemäß den wichtigsten wahhabitischen Glaubenssätzen dürfen
die Menschen nur zu Allah beten, denn nur er gilt als heilig – die
Huldigung anderer «Heiliger», «heiliger» Objekte oder Bilder,
Orte, Schreine oder Gräber ist Ketzerei. Den Bart zu rasieren,
Alkohol zu trinken und Tabak zu konsumieren ist ebenso wenig
gestattet wie zu fluchen. Musikinstrumente gelten als *haram*;
A-capella-Gesang ist dagegen erlaubt und heutzutage unter den

Jihadisten ungemein beliebt. Frauen dürfen gemäß der wahhabitischen Lehre keine Führungspositionen einnehmen.

Diese Praktiken stehen im Zentrum der salafistischen Ideologie, deren neuester Ableger der Islamische Staat ist. Al-Wahhab betonte damals die Notwendigkeit eines «Herrschers aller Muslime», dem alle wahren Gläubigen die Treue schwören würden: Das sollte entweder ein Kalif sein oder, sollte es gerade keinen geben, der vom Kalifen oder seinen Statthaltern offiziell anerkannte Emir. Außerdem betonte Wahhab die Bedeutung der «drei Säulen»: «Ein Herrscher, eine Autorität, eine Moschee». Aus der Perspektive Muhammad Ibn Sauds und seiner Nachfolger bedeutete «ein Herrscher»: ein König.

Das saudische Königshaus und die Wahhabiten

Muhammad Ibn Saud (der 1765 starb) gilt als Gründer der saudischen Dynastie und des saudischen Staates. Der Emir von Diriyya, einem früher vor allem landwirtschaftlich geprägten Ort in der Nähe von Riad, war ein geübter Feldherr in Wüstenkriegen. Ibn Saud und al-Wahhab schworen 1745 einen Eid, dass sie gemeinsam die arabische Halbinsel (damals ein Teil des Osmanischen Reiches) erobern und dort ein Königreich aufbauen würden, das auf den wahhabitischen Lehren basierte. Bis 1803 hatte der Clan der Saud die Region unterworfen, darunter auch Mekka und Medina. Die beiden Städte ergaben sich in Panik nahezu sofort, weil ihnen der schreckliche Ruf der wahhabitischen Krieger zu Ohren gekommen war. Im ersten saudischen Staat wurde die Herrschaft des Königs zum religiösen Gebot.

Lange sollte das Ganze jedoch nicht Bestand haben, denn schon 1812 entschieden die Osmanen, dass die schnelle Expansion, die vom dritten saudischen König, Saud I. ibn Abd al-Aziz, vorangetrieben wurde, eine echte Gefahr für sie darstellte, weshalb sie in das Königreich einmarschierten. Bis 1818 kontrollierten die Osmanen neben allen wichtigen Städten der Region auch Diriyya, die Hauptstadt der Wahhabiten. Fast ein ganzes Jahrhundert lang hörte niemand mehr von ihnen. Dann aber kam der Erste Weltkrieg, an dessen Ende der Zerfall des Osmanischen Reiches stand, und das Blatt begann sich zu wenden. Die Al-Saud (die Dynastie der Saud) unter Abd al-Aziz ibn Saud schlugen 52 Schlachten und vereinten so die verschiedenen Stämme unterschiedlichen Glaubens unter Einsatz von Gewalt. Das heutige Königreich Saudi-Arabien wurde 1932 also durch das Schwert gegründet.

Als Öl auf saudischem Territorium entdeckt wurde, kam es zu Spannungen zwischen dem Anhängern der wahhabitischen Lehre und dem König mit seinen Ambitionen – Spannungen, die bis heute die Sicherheit des saudischen Staates gefährden und hinsichtlich der nationalen Identität für eine ganz spezielle Dualität sorgen. Denn mit dem Öl hielten auch die Verlockungen des Westens Einzug, deren Anführer und Geschäftsleute an den Hof des saudischen Königs strömten, um ihn zu hofieren. (Zeitgleich versprachen dieselben Leute Sherif Husain, dass er zum Herrscher eines großarabischen Reiches ernannt werden würde.) Es entbrannte ein gesellschaftlicher Konflikt, als die Hardliner sich weigerten, in Glaubensdingen Kompromisse zu machen. König Abd al-Aziz trug letztlich den Sieg davon, weil er über Maschinengewehre verfügte.

Der Wahhabismus wurde nun mit großer politischer Gerissenheit und geradezu zynisch transformiert, den aktuellen Bedürfnissen angepasst und so zur Staatsdoktrin gemacht. Das strenge, kompromisslose Wertesystem des Wahhabismus wurde institutionalisiert, um die absolute Herrschaft des Königs zu untermauern. Als ich 1996 mit Osama bin Laden zusammentraf, merkte er an, das saudische Königreich sei «nicht etwa für den Islam, sondern für die Familie Abdul-Aziz' ins Leben gerufen worden».

Wohlstand und Korruption

1933 unterzeichnete König Abd al-Aziz einen Vertrag mit der American Standard Oil Company; dieser garantierte dem Konzern die vollen Förderrechte. 1938 erkannten der Konzern und das saudische Königshaus dann, dass sie auf einer flüssigen Goldmine saßen.

Als Abd al-Aziz 1953 starb, herrschten vier seiner Söhne in Folge über das Land, das keine schriftliche Verfassung, kein gewähltes Parlament, keine politischen Parteien, kein Rechtssystem und kaum Bürgerrechte hatte. Bis heute hat sich die Lage nicht geändert; und so leben im Königreich mittlerweile 6000 *umara* (Prinzen), die von Geburt an ein stattliches Gehalt bekommen. Der Lebensstil dieser Prinzen sowie ihrer 24 000 Verwandten und Nachkommen wird vor allem von der prahlerischen Zurschaustellung des eigenen Wohlstands bestimmt, von dem viele meinen, er gehe zumindest zum Teil auf Korruption zurück. In einem Statement, das so gar nicht der strengen Moral entsprach, die vermeintlich im Zentrum des politischen, religiösen und gesellschaftlichen Systems stand, erklärte Prinz Bandar ibn Sultan, der ehemalige saudische Botschafter in Washington, einem Fernsehreporter, Korruption entspreche «der menschlichen Natur». Weiter erklärte er: «Und wenn Sie mir nun sagen, dass wir von 400 Milliarden US-Dollar 350 Milliarden in den Aufbau des Landes gesteckt und die übrigen 50 Millionen US-Dollar falsch verwendet oder in die eigene Tasche gesteckt hätten, dann entgegnete ich darauf: Ja, dem stimme ich voll und ganz zu.»[5]

Mit Einnahmen von fast 250 Milliarden Euro, die allein 2013 vom Öl in die Staatskasse geschwemmt wurden, sollte sich doch jeder saudische Bürger einen angenehmen Lebensstandard leisten können; dennoch lebte im selben Jahr ein Viertel der Bevölkerung unter der Armutsgrenze.[6] Wie beim Arabischen Frühling ist auch hier das Potenzial für ein Aufbegehren offensichtlich sehr groß, besonders da die Jugendarbeitslosigkeit bei 30 Prozent liegt. Das staatliche Bildungswesen konzentriert sich einzig und allein auf den Wahhabismus, was dazu führt, dass die jungen Leute nach ihrem Abschluss im Grunde für kaum etwas wirklich qualifiziert sind, außer vielleicht für die Rekrutierung zum Jihad.

Absolute Autorität

Der ganze saudische Staatsapparat basiert auf der wahhabitischen Lehre, weshalb die Königsfamilie bei der Ausübung ihrer verfassungsmäßigen Pflichten nur die Zustimmung der religiösen Autoritäten braucht. Es regt sich zwar immer wieder einmal Widerstand, doch dieser wird sofort gewaltsam erstickt. 1979 führten radikale wahhabitische Gelehrte mehr als 200 Demonstranten an und besetzten die Große Moschee in Mekka, weil sie der Königsfamilie vorwarfen, sie hätte die religiöse Reinheit mit ihrer Dekadenz und ihrer Korruption unterminiert. Das saudische Königshaus bat die französische Regierung um Hilfe, die der Bitte nachkam und Bereitschaftspolizei schickte, um die Protestierenden zu zerstreuen. Nach elf Tagen äußerster Brutalität gaben die Demonstranten schließlich auf. 63 Menschen wurden daraufhin öffentlich hingerichtet, als Warnung an alle, die möglicherweise daran dachten, ihre Meinung laut zu äußern.

In letzter Zeit fürchten die Saudis vor allem den Dominoeffekt des Arabischen Frühlings, weshalb sie potenzielle Störenfriede lieber gleich von Anfang an aus dem Weg räumen. Faisal Ahmed Abdul Ahad, der für den 11. März 2011 unter dem Motto «Tag des Zorns» über Facebook eine Demonstration organisierte, soll am 2. März von saudischen Sicherheitskräften ermordet worden sein, nachdem seine Seite 26 000 Follower erreicht hatte.[7] Der Religionslehrer Chalid al-Johani nahm (außer den weltweiten Medien) als Einziger an einer Demonstration in Riad teil, die er selbst organisiert hatte; im Internet wurde er später als «der einzige tapfere Mann in Saudi-Arabien» bekannt. Er wurde ohne Anklage für ein Jahr ins Gefängnis gesteckt. Das Regime verbot Demonstrationen und versuchte weiterem Dissens vorzubeugen, indem es 127 Millionen US-Dollar an seine Bürger verteilte. Sporadische Proteste wurden mit Gewehrkugeln quittiert, was bis Anfang 2013 17 Menschen das Leben kostete.

Eine Zweckehe mit dem Westen

Damit westliche Konzerne Öl in Saudi-Arabien fördern können, ohne sich um ihre Sicherheit sorgen zu müssen, bedarf es einer stabilen, freundlich gesinnten und gefügigen Regierung. Während die USA im Nahen Osten meist unter dem Banner «des Friedens und der Demokratie» agieren (dies gilt auch für den Einmarsch in Afghanistan und den Irak sowie für die jüngsten Interventionen in Libyen und in Syrien), verschließen die Amerikaner beständig die Augen davor, dass diese wichtigen Grundrechte in Saudi-Arabien vollkommen fehlen. Trotzig ignorieren sie Rückständigkeit, Korruption und Menschenrechtsverletzungen, die ihre Freunde in der Wüste regelmäßig begehen, um ihre Macht zu halten. In derselben Woche, in der die britische Presse von einem schrecklichen Vorfall berichtete, bei dem saudische Polizisten eine Frau auf den Straßen Mekkas zu Boden drückten und mit dem Schwert köpften, wehte der Union Jack über dem House of Parliament und dem Buckingham Palace auf halbmast als Zeichen des Respekts für den kürzlich verstorbenen König Abdullah. Tatsächlich wurden in den 21 Monaten zwischen der Gefangennahme des amerikanischen Journalisten James Foley im November 2012 und seiner Hinrichtung am 19. August 2014 durch den grimmigen britischen Henker, der als «Jihadi John» bekannt wurde (und der mittlerweile unter dem Namen Muhammad Emwazi in London leben soll), 113 Menschen öffentlich geköpft.

Als die wahhabitischen Fundamentalisten 1979 die Große Moschee in Mekka besetzten, machte das Königreich zum ersten Mal die Erfahrung einer offenen Rebellion. Obwohl der Aufstand niedergeschlagen wurde, hätte das Feuer leicht wieder aufflammen können, wären die Sowjets am 25. Dezember nicht in Afghanistan einmarschiert. Der Ruf nach dem Jihad, wie ihn die Königsfamilie so begeistert aufnahm, löste einen Exodus der Hardliner aus und wirkte so wie ein Ventil für die wachsende Krise im Königreich. Die Vereinigten Staaten wiederum zogen Saudi-Arabien sofort in die Konflikte in Afghanistan mit hinein, und die Saudis brannten geradezu darauf, Washingtons Bitten Folge zu leisten. Sie hatten mitangesehen, was dem iranischen Schah im selben Jahr passiert war, als die Amerikaner ihren ehemaligen Verbündeten fallen ließen und er aufgrund der Islamischen Revolution ins Exil floh. Die meisten der sogenannten afghanischen Araber (die arabischen Jihadisten, die an den Kämpfen in Afghanistan teilnahmen) stammten aus Saudi-Arabien, wo sie einen Präzedenzfall schufen und «Kern-al-Qaida» ins Leben riefen, eine Gruppe, die von Saudi-Arabiens bekanntestem Sohn angeführt wurde: Osama bin Laden. Der massive weltweite Export des Wahhabismus war zunächst eine Reaktion auf die Versuche des Iran, seine radikal-schiitische Auslegung des Islam zu verbreiten, die seit der Revolution Staatsdoktrin war; aber auch die regionalen Bedürfnisse der Amerikaner konnten so befriedigt werden. Ein symbiotisches Beziehungsgeflecht entstand, in dem der Einfluss der Saudis, die den sunnitischen Block dominierten, dafür genutzt wurde, die Interessen der Amerikaner durchzusetzen. Zu diesen Interessen gehörten im Laufe der Jahre der Schutz der Ölquellen, die Sicherstellung lukrativer Waffendeals und Entwicklungshilfeverträge sowie der Kampf gegen den Sozialismus, die Baʾath-Partei, den Panarabismus sowie den wachsenden Einfluss Russlands und, seit Kurzem, Chinas. Die Augen des Westens waren auf den enormen Reichtum Saudi-Arabiens gerichtet, und so beschloss man, die merkwürdigen Auswüchse des wahhabitischen Extremismus einfach zu ignorieren, der dem Königreich seine Position weit an der Spitze der sunnitischen Welt sicherte.

Doch als die Taliban 1996 in Afghanistan die Macht übernahmen, wurde die Beziehung zwischen Riad und Washington auf eine harte Probe gestellt. Al-Qaida versteckte sich in Kandahar und genoss den unverhohlenen Schutz der Taliban, doch Riad schlug sich auf die Seite Pakistans und der Vereinigten Arabischen Emirate und erkannte die Taliban und ihre Herrschaft offiziell an.

Die Anschläge auf das New Yorker World Trade Center am 11. September 2001 wurden von einem saudischen Staatsbürger gelenkt, und 15 der insgesamt 19 Attentäter stammten aus Saudi-Arabien. Die Saudis zogen im November ihre Anerkennung der Taliban zurück und garantierten den Amerikanern, ihnen beim

Luftangriff auf al-Qaidas wichtigstes Versteck in den Bergen von Tora-Bora den Rücken zu stärken. Unter dem immensen Druck Washingtons fror die saudische Regierung das Vermögen verdächtiger Einzelpersonen und Institutionen ein und löste islamische Wohltätigkeitsorganisationen auf, die Gelder an extremistische Vereinigungen weitergeleitet hatten. Außerdem verlangte Washington, die Notwendigkeit des Jihad aus den saudischen Lehrbüchern zu streichen und 1000 Imame zu entlassen, die den Westen und die amerikanische Politik öffentlich kritisiert hatten. Leider bedeutete der «Erfolg» des 11. September 2001 für al-Qaida einen Popularitätsschub sondergleichen. Das FBI begann, die Mabahith (die Geheimpolizei des saudischen Innenministers) auszubilden, doch von saudischen Informanten erfuhr ich, dass 80 Prozent der Polizisten in Wirklichkeit Osama bin Laden unterstützten. In der Zwischenzeit kehrten die saudischen Jihadisten, die dem amerikanischen Bombenhagel in Afghanistan zu entkommen suchten, nach Hause zurück, wo sie sich neu formierten und die innere Sicherheit Saudi-Arabiens bedrohten.

Derweil wurden die USA in die regionalen Konflikte Saudi-Arabiens mit hineingezogen, was sie dazu veranlasste, Sanktionen zu verhängen und angesichts nuklearer Ambitionen Teherans in Kriegsgeschrei auszubrechen. Paradoxerweise sank die Beliebtheit der Amerikaner bei den Sunniten der Region zusehends, zunächst, weil sie Saddam Husseins Regime im Irak abgesetzt und es zugelassen hatten, dass die pro-iranisch eingestellten Schiiten die neue Regierung dominierten; später, weil die USA nicht zugunsten der mehrheitlich sunnitisch geprägten Rebellen in Syrien intervenierten.

Offenbar hatten die USA kurz vor dem Ausbruch des «Arabischen Frühlings» damit begonnen, eine starke und gut vernetzte militärische Infrastruktur einzurichten, die sich vor allem auf die Golfstaaten konzentrierte. 2010 schlossen die Amerikaner einen 60,5 Milliarden US-Dollar schweren Waffendeal mit den Saudis ab – den größten, den es in der Geschichte je gab. Die Lieferung von äußerst komplexen Waffensystemen an ein derart rückständiges und repressives Regime rechtfertigten die Amerikaner mit dessen «Fähigkeit zur Zusammenarbeit» – ein Hinweis, dass eben diese Zusammenarbeit in naher Zukunft gefragt sein würde.

Daʾwa – die Saat der Wahhabiten

Wie wir bereits erfahren haben, speist sich das saudische Regime aus der Annahme, dass der König der Anführer aller Muslime wäre. Die Tatsache, dass die saudische Königsfamilie Osama bin Laden 1996 darum bat, offiziell zu bestätigen, dass der König ein «wahrer Muslim» sei, und dass sie ihm als Belohnung für dieses Statement anbot, das auf seinen Konten eingefrorene Vermögen von rund 200 Millionen US-Dollar zu verdoppeln, bewies recht eindrücklich, wie sehr das saudische Königshaus der religiösen Legitimierung bedurfte.

Um die Position des saudischen Königs als Oberhaupt der muslimischen Welt zu stärken und zu erhalten, begann Saudi-Arabien mit dem aggressiven Export der «offiziellen» Auslegung des Wahhabismus in die ganze Welt, darunter auch in muslimische Länder im Westen. Die *daʾwa*, der Bekehrungseifer, ist ein zentrales Element der wahhabitischen Lehre. Sie war bei der Sicherung der Gebiete, die heute Saudi-Arabien ausmachen, und bei der Vereinigung der widerspenstigen Beduinenstämme unter dem Banner der saudischen Dynastie von überragender Bedeutung. Im Königreich selbst bestimmen zunehmend die politischen Bedürfnisse der königlichen Familie die religiösen Lehren und konzentrieren sich vor allem auf den Gehorsam gegenüber dem König. Jedes saudische Schulkind muss das *Kitab at-Tauhid* («Das Buch des Monotheismus») von Muhammad ibn Abd al-Wahhab studieren, das als Quelle des militanten Islam gilt, weil darin der Jihad eine Normalisierung erfährt und Teil des alltäglichen Wortschatzes wird. Ein solches Bildungswesen bringt junge Leute hervor, die bereits früh radikalisiert werden, was extremistischen Gruppierungen die Finanzierung des Jihad sowie die Rekrutierung leicht macht.

Aufgrund seines enormen Ölreichtums geht dem Königreich nie das Geld aus, um seine weltweite Missionierungspolitik zu fi-

nanzieren, die in den 1970er-Jahren unter König Fahd ihren Anfang nahm und bis heute anhält. Von den Wahhabiten subventionierte Schulen, Hochschulen und Universitäten breiteten sich aus,
besonders in Ländern, in denen es kein staatliches Bildungswesen
gab. Das führte dazu, dass die von den Saudis unterstützten Madrasas, die islamischen Religionsschulen, oft die einzigen Orte waren, an denen die Menschen lesen und schreiben lernen konnten.
Der Lehrplan drehte sich fast ausschließlich um die überaus strenge
wahhabitische Interpretation des Islam und die entsprechende
Sektiererei, um ihren Aufruf, «die Ungläubigen zu bekämpfen»,
und ihre unverblümte Verachtung für die Verderbtheit des Westens. König Fahd hatte den Ruf, ein Playboy und ein Spieler zu sein;
dennoch flossen während seiner Amtszeit 87 Millionen US-Dollar
staatlicher Gelder in die Finanzierung von 210 islamischen Zentren, 1500 Moscheen, 202 Hochschulen und 2000 Madrasas in
solch unterschiedlichen Ländern wie Pakistan, Nigeria, Bosnien,
Tschetschenien, Kanada, USA und Großbritannien.

Auch unter König Abdullah wurde die Da'wa mit gleichem Eifer
umgesetzt: 2013 berichteten indische Zeitungen, das Königshaus
habe ein 35 Millionen US-Dollar schweres Programm zur Einrichtung von Moscheen und Madrasas in ganz Südostasien initiiert –
immerhin leben 1 Milliarde der 1,6 Milliarden Muslime weltweit
in dieser Region. Die Saudis verfolgen mit dem massiven Einsatz
ihrer Soft Power das Ziel, «den Islam zu wahhabisieren» und die
anderen islamischen Strömungen zu eliminieren, um aus der
Umma eine einzige Familie zu machen – mit dem saudischen Königshaus als Herrscher «von Gottes Gnaden» an der Spitze.

Anheizung und Finanzierung des Jihad

Es ist allgemein bekannt, dass der Westen und die Golfstaaten als
Antwort auf den Einmarsch der Sowjetunion 1979 in Afghanistan
die Mujahidin ausbildeten und dass eben diese Jihadisten nach
zehn Jahren erschöpfender Kämpfe den Krieg endlich gewannen.
Osama bin Laden wurde in den 1980er-Jahren als erstes Gesicht

des Jihad bekannt, trat in Dokumentarfilmen auf und wurde von der saudischen Regierung als strahlendes Beispiel genannt, um junge Männer davon zu überzeugen, nach Afghanistan zu gehen und sich dort dem Kampf anzuschließen. Die saudischen Medien und die Moscheen im ganzen Land lancierten eine gewaltige Kampagne zur Rekrutierung Freiwilliger. Schätzungsweise 35 000–45 000 Saudis verließen ihr Land und schlossen sich Ende der 1980er-Jahre den Mujahidin an. Außerdem finanzierten die Saudis mit großen Summen die Kassen der Kampfeinheiten, von denen sich später einige zu al-Qaida zusammenschlossen. Obwohl die saudische Regierung in den letzten Jahren einige Anti-Terror-Gesetze sowie eine Reihe von Rehabilitierungsmaßnahmen für inhaftierte Jihadisten erlassen hat, machen saudische Staatsbürger weiterhin den größten Anteil der Rekruten aus. Wohlhabende, die sich und ihren Körper nicht dem Jihad aussetzen möchten, kümmern sich stattdessen um die Finanzierung des Ganzen.

Die westlichen Staaten wissen sehr wohl, dass Saudi-Arabien bis heute die radikalsten extremistischen Gruppierungen mit Geldern und Nachschub versorgt. Hillary Clinton unterzeichnete 2009 ein geheimes Dokument, in dem sie in überaus ruhigen Worten darauf hinwies, dass die Spenden aus dem Königreich mit Abstand die größte Einnahmequelle für al-Qaida, die Taliban und die Laschkar-e-Taiba (LeT, «Armee der Gerechten») seien. Außerdem kommentiert sie in dem Papier auch die «weiterhin bestehenden Schwierigkeiten, die saudischen Behörden davon zu überzeugen, die aus Saudi-Arabien an die Terroristen fließenden Gelder als oberste Priorität zu behandeln». Und sie wies auch darauf hin, dass diese Gelder häufig für die Finanzierung von Anschlägen genutzt würden.[8]

Später wurde das Dokument von WikiLeaks veröffentlicht, der Organisation, die als geheim eingestufte Informationen der Presse zuspielt. In anderen Depeschen, die von WikiLeaks veröffentlicht wurden, hieß es, dass Jihadisten, die eine Finanzierung brauchten, im Zuge des Haddsch (Pilgerfahrt nach Mekka) nach Saudi-Arabien einreisten und dort zur Geldwäsche reine «Fassaden»-Unternehmen gründeten. Pilger auf dem Haddsch haben oft große Mengen Bargeld dabei und halten Spenden für den Jihad für ange-

messen. Extremistische Gruppierungen nehmen auch Finanzspritzen von islamischen Wohltätigkeitsorganisationen an, die über die
oben genannten Unternehmen verteilt werden. Die pakistanische
Lashkar-e-Taiba, die 2008 einen fürchterlichen Anschlag in Mum-
bai verübte, hatte 2005 ein solches Unternehmen in Saudi-Arabien
gegründet.[9] Über ihren «Wohltätigkeitsarm», Jamaat al-Dawa, bemühte sich die LeT außerdem um reiche saudische Spender, die
Madrasas in Pakistan subventionierten; wahrscheinlich wurden jedoch Teile der Gelder in die Finanzierung von Ausbildungslagern,
Waffen und Anschlägen gesteckt. Washington steht der Weigerung
der Saudis, drei Wohltätigkeitsorganisationen aufzulösen, die von
den USA als Terrorgruppen eingeordnet werden, überaus kritisch
gegenüber.

Die Depeschen spiegeln die Zurückhaltung der westlichen Diplomaten wider, ihre wohlhabenden Freunde in aller Öffentlichkeit
zu kritisieren, was auch auf das hohe Maß wirtschaftlicher Zusammenarbeit mit Saudi-Arabien zurückzuführen ist. Allein die Briten
betreiben mehr als 200 Joint Ventures in Saudi-Arabien. Wiki-
Leaks enthüllte auch, dass den Mitarbeitern der amerikanischen
Botschaft in Riad die Gefahr eines möglichen al-Qaida-Angriffs
auf die Ölfelder des Königreichs weit mehr Sorgen bereitete als die
Tatsache, dass die Saudis mit ihren Spenden al-Qaida finanzierten.

Als die Jihadisten 2011 im Laufe der syrischen Rebellion in den
Reihen des bewaffneten Widerstands aufzutauchen begannen, waren Saudi-Arabien und die anderen Golfstaaten offenbar bald der
Ansicht, dass die Mujahidin den syrischen Präsidenten Bashar
al-Assad schnell vom Thron stoßen würden. Die saudischen Fern-
sehprediger Salman al-Auda, Muhsin al-Awaji und Scheich Muhammad al-Arifi, allesamt wahhabitische Extremisten, rieten in
Syrien den Jihad aus, um «Bashar und seine Diktatur auszumer-
zen», wie al-Arifi es ausdrückte.[10] In gleichermaßen leidenschaftlichen wie rührseligen Reden warben diese einflussreichen Geistlichen und Stars des saudischen Satellitenfernsehens aktiv Kämpfer
an und drängten die Menschen, die Jihadisten in Syrien mit Waffen
und Geld zu versorgen. Al-Arifi reiste zudem mehrmals nach
Großbritannien, um dort für den syrischen Jihad zu rekrutieren.

Die britische Presse war über seinen Erfolg alles andere als begeistert. Er predigte am Al-Manar Centre in Cardiff, wo auch die Briten Nasser Muthana und Reyaad Khan regelmäßig beteten. Später reisten die beiden nach Syrien, wo sie in Anwerbungsvideos des ISIS auftauchten.[11]

Sir Richard Dearlove, der ehemalige Direktor des MI6, erklärte dem erfahrenen irischen Reporter Patrick Cockburn, er habe keinerlei Zweifel, dass die fortdauernde Finanzierung durch saudische Spenden, vor der die Behörden die Augen verschlössen, «beim Einfall des ISIS in die sunnitischen Gebiete in Syrien und im Irak eine zentrale Rolle spielte».[12] Cockburn verbindet diese offiziell nie bestätigte Unterstützung mit der Amtszeit des Direktors des staatlichen Geheimdienstes, Prinz Bandar ibn Sultan, der die Schiiten zutiefst ablehnte und auf ihre Vernichtung drängte, während er gleichzeitig die konfessionellen Konflikte in der Region anheizte. Das Nachrichtenportal Asrar Arabiya berichtete, dass «Bandar großzügig Spenden an den Islamischen Staat in Irak und in Syrien [ISIS] weitergeleitet» habe. Als Riad im April 2014 erkannte, dass der ISIS auch ein Auge auf Saudi-Arabien geworfen hatte, wurde Prinz Bandar entlassen.

Neben ihrer Unterstützung für die syrischen Jihadisten waren die Saudis der Ansicht, die USA würden Assad mit einem verheerenden Militärschlag begegnen, besonders nachdem dieser mit dem Einsatz von Chemiewaffen «die rote Linie» überschritten hatte. Sie waren ebenso überrascht wie entsetzt, als die Russen und Amerikaner im September 2013 in einer gemeinsamen Aktion Assad laufen ließen, unter der Bedingung, dass dieser der Organisation für das Verbot chemischer Waffen («Organisation for the Prohibition of Chemical Weapons», OPCW) beitrat. Als Washington im selben Monat noch einen Annäherungsversuch an den Iran wagte, den wichtigsten Gegenspieler der Saudis in der Region, verfolgte das saudische Königshaus das Ganze mit Unglauben und zeigte seinen Zorn in ungewöhnlich theatralischer Manier: Prinz Saud al-Faisal sagte im September 2013 eine Rede vor den Vereinten Nationen ab; im Oktober desselben Jahres weigerte sich Saudi-Arabien dann, für zwei Jahre einen Sitz im UN-Sicherheitsrat zu übernehmen. Die

Weigerung der Saudis, die iranische Anwesenheit am runden Tisch zu akzeptieren, schob allen Möglichkeiten, eine diplomatische Lösung für Syrien zu finden, endgültig den Riegel vor.

Medienkontrolle

Als Saddam Hussein 1990 in Kuwait einmarschierte und sich die Saudis bereit erklärten, den amerikanischen Truppen die Ankunft am Golf zu erleichtern, fanden sie sich bald auf der falschen Seite der öffentlichen Meinung in den arabischen Staaten wieder. Der Großteil der Araber schien Saddam Hussein zu unterstützen und hatte eine äußerst schlechte Meinung über das saudische Königshaus. König Fahd beschloss daraufhin, mittels einer groß angelegten Medienkampagne die Herzen der Araber zurückzugewinnen. Das erste große Projekt galt der Einrichtung der Middle East Broadcasting Corporation, eines Medienkonzerns, der 1991 von König Fahds Schwager Walid al-Ibrahim gegründet wurde. Passenderweise saß dieser Sender, dessen Name ganz bewusst an die British Broadcasting Corporation (BBC) erinnerte, in London. Als nächstes übernahm Chalid ibn Sultan, der die saudischen Truppen während des Ersten Golfkriegs angeführt hatte, die Kontrolle über die in London ansässige *al-Hayat*, eine panarabische Tageszeitung. Die Söhne des Prinzen Salman verstärkten indes ihren Griff auf die Zeitung *Asharq al-Ausat* (die ebenfalls in London saß).

1994 gründete die al-Mawarid-Gruppe von Prinz Chalid ibn Abdullah ibn Abd al-Rahman schließlich das Unterhaltungsnetzwerk *Orbit*; das Entertainmentnetzwerk *Arab Radio and Television (ART)* wurde im selben Jahr ins Leben gerufen. Als Al Jazeera 1996 in Qatar auf Sendung ging, schlug das innovative Format sofort neue Wege ein, griff die saudische Vormachtstellung an – und rüttelte die Zuschauer auf. Das saudische Gegenstück, der Sender *Al Arabiya* (der zum MBC-Netzwerk gehört), verlor jegliche etwaige Glaubwürdigkeit, als George W. Bush 2004 *Al Jazeera* ein Interview verweigerte, *Al Arabiya* aber ein ausführliches Gespräch zugestand, um Öl ins Feuer der regionalen Konflikte zu gießen, nachdem Anschuldigungen wegen Misshandlungen und Folter in den von Amerikanern geleiteten irakischen Gefängnissen publik geworden waren. Interessanterweise weigerte sich *Al Arabiya* trotz der enormen Unterstützung und Finanzierung, die selbst die radikalsten jihadistischen Vereinigungen durch saudische Einzelpersonen und durch die schweigende Zustimmung des Regimes erfuhren, Videobotschaften von Osama bin Laden und Aiman al-Zawahiri auszustrahlen. Wurde über extremistische Aktivitäten berichtet, beschränkte sich dies meist auf die Bedrohung, die solche Gruppen für die innere Sicherheit des Königreichs bedeuteten und die, wie wir wissen, mittlerweile zur wichtigsten Herausforderung für Riad geworden ist. *Al Jazeera* zeigte dagegen die Aufnahmen al-Qaidas und ließ eine Debatte über die Ideologie und die Geschichte der Gruppe zu.

Vor Kurzem lancierten die saudischen Medien eine umfangreiche Kampagne gegen den Islamischen Staat, den sie mit der Muslimbruderschaft auf eine Stufe stellten. Die in London sitzende saudische Presse veröffentlichte zu diesem Zweck wiederholt Kommentare – einige angeblich von Mitgliedern des saudischen Königshauses –, in denen die «verräterischen» Pläne der Muslimbruderschaft beschrieben werden, die die Golfregion an sich reißen wolle und sich «über weite Strecken mit al-Qaida, den Taliban und dem ISIS» überschneide. Im Dezember 2014 ernannte König Abdullah neue Kabinettsmitglieder, um sicherzustellen, dass die Geistlichen in den Moscheen und den islamischen Universitäten keine extremistischen Ideologien verbreiteten.[13] Der saudische Prinz Mamduh ibn Abd al-Aziz al-Saud schrieb im Juni 2013 von «Predigern am Höllentor». Mashari al-Dhaydi, Kolumnist bei *Asharq al-Ausat*, erklärte den Islamischen Staat zum größten Feind Saudi-Arabiens und sagte: «Der Kampf gegen den ISIS ist untrennbar mit dem Kern der saudi-arabischen Existenz verbunden.»[14]

Die saudische Regierung geht zu Recht davon aus, dass die Ausrufung des Kalifats und die offene Kritik, die dem saudischen Königshaus entgegengebracht wird, eine sehr ernste Bedrohung darstellen. Dass diese Bedrohung innerhalb des einzigartigen Bezugsrahmens des eigenen Konstrukts – nämlich des Wahhabismus – erfolgt, macht sie umso größer.

Nachwort

Der Islamische Staat wird sich nicht einfach in Luft auflösen, zumindest nicht in absehbarer Zeit. Entsprungen den stürmischen Zeiten besonderer historischer Umstände, hat die Organisation inzwischen Wurzeln geschlagen – geografische, ideologische und politische Wurzeln, die sich nicht mehr so einfach ausreißen lassen.

Während die territorialen Pläne des IS in Syrien und im Irak noch durchkreuzt werden könnten, hat sich die Gruppe wichtige geopolitische Verbündete in großen Teilen des Nahen und Mittleren Ostens sowie in Afrika sichern können. Darüber hinaus sind viele extremistische Gruppierungen, die früher einmal zum al-Qaida-Netzwerk gehörten, mittlerweile zu Kalif Ibrahim übergelaufen.

Seit mehr als 30 Jahren arbeiten die Jihadisten unermüdlich an der Verbesserung ihrer Strategien und ihrer Kampftechniken; deshalb überrascht es kaum, dass dieses neueste extremistische Gebilde mächtiger, effektiver, skrupelloser und besorgniserregender ist als alles je zuvor. Im Gegensatz zu anderen jihadistischen Vereinigungen ist der Islamische Staat sehr gut ausgestattet und nicht auf eine Finanzierung von außen angewiesen. Da er die Waffenlager in Syrien und im Irak geplündert hat, ist er zudem gut für den Kampf gerüstet. Hunderte hervorragend ausgebildete libysche und irakische Offiziere und Soldaten dienen in seinen Reihen; diese geben ihre Erfahrungen weiter und helfen bei der Ausbildung der Rekruten. Außerdem verfügt der IS über eine ausgeklügelte geheimdienstliche Infrastruktur, die er ebenfalls größtenteils dem Sicherheitspersonal zu verdanken hat, das sein Handwerk unter Saddam Hussein und Muammar al-Gaddafi lernte.

Mittlerweile scheint es sehr viel unwahrscheinlicher, dass ein Konflikt zwischen den Überbleibseln von Aiman al-Zawahiris al-Qaida und dem Islamischen Staat entbrennt, auch wenn das den

Anfang vom Ende des IS bedeuten würde. Im Februar 2015 machte der IS seine Position gegenüber al-Qaida klar, als er in einem *Dabiq*-Artikel verlauten ließ, dass «al-Zawahiri das reine Erbe Scheich Osama [bin Ladens] in den Dreck gezogen hat». Damit wird impliziert, dass nur al-Zawahiri selbst zwischen al-Qaida und dem IS steht. Das kann durchaus als Aufruf zum Mord an al-Zawahiri interpretiert werden. Sollten diese beiden wichtigsten jihadistischen Vereinigungen jemals miteinander verschmelzen, wäre das äußerst gefährlich. Die afghanischen Taliban würden eine solche Entwicklung wahrscheinlich begrüßen; schließlich ist ein nicht unbedeutender Teil ihrer Mitglieder nach Mullah Omars Tod zum IS übergelaufen. Außerdem kann der IS auf Tausende Unterstützer im Land zählen. 2015 rief der IS eine neue «Provinz» aus, die zu beiden Seiten der afghanisch-pakistanischen Grenze liegt. Die Taliban hatten sich mit al-Qaida verbündet und bin Ladens Gruppe in den späten 1990er-Jahren ihren Schutz und einen sicheren Hafen angeboten. Der mittlerweile getötete al-Qaida-Anführer hatte Mullah Omar die Treue (*bai'a*) geschworen – die tiefe und loyale Beziehung zwischen den Gruppen besteht also schon lange.

Die Erfolge, die der Islamische Staat auf dem Schlachtfeld feiert, verleihen ihm eine immense Glaubwürdigkeit. Schließlich ist es ihm gelungen, die künstliche Grenze zwischen Syrien und dem Irak aufzulösen, die im Sykes-Picot-Abkommen festgelegt worden war – etwas, das die Parolen schwingenden Partisanen des Marxismus, des Ba'athismus und des Panarabismus in den 100 Jahren dazwischen nie schafften.

Weder Russland noch der Westen möchte Bodentruppen schicken, obwohl die meisten Militärexperten sich darin einig sind, dass dieser Schritt unumgänglich ist, um den Islamischen Staat endgültig zu zerstören. Wenn ausländische Mächte ihre überlegene Luftmacht demonstrieren, kann das die Sympathien der lokalen Bevölkerung aufs Spiel setzen, die unter der Zerstörung leidet und sich möglicherweise den Extremisten zuwendet. Der Drohnenfeldzug im Jemen war insofern erfolgreich, als viele al-Qaida-Anführer getötet wurden; al-Qaida auf der Arabischen Halbinsel (AQAP) existiert dagegen immer noch. Tatsächlich scheint sich die

Organisation mittlerweile erholt zu haben und unter den sunnitischen Stämmen sogar noch an Einfluss zu gewinnen, während der
Konflikt mit den (schiitischen) Huthis eskaliert.

Die Soldaten des Islamischen Staates werden sich kaum als wil-
lige Zielscheiben in eine Lage begeben, in der sie dem Gegner hoff-
nungslos unterlegen sind. Schon vor langer Zeit entwickelten die
Jihadisten die Taktik, sich schnell und leise aus verlorenen Schlachten zurückzuziehen und andernorts, wo die Chancen besser stehen, wieder aufzutauchen. Auch der Islamische Staat hat sich diese
überaus wirksame Strategie angeeignet und entfernt sich aus Gegenden, die schwer unter Beschuss stehen, um sich gleichzeitig in
neue Territorien auszubreiten, neuerdings vor allem nach Libyen.
Ebenso wie al-Qaida sucht der Islamische Staat geradezu nach dem
Chaos, weil er darin am besten gedeiht. Im vom Krieg gebeutelten
Nahen Osten von heute gibt es dafür viele Möglichkeiten.

Denn während der Islamische Staat sich blitzschnell Gebiete unter den Nagel riss, ist es ihm gleichzeitig gelungen, seinen ideologischen Einzugsbereich mit nie dagewesener Geschwindigkeit und
Effizienz zu festigen. Das Internet bietet dem Islamischen Staat zudem Möglichkeiten, die keine seiner Vorgängerorganisationen je
wirklich begriff, geschweige denn nutzte.

Durch den cleveren Einsatz sozialer Medien und digitaler Film-
technik hat er die gegnerischen Mainstream-Medien mittlerweile
in den Schatten gestellt, so dass diese sich inzwischen dazu gezwungen sehen, über seine blutigen Taten, seine Triumphe und
sein Kalifat zu berichten. Weil die technikbegeisterten Cyber-
Jihadisten jedes Instrument nutzen, das ihnen zur Verfügung steht,
ist es ihnen gelungen, frustrierte, marginalisierte und verletzliche
junge Leute in ihren Bann zu ziehen und sie von ihrer Weltsicht zu
überzeugen. Diese beruht darauf, das goldene Zeitalter der islamischen Eroberungsfeldzüge wieder herzustellen, sich der Vormacht
der Amerikaner entgegenzustellen und die «Gläubigen» gegen die
«Ungläubigen» und «Kreuzzügler» aufzuwiegeln.

Die Aktionen des Westens selbst geben dieser Entwicklung immer neue Nahrung. Die Islamfeindlichkeit grassiert, besonders
nach den Anschlägen, die erst kürzlich Paris und Brüssel erschüt-

terten; dazu kommt die Flüchtlingskrise. Während die westliche Presse angesichts der «Flut» muslimischer Asylbewerber, die der Gewalt, der Arbeitslosigkeit und der Tyrannei ihrer Heimat zu entkommen suchen, in Panik ausbricht, spricht kaum jemand über die vielen Angriffe auf muslimische Einzelpersonen und Einrichtungen im Westen, auch nicht über das infolgedessen zunehmende Gefühl der Unsicherheit unter den europäischen Muslimen. So überrascht die weit verbreitete Wahrnehmung kaum, der Westen diskriminiere die Muslime und wolle die islamische Kultur und Religion beseitigen. Im Februar 2015 sprach US-Präsident Obama auf einer internationalen Konferenz über das Thema «Extremismus», und es war wie selbstverständlich, dass damit nur der «islamische Extremismus» gemeint sein konnte – und das, obwohl der Westen Hunderte extremistische Vereinigungen beherbergt, von der extremen Rechten über christliche Fundamentalisten und Ultra-Zionisten bis hin zum Ku-Klux-Klan. Die Gleichsetzung des Islam mit gewalttätigem Extremismus und die Annahme, dass muslimische Jugendliche anfälliger für Extremismus seien, bewahrheiten sich quasi selbst, weil die daraus resultierende Frustration und das Gefühl der Ausgrenzung junge Menschen dazu treiben, sich extremistischen Gruppen und Gangs anzuschließen, wo sie sich aufgenommen und akzeptiert fühlen.

Die USA halten sich derweil für den Hüter der Moral und die führende politische Macht in der Welt, und das obwohl sie oft so unverfroren heuchlerisch agieren. In Ägypten unterstützten sie den Kampf für «Freiheit» und «Demokratie», der 2011 zum Sturz Husni Mubaraks führte, und schon kurz darauf applaudierte Washington dem Militärputsch gegen den neugewählten Präsidenten Mursi, einen Islamisten und ehemals führenden Kopf der Muslimbruderschaft. Es ist auch nicht gerade hilfreich, dass die vom Westen im Nahen Osten unterstützten Staaten – Saudi-Arabien und Israel – zu den unbeliebtesten und korruptesten vor Ort zählen.

Als arabische Jugendliche 2016 dazu befragt wurden, warum sich ihrer Meinung nach Menschen ihrer Altersgruppe dem IS anschließen, ergab diese Umfrage, dass die Gründe für diese Entscheidung größtenteils gleich geblieben sind und sich die Lage oft

sogar verschlechtert hat: 24 Prozent der befragten 18- bis 24-Jähri-
gen gaben an, Arbeitslosigkeit sei der wichtigste Faktor; 17 Prozent
nannten konfessionelle Konflikte; 15 Prozent glaubten, die Extremisten stellten sich unerwünschten säkularen und liberalen Ein-
flüssen aus dem Westen entgegen; 13 Prozent sahen die mangelnde
Gerechtigkeit für die Palästinenser als ausschlaggebenden Faktor.

Das Scheitern des arabisch-israelischen Friedensprozesses untermauert die ideologische Anziehungskraft des Islamischen Staates und bestätigt die Ansicht, dass der Westen nicht gerade für
Gerechtigkeit steht. Israel geht brutal gegen die Menschen im
Gaza-Streifen vor und baut weiterhin ohne jegliche Konsequenzen
illegale Siedlungen im Westjordanland. Letztlich mag das Des-
interesse, das die internationale Staatengemeinschaft gegenüber
Palästina zeigt, den Extremisten in die Hände spielen, die sich als
Alternative zum ebenso erfolglosen wie demoralisierten heimischen «Widerstand» präsentieren. Vieles weist klar darauf hin,
dass es in Rafah, Gaza und Hebron im Westjordanland bereits IS-
Zellen gibt.

Während der Recherchearbeit für dieses Buch unterhielt ich
mich mit jemandem, der der Führungsriege des Islamischen Staates sehr nahe steht (seinen Namen darf ich aus Sicherheitsgründen
jedoch nicht nennen). Ich fragte ihn, was der Islamische Staat bezüglich Palästina vorhabe und warum er Israel nicht ins Fadenkreuz nehme. Er antwortete, das Ganze sei «eine Frage der Priori-
täten». Der Islamische Staat konzentriere sich momentan auf den
«Machtgewinn»; erst dann werde die «Befreiung» an erste Stelle
rücken. Wenn es aber so weit sei, drohte er, werde der Islamische
Staat «die Juden bekämpfen und sie und ihr Land dem Erdboden
gleichmachen». Er verwies auf das historische Vorbild Kalif Umar
Ibn al-Chattabs, der erst Persien und Mesopotamien und dann Palästina und die Levante seinem Reich einverleibte. Insofern strebt
der Islamische Staat auch weiterhin nach geografischer, ideologischer und politischer Ausdehnung.

Expansion

Der Islamische Staat wird in immer mehr Gebieten aktiv und zieht immer weitere Länder in seinen tödlichen Bann. Als die Gruppe den unglücklichen jordanischen Piloten Muadh al-Kasasba bei lebendigem Leibe verbrennen ließ, erklärte der jordanische König dem IS den Krieg, drohte mit einer «erschütternden» Reaktion und initiierte das Bombardement von IS-Stellungen in Syrien und im Irak. In der Zwischenzeit war der IS auch nach Libyen vorgedrungen, dem einzigen Land der Welt, in dem gleich zwei rivalisierende Regierungen den Anspruch auf die Herrschaft über das Land erheben. Loyale IS-Kämpfer konnten dieses Chaos für sich nutzen und neben Darna, Nufilia und Teilen Bengasis auch Sirte erobern, den Geburtsort des ehemaligen Diktators Muammar al-Gaddafi. Im Februar 2015 köpfte eine Gruppe Jihadisten, die sich unter dem Namen «IS-Provinz Tripolis» zusammengeschlossen hatte, 21 ägyptische Kopten an der libyschen Mittelmeerküste und brachte danach eine Videoaufnahme der Gräueltat in Umlauf, in der sie warnte: «Wir stehen bereits südlich vor Rom.» Die Botschaft des Massakers wurde nicht nur in Libyen, dem Ort des Geschehens, und in Ägypten gehört, wo der Islamische Staat auf dem Sinai bereits den Aufstand probte – eine Aktion, die die ägyptische Regierung einige Tage später mit dem heftigen Beschuss von IS-Stellungen in Libyen quittierte –, sondern auch in Europa, und ganz besonders in Italien. Die Sprecher des Islamischen Staates drohen damit, Tausende Flüchtlinge an die italienische Küste zu schicken, sollte das Land eine militärische Intervention in Libyen beschließen – eine besondere Art der Vergeltungsmaßnahme, derer sich Gaddafi bereits 2011 bediente, als er Hunderte Boote mit Flüchtlingen als «menschliche Bomben» über das Mittelmeer schickte, nachdem Italien sich der NATO-Kampagne zu seinem Sturz angeschlossen hatte.

Die Huthi-Revolution im Jemen, im Zuge derer die schiitische Minderheit die Kontrolle über Sanaa übernahm, bietet dem Islamischen Staat neue Möglichkeiten. In Reaktion darauf geht AQAP, eine Organisation, die al-Baghdadi bereits die Treue schwor, im sunnitischen Lager als stärkste Kraft hervor; und mittlerweile scheint der Ausbruch eines ausgewachsenen Bürgerkriegs mehr als wahrscheinlich zu sein. Der inzwischen fünf Jahre andauernde amerikanische Drohnenfeldzug gegen AQAP-Stellungen im Jemen sorgt wiederum dafür, dass die Jihadisten von den überaus wichtigen sunnitischen Stämmen in der Region immer mehr Unterstützung erhalten.

Tatsächlich sind konfessionelle Konflikte, die von sunnitischen Extremisten angefacht und vom schiitisch geprägten Iran auf der einen sowie dem sunnitisch bestimmten Saudi-Arabien auf der anderen Seite aufrechterhalten werden und so die Region zusehends vergiften, der wichtigste Motor für die kontinuierliche Expansion des Islamischen Staates. Dies hat weltweite Folgen, weil sich alle, Großmächte wie Kleinstaaten, entlang der konfessionellen Trennlinien positionieren, die der syrische Bürgerkrieg zutage gefördert hat. Russland und China halten fest zu den Schiiten, während die wichtigsten westlichen Mächte die Sunniten bevorzugen. Hinzu kommt das Pulverfass Ukraine, wo sich der Westen Moskau entgegenstellt, und so befürchten einige Beobachter eine Eskalation, die aus regionalen Konflikten globale oder gar einen Dritten Weltkrieg werden lässt. Als US-Präsident Obama sich 2015 an den Iran annäherte, mag das diese Spannungen wenigstens zum Teil gelöst haben.

Der Islamische Staat setzt den radikalen Islam mit der muslimischen Identität und dem Konzept der weltweiten Umma gleich. Indem er die «Migration in die Länder des Jihad» zur heiligen Pflicht erklärt, sorgt al-Baghdadi dafür, dass Tausende leicht beeinflussbare junge Menschen seinem Ruf folgen. Wer sich nicht auf die Reise begibt, soll im eigenen Land zuschlagen – inzwischen (2016) haben der IS und seine Anhänger das Leben von 650 Menschen im Westen auf dem Gewissen.

Im Gegensatz zu al-Qaida unter bin Laden schickt der Islamische Staat nicht jedes Mal eigene Kämpfer in den Westen, um dort Anschläge zu verüben, sondern schürt vor Ort Terror unter seinem Banner – eine Strategie, die zunächst von Anwar al-Aulaqi von AQAP erdacht und ausgeführt wurde. Ähnlich wie auf den

Schlachtfeldern soll durch den «Gezielten Einsatz von barbarischer Gewalt», durch die Verbreitung von Angst und Schrecken die Macht der psychologischen Kriegsführung ausgeweitet und ausgereizt werden – das ist ja der Zweck von «Terrorismus».

Politisch gesehen bleibt der IS isoliert, aber alte al-Qaida-Verbündete, beispielsweise die pakistanischen Sicherheitsbehörden, die Taliban (die aller Wahrscheinlichkeit nach bis zum Ende dieses Jahrzehnts in Afghanistan wieder an die Macht gelangen werden) und einige Golfstaaten werden die Erfolge der Gruppe genau beobachten und, sollte sich der IS halten, eines Tages vielleicht aus dem Schatten heraustreten.

Was können wir tun?

Bis heute führen die USA eine Allianz aus mindestens 60 Ländern im Kampf gegen den Islamischen Staat an. Damit ist dieser Koalition bislang ein besseres Schicksal beschieden gewesen als den «Freunden Syriens», deren Mitgliederzahl von zunächst 114 Staaten im Laufe des Jahres 2012 auf gerade einmal elf schrumpfte. Um eine erfolgreiche militärische Intervention gegen den IS zu ermöglichen, müssen Bodentruppen zum Einsatz kommen; wie wir gesehen haben, hat sich jedoch keines der erwähnten 60 Länder bislang dazu durchringen können.

Im Dezember 2015 rief die saudische «Macht hinter dem Thron», Prinz Muhammad ibn Salman, eine «Islamische Koalition» aus 35 Ländern ins Leben, um den Terrorismus zu bekämpfen. (Manche der beteiligten Staaten schienen sich ihrer Teilnahme jedoch nicht bewusst zu sein, denn sie erfuhren davon erst aus der Presse.) Die Islamische Koalition existiert aber anscheinend nur, um den konfessionellen Konflikt mit dem Iran zu schüren, denn zu den Ländern, die von der 57 Mitgliedsstaaten zählenden Organisation für Islamische Zusammenarbeit («Organization of Islamic Cooperation», OIC) nicht eingeladen wurden, gehören auch der Iran und der Irak. Am besten ließe sich der Extremismus allerdings besiegen, wenn Truppen aus der Region sich aktiv am Kampf gegen den

IS beteiligten und Saudi-Arabien die Verbreitung der extremistischen wahhabitischen Lehre in der muslimischen Welt nicht weiter finanzieren würde.

Der Islamische Staat mag militärisch gesehen zwar schwächer sein als viele seiner Gegner, weil er weder über eine Luftwaffe noch über eine Luftabwehr oder über Langstreckenraketen verfügt; was er jedoch hat, sind brutale Aggression und Grausamkeit sondergleichen sowie den unbedingten Willen seiner Soldaten, für die Sache zu sterben. Ich halte es für absolut möglich, dass die Gruppe radioaktives Material aus Libyen, dem Irak oder Syrien einsetzen könnte, um eine «schmutzige Bombe» zu bauen. Auf jeden Fall würde der IS vor dem Einsatz einer solchen Waffe nicht zurückschrecken, schließlich hat er ja auch schon Chemiewaffen benutzt.

Ich glaube nicht, dass al-Baghdadi blufft, wenn er wie bin Laden vor ihm die USA dazu aufruft, Soldaten nach Syrien und in den Irak zu schicken, damit «wir sie umbringen können». Bis heute haben die Amerikaner gerade einmal 5000 Militärs in den Irak entsandt, die auf der Ayn al-Asad Airbase irakische Soldaten ausbilden. Im Februar 2015 überrannte der Islamische Staat die Nachbarstadt Chan al-Baghdadi und ließ dort 45 Mitglieder der örtlichen Sicherheitskräfte bei lebendigem Leib verbrennen, dann schickte er von dort Selbstmordattentäter zum Luftwaffenstützpunkt. Nur aufgrund der überlegenen Luftmacht der Truppen wurde die Airbase nicht von den Jihadisten eingenommen – ein Umstand, den das Pentagon seitdem nur allzu gerne herunterzuspielen versucht.

Mittlerweile hat der IS 40 Prozent seines syrischen Territoriums verloren, und laut einem Gespräch, das ich kürzlich mit Salih al-Mutlak, dem irakischen Vizepremierminister, führte, mobilisiert die internationale Staatengemeinschaft gerade ihre Truppen, um den Irak bei der Rückeroberung Mossuls zu unterstützen. Tatsächlich aber wurde dieser Feldzug mittlerweile dreimal verschoben. Der Plan mag zwar gelingen und Mossul befreit werden; dennoch bleibt das Grundsatzproblem der westlichen Herangehensweise bestehen: Gegenmaßnahmen sind nur kurzfristiger Art und örtlich begrenzt, weil es keine langfristigen Pläne dafür gibt, wie es im

Anschluss weitergehen könnte. Die Kämpfer des Islamischen Staates und ihre Familien, die einen solchen Angriff überleben, ziehen
sich einfach in sicherere Häfen zurück, während die Umstände im
Irak, die es den Extremisten erst ermöglicht haben, zu dem zu
werden, was sie heute sind, dieselben bleiben: eine schwache, von
Schiiten dominierte, sektiererische und dem Iran wohlgesinnte
Regierung in Bagdad, die unter den Sunniten des Landes Groll und
Frustration hervorruft. Zwar wird der Islamische Staat bestimmt
einen psychologischen Rückschlag einstecken müssen, und die
Motivation und die Moral in seinen Reihen wird vielleicht erst einmal sinken; dennoch würde das nicht reichen, um die Organisation ein für allemal zu zerstören, da sie andernorts viele Gebiete
hält. Al-Qaida, eine Gruppe, die nie den Anspruch auf die Bildung
eines eigenen Staates hatte, blieb während des 14-jährigen Krieges,
den die Amerikaner gegen sie führten, nicht nur am Leben, sondern wuchs und gedieh sogar und gründete Zweige überall in der
muslimischen Welt.

Der von den USA angeführte «Krieg gegen den Terror», der
nach den Anschlägen vom 11. September 2001 begann, lief gründlich schief und beschleunigte wohl auch die Finanzkrise 2008, weil
er die Amerikaner rund drei Billionen US-Dollar kostete – ganz zu
schweigen von den 6000 US-Soldaten, die ihr Leben verloren.
Kein Wunder, dass Präsident Obama so zurückhaltend ist und
nicht gewillt zu sein scheint, das Leben Tausender Soldaten für
eine zweite militärische Phase des «Kriegs gegen den Terror» aufs
Spiel zu setzen.

Um dem Islamischen Staat wirkungsvoll auf dem Schlachtfeld
zu begegnen, müsste man sich international einig sein, dass alle
Länder – ganz besonders die Nachbarstaaten – die Hochburgen
des IS entschlossen angreifen. Im November 2015 verabschiedete
der UN-Sicherheitsrat einstimmig eine Resolution, die den Einsatz
militärischer Gewalt gegen den Islamischen Staat sanktioniert.

Da den arabischen Staaten keine Zusammenarbeit gelingt,
drängt sich ganz unwillkürlich die Frage auf, was diese Länder
eigentlich wollen und wie sehr sie sich tatsächlich der Zerstörung
dieser Organisation verschrieben haben. Die ideologischen Grund-

lagen des Islamischen Staates stimmen nämlich eins zu eins mit denen des Wahhabismus überein, der seit mehreren Jahrzehnten in der gesamten islamischen Welt so überaus vehement und effektiv von Saudi-Arabien verbreitet wird.

Wirksame ideologische Gegenwehr gegen den radikalen Islam im Allgemeinen und den Islamischen Staat im Besonderen müsste von einer mächtigen islamischen Persönlichkeit oder Bewegung gebündelt und getragen werden, hinter der sich die Menschen scharen. Als Indien in den 1940er-Jahren von konfessioneller Gewalt zerrissen wurde, versammelte der «islamische Friedenskämpfer» Badshah Khan eine «Friedensarmee» von 100 000 Mann und ging gemeinsam mit Mahatma Gandhi gegen die Gewalt vor. Khan, der mit seiner Passivität einen bewundernswerten Mut an den Tag legte, ertrug lange Gefängnisstrafen und die Folter der Briten. Westliche Organisationen, die eine Radikalisierung verhindern wollen, haben es dagegen bei den Jugendlichen, auf die es der Islamische Staat bei seinen Rekrutierungsmaßnahmen besonders abgesehen hat, sehr schwer, weil es ihnen an Glaubwürdigkeit fehlt.

Der Westen versucht derweil seine innere Sicherheit zu erhöhen, indem er schärfer an den Flughäfen kontrolliert, stärker in das Privatleben seiner Bürger eingreift und das Internet umfassender überwacht. Paradoxerweise beschneiden diese Maßnahmen eben jene Freiheiten, auf die der Westen so stolz ist und die er anderen so dringend empfiehlt.

Würde der natürliche oder gewaltsame Tod al-Baghdadis den Untergang des Islamischen Staates bedeuten? Wohl kaum. Zwar wird der Kalif streng bewacht, dennoch herrscht unter seinen Anhängern stets die Sorge, dass er getötet werden könnte. Sein Tod würde den Islamischen Staat zweifellos kurzzeitig erschüttern und in der Frage des Nachfolgers vermutlich zu internen Querelen und Unstimmigkeiten führen. Al-Qaida zerfiel jedoch nach dem Tode Osama bin Ladens keineswegs, sondern wurde – möchte man fast meinen – sogar noch stärker, denn schließlich brachte das Netzwerk den Islamischen Staat hervor. Wie wir gesehen haben, sorgt die organisatorische Struktur solcher Gruppen dafür, dass Aufga-

ben delegiert und Verantwortung abgegeben wird; außerdem stehen jedem wichtigen Mitglied der Führungsriege mindestens zwei
Stellvertreter zur Seite, damit das Überleben der Organisation nicht
nur von einer Person abhängt.

Ausblick

In geopolitischer Hinsicht sprechen der Westen und Russland seit
Anfang 2016 von einem «Plan B» für Syrien. Dieser sieht eine fö-
derale Lösung oder eine Teilung vor, um die konfessionellen Konflikte zu entschärfen, die den IS und ähnliche Gruppen am Leben
erhalten. 1947 kam es im Falle Indiens bereits zu einer solchen
Lösung, als das Land in drei Staaten zerfiel (Indien, Pakistan und
Bangladesch), und auch Jugoslawien wurde in den 1990er-Jahren
entsprechend den ethnischen Zugehörigkeiten der Bevölkerung in
Serbien, Bosnien, Kroatien, Kosovo, Montenegro und Slowenien
geteilt. In Libyen, Syrien, dem Irak und dem Jemen gibt es dieselben religiösen und ethnischen Trennlinien, die einen solchen
Schritt erleichtern würden; darüber sollte jedoch die jeweilige Bevölkerung entscheiden, nicht irgendwelche ausländische Mächte.

   Die internationale Staatengemeinschaft hat bereits eine Reihe
von Maßnahmen ergriffen, um dem Islamischen Staat finanziell zu
schaden; Ende Januar 2015 nahm der UN-Sicherheitsrat einstimmig einen von Russland eingebrachten Entwurf für eine Resolution an, die den Handel mit Kunstgegenständen aus Syrien untersagt; jedem, der Rohöl vom IS erwirbt, Sanktionen androht; und
die Mitgliedsstaaten dazu aufruft, Lösegelderpressungen des IS
nicht mehr nachzugeben. Das Problem ist jedoch, dass der vom IS
genutzte Schwarzmarkt außerhalb der Reichweite der Vereinten
Nationen und damit der internationalen Überwachung liegt. Erst
kürzlich hat der IS auch das lukrative Schleppergeschäft an sich gerissen, um Flüchtlinge beispielsweise von Nordlibyen nach Italien
zu schaffen.

   Bis heute profitiert vor allem der syrische Präsident Bashar al-
Assad vom Aufstieg des Islamischen Staates. Trotz aller Widrigkei-

ten ist er immer noch an der Macht, weil die internationale Staatengemeinschaft und die syrische Opposition ihre Aufmerksamkeit inzwischen der größeren Gefahr zugewendet haben: den Jihadisten. Jeder ernstgemeinte Versuch, al-Baghdadis Organisation zu zerstören, erfordert die Kooperation des syrischen Staates und der syrischen Streitkräfte. Berichten zufolge hat Assad für die Luftschläge der Allianz in Syrien bereits grünes Licht gegeben. Solange der Schurkenstaat des IS auf syrischem Boden besteht, ist es recht unwahrscheinlich, dass die, die ihn bekämpfen, Assads Sturz herbeisehnen, weil gemeinsam mit ihm die letzten kostbaren Reste der administrativen Infrastruktur Syriens verschwinden würden.

Auch der Türkei hat die Krise in Syrien geschadet. Das Land erleichterte den Zustrom von Jihadisten und die Lieferung von Waffen nach Nordsyrien, und der türkische Präsident Recep Tayyip Erdoğan gehörte zu den lautesten und unbedachtesten Stimmen der Staatsoberhäupter weltweit, die Assad kritisierten. Erdoğan hoffte nämlich, dass moderate Islamisten ähnlich denen, die seine mit den Muslimbrüdern in Verbindung stehende Partei für Gerechtigkeit und Aufschwung (AKP) prägen, in Damaskus auf demokratischem Wege die Macht erlangen würden. Zudem hatte er die Vision, die Muslimbruderschaft in der gesamten Region wiederauferstehen zu lassen; stattdessen fand die Gruppe sich jedoch auf saudischen Druck hin auf der Terrorliste des Pentagon wieder. Sollte Assad überleben, sieht Erdoğan sich einem überaus mächtigen und ihm äußerst feindlich gesinnten Nachbarn im Süden gegenüber, während er gleichzeitig den Status der Türkei in der NATO und die Chancen des Landes auf einen EU-Beitritt aufs Spiel gesetzt hat.

Die Kurden – die tapfer kämpften und einen großen Teil des nordöstlichen Syrien aus den Fängen des IS befreiten – rufen nun nach einem eigenen Staat, der sich auf die Gebiete erstrecken soll, in denen die Kurden im Irak, in Syrien, im Iran und in der Türkei in der Mehrheit sind. Das würde eine weitere Destabilisierung bedeuten, weshalb Syrien, der Iran und die Türkei diesen Plan strikt ablehnen, besonders, da der 30-jährige Bürgerkrieg in der Türkei erst 2012 ein Ende fand und nun aufgrund der Entwicklungen in Syrien aufs Neue entbrennt.

Was die künftigen Pläne des Islamischen Staates betrifft, dürfen wir davon ausgehen, dass er weiterhin versuchen wird, sich neue Gebiete einzuverleiben und weitere Allianzen zu schmieden. Es ist unwahrscheinlich, dass ehemalige al-Qaida-Ableger nicht ihren Bündnispartner wechseln werden. Wir können davon ausgehen, dass diese Gruppen in den nächsten Wochen, Monaten und Jahren ihr Augenmerk von lokalen Terroranschlägen auf die Inbesitznahme und Festigung neuer Territorien verlagern werden, mit dem Ziel, die Gebiete unter dem Banner des IS zu vergrößern und letztlich miteinander zu vereinen.

Die Anschläge im Westen werden ebenso wenig nachlassen wie die Gräueltaten der Gruppe im Nahen und Mittleren Osten. Um die Öffentlichkeit weiter in seinem blutigen Würgegriff zu halten, muss der Islamische Staat nahezu täglich neue Schockzustände generieren und Entsetzen auslösen.

Ich fragte eine Kontaktperson, die der Führungsriege des IS sehr nahesteht, was das nächste militärische Ziel sei. Er zögerte keine Sekunde und antwortete: «Das Land der heiligen Stätten Mekka und Medina [Saudi-Arabien]. Wir warten nur auf den richtigen Augenblick.»

Es gibt jedoch einen friedlicheren Weg in die Zukunft – dazu müsste man mit dem Islamischen Staat das Gespräch suchen und mit ihm in Verhandlungen treten. Die wenigsten sind allerdings dazu bereit, diese Möglichkeit überhaupt in Betracht zu ziehen, obwohl es so etwas doch immer wieder gegeben hat: Die Briten verhandelten nach fast einem Jahrhundert des Blutvergießens und des Terrors schließlich mit der IRA; die Amerikaner nahmen nach 20 Jahren des Schlachtens gemeinsam mit den Vietnamesen 1973 in Paris am Verhandlungstisch Platz; 2014 handelten die USA einen Gefangenenaustausch mit den Taliban aus; und im Januar 2015 stimmte Jordanien einem Gefangenenaustausch mit dem Islamischen Staat zu – leider aber zu spät, um das Leben der Geiseln zu retten. Sollte der Westen weiterhin jeden Dialog mit Gruppen ausschließen, deren strenge Ideologien durch Gespräche etwas gemildert werden könnten und mit denen Kompromisse vielleicht doch möglich wären, werden wir die jetzige Phase schier endloser Kriege nicht überwinden.

Es kommt nur äußerst selten vor, dass ich einmal mit einem amerikanischen Falken übereinstimme, aber ich fürchte, der ehemalige Direktor der CIA, Leon Panetta, hat Recht, wenn er sagt, der IS sei gekommen, um zu bleiben. «Ich meine, wir haben hier so etwas wie einen Dreißigjährigen Krieg vor uns, der sich über den Islamischen Staat hinaus auf immer größer werdende Bedrohungen in Nigeria, Somalia, dem Jemen, Libyen und anderswo erstrecken wird», erklärte er im Oktober 2014 der Zeitung *USA Today*.

Dank

Zuallererst möchte ich mich bei Susan de Muth für ihre unschätzbare Recherchearbeit, ihre Analysen und ihre redaktionelle Mitarbeit bedanken. Unseren Quellen, Korrespondenten und Kontaktpersonen in der gesamten Region möchte ich ebenfalls meinen Dank aussprechen – ihr wisst, wer ihr seid. Meiner Familie – Basima, Khaled, Nada und Kareem – möchte ich für ihre Liebe, Unterstützung und Geduld danken. Dank gebührt zudem Maha Burbar von Rai al-Yaum sowie meinen Lektoren André und Lynn Gaspard bei Saqi Books.

Anmerkungen

Einleitung

1 Abu Bakr al-Husayni al-Quarashi al-Baghdadi, «A Message to the Mujahidin and the Muslim Ummah in the Month of Ramadan», al-Hayat Media Center; http://www.gatestoneinstitute.org/documents/baghdadi-caliph.pdf, letzter Zugriff 18.01.2016.

2 Ebd.

3 David Usborne, «Centcom ‹hacked› by Isis supporters: US military Twitter feed publishes personal information of senior officers», *The Independent*, 12.01.2015; http://www.independent.co.uk/news/world/americas/us-central-command-hacked-by-islamic-state-supporters-9973615.html, letzter Zugriff 18.01.2016.

4 Theodore Schleifer, «FBI director: We can't yet restrain ISIS on social media», CNN, 18.06.2015; http://edition.cnn.com/2015/06/18/politics/fbi-social-media-attacks, letzter Zugriff 18.01.2016.

5 o.V., *The Sunday Times*, 4. Januar 2015, «We have to understand that ISIS is a Country Now», http://thesundaytimes.co.uk/sto/news/world_news/Middle_East/article1502983.ece.

6 Institute for the Study of War; http://iswresearch.blogspot.co.uk, letzter Zugriff 18.01.2016.

7 Kareem Shaheen, Spencer Ackerman und Ian Black, «Mustard gas 'likely used' in suspected Islamic State attack in Syria», *The Guardian* 26.08.2015; http://www.theguardian.com/world/2015/aug/26/mustard-gas-likely-used-in-suspected-islamic-state-attack-in-syria, letzter Zugriff 18.01.2016.

8 Breitbart London, «REPORT: ISIS Could Have 42 Million Supporters in the Arab World», 01.07.2015; http://www.breitbart.com/national-security/2015/07/01/report-isis-could-have-42-million-supporters-in-the-arab-world, letzter Zugriff 19.01.2016.

Masters of the Digital Universe

1 Beatrice Berton und Patryk Pawlak, «Brief Issue», Institut der Europäischen Union für Sicherheitsstudien, «Brief Issue», Januar 2015.

2 Ebd.

3 o.V., «Isis posts eighth propaganda video of John Cantlie», *The Guardian*, 03.01.2015; http://www.theguardian.com/world/2015/jan/03/john-cantlie-isis-eighth-video, letzter Zugriff 20.1.2016.

4 Paula Mejia, «19,000 French Websites (and Counting) Hacked Since Charlie Hebdo Attack», Newsweek, 15.01.2015; http://www.newsweek.com/19000-french-websites-and-counting-hacked-charlie-hebdo-attack-299675, letzter Zugriff 22.01.2016.

5 Beatrice Berton und Patryk Pawlak, «Brief Issue», Institut der Europäischen Union für Sicherheitsstudien, «Brief Issue», Januar 2015.

6 Shiv Malik, Sandra Laville, Elena Cresci und Aisha Gani, «Isis in duel with Twitter and YouTube to spread extremist propaganda», *The Guardian*, 24.09.2014;
http://www.theguardian.com/world/2014/sep/24/isis-twitter-youtube-
message-social-media-jihadi, letzter Zugriff 22.01.2016.
7 Anonymous,   #OpCharlieHebdo,   abrufbar   auf   http://www.youtube.com/
watch?v=oqbwqmb8P00, letzter Zugriff 22.01.2015.

Ursprünge I: Der Irak

1 o. V., «Clinton bombing of Iraq far exceeded Bush's in run-up to war; Bush 'spi-
kes of activity' questioned», Rawstory.com, 05.07.2005; http://rawstory.com/
news/2005/Clinton_bombing_of_Iraq_far_exceeded_Bushs_in_runup_to_
war_Bush_spikes_of_activity_que_0705.html, letzter Zugriff 22.01.2016.
2 o. V., «Iraq inquiry: Former UN inspector Blix says war illegal», BBC News, 27.07.
2010;   http://www.bbc.co.uk/news/uk-politics-10770239,   letzter   Zugriff   23.01.
2016.
3 Siehe auch Abdel Bari Atwan, *The Secret History of al-Qa'ida*, London 2006, S. 87.
4 o. V., «Ansar al-Islam in Iraqi Kurdistan», Human Rights News, o. J.; http://www.
hrw.org/legacy/backgrounder/mena/ansarbk020503.htm, letzter Zugriff 23.01.
2016.
5 http://news.bbc.co.uk/1/hi/programmes/breakfast_with_frost_3029904.stm.
6 o. V., «Purported bin Laden tape offers gold for Bremer», CNN international, 07.05.2004; http://edition.cnn.com/2004/WORLD/asiapcf/05/06/bin.la-
den.message/, letzter Zugriff 25.01.2016.
7 Transkript der PBS-Sendung «Truth, War and Consequences», einsehbar auf
http:www.pbs.org/wgbh/pages/frontline/shows/truth/etc/script.html,   letzter
Zugriff 25.01.2016.
8 David Leigh und Brian Whitaker, «Financial scandal claims hang over leader in
waiting»,   *The   Guardian*,   14.04.2003;   http://www.theguardian.com/world/
2003/apr/14/iraq.davidleigh, letzter Zugriff 25.01.2016.
9 Mark Levine, «Iraq's Constitution: And the Winner is… the United States?», *The
Huffington Post*, 25.05.2011; http://www.huffingtonpost.com/mark-levine/iraqs-
constitution-and-th_b_6471.html, letzter Zugriff 25.01.2016.
10 Seymor M. Hersh, «Chain of Command: How the Department of Defense mis-
handled the disaster at Abu Ghraib», *The New Yorker*, 17.05.2004; http://www.
newyorker.com/magazine/2004/05/17/chain-of-command-2?currentPage=all,
letzter Zugriff 25.01.2016.
11 Überblick über alle im *Guardian* erschienenen Artikel zum «CIA Torture Report», abrufbar auf http://www.theguardian.com/us-news/cia-torture-report,
letzter Zugriff 25.01.2016.
12 o. V., «U. S. Troops Injured in Grenade Attack on Fallujah Base», PBS Newshour,
01.05.2003;   http://pbs.org/newshour/updates/middle_east-jan-june03-fallujah
_05–01/, letzter Zugriff 25.01.2016.
13 Brian Whitaker, «Arab world riven by fury and despair», *The Guardian*, 09.04.
2003;   http://theguardian.com/world/2003/apr/09/iraq.brianwhitaker,   letzter
Zugriff 25.01.2016.
14 Abdel Bari Atwan, *The Secret History of al-Qa'ida*, Berkely 2008, S. 204.
15 http://col127.mail.live.com.

Ursprünge II: Die Taliban, al Qaida und der IS

1 Rob Crilly, «Afghan Taliban warns jihadists to avoid Islamic State extremism», *The Telegraph*, 11.07.2014; http:www.telegraph.co.uk/news/worldnews/asia/afghanistan/10 962 105/Afghan-Taliban-warns-jihadists-to-avoid-Islamic-State-extremism.html, letzter Zugriff 26.01.206.

2 Nassar el-Bari, *Guardening bin Laden: My Life in al-Qaʾida*, London 2013, S. 218.

3 Ausgewählte Fragen und Antworten von Dr. Ayman al-Zawahiri, Teil zwei, 17. April 2008; http://www.nefafoundation.org/miscellaneous/FeaturedDocs/nefazawahiri0508–2.pdf.

4 o.V., «Taliban control half of Afghanistan, says report», *The Telegraph*, 22.11. 2007; http://www.telegraph.co.uk/news/worldnews/1 570 232/Taliban-control-half-of-Afghanistan-says-report.html, letzter Zugriff 26.01.2016.

5 Tahir Khan, «Eid message: Mullah Omar urges fighters to protect Afghan borders, not interfere in other countries», 26.07.2016; http://tribune.com.pk/story/741 083/eid-message-mullah-omar-urges-fighters-to-protect-afghan-borders-not-interfere-in-other-countries, letzter Zugriff 26.01.2016.

6 http://www.nefafoundation.org/miscellaneous/FeaturedDocs/nefazawahiri0408–2.pdf. Siehe auch: Liz Sly, «Al-Qaeda disavows any ties with radical Islamist ISIS group in Syria, Iraq», *The Washington Post*, 03.02.2014; http://www.washingtonpost.com/world/middle_east/al-qaeda-disavows-any-ties-with-radical-islamist-isis-group-in-syria-iraq/2014/02/03/2c9afc3a-8cef-11e3–98ab-fe5228217bd1_story.html, letzter Zugriff 01.02.2016.

7 o.V. *Al Arabiya News*, 14.02.2016; http://www.alarabiya.net/articles/2008/05/16/49 930.html, letzter Zugriff 01.02.2016.

8 o.V., «Ayman al-Zawahiri appointed as al-Qaeda leader», 16.06.2011; http://bbc.co.uk/news/world-middle-east-13788594, letzter Zugriff 01.02.2016.

9 Nasser al-Bahri, *Guarding bin Laden: My Life in al-Qaeda*, London 2013, S. 219.

10 Ebd., S. 219.

11 o.V., «Barrel bombs rain terror in Syria», *The Australian*, 05.02.2014; http://www.theaustralian.com.au/news/world/barrel-bombs-rain-terror-in-syria/story-fnb640i6–1 226 817 951 295, letzter Zugriff 02.02.2016.

12 Washin.st/104Dlyc «Sheikh Abu Mohammad al-Adnani al-Shami, «This is not our manhaj nor will it ever be», al-Furqan Media.

13 Ali Ibrahim Al-Moshki, «AQAP announces support for ISIL», *Yemen Times*, 19.08.2014; http://yementimes.com/en/1808/news/4216/AQAP-announces-support-for-ISIL.htm, letzter Zugriff 02.02.2016.

14 http://abualbawi.blogspot.co.uk/2014/03/sheikh-makmun-abdul-hamid-hatim-aqap-commander-announces-ISIS-will-expand-into-arabian-peninsula.html.

15 Moustafa Bassiouni, «Ansar Bayt al-Maqdis joins Islamic State», *Al Monitor*, 13.11.2014; http://www.al-monitor.com/pulse/security/2014/11/egypt-ansar-maqdis-sinai.html, letzter Zugriff 02.02.2016.

16 http://abualbawi.blogspot.co.uk/2014/02/pakistani-taliban-stance-on-ISIS-in-their-war-against-the-sahwa-of-sham.html.

17 o.V., «Joining forces: TTP declares allegiance to Islamic State», *The Express Tribune*, 05.10.2014; http://tribune.com.pk/story/771 622/joining-forces-ttp-declares-allegiance-to-islamic-state, letzter Zugriff 03.02.2016.

18 Stoyan Zaimov, «Boko Haram Declares 'Islamic Caliphate' in Captured Christian Town in Nigeria»; http://christianpost.com/news/boko-haram-declares-is-lamic-caliphate-in-captured-christian-town-in-nigeria-125293, letzter Zugriff 03.02.2016.

19 Mélanie Matarese, «L'Etat islamique gagne du terrain au Maghreb», *Le Figaro Blog Invité*, 22.08.2014; http://blog.lefigaro.fr/algerie/2014/08/letat-islamique-gagne-du-terrain-au-maghreb.html, letzter Zugriff 03.02.2016.

20 Bill Roggio und Thomas Joscelyn, «Shabaab leader calls for mediation in Syria, says Zawahiri is 'our Sheikh and Emir'», *The Long War Journal*, 17.05.2014; http://www.longwarjournal.org/archives/2014/05/shabaab_leader_calls.php#ixzz3B-QKkZtwu, letzter Zugriff 03.02.2016.

Ursprünge III: Syrien

1 Syrian Observatory for Human Rights, «More that 300 000 people killed since the beginning of the Syrian Revolution», abrufbar auf http://syriahr.com/en/2014/12/more-than-300000-people-killed-since-the-beginning-of-the-syrian-revolution, letzter Zugriff 03.02.2016.

2 Hadi Salama, «How ISIS changed its game plan in Iraq», Al-Monitor, 14.07.2014; http://www.al-monitor.com/pulse/politics/2014/07/syria-clans-isis.html# letzter Zugriff 03.02.2016.

3 SNHR, «Syrian security branches and Persons in charge»; http://www.sn4hr.org/public_html/wp-content/pdf/english/Syrian%20security%20branches%20and%20Persons%20in%20charge.pdf, letzter Zugriff 03.02.2016.

4 Bill Neely, «Maher al-Assad: The brutal enforcer of the family regime», 05.09. 2013; http://www.itv.com/news/2013-09-05/maher-al-assad-the-brutal-enfor-cer-of-the-family-regime/, letzter Zugriff 03.02.2016.

5 Max Fisher, «The only remaining online copy of Vogue's Asma al-Assad profile», *The Atlantic*, 03.01.2012; http://www.theatlantic.com/international/archive/2012/01/the-only-remaining-online-copy-of-vogues-asma-al-assad-profile/250 753/, letzter Zugriff 03.02.2016.

6 Liam Stack, «Facebook post said to be by Assad's son dares Americans to attack», *The New York Times*, 29.08.2013; http://thelede.blogs.nytimes.com/2013/08/29/facebook-post-said-to-be-by-assads-son-dares-americans-to-attack/?_php=true&_type=blogs&_r=i, letzter Zugriff 03.02.2016.

7 Cecily Hilleary, «Syria's Tadmor Prison Massacre: Reliving Horrors of 32 Years Past», *Middle East Voices*, 27.06.2012; http://middleeastvoices.voanews.com/2012/06/syrias-tadmor-prison-massacre-reliving-horrors-of-32-years-past-81070/, letzter Zugriff 03.02.2016.

8 David Kenner, «Massacre City», *Foreign Policy*, 05.08.2011; http://www.foreign-policy.com/articles/2011/08/05/massacre_city, letzter Zugriff 03.02.2016.

9 Robin Wright, *Dreams and Shadows: The Future of the Middle East*, London 2009, S. 246.

10 Rory McCarthy, «We would share power, says exiled leader of Syrian Islamist group», *The Guardian*, 26.01.2006; http://www.theguardian.com/world/2006/jan/26/syria.rorymccarthy, letzter Zugriff 03.02.2016.

11 Jason Lewis, «Syria releases the 7/7 'mastermind'», *The Telegraph*, 4.02.2012;

http://www.telegraph.co.uk/news/uknews/terrorism-in-the-uk/   9 061 400/
Syria-releases-the-77-mastermind.html, letzter Zugriff 03.02.2016.

12 Nasser al-Bahri, *Guarding bin Laden: My Life in al-Qaeda*, London 2013, S. 32, S. 129 und S. 139.

13 «Syrian Refugees, A snapshot of the crisis – in the middle east and europe», abrufbar auf http://syrianrefugees.eu/, letzter Zugriff 05.02.2016.

14 Stockholm International Peace Research Institute, «EU arms embargo on Syria», 13.11.2013; http://www.sipri.org/databases/embargoes/eu_arms_embargoes/syria_LAS/eu-embargo-on-Syria, letzter Zugriff 05.02.2016.

15 o.V., «Who is supplying weapons to the warring sides in Syria?», *BBC News*, 14.06.2013; http://www.bbc.com/news/world-middle-east-22906965, letzter Zugriff 05.02.2016.

16 Ruth Sherlock, «How the free Syrian army became a largely criminal enterprise», *The Telegraph*, 30. November 2013, http://www.telegraph.co.uk/news/worldnews/middleeast/syria/10 485 970/Syria-dispatch-from-band-of-brothers-to-princes-of-war.html, letzter Zugriff 06.02.2016.

17 Michael R. Gordon und Anne Barnard, «Kerry Supports Syrian Peace Talks in Russia», *The New York Times,* 14. Januar 2015; http://www.nytimes.com/2015/01/15/world/middleeast/kerry-backs-syrian-peace-talks-in-russia.html?_r=0, letzter Zugriff 06.02.2016.

18 Ruth Sherlock, «Syrian opposition undermined by splits and infighting, emails show», *The Telegraph*, 22.04.2012; http://www.telegraph.co.uk/news/worldnews/middleeast/syria/9 219 643/Syrian-opposition-undermined-by-splits-and-infighting-emails-show, letzter Zugriff 09.02.2016.

19 Taylor Luck, «Jordan cites rise in attempts to smuggle arms into Syria», Bikya Masr, 15.03.2012; http://bikyamasr.com/62 200/jordan-cites-rise-in-attempts-to-smuggle-arms-into-syria/, letzter Zugriff 09.02.2016.

20 Ruth Sherlock, «Syria dispatch: from band of brothers to princes of war», *The Telegraph*, 30.11.2013; http://www.telegraph.co.uk/news/worldnews/middleeast/syria/10 485 970/Syria-dispatch-from-band-of-brothers-to-princes-of-war.html, letzter Zugriff 09.02.2016.

21 Ebd.

22 Robert Tait, «Syrian 'rebel' army sacked over corruption claims», *The Telegraph*, 27.6.2014;   http://www.telegraph.co.uk/news/worldnews/middleeast/syria/10 930 345/Syrian-rebel-army-sacked-over-corruption-claims.html, letzter Zugriff 09.02.2015.

23 Suleiman Al-Khalidi, «Freed U. N. peacekeepers cross into Jordan from Syria», Reuters,   09.03.2013;   http://www.reuters.com/article/2013/03/09/us-syria-crisis-peacekeepers-idUSBRE92808H20130309, letzter Zugriff 09.02.2016.

24 The Newsreal, «Obama's moderate Syrian rebels are nowhere to be found», 12.08.2014; http://therealnews.com/t2/index.php?option=com_content&task=view&id=31&Itemid=74&jumival=12373, letzter Zugriff 09.02.2016.

Abu Bakr al-Baghdadi: «Kalif Ibrahim»

1 Graeme Baker, «The fierce ambition of ISIL's Baghdadi», *Al Jazeera*, 15.06.2014; http://www.aljazeera.com/news/middleeast/2014/06/fierce-ambition-isil-baghdadi-2014612142242188464.html, letzter Zugriff 09.02.2016.

2 Ruth Sherlock, «How a talented footballer became world's most wanted man, Abu Bakr al-Baghdadi», *The Daily Telegraph*, 11.10.2014; http:www.telegraph. co.uk/news/worldnews/middleeast/iraq/10 948 846/How-a-talented-footballer-became-worlds-most-wanted-man-Abu-Bakr-al-Baghdadi.html, letzter Zugriff 09.02.2016.

3 o.V., «Lebanon 'holding IS leader's daughter and ex-wife'», BBC News, 04.12. 2016; http://www.bbc.co.uk/news/world-middle-east-30330461, letzter Zugriff 09.02.2016.

4 Jethro Mullen, «Mystery surrounds arrest of woman who may be ISIS leader's wife», CNN, 3.12.2014; http://edition.cnn.com/2014/12/03/world/meast/ISIS-baghdadi-family/index.html?hp_t1, letzter Zugriff 09.02.2016.

5 Ian Birrell und Martin Jay, *The Daily Mail*, 21.2.2015; http://www.dailymail.co. uk/news/article-2963380/Scheming-Bride-ISIS-idolise-Mesmerising-tale-wife-terror-chief-inspires-girls-join-bloody-ranks.html, letzter Zugriff 09.02.2016.

6 Ruth Sherlock, «How a talented footballer became world's most wanted man, Abu Bakr al-Baghdadi», *The Daily Telegraph*, 11.11.2014; http://www.telegraph. co.uk/news/worldnews/middleeast/iraq/10 948 846/How-a-talented-footballer-became-worlds-most-wanted-man-Abu-Bakr-al-Baghdadi.html, letzter Zugriff 11.02.2016.

7 Ebd.

8 Natasha Culzac, *The Independent*, 24.06.2014; http://www.independent.co. uk/news/world/middle-east/dress-like-a-jihadist-ISIS-and-terrorrelated-merchandise-flogged-online-and-in-indonesian-stores-9560230.html, letzter Zugriff 11.02.2016.

Konsolidierung und Expansion

1 o.V., «Free Syrian Army commander killed by rivals», AL Jazeera, 12.07.2013; http://aljazeera.com/news/middleeast/2013/07/20 137 127 710 849 717.html, letzter Zugriff 15.02.2016.

2 Kareem Raheem und Ziad al-Sinjary, «Al Qaeda militants flee Iraq jail in violent mass break-out», Reuters, 22.07.2013; http://www.reuters.com/article/2013/07/22/us-iraq-violence-idUSBRE96L0 RM 20 130 722, letzter Zugriff 15.02.2016.

3 o.V., «Guide to the Middle East», BBC News, 13.12.2003; http://www.bbc.co. uk/news/world-middle-east-24403003, letzter Zugriff 15.02.2016.

4 David Remnick, «Going the distance. On and off the road with Barack Obama», *The New Yorker*, 27.01.2014; http://www.newyorker.com/magazine/2014/01/27/going-the-distance-2?currentPage=all, letzter Zugriff 15.02.2016.

5 Martin Chulov, Fazel Hawramy u. a., «Iraq army capitulates to Isis militants in four cities», *The Guardian*, 11.06.2014; http://www.theguardian.com/world/2014/jun/11/mosul-ISIS-gunmen-middle-east-states, letzter Zugriff 15.02. 2016.

6 o.V., «Report: ISIS steals $ 429 m from central bank after capturing Mosul», Al Arabiya English, 13.06.2014; http://english.alarabiya.net/en/News/middleeast/2014/06/13/Report-ISIS-steals-429mn-in-Mosul-capture.html, letzter Zugriff 15.02.2016.

7 Damien McElroy, «Isis storms Saddam-era chemical weapons complex in Iraq», *The Telegraph*, 19.06.2014; http://www.telegraph.co.uk/news/worldnews/

middleeast/iraq/10 913 275/ISIS-storms-Saddam-era-chemical-weapons-complex-in-Iraq.html, letzter Zugriff 15.02.2016.

8 Loveday Morris, «Islamic State militants allegedly used chlorine gas against Iraqi security forces», *The Washington Post*, 23.10.2014; http://www.washington-post.com/world/middle_east/islamic-state-militants-allegedly-used-chlorine-gas-against-iraqi-security-forces/2014/10/23/c865c943–1c93–4ac0-a7ed-033218f15cbb_story.html, letzter Zugriff 15.02.2016.

9 Ian Black, Rania Abouzaid, u. a., «The terrifying rise of Isis: $ 2bn in loot, online killings and an army on the run», *The Guardian*, 16.06.2014; http://www.the-guardian.com/world/2014/jun/16/terrifying-rise-of-ISIS-iraq-executions, letzter Zugriff 15.02.2016.

10 o.V., «Sunni rebels declare new 'Islamic caliphate'», *Al Jazeera*, 30.06.2014; http://www.aljazeera.com/news/middleeast/2014/06/isil-declares-new-isla-mic-caliphate-201462917326669749.html, letzter Zugriff 15.02.2016.

11 Bericht der UN Assistance Mission für den Irak vom 01.08.2014, «UN Casualty Figures for July 2014, Anbar province excluded»; http://reliefweb.int/report/iraq/un-casualty-figures-july-2014-anbar-province-excluded, letzter Zugriff 15.02.2016.

12 *Syria Daily*, 18.11.2014, «Jabhat al-Nusra Denies 'Alliance' with Islamic State»; http://eaworldview.com/2014/11/syria-daily-jabhat-al-nusra-denies-alliance-islamic-state/, letzter Zugriff 15.02.1016.

13 Cahal Milmo, Oliver Wright, «Iraq crisis: Islamic State militants 'kill hundreds' of Yazidi minority as 'women and children buried alive'», 10.08.2014; http://www.independent.co.uk/news/world/middle-east/iraq-crisis-islamic-militants-buried-alive-yazidi-women-and-children-in-attack-that-killed-500–9 659 695.html, letzter Zugriff 15.02.2016.

14 Ian Birrel und James Harkin, «Doctor called to 'desperately ill' British hostage held by brutal Jihadi John: Aid worker tortured with tasers – and now has 'serious digestive problems'», *The Daily Mail*, 06.09.2014; http://www.dailymail.co.uk/news/article-2746379/Doctor-called-desperately-ill-British-hostage-held-brutal-Jihadi-John-Aid-worker-tortured-Tasers-digestive-problems.html, letzter Zugriff 31.03.2016.

15 Ebd.

16 Don Rassler, Gabriel Koehler-Derrick, Liam Collins, Muhammad al-Obaidi und Nelly Lahoud, «Letters from Abbottabad», Combatting Terrorism Center, 03.05.2012; http://www.ctc.usma.edu/posts/letters-from-abbottabad-bin-ladin-sidelined

17 Ali Ibrahim Al-Moshki, «AQAP announces support for ISIL», *The Yemen Times*, 19.08.2014; www.yementimes.com/en/1808/news/4216/AQAP-announces-support-for-ISIL.htm, letzter Zugriff 16.02.2016.

18 http://www.shamikh1.info/vb/showthread.php?t=148330.

19 Mathias Hariyadi, «Indonesia, jailed Islamic extremist leader ‹swears allegiance› ISIS», Asian News, 08.04.2014; http://www.asianews.it/news-en/Indonesia,-jailed-Islamic-extremist-leader-swears-allegiance-ISIS-31802.html, letzter Zugriff 16.02.2016.

20 Philip Reeves, «In Pakistan, Islamic State draws in Taliban commanders», NPR, 27.10.2014; http://www.npr.org/2014/10/27/359 403 462/in-pakistan-islamic-state-draws-in-taliban-commanders, letzter Zugriff 16.02.2016.

21 Safdar Dawar, «Pakistani Taliban leaders defect to Islamic State», *The Wall Street Journal*, 14.10.2014; http://online.wsj.com/articles/pakistani-taliban-leaders-pledge-allegiance-to-islamic-state-1413283423, letzter Zugriff 16.02.2016.

Im Innern des Islamischen Staates

1 o.V., «Al-Khansaa': Poetess and mother of martyrs», Islamweb.net, 28.04.2011.; http://www.islamweb.net/emainpage/articles/167309/al-khansaa-poetess-and-mother-of-martyrs, letzter Zugriff 16.02.2016.
2 o.V., «Islamic group sets up first budget worth $ 2bn», The New Arab, 04.01.2015; http://www.alaraby.co.uk/english/news/cfcffec9-d966–4f3d-8ffc-aa2ef16f9a5d, letzter Zugriff 16.02.2016.
3 Sara Elizabeth Williams, «Militants throw gay men to death from building», *The Times*, 17.01.2015; http://www.thetimes.co.uk/tto/news/world/middleeast/iraq/article4325814.ece, letzter Zugriff 16.02.2016.
4 o.V., «Islamic group sets up first budget worth $ 2bn», The New Arab, 04.01.2015; http://www.alaraby.co.uk/english/news/cfcffec9-d966–4f3d-8ffc-aa2ef16f9a5d, letzter Zugriff 16.02.2016.
5 Ebd.
6 Taylor Wofford, «Islamic State bans math, social studies, evolution in classrooms», Newsweek, 17.09.2014; http://www.newsweek.com/islamic-state-bans-math-social-studies-evolution-classrooms-271096, letzter Zugriff 16.02.2016.
7 o.V., «Islamic group sets up first budget worth $ 2bn», *The New Arab,* 04.01.2015; http://www.alaraby.co.uk/english/news/cfcffec9-d966–4f3d-8ffc-aa2ef16f9a5d, letzter Zugriff 16.02.2016.
8 Yara Bayoumy, «Isis urges more attacks on Western 'disbelievers'», *The Independent*, 22.09.2014; http://www.independent.co.uk/news/world/middle-east/ISIS-urges-more-attacks-on-western-disbelievers-9749512.html, letzter Zugriff 16.02.2016.
9 Ian Black, Rania Abouzeid, «The terrifying rise of Isis: $ 2bn in loot, online killings and an army on the run», *The Guardian*, 16.06.2014; http://www.theguardian.com/world/2014/jun/16/terrifying-rise-of-ISIS-iraq-executions, letzter Zugriff 16.02.2016.
10 Stephanie Linning und Jennifer Smith, «What did she expect?», *The Daily Mail*, 17.01.2015; http://www.dailymail.co.uk/news/article-2914358/What-did-expect-Towie-fan-travelled-Syria-infant-son-tells-shock-living-war-zone-jihadists-treatment-women-forced-escape-border.html, letzter Zugriff 18.02.2016.
11 Mohammad Moslawi, Fazel Hawrami u. a., «Citizens of Mosul endure economic collapse and repression under Isis rule», *The Guardian*, 27.10.2014; http://www.theguardian.com/world/2014/oct/27/citizens-mosul-iraq-economic-collapse-repression-ISIS-islamic-state, letzter Zugriff 18.02.2016.
12 US Department of the Treasury, «Remarks of Under Secretary for Terrorism and Financial Intelligence David S. Cohen at The Carnegie Endowment for International Peace, 'Attacking ISIL's Financial Foundation'», 23.10.2014; http:www.treasury.gov/press-center/press-releases/Pages/jl2672.aspx, letzter Zugriff 18.02.2016.
13 Kadhim Ajrash und Khalid Al-Ansary, «Islamic State bombs Iraq oil refinery, tank catches fire», Bloomberg Business, 13.09.2014; http://www.bloomberg.

com/news/2014–09-13/islamic-state-bombs-iraq-oil-refinery-tank-catches-fire.html, letzter Zugriff 18.02.2016.

14 Bill Rogio und Caleb Weiss, «Islamic State assaults Baiji oil refinery», *The Long War Journal*, 13.04.2015;h ttp://www.longwarjournal.org/threat-matrix/archives/2014/09/islamic_state_aussaults_baiji_0.php, letzter Zugriff 18.02.2016.

15 o.V., «Islamic State: US releases oil refinery strikes images», BBC News, 25.09.2014; http://bbc.co.uk/news/world-middle-east-29370484, letzter Zugriff 18.02.2016.

16 Andrea Mitchell und Erin McClam, «Syrian Regime, Iraqi Kurds among those buying ISIS oil: Official», *NBC News*, 23.10.2014; http://www.cnbc.com/id/102 115 652#, letzter Zugriff 18.02.2016.

17 Bassem Mroue, «Here's a breakdown of the oil assets ISIS now controls», *Business Insider*, 25.09.2014; http://www.businessinsider.com/breakdown-of-the-oil-assets-ISIS-controls-2014–9#ixzz3HSuNAb7C, letzter Zugriff 18.02.2016.

18 David Kohn, «ISIS'S looting campaign», *The New Yorker*, 14.10.2014; http://www.newyorker.com/tech/elements/ISIS-looting-campaign-iraq-syria, letzter Zugriff 18.02.2016.

19 Ebd.

20 Russel D. Howard, Jonathan Prohov und Marc Elliot, «Opinion: How ISIS funds terror through black market antiquities trade», USNI News, 27.10.2014; http://news.usni.org/2014/10/27/ISIS-funds-terror-black-market-antiquities-trade, letzter Zugriff 18.02.2016.

21 Ebd.

22 Emily Feldman, «Slave to terror: Woman sold to ISIS tells the story of her escape», Mashable; http://mashable.com/2014/09/16/ISIS-slave-iraq/, letzter Zugriff 18.02.2016.

23 Oliver Knox, «Smuggled oil, sex slaves, kidnappings, crime: Inside the Islamic State's million-dollar money stream», *Yahoo News*, 23.10.2014; http://news.yahoo.com/smuggled-oil-sex-slaves-kidnappings-crime-inside-the-islamic-state-s-million-dollar-money-stream-214126980.html, letzter Zugriff 18.02.2016.

24 o.V., «'Multiple kidnappings for ransom' funding ISIS, source says», *CBS News*, 21.08.2014; http://www.cbsnews.com/news/multiple-kidnappings-for-ransom-funding-ISIS-source-says, letzter Zugriff 18.02.2016.

25 Patrick Cockburn, «War with Isis: Islamic militants have army of 200,000, claims senior Kurdish leader», *The Independent*, 16.11.2014; http://www.independent.co.uk/news/world/middle-east/war-with-ISIS-islamic-militants-have-army-of-200000-claims-kurdish-leader-9863418.html, letzter Zugriff 19.02.2016.

26 Jim Sciutto, Jamie Crawford und Chelsea J. Carter, «ISIS can 'muster' between 20,000 and 31,500 fighters, CIA says», *CNN*, 12.09.2014; http://edition.cnn.com/2014/09/11/world/meast/ISIS-syria-iraq/index.html, letzter Zugriff 19.02.2016.

27 Lebenshaltungskosten im Irak, abrufbar auf http://www.numbeo.com/cost-of-living/country_result.jsp?country=Iraq, letzter Zugriff 19.02.2016.

28 Metin Gurcan, «ISIS military strategy», abrufbar auf http://www.academia.edu/7 632 564/ISIS_Military_Strategy, letzter Zugriff 19.02.2016.

29 Kashmira Gander, «Isis and al-Qaeda agree 'to end fighting and join against

their opponents'», *The Independent,* 13.11.2014; http://www.independent.co.
uk/news/world/middle-east/ISIS-and-alqaida-agree-to-end-fighting-and-
join-against-their-opponents-9859999.html, letzter Zugriff 19.02.2016

30 Ruth Sherlock, «'Moderate' Syrian rebels defecting to ISIS, blaming lack of U.S.
support and weapons», *The National Post,* 11.11.2014; http://news.nationalpost.
com/2014/11/11/moderate-syrian-rebels-defecting-to-ISIS-blaming-lack-of-u-
s-support-and-weapons, letzter Zugriff 19.02.2016.

31 Catherine Philip, «ISIS doubles caliphate in Syria as allies bomb Iraq», *The
Times,* 17.01.2015; http://www.thetimes.co.uk/tto/news/world/middleeast/artic-
le4325819.ece, letzter Zugriff 19.02.2016.

32 Metin Gurcan, «ISIS military strategy», einsehbar auf http://www.academia.
edu/7632564/ISIS_Military_Strategy, letzter Zugriff 19.02.2016.

Das Handbuch des Jihadismus

1 Catherine James, «Tales of torture, mutilation and rape as Isis targets key town
of Kobani», *The Guardian,* 04.10.2014; http://www.theguardian.com/world/
2014/oct/04/turkey-troops-ISIS-siege-kobani-refugees-rape-and-murder, letzter Zugriff 30.03.2016.

2 o.V., «ISIS releases video of boy brutally executing 2 hostages», 13.01.2015; http://
rt.com/news/222319-ISIS-boy-execution-hostages/, letzter Zugriff 19.02.2016.

3 Donald G. Dutton, The Psychology of Genocide, Massacres and Extreme Violence, Greenwood 2007, S. x.

4 Dr. Leslie Vinjamuri, «Senate Report on Torture Seems Unlikely to Lead to
Greater Accountability», Catham House, 19.12.2014; http://www.chathamhouse.
org/expert/comment/16541?g-clid=Cj0KEQiAuf2lBRDW07y3z6f96awBEiQA-
0IngJllgwkbWq0yLB8peP7CUVLkwwU2SyF23nf_R8VQUVEuMaAj0i8P8
HAQ, letzter Zugriff 19.02.2016.

5 R.J. Rummel, «Death By Government», New Brunswick, N.J., 1994; abrufbar
auf http://www.hawaii.edu/powerkills/NOTE1.HTM, letzter Zugriff 19.02.2016.

6 Donald G. Dutton, The Psychology of Genocide, Massacres and Extreme Violence, Greenwood 2007, S. 5.

7 Iris Chang, *The Rape of Nanking,* New York 1997, S. 59.

8 o.V., «'I didn't think of Iraqis as humans,' says U.S. soldier who raped 14-year-old
girl before killing her and her family», *The Daily Mail,* 21.12.2010; http://www.
dailymail.co.uk/news/artivle-1340207/I-didnt-think-Iraqis-humans-says-U-S-
soldier-raped-14-year-old-girl-killing-her-family.html, letzter Zugriff 30.03.
2016.

9 Michael Streich, «World War One and propaganda», abrufbar auf http://www.
suite.io/michael-streich/252q2nv, letzter Zugriff 19.02.2016.

10 Pierre Tristam, «Text of Bin Laden's 1996 declaration of jihad against the United
States», About.com Middle Eastern Issues, o.D.; http://middleeast.about.com/
od/terrorism/a//bin-laden-jihad.htm, letzter Zugriff 23.02.2016.

11 Richard A. Gabriel, «Muhammad: The warrior prophet», 17.05.2007; http://
www.historynet.com/muhammad-the-warrior-prophet.htm   letzter   Zugriff
23.02.2016.

12 Abdel Bari Atwan, *The Secret History of al-Qaida,* S. 221.

Die ausländischen Kämpfer des Kalifen

1 Thomas Hegghammer, «The rise of Muslim foreign fighters», International Security, Band 35.3 (Winter 2010/11), S. 53–94; einsehbar auf http://belfercenter.
ksg.harvard.edu/files/The_Rise_of_Muslim_Foreign_Fighters.pdf, letzter Zugriff 24.02.2016.

2 http://www.globalsecurity.org/military/library/news/2005/09/mil-050911.rf-
erlo3.htm.

3 o.V., «Shabab Movement appeals to foreign Mujahideen to join the fight in Somalia», CBS News, 15.10.2008; http://www.cbsnews.com/8301–502684_162–
4524075-502684.html, letzter Zugriff 24.02.2016.

4 David Martosko, «Hagel reveals 'over 100 US citizens' are fighting alongside
ISIS in the Middle East – a huge increase from previous estimates», The Daily
Mail, 03.11.2014; http://www.dailymail.co.uk/news/article-2742630/There-don-
t-know-Hagel-says-100-US-citizens-fighting-alongside-ISIS-Middle-East.html,
letzter Zugriff 24.02.2016.

5 Aaron Y. Zelin, «Who Are the Foreign Fighters in Syria?», http://washingtonins-
titute.org/policy-analysis/view/who-are-the-foreign-fighters-in-syria,   letzter
Zugriff 15.03.2016.

6 Tom Coghlan, Catherine Philp, David Charter und Iona Craig, «6,000 new jihadists sign up as Isis tells US 'come and get us'», The Times, 18.09.2014; http://
www.thetimes.co.uk/tto/news/world/middleast/article4209768.ece, am 24.02.
2016 nicht aufrufbar.

7 Steven Erlanger, «Europe tries to stop flow of citizens joining jihad», The New
York Times 30.09.2014; http://www.nytimes.com/2014/10/01/world/europe/
ISIS-europe-muslim-radicalization.html, letzter Zugriff 15.03.2016.

8 Aaron Y. Zelin, Evan F. Kohlmann und Laith al-Khouri, The Washington Institute, Juni 2013; http://www.washingtoninstitute.org/policy-analysis/view /con-
voy-of-martyrs-in-the-levant, letzter Zugriff 24.02.2016.

9 o.V., «Exclusif. Les escadrons français du Djihad», Paris Match, 26.03.2014;
http://www.parismatch.com/Actu/International/Les-escadrons-francais-du-
Djihad-555918, letzter Zugriff 24.02.2016.

10 David Martosko, «Hagel reveals 'over 100 US citizens' are fighting alongside
ISIS in the Middle East – a huge increase from previous estimates», The Daily
Mail, 03.09.2014; http://www.dailymail.co.uk/news/article-2742630/There-don-
t-know-Hagel-says-100-US-citizens-fighting-alongside-ISIS-Middle-East.html,
letzter Zugriff 24.02.2016.

11 o.V., O. T., The Toronto Star, 23. August 2013.

12 Murad Batal Al-Shishani, «The rise and fall of Arab fighters in Chechnya», The
Jamestown Foundation, 24.02.2016; http://www.jamestown.org/fileadmin/
Recent_Reports/Trans_amd_Speaker_NCC09142006/Al-Shishani-14Sep06.
pdf, letzter Zugriff 24.02.2016.

13 Evan Kohlmann, Al-Qaida's Jihad in Europe, New York 2004, S. 174.

14 http://www.jamestown.org/programs/nca/single/?tx_ttnews[tt_news]=1773
&tx_ttnews[backPid]=185&no_cache=1.

15 Interview mit Emir Doku Umarow vom 30. August 2011; abrufbar auf http://
www.kavkaz.org.uk/eng/content/2011/08/30/15062.shtml.

16 Ankit Panda, «Indonesian extremists drawn to Syrian conflict», The Diplo-

mat, 1. Februar 2014, http://thediplomat.com/2014/02/indonesian-extremists-drawn-to-syrian-conflict/, letzter Zugriff 26.02.2016.

17 Zachary Laub und Jonathan Masters, «Al-Qaeda in the Islamic Maghreb (AQIM)», Council on Foreign Relations, 27.03.2015; www.cfr.org/publication/12717/alqaeda_in_the_islamic_maghreb_aka_salafist_group_for_preaching_and_combat, letzter Zugriff 26.02.2016.

18 o.V. «Die Hard in Derna», *The Telegraph*, 31.01.2011; http://www.telegraph.co.uk/news/wikileaks-files/libya-wikileaks/8294818/DIE-HARD-IN-DERNA.html, letzter Zugriff 26.02.2016.

19 Chris Steven, «Libya peace talks gain in urgency after Isis attack on Tripoli hotel», *The Guardian,* 29.01.2015; http://www.theguardian.com/ world_2015/jan/29/libya-peace-talks-urgency-after-isis-attack-tripoli-hotel letzter Zugriff 15.03.2016.

20 Jomana Karadsheh, «Libya rebels move onto Syrian battlefield», CNN, 28.06.2012; http://edition.cnn.com/2012/07/28/world/meast/syria-libya-fighters/index.html?iid=article_sidebar, letzter Zugriff 26.02.2016.

21 Kim Sengupta, «British Muslims have become a mainstay of the global ‹jihad›», *The Independent*, 29.11.2008; http://www.independent.co.uk/news/world/asia/british-muslims-have-become-a-mainstay-of-the-global-jihad-1040232.html, letzter Zugriff 26.02.2016.

22 Paul Rogers, «The thirty-year war, revisited», Open Democracy, 04.08.2008; http://www.opendemocracy.net/article/conflicts/global_security/the-thirty-year-war-revisited, letzter Zugriff 26.02.2016.

23 Dean Nelson und Allan Hall, «Pakistan discovers ‹village› of white German al-Qaeda insurgents», *The Telegraph*, 25.09.2009; http://www.telegraph.co.uk/news/worldnews/asia/pakistan/6226935/Pakistan-discovers-village-of-white-German-al-Qaeda-insurgents.html, letzter Zugriff 15.03.2016.

24 Professor Kamaldeep Bhui von der London University fand mittels gründlicher Interviews und Umfragen heraus, dass Frauen wie Männer dazu neigen, die radikalen Ansichten der Extremisten zu übernehmen; siehe dazu Karen McVeigh, «Female British Muslims as vulnerable to radicalisation as men, study shows», *The Guardian*, 15.10.2014; http://www.theguardian.com/world/2014/oct/15/female-british-muslims-vulnerable-radicalisation-men, letzter Zugriff 26.02.2016.

25 Homa Khaleeli, «The British women married to jihad», http://www.theguardian.com/world/2014/sep/06/british-women-married-to-jihad-ISIS-syria, letzter Zugriff 15.03.2016.

26 Rachel Briggs Obe und Tanya Silverman, «Western foreign fighters», Institute for Strategic Dialogue, abrufbar auf http://www.strategicdialogue.org/wp-content/uploads/2016/02/ISDJ2784_Western_foreign_fighters_V7_WEB.pdf, letzter Zugriff 15.03.2016.

27 o.V., «Express Debate: What should we do with British jihadists?», *The Express*, 22.10.2014; http://www.express.co.uk/news/uk/525715/Express-Debate-British-jihadists-return-UK, letzter Zugriff 26.02.2016.

28 Tracy McNicoll, «After Charlie Hebdo attacks, French muslims face increased threats», *The Daily Beast*, 25.01.2015; http://www.thedailybeast.com/articles/2015/01/25/after-charlie-hebdo-attacks-french-muslims-face-increased-threats.html, letzter Zugriff 26.02.2016.

29 James Rothwell, «Terror group Islamic State have 'talent spotters' scouring Britain's cities to recruit young men», *The Mirror*, 25.01.2015; http://www.mirror.co.uk/news/uk-news/terror-group-islamic-state-talent-5039268, letzter Zugriff 26.02.2016.

30 Mehdi Hasan, «What the Jihadists who bought 'Islam for Dummies' on Amazon tell us about Radicalisation», *The New Statesman*, 21.08.2014; http://www.newstatesman.com/religion/2014/08/what-jihadists-who-bought-islam-dummies-amazon-tell-us-about-radicalisation, letzter Zugriff 29.02.2016.

31 Roger Boyes, «We can't stop jihadists going to Syria admits Turkish PM», *The Times*, 22. Januar 2015, letzter Zugriff 29.02.2016. http://www.thetimes.co.uk//tto/news/world/middleeast/article4330184.ece, letzter Zugriff 29.02.2016.

32 Kiran Randhawa, Justin Davenpor, David Churchill, «EXCLUSIVE: Suicide bomber Brit worked as driver for hate cleric Omar Bakri», *The Evening Standard*, 13.02.2014; http://www.standard.co.uk/news/crime/exclusive-suicide-bomber-brit-worked-as-driver-for-hate-cleric-omar-bakri-9125787.html, letzter Zugriff 29.02.2016.

33 Visar Kryeziu und Lori Hinnant, «Foreign fighters bring their kids to join ISIS, but moms are fighting back», *The Huffington Post*, 17.10.2014; http://www.huffingtonpost.com/2014/10/17/ISIS-kids_n_6002828.html.html?utm_hp_ref=politics&ir=Politics, letzter Zugriff 29.02.2016.

34 Harriet Sherwood, Sandra Leville, Kim Willsher u. a., «Schoolgirl jihadis», *The Guardian*, 29. September 2014, http://www.theguardian.com/world/2014 /sep/29/schoolgirl-jihadis-female-islamists-leaving-home-join-isis-iraq-syria, letzter Zugriff 15.03.2016.

35 Ebd.

36 Homa Khaleeli, «The British women married to jihad», *The Guardian*, 06.09.2014; http://www.theguardian.com/world/2014/sep/06/british-women-married-to-jihad-isis-syria, letzter Zugriff 29.02.2016.

37 Ebd.

38 Jason Groves und Chris Greenwood, «British terrorists fighting for ISIS in Iraq and Syria could be tried for ‹high treason› reveals Foreign Secretary Philip Hammond», *The Daily Mail*, 16.10.2014; http://dailymail.co.uk/news/article-2795771/british-terrorists-fighting-ISIS-iraq-syria-tried-high-treason-reveals-foreign-secretary-philip-hammond.html, letzter Zugriff 02.03.2016.

39 Colonel Richard Kemp, «ISIS defectors coming home», *The Mirror*, 05.09.2014; http://www.mirror.co.uk/news/uk-news/ISIS-defectors-coming-home-should-4173302, letzter Zugriff 15.03.2016.

40 Mark Townsend, Tracy McVeigh und Andrew Anthony, «Isis fighters must be allowed back into UK, says ex-MI6 chief», *The Guardian*, 07.09.2014; http://www.theguardian.com/world/2014/sep/06/richard-barrett-mi6-isis-counter-terrorism, letzter Zugriff 15.03.2016.

41 http://www.ft.com/cms/s/0/ce2db704-b52f-11e4-b186–00144fe-ab7de.html#slideo.

42 Maureen Cofflard, «UK grapples with delicate issue of returning jihadists», *Yahoo News*, 19.10.2014; http://news.yahoo.com/uk-grapples-delicate-issue-returning-jihadists-062207574.html, letzter Zugriff 02.03.2016.

Gefährliches Spiel

1 Mark Curtis, Secret Affairs: Britain's Collusion with Radical Islam, London 2010, S. 6.

2 Ebd.

3 Mahmoud Haddad, «Arab Religious Nationalism in the Colonial Era: Rereading Rashid Rida's Ideas on the Caliphate», *Journal of the American Oriental Society*, Band 117.2 (Apr. – Jun., 1997), S. 253–277; http://www.academia.edu/8 640 525/Arab_Religious_Nationalism_Rashid_Rida_and_the_Caliphate, letzter Zugriff 02.03.2016.

4 T. E. Lawrence, «The Question of Arabia», abrufbar auf http://www.telstudies.org/writings/works/articles_essays/181104_reconstruction%20of%20arabia.shtml, letzter Zugriff 02.03.2016.

5 http://web.archive.org/web/20 131 105 011 128/http://www.nationmaster.com/graph.

6 http://www.alaraby.co.uk/english/news/37241d2 e-ba35–41 dd-be0c-d6bb 91015d0.

7 «H. R.5194 – Muslim Brotherhood Terrorist Designation Act of 2014», abrufbar unter http://www.congress.gov/bill/113th-congress/house-bill/5194, letzter Zugriff 04.03.2016.

8 Jerry Gordon, «How the CIA helped the Muslim Brotherhood infiltrate the West», *New English Review*, August 2011; http://www.newenglishreview.org/Jerry_Gordon/How_the_CIA_Helped_The_Muslim_Brotherhood_Infiltrate_the_West/, letzter Zugriff 04.03.2016.

9 Diese waren: IRM, die Gulbuddin-Fraktion, Ittehad-i-Islami, Jamiat-i Islami, NLF und NIFA.

10 Diese waren: Harakat-i Islami, der afghanische Zweig der Hisbollah, die Nasr-Partei, COIRGA, die Shura-Partei, IRM, UOIF und die Raad-Partei.

11 Michael Moran, «Bin Laden comes home to roost», MSNBC, 24.08.1998; http://www.nbcnews.com/id/3 340 101, letzter Zugriff 04.03.2016.

12 John Pilger, «What good friends left behind»; *The Guardian,* 20.09.2003; http://www.theguardian.com/world/2003/sep/20/afghanistan.weekend7, letzter Zugriff 04.03.2016.

13 Mark Curtis, *Secret Affairs: Britain's Collusion with Radical Islam*, London 2010, S. 135.

14 Pervez Musharraf, *In the Line of fire: A Memoir*, New York 2006, S. 208.

15 Margaret Thatchers Rede vom 04.10.1993, die unter dem Titel «Speech to Chatham House Conference on Saudi Arabia» bei der Margaret Thatcher Foundation abrufbar ist; http://www.margaretthatcher.org/document/108 323, letzter Zugriff 04.03.2016.

16 Human Rights Watch, Saudi-Arabia, abrufbar auf http://www.hrw.org/middleeastn-africa/saudi-arabia, letzter Zugriff 15.03.2016.

17 Scott Ritter, «The coup that wasn't», *The Guardian*, 28.09.2005; http://www.theguardian.com/world/2005/sep/28/iraq.military, letzter Zugriff 04.03.2016.

18 Mark Curtis, Secret Affairs: Britain's Collusion with Radical Islam, London 2010, S. 303.

19 Vollständige Rede Tony Blairs abrufbar auf http://news.bbc.co.uk/1/hi/uk/5 236 896.stm, letzter Zugriff 04.03.2016.

Saudi-Arabien und der Islamische Staat

1 David Gardner, «Saudis have lost the right to take Sunni leadership», *The Finan-cial Times*, 7. August 2014; http://www.ft.com/cms/s/0/ab1b61c4–1cb6–11e4-b4c7–00144feabdc0.html#axzz42zIm2Q1y, letzter Zugriff 15.03.2016.

2 o.V., «ISIS/Caliphate – Funding and Strength», abrufbar auf http://www.global-security.org/military/world/para/isil-2.htm, letzter Zugriff 07.03.2016.

3 Alastair Crooke, «Middle East Time Bomb: The Real Aim of ISIS Is to Replace the Saud Family as the New Emirs of Arabia», 2.09.2014; http://www.huffington-post.com/alastair-crooke/ISIS-aim-saudi-arabia_b_5748755.html, letzter Zu-griff 15.03.2016.

4 o.V., «The Views Of Ahlus-Sunnah Towards The Sahabah», abrufbar auf http://www.missionislam.com/knowledge/companions.htm, letzter Zugriff 07.03.2016.

5 Interview mit Bandar ibn Sultan, abrufbar auf http://pbs.org/wgbh/pages/front-line/shows/terrorism/interviews/bandar.html, letzter Zugriff 30.03.2016.

6 Kevin Sullivan, «Saudi Arabia's riches conceal a growing problem of poverty», *The Guardian*, 01.01.2013; http://www.theguardian.com/world/2013/jan/01/saudi-arabia-riyadh-poverty-inequality, letzter Zugriff 07.03.2016.

7 SaraE, «Saudi Facebook Administrator Faisal Ahmed Abdul-Ahad was repor-tedly shot as Saudi Arabia bans protests ahead of its Day of Rage»; EU-Digest, 06.03.2011; http://eu-digest.blogspot.co.uk/2011/03/faisal-ahmed-abdul-ahad-was-saudi.html, letzter Zugriff 07.03.2016.

8 Ebd.

9 Declan Walsh, «WikiLeaks cables portray Saudi Arabia as a cash machine for terrorists», *The Guardian*, 05.12.2010; http://www.theguardian.com/world/2010/dec/05/wikileaks-cables-saudi-terrorist-funding, letzter Zugriff 08.03.2016.

10 http://www.youtube.com/watch?v=mxou-JayUeE, kein Zugriff am 08.03.2016.

11 Sam Marsden und Jim Norton, «Did this preacher groom the jihadi Britons?», *The Daily Mail*, 22.06.2014; http://www.dailymail.co.uk/news/article-2665307/Did-Saudi-preacher-groom-jihadi-Britons.html, letzter Zugriff 08.03.2016.

12 Patrick Cockburn, «How Saudi Arabia helped ISIS take over the North of Iraq», *The Independent*, 13.07.2014; http://www.independent.co.uk/voices/comment/iraq-crisis-how-saudi-arabia-helped-ISIS-take-over-the-north-of-the-country-9602312.html.

13 Jordan Schachtel, «Saudi Arabia rounds up 135 terror suspects as king appoints new officials to supervise radical clerics», Breitbart, 09.12.2014; http://www.breitbart.com/national-security/2014/12/09/saudi-arabia-rounds-up-135-terror-suspects-as-king-appoints-new-officials-to-supervise-radical-clerics/, letzter Zugriff 08.03.2016.

14 Islamist Gate Staff, «Saudi media campaign against Islamist militancy», Albawa EG, 14.09.2014; http://www.albawabaeg.com/879, letzter Zugriff 08.03.2016.

Politik und Zeitgeschehen

Behnam T. Said
Islamischer Staat
IS-Miliz, al-Qaida und die deutschen Brigaden
4., aktualisierte und erweiterte Auflage. 2015.
239 Seiten mit 7 Abbildungen und 1 Karte. Klappenbroschur
Beck Paperback Band 6144

Tilman Seidensticker
Islamismus
Geschichte, Vordenker, Organisationen
4., durchgesehene und aktualisierte Auflage. 2016.
127 Seiten. Broschiert
C.H.Beck Wissen Band 2827

Michael Lüders
Wer den Wind sät
Was westliche Politik im Orient anrichtet
18. Auflage. 2016. 175 Seiten mit 1 Karte. Klappenbroschur
Beck Paperback Band 6185

Navid Kermani
Einbruch der Wirklichkeit
Auf dem Flüchtlingstreck durch Europa
Mit Photographien von Moises Saman
4. Auflage. 2016. 96 Seiten mit 12 Photographien
und 1 Karte. Klappenbroschur
Beck Paperback Band 6241

Verlag C.H.Beck München

Politik und Zeitgeschehen

Gudrun Krämer
Demokratie im Islam
Der Kampf für Toleranz und Freiheit in der arabischen Welt
2011. 219 Seiten. Paperback
Beck'sche Reihe Band 6006

Patrick Kingsley
Die neue Odyssee
Eine Geschichte der europäischen Flüchtlingskrise
Aus dem Englischen übersetzt von
Hans Freundl und Werner Roller
2016. 332 Seiten mit 21 Abbildungen und 14 Karten. Gebunden

Mathias Rohe
Der Islam in Deutschland
2016. 416 Seiten mit 16 Abbildungen. Broschiert
Beck Paperback Band 6253

Rupert Neudeck
Es gibt ein Leben nach Assad
Syrisches Tagebuch
2013. 192 Seiten mit 15 Abbildungen und 2 Karten

Verlag C.H.Beck München